总主编　李红权　朱　宪
本卷主编　李红权　朱　宪

近代蒙古文献大系

军事卷

◇ 第五册 ◇

中华书局

目　录

我们怎样援助绥远抗敌

绥远抗敌战争对于中华民族前途有决定的意义。我们站在保护民族利益的观点上，当然要尽量的援助。那末，怎样援助呢？这要分为几点来谈。

第一，我们要请政府命令陆军、空军来参加作战。我们知道政府是应该负保土责任的最高机关，政府是具有政权、军权和财权的，握有最大的力量。中华民族要援助绥远，政府首先要负起责任，因为政府最最应当发挥援助绥远的各种力量。现在绥远战争爆发很久，我们在报上可以看到敌人时时对我们的计划和布置，敌军的不断的攻击和飞机的不断轰炸，我们的绥远守军的血拼苦斗，可是我们的政府至今还未大规模派兵参加作战。在政府方面，固然有苦衷和顾虑，但是在民众方面看来，为保护中国的领土和主权计，政府应该坚决地抛弃一切顾虑，命令所有军队实际参加作战。

其次，绥远因为这次战争，战费的支出很大，这决不是财政上收入较少的绥远一省所能负担起的，也需要政府与以充分的援助。

第二，我们民众要给绥远以物质上的援助。我们民众过去援助过东北义勇军、十九路军、二十九军等抗战的勇士。现在绥远战争在中华民族革命史上和过去的民族抗战有同样的意义、同等的重要，我们民众当然要尽量在物质上与以援助。我们前线的勇士以血肉的身躯和敌军死拼，我们后方民众给前方以物质的援助，是理所当然。我们在后方多给前方以一分物质，前方战士即多得一分安慰，增加一分抗战力量。我们能够供给前方的，有现款、药品、防毒防寒用具等等，现款可以购买各种战时必须物品，药品、衣服、防毒用具之类，可以立时使用，都是前方必需的东西。

第三，我们民众要给绥远前方战士以精神上的援助和安慰。我们对于卫国的战士，要尽可能地与以一切的援助，当然除去物质上的援助以外，并要与以精神上的援助和安慰。我们如果向国际间宣传绥远抗战情形，不只可以引起国际间同情民族解放运动者的注意，并可以得到国际人士的各种援助，特别是向外国宣传的时候，可以得到更多海外侨胞的援助。我们在国内宣传的时候，可以引起民众的更大的注意，使民众更加兴旧〔奋〕，增加其对于前方战士的爱护心。后方援绥活动的热烈，同样地可以鼓励前方战士的勇气，其当然的结果，后方民众情绪的热烈，更是以增加对前方的物质上的援助，助长前方的抗战力量。

此外，我们如果经济上、时间上许可的时候，到前方视察慰问我们卫国的勇士，都是很需要的。我们可以用音乐、唱歌、电影、图画、书信等等，和报告后方的热烈援助情形，给前方战士以安慰和鼓励。同样地把前方的抗战情形拿回给后方，也是给后方民众的兴奋剂。

援助绥远抗战的方法，已经在上面简单地说过了。最后再说到援绥活动时应有的几点注意。

第一，援绥活动，并不是仅仅一时的，需要继续不断的工作。敌人侵略行动不能中止，绥远战争也不能立即结束，因之，援绥活动也需要继续做下去。我们不能因为敌人一时败退，暂时不能大举反攻，就展缓了我们的援助活动。同时我〈们〉也不能因为一个地方已经做过，其他地方就放置不问，或者因为其他事故，就行中止。在敌人未被驱逐出境、抗战仍在进行的时候，我们的援助不能停止一天。

第二，援绥活动，固然是每一个爱国的人应做的事，但不是少数人分散去做，而要多数集体地去做，并且需要艰苦地去做。集体的活动可以比较有计划地布置，比较周密地进行，能够发挥出少数人所不能做到的力量，不只可以增加活动的人兴趣，并可节省不必要的时间和力量的空费。这种活动还要有耐性地去做，有钱的要他出钱，有东西的教他出东西，需要一番的说明解释，不只教出钱、出东西的人出了就算了事，要教他了解拿出钱和东西的意义和作用，如他再能够向其他人活动，我们就增多了一个积极的爱国分子，就增加救国战线上一个力量。

第三，援绥活动，不要带有地方的派别的观念。援绥工作是一种救国工作，需要爱国分子大家来共同负责，不应分出彼此。但是不幸有一部爱国分子，口头上虽说大家要共同起来救国，而在行动上却表现出不正确的一种观念，有的以某人有某种宗教信仰就岐〔歧〕视他，有的以某人是官僚家庭出身就〈排〉挤他——这都是不应该的。信仰宗教的人，固然有对于国家大事不闻不问的分子，但也不少热心救国的人，只要他真正热心救国，不能因为他有宗教岐〔歧〕视他。同时官僚家庭固然其父祖做过某种罪恶，其子女也有腐化浪漫的分子，但其中也不少爱国的人，不能因为其家庭而排挤他。此外因为小的感情上的冲突和其他的对立，都是不应有的。

《现世界》（半月刊）

上海现世界社

1937 年 1 卷 10 期

（朱宪　整理）

全国各界怎样援助绥远抗战

朱维庸　撰

中国人民今天最重要的任务还是援助和扩大绥远的抗战。任何事变都没有使全国人民的目光离开我们最主要的民族敌人——××帝国主义。

广大的中国人民大众已经在援绥的运动中动员起来了，我们有钱的出钱，有力的出力，我们不以一日贡献为已足，我们天天有贡献。中国人民在援绥运动中建立了无数种新的救亡团体，创造了无数种新的救亡工作的方式。这些组织和工作的方式，我们都需要加以仔细地研究，根据这种研究，我们来改进旧的，建立新的，使我们救亡图存的组织变成全国人民的组织，使我们抗敌救亡的工作变成全国人民最中心的工作。

这篇短文的目的就在供给一部分材料（都是举例性质），以便大家来研究，推行，怎样来完成我们扩大抗战的任务。

一　组织

上海

　　救护事业协进会　国医公会组织战地救伤队　红十字会救护队绥远剿匪慰劳救护委员会　中华每〔海〕员慰劳绥远剿匪将士委员会　妇女界绥远剿匪慰劳会　各界募集防毒面具会　文

　　化界绥远剿匪后援会　各慈善团体联合救灾会　上海市剿匪除奸御侮救国会市民大会　一元援绥推行运动委员会（各地都有此项组织）　一日援绥推行运动委员会（各地都有此项组织）　市童军战时服务团　世界红卍字特组防毒救护队

北平

　　学生战地服务团　救护训练班　绥远战事后援会（燕大）绥远剿匪后援会（师大）　救济队（世界红卍字会中华总会联合组织）　妇女救护训练班（师大）　救护队（省立医学院）　红卍字会救济队（已开抵前方）　军训班（师大）

南京

　　慰劳绥远剿匪将士后援会　爱国同盟会（由李德全、张默君等发起）

广州

　　华侨救国援绥会　绥远扫匪后援会

香港

　　援绥大会（由华商总会、教育会及各公团组成）

桂林

　　援绥募捐委员会　绥远剿匪总部军民联合会　各界援助绥远将士抗日示威大会（参加民众三万四千余人）　募款犒劳绥远将士委员会（由李宗仁、白崇禧、黄旭初等发起）

太原

　　牺牲救国同盟会（各界踊跃参加，如农民、小市民、洋车夫、扛夫、卖报夫等均撑旗前往该会参加）

青岛

　　救济队（万字分会组织）　绥远抗敌后援会

济南

　　战地救护团（济南医科专校发起）

云南

　　慰劳前方将士集资会（云南大学组成）

归绥

　　军民联合会（保管捐款招待慰劳代付，派员出发慰劳伤兵）

无锡

　　救护训练班（无锡妇女会）

南昌

　　绥战后援会

海盐

　　援助前线抗敌将士委员会（各界组织）

南通

　　慰劳前方将联士〔士联〕合会

镇江

　　慰劳绥远将士后援会

靖江

　　青年救国团（经过党政机关备案）

安庆

　　援助守土将士后援会（由省党部等十五机关组成）

二、工作

a. 机关及团体（自身募捐）

1. 学校

上海

　　大同大学　大夏大学　复旦大学　复旦大学四中　沪江大学
　　中国妇女学校　光华大学　光华附中　培成女校　高职学校

　　市立体专　民立女中　上海中学　新寰职校　一心中学　滨海中学　交通大学　立达学院　暨南大学　正行中学　私立上中敬业中学　青年中学　位育小学　上海人力车夫互助会第四子弟学校

北平

　　辅仁大学　北平大学　北京大学　民国大学　燕京大学　法高学院　艺文中学　师范大学

南京

　　计政学院　逸仙桥小学　新民打字学校　京官学校　中央大学　金陵大学

广州

　　中山大学（及附小）　培正中学

河南

　　河南大学

广西

　　师专大学

松江

　　松江女中

淮阳

　　淮阳师范

湖南

　　兑泽中学

归绥

　　归绥师范

武昌

　　武昌中学

山东

山东大学

厦门

厦门大学

扬州

扬州中学

凤阳

凤阳小学

镇江

扶轮小学

　2．商店及工厂

上海

美亚织绸厂　徐重道药号　永安公司　大东旅社　黎明书局

正泰信记象胶厂　爵禄舞厅

南京

聚兴祥　首都姊妹商店

汉口

合昌新记公司　裕泰银号　谌裕泰

　3．机关及团体

上海

公民训练处二十九中队　招商局　苏浙皖区统税局　市立学校

教职员联合会　各大学联合会　第一特区市联会　交易所联合

会　女青年会　冶儿精神团　钱业公会　纱布经纪人公会　各

帮杂粮团体　喻棠教育事业指导委员会　制药业公会　针线业

公会　国货维持会　会计师公会□业公会

香港

华商总会

保定

院校馆联合会

南京

航测第一队纠正组　司法部职工

4．新闻界

新江苏报　江苏省报

b.　各界一日运动

1．学校

上海

法学院　明强中学　复旦大学　育青中学　民立女中　市立体专　商学院　松沪广慈院

南京

五卅中学　三民中学　汇文女中　实小　宪兵学校　武定小学　金陵大学　伊斯兰回文师范　敦化小学（回教）　中央大学实验学校　京市一中

平津

平大　中法　北洋工学院

武昌

乡师

桂林

初中

山东

省立文登乡师

云南

高级农校　双塔中学

镇江

实小　镇师附小

太仓

　　太师附小

无锡

　　锡师附小

南通

　　南通小学

扬州

　　实小

苏州

　　实小

福州

　　双虹小学

开封

　　女中　职业学校　开封师范

察省

　　省立中学

济南

　　市立一中

合肥

　　省立高中

宿迁

　　省立农职师

浙江

　　浙江大学　慈溪省立锦堂师范

包头

　　中央政治学校分校

　　2. 商店及工厂

上海

鱼市场　华商光华火油公司　泰康食品公司　华新服装公司
中法药房

武昌

裕华纺线厂　宝善米厂

嘉兴

纬成鹤记缫丝厂

镇江

福润五金店

汉口

三友实业社

高邮

表庄业

云南

昆明汇康商店

3．机关及团体

上海

中国征信所　京沪沪杭甬铁路特别党部　铁路管理局　两路工
会中华海员工会及上海分会　海员党部　海员社　市总工会
招商行　市社会局　中国回教学会　回教会　回教礼拜寺联合
会　清真牛肉业同业公会　伊斯兰妇女协会　审计处

南京

教育局　国立编辑〔译〕馆　中央图书馆　中央博物院　古
物保存所　全国学术工作咨询处　蒙藏委员会　铁道部　汽车
司机员公会　中央书馆　中央印书馆　监察院　财部卫士队
中央党部　天主教□　司法院　国府委员及随从人员文官处
卫生署　最高法院　军事委员会军医处第一残军疗养院第一院

武昌

　　税捐经征所　城区堤防工程处　公园管理事务所　省区救济院
　　省会度量衡检定所　建设厅第一测量队

汉阳

　　兵工厂　火药行　邮务总工会　汪溪工□行

汉口

　　市党部　公安局

安庆

　　省党部

广州

　　商品检验局　行营官佐　第四路军全体官兵

桂林

　　军政各界

江阴

　　驻江阴全体官兵

嘉善

　　县党部

昆明

　　市党部　县党部

上虞

　　专员公署

海宁

　　县属各机关

北平

　　研究院

南通

　　县党部

灌云

　　县政府

溧阳

　　联属各机关

嵊县

　　县政府

湖南

　　省党部

江都

　　县政府

郑州

　　市立工□处

　　4. 医院

上海

　　劳工医院

湖北

　　省立医院

　　5. 出版及新闻界

南京

　　中央社总社

广州

　　各报社馆

云南

　　民国日报

如皋

　　如皋报社

汉口

扫荡报

南京

新民报

镇江

苏报社

上海

东方杂志等三十余种杂志发起全国读者以一日贡献援绥

全国各报馆代收援绥捐款，成绩异常可观

c. 个人捐款援绥

阎主任奉母命捐八十七万元　晋将领杨效欧捐一万元　国立中央大学罗校长捐一千元　大夏大学校长王伯群捐一百元　中央军校政治教官捐洋五元　军校教导总队第一团列兵黄魃男捐五元　晋将领赵承缓〔绥〕捐五万元　晋将领李服膺捐二万元　回教要人罗骏捐五千元　十九军军长兼七十师长王靖国之母捐四万元　晋省府主席赵戴文捐一万五千元　晋省李淑卿女士毁家产援绥　居、覃两院长各捐百元　李石曾、蒋梦麟等发起扩大募捐　上海永大银行董事长吴端先捐五千元　厦门侨商李丕□捐三万元　何香凝女士以书画笔润援绥　广东同乡会董事林炳贤五千元　上海（中西大药房经理周邦俊、中法大药房经理许晓初）发起征集卫生袋十万包　旅平英侨奈威尔夫人捐七十五元　沙王与其长子鄂王捐千元　郑州绅商巨子张波岑，金颂甸发起捐款输边　上海张念祖、张邦铎、陆昌龄、邱公禹、朱华敏、杨观海捐百元　上海纱花业□声涛捐三千元　福州女医沈芳芬捐百元　丁监察使捐百元　汉阳归元寺方丈捐五角　张啸林夫人捐手套二千双还有丝棉背　虞洽卿夫人捐手套一千双　王晓籁夫人捐手套一千双　江一平夫人捐手套一千

双　人力车夫汪栈华捐一元　汉口市近郊种菜苦工捐一元　上海三个学徒捐六角　厦门一女子脱金戒投捐　青岛乞丐捐二角　汉口三妓女捐十元　汉口小学生在戚家得到的见面钱一元捐出援绥　南京德顺皮鞋学徒六人节月费六角捐出援绥　南京六岁小孩听了母亲绥战情形，每天节省糖果费　某市尼姑捐钱援绥　平英侨奈尔夫人捐款七十五元①

d. 大众募捐援绥

南京

下关民众热烈捐资　民众唐襄平等数十人慨捐

福建

小溪农民募捐慰劳

冀省

各县农民自动募捐慰劳

桂

全省举行援绥街民大会

汉市

五十余工会、民众团体开会商绥事

e. 绝食募捐（附节食）

1. 学校

上海

东南女中体育师范（绝一）　正风中学（绝一）　徐汇中学（绝一）　国立简〔商〕学院（绝一）　大公职业学校（绝

---

①　似与前条"旅平英侨奈威尔夫人捐七十五元"为同一事。——整理者注

一）　光华附中（绝一）

北平

北洋学院（绝一）　东北大学（绝一）　燕京大学（绝一）
中华中学（绝一）　平大法商学院（绝一）　华北学院（节
五）　平文治中学（绝一）　清华大学（绝一）　平大　中
法　兴声女职（绝一）

南京

私立钟英中学（节三）　京三民中学（节七）　首都女中
（节三）　晓庄蒙校绥藉〔籍〕生（减七）　兵工专校（素
食运动）　遗族学校（素食一周）

河南

农林学院（绝一）　扶轮中学（节食）　开封师范（绝一）
开封职业学校（绝一）　开封市立中学（绝一）　开封女中
（绝一）　河大农学院（断一）　开封一小（废除早餐）

云南

云南大学（节一）　高级农校（节二）　双塔中学（节二）

浙江

松江女中（节一）　宁波小学（节食一月）　慈溪省立乡师
（节一）　杭市中等以上学校（节三）　嘉兴中学（绝一）
海宁私立米业小学（缩食三天）　宁波中学（节三）　浙江
大学（绝一）

武昌

武昌乡师（绝一）

晋

崇实中学（绝一）

山东

济南私立正谊中学（节三）

安徽

　　安徽中学（绝一）　　合肥省立高中（绝一）　　安徽小学（绝一）

桂林

　　桂林初中（节食）

淮阴

　　师范（绝一）

扬州

　　县中（绝一）

湖南

　　群治中学（绝一）　　育群中学（节一）

高邮

　　城中小学（节食一周）

四川

　　重庆财训所学员（绝一）

绥

　　农科职校（蔬食运动）

　　4．机关及团体

南京

　　福利委员会通知各工会（缩食三日）

海州

　　驻扎税警第六团全体士兵（节食）　　第一区花厅乡全体保甲长（绝一）

京沪道

　　京沪沪杭甬路工会一万七千余人（节食十天）

海宁

　　壮丁大队（绝一）

郑州

　　同仁医院（节食）

北平

　　研究院（绝一）　　陇海路□铁路公会（节食五日）

　　3. 监犯绝食

江苏

　　镇江监犯（绝一）　　无锡法院（绝一）　　上海县监犯（绝
　　一）　　宝山县监犯（绝一）　　武进监犯（绝一）　　溧阳县监
　　犯（绝一）　　无锡羁押所犯人（绝一）　　徐埠烟犯（绝一）
　　上海第二特区法院（监狱、看守所）全体在（监、押）（绝
　　食）

河南

　　巩县监犯（绝一）

浙江

　　慈溪监犯（减食一日）　　嘉善监犯（绝一）　　松江监犯（绝
　　一）

山西

　　陆军监犯（绝一）

山东

　　济南第一监犯（节一）

安徽

　　芜湖监犯（绝一）

f. 学生向外募捐（附童军募捐）

上海

　　商学院　　正风中学　　培成女校　　治中女中　　扶轮小学　　滨海
　　中学

北平

清华中学　法商学院　东北大学　朝阳学院　华北学院　翊政
女中　弘达中学　清华大学　辅仁大学　燕京大学

南京

中央大学　金陵大学　金陵女中　文理学院　钟英中学　五卅
中学

天津

各院学生捐募区域划定这样的：（一）商业区，（二）住宅区，
（三）公共场所，（西〔四〕）街头小巷。

高邮

城中中学

厦门

各中学校　厦门大学（分三十队进行捐募〔募捐〕）

福州

私立鹤龄英华中学

青岛

山东大学

苏州

各中学校

广州

中山大学

武昌

私立武昌农村中学

渝市

各界中小学

徐州

农院　志成

郑州

县立五小　扶轮一小

保定

保定中学

山西

崇实中学

湖北

实验学校

洛阳

各级学校

桂林

各级学校

广西

广西大学（援绥宣传，在梧州女学生卖花唱歌，男学生挑担拉车）

南京

童军全体出发募捐

汉市

童军一千名总动员出发捐募〔募捐〕

g. 游艺募捐（附各种球类比赛）

上海

上海戏剧界总动员筹备援绥联合公演（有四十年代、持志、大厦，量才、时代、海燕、蚂蚁、实验等二十三剧团）

复旦大学体育会举行劳军篮球赛（票价每张四角）

复旦援绥游艺会

圣约翰大学开盛大音乐会（门票分半元、一元，悉数绥援

〔援绥〕）

梁氏姊妹跳舞捐募绥援〔募捐援绥〕

中华体育会举行游艺会援绥

进德会发起小球表演筹备慰劳

大同大学举行援绥篮球赛

浦东各界举行援绥游艺大会

北平

翊教女中举行游艺募捐

工院、翊教及平市各剧团公演捐募〔募捐〕

辅大援绥游艺会

师大校友会举行援绥义务戏

南京

金陵大学举行劳军足球赛

无锡

行政督察专员发起演剧援绥

武汉

书画界举行公展集款劳军

济南

女子师范游艺会募捐

宣化

宣化师范演剧援绥

桂林

援绥募捐后援会在桂林初中礼堂演剧筹款

合肥

各界合组援绥募捐游艺大会

泗县

民众剧社演剧募捐

嘉善

　　各界举行演剧筹款援绥

天津

　　律师公会筹演义务戏募捐慰劳

保定

　　女子师范举行游艺援绥

开封

　　豫声剧院演剧募捐

h. 慰劳

云王

　　对国军收复百灵庙，解除蒙民痛苦，异常欣慰，除宰羊百只送
　　□犒军外，更征集蒙民皮衣，赠送国军士兵御寒，并派员慰劳

立法院

　　立法委员刘盥训，携立法院同人捐款五千元，代表立法院及晋
　　绥旅京同乡会赴绥慰劳前敌将士

上海绥远剿匪慰劳救护会

　　代表王晓籁、林康侯等携款赴绥慰劳

西安慰劳队

　　慰劳队携款四千赴绥慰劳

保定院校馆联合会

　　慰劳团赴绥远劳军

桂林各界慰劳绥远将士代表团

　　谢苍生等五人北上慰劳

北大代表

　　曾招抡等一行八人携大批防冻药品暨衣物等赴绥慰劳

i. 参加作战

北平援绥先锋队

北京、清华、燕京等学生发起组织先锋队，加入绥东、绥北国军部队剿匪；队员额定为三百名（十一月廿二止），报名者已超过半数

清华学生

绥籍学生二人参加前线作战

七东北青年

北平七东北青年组织剿匪义勇队，赴战区加入作战大队

前敌将士

绥边前敌将士连日电阎副委员长锡山，愿捐月饷助战（换句话说，就是不要钱抗敌，可敬），阎极感动

济南二青年

留书赴绥杀敌

j. 请缨抗战

李宗仁、白崇禧等将军请缨作战抗敌

四路被裁军官六十余人请缨赴绥杀贼

桂军编余军官罗人山等二百余人请缨剿匪

四路军退伍军官五百员，请缨抗贼，拟于日内起程北上，协助绥军。

k. 匪伪军投诚

蒙古杂军领袖王英部下之旅长苏雨三率部向绥省投诚

伪骑一旅旅长石玉山反正部队共约千五百人，并携带〈枪〉械、马匹无算

王英部金甲三伪师正式向我投诚

王英部金宪章反正

匪军安华庭旅王子修团全部投诚

李守信部亦动摇，一部在南壕堑反正

《现世界》（半月刊）

上海现世界社

1937 年 1 卷 10、11 期

（李红权　整理）

绥远抗战中的后方

潮音 撰

　　绥远抗战的爆发虽然在表面上被人曲解为剿匪的战争，实际上我们早已看出它的严重性。在百灵庙被晋绥军占领时，×人无耻的挂出××旗，企图借口"百灵庙为×租界地"来恫吓并制止我军的前进，这种事实证明了汉奸主子对中国的胜利抱了痛切的怨恨；被我方打落的伪军飞机中有生擒过来的××的驾驶员；在百灵庙×特务机关中，搜出了成堆的××的密报，汉奸的通信和无数军火；这些都是××供给汉奸屠杀我们，占领我们土地的铁证！所以这次的战争决不是剿匪战争，而是堂堂正正的抗敌战争！

　　绥远军事长官，抛弃了消极的守土防御，采取了积极的进攻，百灵庙、大庙相继收复，因而掀起了整个中国抗战的浪潮，引起全国民众热烈拥挤〔护〕，纷纷维持〔进行〕募捐、绝食等援助工作。在国防最前线的绥远民众救亡运动，在这种状况下更是蓬勃一时！

　　绥远民众救亡运动是在抗敌救国的号召下开展的。绥远的民众武力后备队担负着保护平绥路的重责，绥远平绥路的职工，尽力的在战地中服务，表示与绥远同生死，绥远的学生在必要时准备担负维持后方治安的责任。绥远民众的救亡运动对我军的胜利，发生了极大的作用，给我方将士以无限精神上的激励，在必要时更坚决的实行武装保卫地方治安，所以绥远的民众救亡运动是完全实际化、行动化的。

傅将军对民众救亡运动，不但同情而且帮助。百灵庙未攻下以前，军事方面没有飞机，绥北前线除晋绥军外没有别的军队，军费又是异常拮据，所以他认清了和他一致的只有广大的工农、学生、士兵、群众！只有觉悟的不愿作亡国奴的军官！他扶助民众救亡运动不遗余力，命令教育厅给学生运动的〔以〕极大自由！

不过相反的，本地一部分绅士和一部分官吏对救亡运动仍然仇视。他们要把整个救亡运动放在自己掌握之中，想御用民众团体实现他们升官发财的迷梦，到处造谣，到处毁谤，侮辱民众自发的救亡运动。这班人的势力在本地是根深蒂固的，可是这不足怪，百灵庙搜出的×方委任状，里面有不少是给绥远某某大绅士的，汉奸对中国的抗战当然是反对的，他们为了自己私人的利益不惜出卖中国整个民族！

绥远的救亡运动仍以学生为主干。绥远的学生本身具备了两个优点：第一，他们多是直接由民间来的青年，因为绥远文化的落后，所以他们在家乡极被重视，他们可以深入农村去唤醒民众。第二，他们都受过严格的军事训练，每个同学有基本作战的知识，体格健壮，精神奋发，必要时他们可以拿起枪杆来和敌人作战。

绥远各校学生联合会，已经在很久以前成立了。包括八个单位——第一中，第一师范，女子师范，正风中学，土默特中学，蒙旗师范，工科职业中学，农科职业中学，每一学校的学生自治会亦皆先后成立。

其次，在文化界有绥远教职员联合会的成立。绥远教职员中不少富有爱国热情，同情学生运动者！如某校校长因协助本校学生会遭受某绅申斥时，提出教育的天职乃引导学生学习如何爱国。所以教职员联合会的成立能与绥远学联互相呼应，共同策动救亡运动，形成了师生合作的联合阵线。

　　绥远妇女界有妇女救国会的组织，参加的多是官吏夫人和女师学生，她们已经担任了募捐、救护的任务。

　　其他如绥远新闻界救国后援会，绥远各界抗敌救国联合会，军民联合会亦相继成立，各在募捐，或作文字宣传，招待外来慰劳团体。

　　笔者写此文时正当西安政变发生的时候。起先觉得这篇报告失掉时间性了，但是后来更认清我们的当前任务，认清了我们对绥远抗战的将士，对热烈地进行着救亡工作的前方民众应有的努力！我们不但要继续以前的使命，用全国力量守绥远，并且要积极的提出反对一切内战，全国枪口一致对外。我们要和绥远将士，绥远民众，密切连系起来，完成神圣的民族解放的使命！

《现世界》（半月刊）
上海现世界社
1937 年 1 卷 11 期
（丁荣　整理）

绥远劳军代表访问记

雨兹　撰

笔者顷访问绥远劳军返平之代表某君，承告知前方实况，爰记述其梗概以飨读者。

问：先生刚由前线回来，关于前方的情形，能够告诉一些么？

答：前方现在暂时是平静没有战争，不过前途潜伏的危机，看来仍是很大。因为匪伪军虽然几度失败，但是他们的根据地，还没有根本肃清，现在他们仍旧在补充、修养，准备作新的进攻，前途仍旧是不可乐观的。并且就战略上讲，我方如果只守着现在的防线，不独师老兵疲，日久军心懈怠，而且给养供给困难，后方接济军需也大感不易。就说最近收复的百灵庙一处，现在虽然靠着夺了敌人遗下的粮秣，可以支持一个多月的光景，但是以后给养的来源就大成问题。这样想和有背景有接济的匪伪军，作持久的防御战争，恐怕是件不很易的事！况且绥北的地势，越过大青山尽是一大片的草原，无险可守，只宜进攻。目下百灵庙虽然夺了回来，但是敌人仍旧可以随时随地，从四面仰攻，截断我军的后援。所以据我看绥远前途的危机仍旧是很大的！

问：那么，我方军事当局难道看不清这个危机吗？为甚么他们不乘胜进攻，一鼓扫平匪伪军的根据地，从根本上消灭这个祸害呢？

答：倒不是守土的军事长官缺乏这种常识的判断，也不是由于他们的决心不够；大概目下各将领按兵不动的原因，是在听候最高当局的意旨。据傅作义将军最近向人表示，他所感到焦灼的，既不是怕实力不足，也不是在战事上有所顾虑，而是要等候当局有了命令才能开始动作呢。新近开到平地泉的中央军军长汤恩伯将军也对我们说："收复察北六县要在明年六月间才能实现，这是因为整个军事计划的关系，所以不得不如此。"然而凭我们的直觉，则认为趁着敌人新败之余，军心焕〔涣〕散，防务空虚的时候，正好是个反攻的机会，坐失了这样的一个良机，实在是太可惜了！

问：关于这些军事计划的问题，你我都是外行，无庸多谈。我想听你说说前敌将士奋勇杀敌，那种紧张的情况。

答：说起前方将士那种激昂的情绪，真使人兴奋！我们这次在平地泉慰劳伤兵，看见一位在红格尔图作战受伤的连长，据他向我们侃侃而谈他受伤入医院的经过：他在红格尔图和敌人血战了一昼夜，最后他的肩膀上中了弹，但是他仍旧自己把创口包扎好，不使弟兄们知道，连夜带伤冲锋到百余里以外，夺回好几个山头，终于因为受创过重，他的副官发现他渐渐不能支持的情形，才把他送到后方医院来的。这类事情在这次战争中简直是司空见惯。有时士兵们情绪紧张到了万分的时候，往往不等待长官的命令就一齐出阵杀敌，连傅作义将军也惊叹地说：他统率三十五军好些年，从来没有看见弟兄们作战有过像这次这样勇敢的！又如我们在百灵庙劳军的时候，那些伤兵拒绝收受我们的慰劳品，他们泣不成声的说："我们虽然受了伤，但总比起死了的弟兄要好得多，我们实在不敢受领你们的慰劳品。"从这里，你可以想像到前线士兵情绪之一般。

问：前线浴血苦斗的健儿们，生活总还比较的优裕罢？

答：这可不如你所想像的。你以为前线士兵的享受优裕吗？我用上面所提到的那位连长的一段话，来回答你这个问题。当我问起他前方兵士的生活状况时，这位连长立刻泣不可仰，他说：他现在躺在后方医院，过着舒服的日子，想起前方作战的弟兄来，真是伤心！他们在零下三十余度以下的天气作战，穿的仅仅是薄薄的一身棉布军衣（按，现在士兵的皮衣已经充实一些了），有时冻僵了，让子弹在身上射穿过去，也感觉不出痛楚。最伤心的就是在冲锋肉搏的时候，当接近敌人的一刹那，因为冻得两手擎不起刀枪，眼睁睁瞧着自己的弟兄被敌人斫杀，而不能还手，真是凄惨之至！至于说起他们日常吃喝的东西，这位连长说，他们有时在前线作战一天多，也吃不到一点东西，嚼些冰块当作饮料，战罢归来享受后方送来的食物时，烧饼变成了石块，这也就是他们的食粮。可是，前方士兵的生活虽是这样苦，而健儿们却甘之如饴，没有发生丝毫怨言。当我们在百灵庙劳军，问及士兵的饷项时，有一位很幽默的对我们说："倘若我们是为了钱而来打仗的话，那这次的战事也早就完了！"从他这几句简短的谈话中，我们知道他们认清了这次战争，是为民族国家的生死存亡而战，所以情愿受苦，乃至牺牲性命，也在所不辞！

　　问：现在请你把红格尔图、百灵庙那次战役的经过说说。

　　答：说起红格尔图那次战役，真是有趣！那回战事能够取得胜利，冥冥中真好像有天助一般。原来在百灵庙没有收复以前，红格尔图这地方本是一个突出的阵地，就战略上讲本来是不能守的，所以晋绥军原先打算放弃这个地方，退守平地泉一带，所以一直就没有在这里配置重兵，而王英诸匪首也扬言要在四十八小时以内，攻下这个地方，直取绥西！当时驻守这儿的只有骑兵两连，而匪军则有千余人之多。我军的长官知道非采取攻势，不能守住防地，于是在一个夜间，将两连人全部出击，中途不幸一连人迷失了方向，另一连则冲进了敌人驻扎的一个堡垒，敌人在惊慌中都退到堡上，但是他们的援兵后来又把冲进去的我军重重围住，我军人数既少，而子弹也缺乏，正在弹尽援断，无可奈何的时候，不想一位弟兄在暗中摸到了敌人的一个子弹库，于是士气百倍，奋勇抵抗。打到天明的时候，那一连迷失道路的我军也赶到了，里应外合把敌人打得个落花流水，王英的司令部也给捣毁。匪军经过此次打击，士气颓丧不少。

还有件有趣的事情，就是在红格尔图这地方，我军并没有大炮使用，可是在民众的合作下，将旧有的土炮，装进手溜弹，居然也能发挥绝大的战斗效力！敌人原先已经侦察好了我军的实力，知道了这个弱点，大胆的来进攻，可是出其不意的也给了他们一个很大的损失。这一仗我军只伤亡了少数的弟兄，但敌人伤亡倒在数百以上，获得一个空前的胜利！这次大胜之后，傅作义将军也鉴于守绥非进攻不可，于是决定了收复百灵庙的战略。当时敌军大部的兵力，也移向百灵庙。傅作义将军还在忧虑自己的兵力不够，因为那时能调动的军队只有三团骑兵，其中赵承绶将军的一团，还是新近在红格尔图一带参战的队伍。当他还在迟疑不决考虑这些问题的时候，曾延毅军长很有把握的向他保障这次战争的胜利，于是他指挥两团军队向前进攻，另以一团迂回敌人的后路。在宽广的草原中遇见了敌军，我军士兵都一个个奋不顾身的向前扑杀，也不等待长官的命令，受了创伤也不管，杀得敌人措手不及的狼狈逃去。那些监军的××军官，临急就坐着汽车逃走，但也为迂回敌军后路的我军所截。后面的匪军退了回去，也无法通过，前后夹击，又打了一场猛烈的遭遇战。我军一夜之间，占据了百灵庙外面的几个山头。第二天再用载重汽车载着兵士，往庙里直冲，虽然因此牺牲了不少的英勇弟兄，但是这样神速的进兵，杀得敌人招架不及，摆在庙门前的机枪、大炮，都来不及施放，百灵庙就这样被我军夺回来了。×方的特务机关长在仓促中遁去，他屋里的桌上摆着半截雪茄还在冒烟。这次战役中，我军获得的珍贵的战利品，有敌人遗下的各种重要文件，子弹三十万发，面粉三万袋，煤油三千箱，其余军用品无数。而我军在这次战役中，也有八十余位英勇的弟兄阵亡，受伤的也在百余人以上。

　　我所讲的不过是这两次战役中最精彩的几个片断，我所能够报告给你的，也只有这些而已。

《现世界》（半月刊）

上海现世界社

1937 年 1 卷 11 期

（朱宪　整理）

从淞沪抗战说到绥远抗战

张健甫　撰

一二八淞沪抗战五周年纪念到了，这是中华民族入民国后用鲜淋淋的血写的第一页武装抗战史。这抗战，粉碎了敌人骄将盐泽四小时占领上海的迷梦，杀死了敌人上万的"皇军"，充分发挥了中华民族自卫的力量。如果这战争不因力竭无援而退却，趁白川大将到沪之时能更给敌人以几次无情的惨败，无疑的，中华民族定会在这次血泊中产生一个挺新的生命。这数十次伟大的胜利，虽然换来了一个抗敌诸战士们意想不到的、屈辱的《淞沪协定》，但决不能掩饰抗战的光荣，决不能使我们忘记这抗战的纪念。否，在血的教训中，愈益使我们认识中华民族唯一的出路，只有抗战到底，愈益使我们认识要保持抗战的光荣胜利，只有发动全民族的全面抗战。特别在绥远抗战节节胜利的今年，这伟大抗战纪念的到来，更平添我们前线将士和后方民众不少的勇气。绥远的炮声，和一二八抗战纪念的呼声，在国难加重，寇深祸急的一九三七年汇合起来，许是中华民族解放之蛰前的春雷吧。为了绥远抗战，我们焉能不纪念淞沪抗战？为了纪念淞沪抗战，我们又焉能不说到绥远抗战？

我们不要忘记，淞沪抗战，是发动于一九三二年一月二十八日下午四时，我们忍辱接受敌人无理要求——封闭抗×会等四条款之后。当此项消息发表出来，上海的爱国群众愤慨极了。然而敌人则犹以为未足，袭九一八占领沈阳的故智，于是晚十一时半出动大批海军陆战队，分三路向我们闸北猛攻。战争的血幕就在敌人黩武政策之下轻轻揭开了。事先日本海军司令盐泽，以为我国军队，都是不抵抗军队，沈阳既能于半个夜里唾手获得，不遭抵抗，上海何独不然？所以他对外国记者发表四小时占领上海的豪语。意外的十九路军，竟是不畏强敌的顽皮军队，公然敢捋老虎之须，在战争初次接触时，就给"皇军"威名以极大的打击，逼令进犯天通庵的倭国健儿，抱头鼠窜，第一次在中国军队面前失败。

由于第一次抗战的胜利，中国军队更有信心，中国人民也沸腾满腔的热血，军民合作，又接二连三击退了敌军。大言不惭的盐泽，至是乃如新嫁娘被辱于翁姑，面红耳赤，不敢多言。而第二位骄将野村于二月五日到达上海，取盐泽司令而代之了。

盐泽的战绩，有限于进占闸北；而野村的战绩，扩大战线到吴淞。于是由吴淞而江湾以达虹口，长延数十里的土地，都为日本进攻中国的战场。二月七、八两日，敌军进犯吴淞的海陆空军力量，数逾两万余人，野村也大言不惭，谓可于三小时内进占吴淞炮台。不意朱家浜一战，敌人死亡者千余人，伤倍之。野村也继盐泽之后，成为第二条丧家狗了。

继野村而代司令的，是有名的植田中将——即现时关东军司令，他统率敌人全国最精锐的部队第九师团来华，满以为可以凭借第九师团的威力，一战而雪盐泽、野村两将失败之耻，然而庙行一役，我中央第五军发挥其无上的民族自卫之力，竟先后消灭第九师团精锐部队四千多人，至今庙行原野，犹留着敌人尸身的血腥。继以八字桥之战、蕴藻浜之战、吴淞炮台之争夺战，我军每次胜利，敌军每次失败。植田司令又因丧失皇军威名，滚下司令的宝座，而白川老将统着第十一师团来了。卒因浏河不守，我军遂于三月二日退出上海，而吴淞方面，翁照垣将军犹以孤军守至三月五日才自动撤退。在退兵时还给敌人以游击，使敌人不能不佩〈服〉中国军队作战的神奇。

一二八之役，我军以少击众，以部分的力量，抵抗敌人倾国的武装，以陆军平面与敌人的步骑作战，水面与敌人的炮舰作战，还要匍伏地上仰面与敌人立体的空军作战。相对三十三日之久，只有斩获，从无失败。而全国民众的热情援助，尤开古今未有的前例，有的自动参战，有的帮助运输，有的救护伤兵，有的传达情报，连七八十岁的老妪，也日夜赶缝军衣，四五龄的儿童，都捐输其糖果之资。至于宣传、慰劳，那是寻常的援助，丝毫不足奇异的了。

然而一二八战争，终竟不免退却，则以我军无后援，部分的兵力当然不能与敌人倾国武装作持久战。只看敌人连四易主将，屡增援军，而我全国武装，绝无驰援，螳臂当车，焉能不退？所以一二八结果的退却，非战之罪，而是孤军不敌之失。

假令当日我军，后有援兵，举全国之力以应战，以陆军作平面的战争，以海军守全国滨海的要塞，以空军直扑大阪、东京，尤其举当时热河、辽宁及华北的力量，直扑沈阳，以与马占山等义勇军取一致行动，谁都可以保证东北仍是中国的东北，敌人将在我们举国抗战的前面，弃甲曳兵，滚回三岛去。因为我们的战争限于局部化，十九路军和第五军的抗战，遂成了孤注一掷，结果不得不以悲剧终，至今上海犹非中国兵力所能达到之地。

因为战争限于局部化，十九路军和第五军，也就随着犯了一个战略上的错误——守而不攻。一二八的全部战争，我们都是取的守势，敌人都是取的攻势。或有以为这是兵法上以逸待劳的战术，不知我为防卫领土的完整而战，师旅不出国门，已有"逸"的条件；敌人为侵略而战，劳师动众，远涉重洋，已经犯了"劳"的毛病。"劳逸"两字，只能这样解释。敌人已经深入吾境，我们犹只守而不攻，这无异以胜利的把握，让给敌人，而自拾失败之军〔果〕。翻开一二八的史实，我们只看见敌人如何进攻闸北，进攻江湾，进攻吴淞，不看见我们如何收复租界。租界是中国的土地，敌人占领之，我们自当猛力收复，不应给敌人以租界为巢穴，做进攻我们的根据地。

我们所以不进攻租界，并不是没有攻的力量，乃是犯的严重政治错误，即承认租界制度的合法。这错误的产生，由于平日接受了遵守条约尊严的蛊惑。国际间条约如果为了互保和平，互尊主权，我们当然遵守。但租界制度是帝国主义破坏我国领土完整的侵略手段，基于铲除不平等条约的要求，在战时我们绝无遵守的必要。就令我们不在〔再〕开罪其他友邦，须待异日以合法手段收回，然而敌人既以租界为护符，违约者原为敌人，我们自应要求各友邦，共同解除敌人的武装，否则我们便冲入租界去。这样敌人的巢穴被捣，然后固守吴淞、浏河，使敌人军队无从登陆，以十九路军和第五军将士的饶〔骁〕勇善战，难道上海还不是中国的天下？然而我们抗战当局不出此，三十三日的肉搏，终于不免抛弃血染了的河山。我们在淞沪抗战五周年纪念的今天，背诵当时的历史，焉能不放声大哭，而叹战略之失计？

淞沪血战，虽然成了历史的陈迹，然而它的伟大的光辉，终是不能磨灭的，它的错误，更是我们今日抗战的宝鉴。前事不忘，后事之师，让我们在一二八五周年到来之前，检察绥远抗战的工作吧。

首先要以百二十万分的热忱，向绥远前线的将士，致民族解放的敬礼。他们为了国家，喋血塞外，以生命饫敌人的虎口，以血肉作卫国的长城，在冰天雪地之中，转战千里，收复百灵庙，收回大庙子，搏斗红格尔图，以少击众，以窳败的军器，当敌人新式的武装，无怪傅作义将军发表"粉碎敌人以华制华的策略，治愈全国恐日病"的豪语。的确，绥远抗战，我们已经粉碎了敌人侵略蒙古的阴谋，德王、李守信、王英等少数汉奸，在其倭国主子指挥之下，做进攻祖国的先锋，首先即遭遇密达清〔凌〕苏龙无情的抵抗。继之则有晋绥军越过大青山收复百灵庙、收复五圝仑、收复大庙子，又次则有金宪章、葛子厚、石玉山、吕存义、安华庭、王静修等伪师、旅、团长先后反正。这些反正的军官，又先后一致请缨杀敌，影响所及，连李守信部也发生大动摇，商都城内，不断发生哗变，嘉卜寺德王、包悦卿等部众，都有异动的事实。只要我军继续抗战，察北伪军，都会基于民族观念，先后来归，敌人以华制华的政策，必收养虎贻患的恶报。一般震怖敌人武装，唯武器论的恐日病者，也给抗×的猛剂，治标治本，而霍然全〔痊〕愈。试看全国民众欢狂热烈的援绥运动，和前线将士抗战的热情，汇合起来构成一幅醒狮其〔起〕舞的图画，这是怎样有声有色，亦悲亦壮的中华民族解放的杰作。

然而危机所在，我们亦不能不给指明出来：

第一、绥远抗战，至今也还限于局部战争，无论全国尚未有大规模大动员，连察北亦在敌人手中。冀东叛贼殷汝耕的元旦感言，和五色旗子，居然由敌人的飞机飞到青岛方面散发。冀东是中国的领土，殷汝耕是敌人的傀儡，和察北是中国的领土，德王等是敌人的傀儡，是一样的。冀东、冀北，都是冀察政权管治的土地，也都是冀察政权所失掉的土地，全国民众老早要求冀察政权出兵察北，与绥远前线为配合的抗战，胡适之先生在《大公报》五日的星期论文，也要求冀察当局收回冀东、察北，而冀察当局，与绥远乃如秦人视越人的肥瘠，按兵不动，坐视绥远的孤军转战。

尚且微闻冀察当局，已向敌人声明，对绥战表示中立。冀察政权，是否变了冀东政权？我们敢请宋哲元将军答覆。

第二、敌人近日在商都建筑工事，增加援军，增加军火，增加粮秣，将于春暖的将来，再图反攻绥东。而我们援绥军队，最近似少增加。这或者因为军事秘密，报纸不便发表，然而敌人空军每日在我们防线投弹，也不见我们有空军应战。连近日民众的援绥运动，似乎也不及以前来的热烈。一月以来，绥远前线的战事转陷于停顿状态。

第三、敌人除在察北积极增军备战外，近日郑州日人密谋暴动，这显然是欲在我们后方扰乱似〔以〕图牵制前线的军事。同时平、津日军又于八日开始大检阅，日皇特派后藤到华北劳军，沧州、石家庄也都先后发现敌机在青岛散发的一样的荒谬传单。从察北、冀东、平、津、沧、石、青岛一直到郑州的活动，敌人已完成了包围绥远的阵线，显示武装掠夺华北的姿态。我们的抗战是守，敌人的作战是攻，我们的抗战和援绥，渐次趋向沉闷；敌人的侵绥和掠夺华北，转变〔而〕趋积极，这是我们抗战前途的最大危机。

一二八淞沪抗战，以局部抗战，结果放弃上海。绥远抗战，我们希望不要再蹈覆辙。一二八抗战，敌人以全国之力进攻，我们以部分之力应战，绥远情形，也颇相似。尤其淞沪抗战和现时绥远抗战，我们都是取的防守的战略，这个严重的错误，非立刻予以纠正不可。怎样纠正，那就有待于全民族的全部抗战。

在绥远抗战的今天，我们不要忘记淞沪抗战的光荣，同时也得宝贵淞沪抗战的教训。我们希望一九三七年是中华民族收复失地之年，绥远抗战是中华民族全面抗战之始，而一二八五周年纪念，则为使绥远抗战变为全民族抗战的推动力。把绥远抗战的火炬，和一二八五周年的火炬，联合起来燃烧吧！让敌人在我们民族的火焰中，烧得焦头烂额，体无完肤吧！

一九三七年一月九日于上海

《现世界》（半月刊）

上海现世界社

1937 年 1 卷 11 期

（朱宪　整理）

察北民变的经过及其发展（通讯）

小方　撰

一九三三年夏，察北沦亡，当时所包括的地方有张北、沽源、宝昌、多伦、商都、康保六县，及尚义、崇礼、新民三设治局。日伪军统治察北后，乃将三设治局改为县治，并将原有宝昌、沽源二县合并而为宝源县，所以现在察北的民众都知道察北是有八县了。

本年五月末，在大同地方就有一种传闻，据说平绥铁路将于六月一日起即不能通车了。还有另外一件事，就是驻绥远的一位新闻记者忽然赶到张家口来，于是众信察北将要发生大的变乱，甚至还可影响到张家口的安宁。

日伪方对这次察北人民的暴动，事先早经侦知，在"五卅"夜间，张北县城内即遭大检查，被拘二百人，并有九人处死。但民众高昂的反抗情绪并未由于高压而馁，卒于六月一日之晨夜，在张家口正北四十里路的汉诺泉坝村，民众暴动依既定计划首先开始了。民众们把伪军第四师包子震之一部包围，并杀其官长，暴动领袖一为张诚德，曾任前东北军骑兵师长，一为刘某，出身不详，此外尚有韩国独立党人参加。在当时原计划着除多伦及尚义两县外，其余六县均同时起义，但结果因压迫的森严，未能实现，只崇礼县嗨赖庙村一处，由乡长赵春祥率领村民杀死警察署署长王耀光，据村独立，以为汉诺泉坝村之响应。这势力微弱的两棵"火星"，因孤立无援，只继续了二日就被压服下去了。

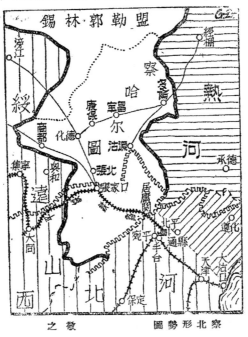

化德方面的"高等顾问"榊原为这事件特于"五三"飞往长春请示，并电德王自滂江来化德主持"清剿"工作。榊原飞长春的结果是由热河开来飞机八架，战车九辆于化德，又开日军二百增驻张北，五百增驻多伦，并声言于必要时关东军参谋长可飞多伦亲自指挥。

自然喽，这次事件绝非这样简单即可永久的平静下去。"六一"暴动失败后，民众们以火快的速度来整理并强化自己的组织。结果于九日起，这野火燎原样的大变乱又死灰复燃了，一直到目前为止，这形势还正在一日千里的发展着。民众们举起了人民自卫军——简称"民军"的大旗，并与热河人民自卫军李英部取得联络，且有一部分反正的伪军，过来参加。此外，在冀东伪组织区内，又有义民马廷福、夏振华等，集合民众千余人，越过遵化县属的长城口，到察北来武装增援民军。

伪匪军方面，李守信、王英等，他们对这次事件的处理，也表现得很矛盾，第一，因为他的下级干部和士兵，都不愿服从他的命令，去镇压民军；第二，他有一个幻想，就是假若民军势力真到了足以摧毁日军时，他还可以利用机会来反正，以保持其实力；第三，但是他又怕民军势力浩大了会破坏他的汉奸统治，所以又不能对民军采取完全放任的态度。由于上面三个矛盾的作祟，于是当民军在乡野游击时，伪军并不出动，而只在自己防守的城垣里虚张声势的架炮建垒。至于民军方面，似乎也了解伪军的心理，因而放弃了攻占城池的企图，专行游击战术了。游击战术的目的是破坏日伪军的交通，截获军需，并争取广大民众的参加。日军早知李守信、王英的态度不很"坚决"，故除尽力利用断绝给养等口实以要挟其尽汉奸行为外，更利用蒙古兵来攻打民军，对蒙汉感情尽破坏之能事，以随〔遂〕其借刀杀人之阴谋。这次民军反抗日本帝国主义的斗争中，牺牲于蒙古兵手中者为数颇巨。这确是一个严重的问题。

我们除知道了民军发动的经过之外，还应该了解其发展的情形。此次民军的游击区，有个最注目的特点，就是各部都分集在察北的边境上而对察北全土取大包围的形势，现在且简单的指出几个中心游击区于下：（一）以李英为领袖的热西民军，号称一千四百人，已入察境，在沽源东北部，截断经棚与沽源间的大道。（二）邢自强部，号称五百人，在崇礼东南已与冀东过来的武装民众千余人取得联络，并且他们很接近张家口，亦可与国军取得联络。（三）张仲英部，人数亦四五百，在尚义县附近，为了战略的关系，他们常常退到绥东兴和县境内来，其与我绥东国军的接近，自是很明显的。（四）最令我们兴奋的，是还有一部分蒙古民军，由拉王耶松者率领，在滂江——德王老巢百余里处游击，但人数不详。以地理和军事配布而言，察北民军保有一个很顺利的发展条件，他从各方面都可以得到有力的援助，并且不易受到日伪军的包围。我们对于察北民军发展的前途，找不出什么悲观的成分，但是也不能忽略他们是迫切的需要全国同胞的声援！

六，廿七于北平

《新学识》（半月刊）

上海新学识社

1937 年 1 卷 12 期

（赵红霞　整理）

北平援绥运动中各方面的姿态

叔棣　撰

自从绥东战事正式爆发以来，竭力援助我前方将士这件事，已经成全国一致的要求。尤其在地域上接近前线，而又直接处于敌人压迫下的北平，这种运动，就格外来得热烈。这里，打算把在这次运动中的，各关系方面的姿态略述一些。

在叙述北平援绥运动中各方面姿态以前，应当先约略举出的，是此地一般人士对于这次绥省战事几层一致的认识；某国的野心，不达不止，必要时，将不惜用她正规的军队，去代替匪伪军作战，而且，一切新式的武器，如重炮、飞机、坦克车甚至毒瓦斯等等，也将会尽量的用到这方面来。这是第一层认识。绥省是我全国生存的屏蔽，万不能让步。对于守土将士，民众当热烈拥护他们抗战，坚持到底。对于补充他们军备，鼓励他们勇气，以及供给他们的给养等等，大家一致认为是绝对的必要。这是第二层认识。而尤其重要的，是第三层认识，就是：在将来与武备充足的优势敌人抗战中，我们唯一最可靠的力量，就是全体四万五千万人的义气与所有的物力。不过，敌人以一个工业发达国家，总动员的话，是很方便的；至于我们呢，要是想坚强四万五千万人同仇敌忾的热忱，发动全民族所有的物力，渐渐达到总动员地步的话，那末，一致援助绥东作战，实在是最起初的一着。

在上面所述三层的一致认识下面发动起来的援绥运动，它的特色是：对外，目标单纯，步调一致；对内，竭尽所有方法，企求达到目的。前者，可算是在具体目标前面，如实地做到了所谓"联合战线"理想的一部；后者，作为一种社会运动看，则无论从方法上，或效力上，总有着了它划时代的意义。

于是，我们可以把这次北平援绥运动中各方面的姿态，分成三方面来述一述。

（一）学生群的活跃

知识上讲，学生比一般民众高，情绪上讲，学生大多是青年，比起年纪较大的知识分子们，要来得热。尤其像北平这样学生群占有全居民十分之一的都市，一切运动，以学生群为发动者，为领导者，自是必然的事。这回援绥运动，也当然不能例外。

在援绥运动没有起来前，就外表上说，各校学生的情绪总是处于松弛的状态下。各校的"救国会"，也只剩着一个组织的名义。而做着全市各校组织总枢纽的"北平各校学生救国联合会"呢，又因受当局法令的制限，不能公开活动。所以，当绥战起来的消息，初传到的时候，此地的学生群众，实在是处于一种奄奄无生气的状态之下。不过，虽系如此，一年来的规模，总归大体存在的，一受到当前刺激，他们的各种活动机能，马上就恢复起来了。所以在一二日内，各校可以个别发动全体学生的停火与绝食，在三五日内，可以发动全市各校学生的总动员募捐。除此以外，目前，他们正在酝酿，而不久就要成熟的事，已经有了两件：其一，是组织"全市各界援助绥抗战委员会"，其二，是举行全市各校总绝食一日。

步调方面，因为这回学生运动，是在援绥运动这个目标下起来的，所以，它将自始至终，严守这个立场，借以吸收大多数（如果不能说"全体"的话）学生们参加，于是，在步调上，也就非常的齐整与划一。一切纷歧的标语口号，不再被提出，一切争辩与纠纷，也不再出现。没有派别，没有成见，大家一致起来，切切实实地做具体援绥工作，尽可能的，对外避免进行上一切不必要的妨碍，对内省去一切力量不必要的浪费。

（二）学校当局、教师以及文化界的全体动员

这回援绥运动里，学校当局和教师们积极参加，是一个值得注意的现象。他们除对学生运动寄与同情外，并自动想出种种方法（如全校捐薪一日等等）实际援绥。学生们的停火、停课，甚至绝食等等，皆得到他们的同意与赞助。有几个学校，它们的当局和教师们并已自动和学生们联合起来，组织"师生援绥联合会"等一类团体了。有些学校的援绥组织里，连工友也参加在内。

地方当局为禁止街头募捐，邀请各校当局会商的时候，他们曾力为学生解释，使当局完全谅解学生们真意。像这些，皆是贤明的处所，而为以前所没有过的。教师们的足迹，常在学生组织里出现，从理论上，从实际上，总给以很多帮助，这也是以前不常见的。

教师们本身所有的一些组织，在平素，原是联欢及为本身谋利益的机关，到这时，也都利用起来。例如"平津院校教职员联合会"，如"北平市立中等学校联合会"，如"北平市立小学联合会"等组织，均已先后发动，网罗了全体的大、中、小各级学校教师和学生们一致地去积极参加援绥工作。

文化机关的北平研究院、北平图书馆等等，现在，也都积极地起来，捐薪、停火，援助绥军。

最近成立的"北平作家协会"网罗了作家五六十人，当成立

大会举行的时候，也一致地通过了物质与精神两方面同时援绥的议决案。

（三）地方当局的态度

地方当局过去压制学生爱国运动的原因，与其说由于他们要见好于某方，不如说是由于他们怕惹起意外的事端。（一）恐怕某方与学生间会挑起直接冲突，生出种种外交上的麻烦。这是一种过虑。（二）担心群众行动，会破坏社会秩序和安全，这也是误会。这一次援绥运动初起的时候，因为全国舆论所趋，中央当道表示的明确，以及前方将士十分坚决的缘故，所以自然不能明示禁止。但，看到学生运动起势的蓬勃，他们却也就担心起来。所以一等学生大举赴街头募捐的时候，当局就立刻以避免发生五个流弊为理由，明令禁止这种街头募捐的举动。那所谓"五弊"是：（一）在通衢上募捐，是否学生，无从分别。（二）随便募捐，无从考察。（三）通衢上，车马往来，忽然停止，最易影响交通秩序。（四）难免有不良分子羼入，擅发传单，淆乱听闻。（五）最易发生其他事端。

然而，援绥运动的最主要工作，就是上街募捐。不许上街募捐，其意义，就等于窒息援绥运动。学生方面，立刻声明服从的态度，同时，提出两个不扰治安、不妨秩序的原则；至对于（一）、（二）两弊，则提出悬挂校徽，发出收条，及聘名流、会计师、律师为顾问等补救的办法。这些，实在是聪明的举动。现在，又经过各校当局向地方当局的解释，在遵守两原则，及实行补救办法的条件下，上街募捐的事，已经得了当局的认可。

（四）结尾

由目前形势推测，绥战一日不停，援绥运动，即一日不会停止；在热烈援绥运动中，各方面的态度，只有日趋坚持与明确。趋其极，也许能提高他们的要求，促起全面民族战争的爆发。一切一切，当系之于某帝国主义国家的态度而定。

十一，二十二

《申报每周增刊》

上海申报周刊社

1937 年 1 卷 47 期

（朱宪　整理）

绥远省之军事地理

张其昀　演讲

研究军事地理的方法有二种：一是具有军事学识的人，亲赴前方参加作战，将战役经过情形详细记载，并将地形、气候等地理事实对于战事的影响，作精密的观察，迨战事结束之后，融会贯通，归纳若干普通原则，以供后来用兵之参考。此种研究以军事为主体，而说明其与地理之关系，其报告当待诸事过境迁，且其性质偏于专门技术方面，而一部分带有机密性者或不便公开发表。另一种研究则以地理为主体，而说明其与军事之关系，即以地理上基本事实应用于军事的普通原理，使一般国民对于当前战场之形势增加认识，因而自身在后方应尽之责任更为明了，其意为教育的，即国防教育之一部，此次演讲之性质即属后者。

军事地理要项凡四：（一）军事要塞，（二）军事重镇，（三）军事孔道，（四）军事资源。在国防前线，利用天然地势，建设军事工程如炮台之类，使增加安全，减少牺牲，近可以战，退可以守，是谓军事要塞。在防线以内之政治或经济中心，设立大本营或总兵站，以为军事之根据地，又因其地位之重要，当为敌人侵略目标，是谓军事重镇。在前方与后方之间，当谋密切之联络，运输机关务求敏捷，是谓军事孔道。至参战将士必使其给养充裕，衣食无缺，并能适应一地之特殊环境，以支持长时间之战争，是谓军事资源。今言绥省之军事地理，即依此四项述之。

凡稍具史地常识者，提及边塞或塞上等字，每联想及于阴山山脉。阴山横亘绥远省之中部，故有山前、山后之分，山前为大平原，东曰归绥平原，西曰河套平原，连为一片，东西长约四百公里，南北广自三十公里至一百三十公里，海拔约一千二三百公尺，阴山高出平原约六七百公尺。此平原为绥远省精华所在，亦为中国西北部最重要之农业地带，仅关中平原、宁夏平原足与相比。阴山为此平原天然屏障，故极富于历史兴味。山势自西而东，随地立名，如河套北面之狼山，包头以北之乌拉山，归绥以北之大青山等，而总称曰阴山。以地质构造言，阴山与太行山同，均由断层而成，悬崖急坂，势极雄峻，及登临山顶，重见平地，即蒙古高原，海拔约二千公尺左右。太行山有所谓八陉者，阴山亦然，陉即溪涧所成之山径。此种溪涧皆甚短，水势易泄易尽，常为旱沟，乱石满布，攀登极难，然为山前、山后必经之路。历史上著名之高阙塞，即今之狼山口子，在临河县北五十公里，石门障即今包头城北之昆都伦沟，白道岭即今归绥城北之吴公坝，山口距省会仅十公里。此类沟壑，极为险阻，适于建设军事工程，以为平原区之屏障。但因地势关系，自上攻下易，自下攻上难，故秦代建筑长城，皆在阴山高处，以防敌人居高临下，深得因地制宜之法。现代所谓长城乃明代之边墙，即保守时代之防线。至秦代阴山长城，至今遗迹宛然犹存，前人游记屡有记载。最近《独立评论》有《绥北道上》一文，系清华大学教授陈岱孙先生所作，彼自包头至固阳县游猎，在县城西北大青山上见高不过四尺之颓垣，此即秦代之长城，彼自高峰东西望，见长城随山起伏，一望无际。阴山长城即古代诗人所咏歌的"紫塞"，可见古代对于北方边防实有整个计划。

阴山在秦汉时为中国与匈奴之国界，现代绥远省境兼有山前、山后，此古今国势不同处，故目前军事要塞必须向北推进。昔窦宪勒铭燕然，燕然即杭爱山，在外蒙古杭爱山一带作军事准备，在民国初年尚能做到。今日国军之责任应坚守绥远境内之蒙古高原。高原地势坦荡，无所隐蔽，其空旷处，天苍苍，野茫茫，几有置身海洋之感。偶有局部盆地，冈峦环合，清溪萦绕，为高原中之胜地，亦最宜于屯兵置垒，百灵庙即系此种地形之代表，其所以成为绥北军事上之要冲者，即以此故。清康熙帝平定外蒙及新疆天山北路，曾驻兵于此，建喇嘛庙，赐额鸿釐寺，俗名贝勒庙，音转为百灵庙（贝勒为蒙古爵号，意谓王公）。黄河、淮水间多平原，惟徐州附近小山历落，为兵家所必争，百灵庙亦然。其地周围丘陵起伏，凡九座，俨如城郭，百灵庙河流贯其间，河东为市街，即汉蒙贸易之所，河西为喇嘛寺，建筑宏壮。寺侧有蒙古包数十座，即前蒙古地方自治政务委员会办公处，合政治、宗教、商业三种功用于一地，其重要可知。百灵庙就对内言，一路经武川通归绥，一路经固阳通包头；就对外言，一路通外蒙古，一路通新疆。故此次国军克复百灵庙，其意义实异常重大，盖消除外人对于绥北之威胁，且断其西进之路，百灵庙之役将与历史上"雪夜入蔡州"媲美，为民国史上光荣之一页。我们希望国军于此建设坚固要塞，壁垒森严，永绝外人觊觎之心。惟有须注意者，蒙古高原地形平易，树木绝无仅有，飞机窥伺其为了然，保卫领空之责任当由我空军负之。

　　绥东方面之现状，言之极为痛心。国防乃统全国而言，绥远与察北接境，皆我中国版图，自归绥以东，多伦以西，同属蒙古高原，地形相连，察、绥省界原非国防前线。今匪伪军为外人所利用，由我甲省攻击乙省，断非国军所能容忍。绥东兴和、陶林一带之屯集大军乃临时之处置，自宜乘机反攻，绥靖察省。故绥东国防必合察北而言之，方有意义。军事要塞之布置必须具有永久之规模，昔元代于北平建大都，于多伦建上都，又设行宫于兴和，称为中都。元之兴和，在今察哈尔张北县，与今绥远之兴和县毗邻，至多伦原定为察哈尔之省会，明初于多伦置开平卫，于兴和置守御千户所，屹为塞外屏藩。其后卫所内徙，塞外之地遂沦为异域。此种形势至今仍然。故国军当取攻势，收复张北，与张家口我军取得联络，化德（嘉卜寺）、滂江与张北同在张库汽车路上，商都亦在沿线，当次第攻克，俾张库大道得以肃清。至多伦在中山先生实业计划中曾定为西北铁道系统之枢纽，移民实边之根据地，而今则为匪伪军之总兵站。语云，"擒贼先擒王"，此次塞北作战，必以克复多伦为第一目标，于察北多伦建设军事要塞，然后绥东方可无虞，收复东北失地亦得以此为起点。

军事重镇指后方之政治或经济中心，可设立大本营者，在绥远省当指归绥与包头二地。清初康熙帝平定西北，置将军于绥远以资震摄，固已视为军事重镇。当时实行军民分治。有新旧二城，旧城即归化城，为一政治中心。民国以来合称归绥县，为新省会及军部所在地。归绥又为商业中心，称为西口，以别于张家口之东口，其贸易远及外蒙古及新疆，今绥新公路即以归绥为起点。其地不但为汉蒙贸易中心，又为汉蒙文化沟通之所，清初于归化城建喇嘛庙多所，寺塔壮丽，借以吸引蒙人。自大青山上下瞰归绥平原，云树苍茫，麦浪如海，夏季气候凉爽，杨柳荫浓，诚为塞外一可爱之都会。

包头为一新都市，即随平绥路之通车而兴起者，其情形如东北之哈尔滨。南郊有黄河码头曰南海子，河港与车站相接连，尤为难得。包头商业虽受外蒙独立及新疆政局之影响，显见凋敝，但黄河上流甘肃、宁夏、青海三省之货物，大部分均由包头转运平、津，仍有相当繁荣。归绥贸易额年约二千余万元，包头则在三千万元以上，最盛时曾达七千万元。归绥人口十六万，包头人口曾达十二万，现减至七万人。现代国防必集中经济力量以为军队之后援，故经济中心往往即为国防中心。

绥远省县数十六，市一（即包头，隶属于省政府），设治局一。就国防言，集宁、武川、五原等县，均有重要地位。集宁（即平地泉）为平绥路之要站，东通多伦，北通滂江，为平滂路之起点，容下另述。绥东各县农产以此为集中地，故粮栈甚多。五原为河套平原之农产中心，武川位于山后，介于归绥与百灵庙之间，均有驻军扼守。县以下为市镇，绥省市镇其特点可注意者有二种：其一位于阴山谷口，引山泉以灌溉，农业称盛，如归绥之毕克齐镇即其著例。其一位于县治与蒙旗王府之中途，为农牧互市之所，商业称盛，如武川县之乌兰花，五原县之乌兰脑包等是。绥远蒙旗数共十八，即乌兰察布盟六旗，伊克昭盟七旗，察哈尔四旗，及土默特旗是。各旗除王府及喇嘛寺外，无固定之建筑物，喇嘛庙多择背山邻水之区，驿路所经之地，不特为一方之佳胜，亦足为军事之要站，上述之百灵庙即其最著名之例。

军用之交通路线，如驼路、大车路、汽车路、铁路及航路等皆是。平绥铁路自北平至包头长约八百二十公里，为西北交通干线，在国防上关系至为重大。敌人攻我绥东，其目的即在截断平绥路，使归绥、包头与太原、平、津等地失其联络。目前平绥路在国防上之价值，尚未充分发挥，计划中之平滂、包五二线，皆与平绥相接，实有早日兴工之必要。张家口大境门外之大坝，铁路工程至为困难，故张库铁道改以平绥路集宁站（平地泉）为起点，称为平库铁道。平库全线长约一千公里，分为平滂（滂江属察省）、滂乌（乌得）、乌叨（叨林）、叨库四段，其中平滂一段于民国十四年交通部曾经派员测量，长约二百四十公里。平库铁道在国防上具有特殊意义，盖在中国沿海被敌人封锁之时，欲得一欧亚交通之孔道，以此路为最便捷。自集宁至西伯利亚铁道上乌丁斯克车站，仅等于自潼关至甘肃嘉峪关之路程。又自平库铁路至天津出海，较之经由中东至及南满路至大连出海，可缩短路程五百公里，在目前铁道未成，张库汽车路亦尽有利用价值。故守护集宁，并进而恢复张库交通，在国防上实为必要。

包五铁路自包头经乌拉山之南至五原县，民国十四年亦经测量，长一百七十五公里，此路为平绥路之延长，亦可视为包宁铁道之第一段，盖由五原可沿包宁汽车路线展筑至宁夏，再延长至甘肃兰州，与陇海路衔接，其重要可以想见。平绥与包五构成绥远交通之大动脉，此外复有南北二道，于西陲国防亦极有关系。北道即绥新汽车路，此路第一段利用归绥至百灵庙之汽车路（长二百三十公里，八小时可达），至百灵庙而西，横贯戈壁沙漠，直至新疆迪化，全长三千公里，曾经通车；其中分为三段，归绥至居延海为一段，汽车需行五日，居延海至哈密行四日，哈密至迪化行三日，共十二日可达。南道现为驼路，仅骆驼队通行，以晋、绥界上长城杀虎口为起点，西行至喇嘛湾（古称君子津）渡黄河，横贯鄂尔多斯高原，至磴口再渡黄河，至阿拉善定远营，复西行一路至甘肃武威（凉州），一路至青海西宁，前清时代达赖喇嘛来京，即由此道。成吉斯汗陵寝在鄂尔多斯郡王旗，即在此路沿线，其地名伊金霍洛，今为绥远境内盟旗地方自治政务委员会所在地。中、南、北三道之间又可互以公路或水运相联络，黄河水道每年虽仅能航行八个月，在西北究不失为水运要道。

至于军事资源，当以一地之农牧业为基础。农产、畜产为衣食原料所自出，就农业言，绥远省有广大之平原，绥远虽属高原，亦有局部盆地，产粮甚丰，又因人口较稀，自给有余，每年粮食输出，为数约一千万担，军食就地采购，当可无虑。绥省农民大抵以价廉之糜子、莜麦留给自用，出口粮食为小麦、小米、高粱等。糜子、莜麦成熟期短，且耐干燥，适于塞外风土，为本省特产。黍去壳称黄米，糜子粒较黍大，无粘性，糜子面价廉，常用以代替小米面。干米即炒干之糜米，食时仅以沸水泡食，行军应急甚为便利。莜麦即燕麦，居民用以磨粉，与马铃薯同食。肉类则蒙地所产牛羊肉不可胜食。凉城、岱海与鄂尔多斯白盐池均产盐，可供腌肉之用。茶叶与糖则须仰给于南方。

食粮、皮毛均为绥省出口大宗，棉布为进口大宗。绥省寒期甚长，御寒棉衣不如皮衣，老羊皮袄家家有之，居民又着皮裤。若以摄氏表十度以下为冬季，十度至二十二度为春秋二季，二十二度以上为夏季，据绥省萨拉齐县二十四顷地之纪录，其冬季之长达一百九十五日，春季八十日，秋季五十五日，夏季仅三十日。故绥远夏季可以避暑，冬令则占半年以上，御寒之术不可不讲。塞外房屋皆有火坑〔炕〕，蒙古包中以牛羊粪为燃料，称为兽炭。绥省大青山富于煤矿，包头北三十公里石拐沟现有漠南公司开采，供平绥路沿线家常日用，该路拟筑支线以利运输。绥、晋为邻省，故大同煤在平绥路上亦甚畅销，燃料不虞缺乏。

现代战争为科学的战争，即机械化之战争，关于军用工业之设备，当以全国眼光通盘筹画，而不能以一省为单位，兹可勿论。财政问题亦然，绥远人口甚少，收入有限，但对外战争，战费之筹画亦非一省之事。但此就战时而言，若经常立国之道，则中央二字原系一种符号，中央力量乃由各地方力量集合而成，故开发各省之富源，充实边疆之经济，在国防上观之，实一刻不容置为缓图。绥省面积三十万方公里，比浙江省大三倍，人口共二百二十万，仅及浙省人口九分之一，每方公里人口密度仅七人半。就人口密度言，稍胜于黑龙江省（每方公里七人），尚远不及吉林省（每方公里二十八人半）。各省地理环境固属不能相提并论，地形、气候之类差异甚大，但绥远省人烟稀少之状，已可概见。目前绥远省已经开垦之地，只占全面积百分之五，据专门家估计，该省可耕未耕之地占全面积百分之十一·五。绥远省为一有希望之移民地带，已为周知之事实。

边疆移民事业常含有国防的意义，而参以军事的组织，此在中国古代谓之屯垦。绥远境内，汉设四郡（云中、定襄、五原、朔方），唐置安北都护府，屯田旧事，详载史乘。最近绥远省包头设有屯垦督办办事处，以三团兵士在河套五原附近实行屯垦，其组织以营长任区长，连长任村长，房屋、牲畜、农具等由屯垦办事处供给，分三年偿清，以后土地归兵士所有，新农村皆筑坚固堡垒，以备一旦有事，可作军事上之基点。此事极有价值，河套基本问题为水利与交通，待包五铁路告成，屯垦事业必有发达希望。目前绥远人口大都密集于平绥路以南归绥、萨拉齐、托克托、和林、丰镇、凉城、兴和诸县，河套一带如包头、五原、临河诸县，人口亦渐趋增加，大青山后武川、固阳、安北三县及鄂尔多斯之东胜县，垦辟未多，人口颇疏。绥省盟旗大部分在山后及鄂尔多斯，据绥远省政府民国二十二年统计，乌兰察布盟六旗人口五万余人，伊克昭盟七旗人口九万余人，共十四万人，平均每旗仅一万一千人，除妇女、老少、喇嘛外，壮丁人数无多，实力微薄，不足御侮，故择适宜地点开辟草莱，兴办屯垦，定为蒙族同胞所赞同。

谈汉蒙关系者，每忆及杜工部诗"一自〔去〕紫塞连朔漠，独留青冢向黄昏"之句。紫塞即古阴山之长城，青冢即明妃墓，俗称昭君坟，在归绥城南大黑河南岸，游客皆往访之。其事汉代大青山以南已入我国版图，明妃生为匈奴阏氏，死后何以返葬于故国？昭君坟恐系假托，后人聊资纪念而已。试检讨二千年来之变迁，当日所谓"长城以南天子有之，长城以北单于有之"，与今日汉蒙民族分布情形比较，亦无大异。吾人至百灵庙时，见庙南六十公里之察察，为汉民移垦最北之地。又据测量平滂铁路之报告，土牧台适居该路之半，为农耕、畜牧二区之分界线。但中国历史究为光明之历史，二千年来汉蒙二族同成为民国之国民，感情融洽，一视同仁。此次绥远战役，蒙人于国军多所援助，且慰劳备至。故目前察、绥国防只是守土问题，而无蒙古问题在内打扰，此种国防上的精神基础，其重要不在物质基础之下。

国联调查团报告书已明告世界人士，伪满洲国为傀儡组织，为日本文武官员之工具。近数年来，日人积极西侵，锦朝铁道（辽宁锦县至热河朝阳）分二路展筑，一路至承德，一路至赤峰，均于民国二十四年竣工通车，并自赤峰展筑至察哈尔省之多伦，已成路基。目前侵绥之匪伪军以多伦为总兵站，其野心欲并吞我察、绥土地，制造第二傀儡国。我们盼望能赖前方将士忠勇的牺牲，与全国同胞热烈的后援，打破日人制造伪蒙古国之迷梦，并有一日将伪满洲国取消，使我东北三千万同胞重见天日。

《地理教育》（月刊）

南京中国地理教育研究会

1937 年 2 卷 1

（李红权　整理）

德王通电停战的意义

佚名　撰

绥远前线的战事，这几日来特别见得沉寂。据中央社电讯所传，内蒙德王近忽有停战的通电发出。在西安事变发生后，德王忽即通电停战，个中原因，甚值国人注意。

第一，我们应当审查德王通电是否具有诚意。我们从连日报纸消息看来，德王日来在嘉卜寺被某方参赞包围，他本人即使有停战之心，可是在他目前的环境中，我们逆料他很少这样的可能。

第二，我们应当注意德王通电的用意。中央社的消息告我们是"其作用无非在懈我军心，集中军队，企图一逞"。照近日前线的情形看来，这也是很可能的。

此外，我们必须认识某方的态度，某方一贯的对华政策，是惟恐中国不内乱的。中国如果内乱，她就可以混水捞鱼。最近东报刊载伪蒙古军荒谬的声明说："此次绥远战事乃由于该军与晋绥当局防共意见不同而发生，西安事变发生以后，中国已站在'容共'、'排共'二大歧路上，所以停兵以促晋绥当局自动觉悟协力防共。"伪蒙古军的声明，无疑的是出自后面牵线者的受〔授〕意。某方的野心无非是暂时收住绥远的锣鼓，然后再图乘机来一次浑水捞鱼。

从德王的停战通电，我们感到全国同胞有一致慎防邻人野心的必要。

《申报每周增刊》

上海申报周刊社

1937 年 2 卷 1 期

（赵红霞　整理）

"察北"匪伪军之透视

广西《桂林日报》（七月一日）

作者不详

匪伪军之编制

察北匪伪军，自六月间，始一律统统改称为伪蒙古陆军，德王任总司令，李守信任副司令，全部共编为八师，每师三团，另附迫击炮连一连，每团三连，另附机关枪连一连。每连人数，除迫击炮、机关枪连，官兵均为七十四人外，其余均系官兵八十九名。每师总计一千一百余人，伪总司令部，另辖有直属炮兵团一团，卫队连一连，通信连一连，辎重连三连，信鸽队一队，工兵队一队。

匪伪军之武器

匪伪军武器之分配，计每连七九式步枪（即奉造韩麟春式）八十四枝，每师共计一千零六十五枝，每枪一枝，配备子弹七百粒。机关枪连，每连机枪四挺，共计九十六挺，马克式、三八式均有，每挺配备子弹六千粒。迫击炮连每连八珊式迫击炮四门，共三十二门，每门配备炮弹一百五十发。卫队连计有捷克式马枪七十二枝，轻机关枪十二支，每枝配备子弹二千粒。另有一四式陆炮十二门，战时配备于主要各师内，此类陆炮，均系日本之最新式，威力猛烈，每炮配备炮弹二发。战时并有日本之飞机、坦克车、装甲汽车等，其数目随时均可增加。闻近来张北新到此种陆炮十二门，尚未装配完竣。

匪伪军之马匹

匪伪军现有之马匹，计每连共有车马八十九匹，挽马八匹，其中有借赁于民间者，有为团、连自置者，亦有私自购置者。机枪连乘马七十四匹，驮马十二匹，挽马十二匹。迫击炮连驮马十六匹，乘马七十四匹，挽马十匹。炮兵队挽骡三十二头，挽马十二匹，乘马八匹，全师共有马匹一千三百匹。

匪伪军之素质

伪蒙古陆军之素质，口内人占全部三分之一，热河人占三分之一，蒙古人占三分之一。其中第一、第二、第三三师，均系李逆守信之嫡系，原为热河境内之国军，后始叛变开入察北，加入叛逆集团。其余各师，均系由热河各县及各盟旗中强迫征编者，内中有嗜好者占十分之三四，老弱又占十分之二三，加以新编未久，缺乏训练，战斗能力极弱，军纪风纪尤坏，精神亦颓靡不振。但李守信之嫡系第一、二、三师，尚称稍强。

匪伪军之教育

关于匪伪军之中施行之教育，殆完全荒谬无稽。背叛三民主义，实行奴化教育，平时即以"建立蒙古帝国与日本、满洲、蒙古合作一体为宗旨"，其中全军具有军事学识者占极少数，去年曾在化德及商都、张北，设立伪军官军士教导队，使每师军官佐、士兵轮流入队受训，受训期限，定为两个月，即行毕业，但其中不识字者占大多数，教育授受均感困难，故其成效甚微，不过徒具虚名。至于赴日本肄业之青年，殆如凤毛麟角，百不一见，其情形如此，学科之成绩，概可想像。惟侧重于术科，但仅练习阅兵式、分列式，专待日人检阅之用，至于战斗、教练等实际教育，更梦想不到。即以其平时出发时间而论，备马、乘马、出动等初步动作，即需时三十分，其他繁重举动，动作之迟缓可知。

匪伪军之给养

匪伪军中，所用日食之给养，均系由当地强制购买，如小麦面，现在市价每石（百斤）十五元，匪伪只十元，或八九元，至于日用之面粉，则系由多伦、化德等处购运者。现张北、化德两处，已设有机器磨，至马匹食用之谷草、麸料等，因去冬绥东大战，商都大青沟、南壕堑一带，均系战场，故至今颗粒未收，只可远出二百里外，暗地购运。如能设法断绝其食粮、蒿草，封锁其地区，即可置匪伪人畜于死地。至于匪伪每月经济之来源，系由某方由南满株式会社供给，不足之数，即由地方税收补充。

匪伪军御工程

匪伪在察北各地构筑之防御工程，均极脆弱，且甚简陋，因匪伪军人多半缺乏军识，又以为日本之靠山，向均采取攻势，勿庸防备。更因地势土质之不良，建筑困难，而兵士一闻作工之命，均疾首蹙额，视为繁剧工作。近因某方督促甚严，始在张北万旦洼等处赶筑炮垒，然不过速成之工程，均难持久，即去冬绥战剧烈之时，其在南壕堑、大青沟等地所筑之防御工程，仅有立射散兵壕一道，外壕障碍物之设备，一概无有，毫无防御之价值，难当炮弹之轰炸。

作战时之兵力

察北匪伪军，现在虽有八师及蒙古伪保安队五队一万余人，但其战时所出之兵力，则甚寥寥。缘其中军官多系落伍军人，官气十足，一旦凭倚城社，皆狐窜作威，既悭私囊，不能多雇仆役，以供趋使，不得不由正额兵卒内提用勤务。且平素既缺乏训练，沾染嗜好，素质已经不良，更有一般稍具热血、不甘作奴隶之分子，时存倒戈反正之念，其精神意志如此，战斗力量可知。军、师、团及本连内正式之勤务、兵务外，最多可出战斗兵六七十名，再除去空额、疾病外，实不过五十余名，与国军相较，实不足一排。

匪伪交通设备

再关于匪伪军事上交通之设备，平时师与团间之交通，均设有电话，战时每师均设置无线电台一架，为移动式，可装载于汽车之上，移置均极便利。并有摩托卡车多辆，通信鸽一队，供传达消息。汽车队一队，千余辆。现在各县均已设有有线电话及电报，化德、张北、商都，均建有无线电台一处，各县均有飞机场，但其规模大小不同。

兵士心理一斑

匪伪军中除一二首领丧心病狂甘心媚外，蒙人中亦不乏明大意〔义〕者。惟热河人民，因被外人欺蒙，不明祖国真象，并绝对禁止阅读内地报纸，且亦无从购置，所闻所见者，皆系外人制造之反宣传，故一方怨恨外人之压迫，一方又悲愤祖国之不振，是以每与内地新兵相见，谈及祖国情形，几均悲喜零涕。至于蒙人则纯系受外人之利诱势逼，不明祖国真象，致甘作奴隶，极为可怜。一旦如有人能将祖国真象、频年情形相告，振臂一呼，则应响而起者，必大有人在，叛逆集团之崩溃瓦解，真可立见云。

《文摘》（半月刊）
上海复旦大学文摘社
1937 年 2 卷 2 期
（朱宪　整理）

绥战中民食恐慌之真相

徐裕楠　撰

　　现在绥远，曾经过民族挺战的胜利，对方在这次战争，虽然战败，但是我们不能就说他们就不前进，恐怕还有卷土重来之可能，所以我们在各方面都应有整个之计划，作长期之准备，以谋对付。其最重要的，莫过于"足兵足食"，兵精粮足才可达到胜利的目的。

　　但是一般人都注意到绥远的兵力问题，而忽略了绥省食的问题，所以大家都努力要求增兵援绥，而食的问题，似乎不曾留意。兵多固然可以杀敌，但是食的问题，不能先解决，兵多无食，又何济于事呢？去年自绥远战事开始以来，绥远粮价天天上涨，因此人民都感受到食的重大压迫，因此因生活不堪维持，而至困苦颠连的很多，一般公务员、平民等一月的所得，很难敷衍每日三餐，哪里还有心切实注意其他的问题？各县长官虽能见到，但是解决的方法，不甚切当，仍然无大效验，粮价还是上涨。今将绥省战前与战期中两时期的粮价比较一下，即可知这个问题的情况了！

民国二十五年八月份的粮价杂粮行市			二十五年十二月粮价杂粮行市		
名称	单位	价格（元）	名称	单位	价格（元）
高麦子	每石	五·七八	高麦子	每石	九·四五
次麦子	每石	五·二九五	次麦子	每石	八·五

民国二十五年八月份的粮价杂粮行市			二十五年十二月粮价杂粮行市		
莜麦	每石	四·七八	莜麦	每石	九·一二
荞麦	每石	二·六七	莜麦	每石	四·二
谷子	每石	三·八九	谷子	每石	五·七
高粮〔粱〕	每石	三·五六	高粮〔粱〕	每石	五·六
糜米	每石	六·八五	糜斗	每石	二·〇
糜子	每石	三·八九	糜子	每石	五·五
莞豆	每石	四·七八	莞豆	每石	八·〇
麻子	每石	三·六五	麻子	每石	五·五
黑豆	每石	五·五六	黑豆	每石	六·八五
谷米	每石	六·八五	谷米	每斗	二·〇
籽面	每元十八斤		籽面	每元十一斤	
莜面	每元十五斤		莜面	每元十斤	
荞面	每元二十一斤		荞面	每元十二斤	
山油	每元五斤半		山油	每元三斤半	

由上二表比较之结果，两者相隔之时间，不过四个月，而价格之相差额，竟超出五分之二强。在此秋收之后，尚高涨如此，一般人民已不堪维持现状，若到春间春耕的时候，还要困难。况敌人决不放弃犯绥企图，万一因受战事阻碍，那么春期必不能下种，如此春荒的问题，更严重到极点了。

绥省地广人稀，平时食粮产量，仅能敷衍人民所需，且去年绥省发生旱荒，只有五成收成，因此战时便感觉到食粮缺乏了。今依拙见，绥省发生食粮问题之原因，约有下列数点：

（1）前方抗战，而后方不能源源接济——自去年十一月绥东抗战开始以后，仅绥东数县即驻有五万以上的军队，这些军队，无论作战或防守，有许多物质的取给，却须依赖于地方。即以草一项而论，平常本省农民，在每年秋季割草存储在旁面，做冬春二季的燃料，另一方面，以此为饲养牲畜之用，如给马、牛、羊，冬春二季的食料，完全依靠此项储草。今大军云集，军马食料及炊事用草皆需地方供给，故当局大量采购殊不易易，但在此地广人稀之塞外，本身难以支持，致绥省之储草渐减，农民因无草喂养牲畜，多将牛马等贱价出售。又如食粮一项，军队渐集，当地皆得预备，以供军队需用，农民甚有以预备明春耕耘时之种籽，亦被征购一空，故此即生食粮恐慌现象原因之一也。

（2）运输不便，致食粮不能周转——由后方运往前方一切粮草、军需辎重等皆由地方供给车辆，然车辆多出自农间，平时赖此以运食粮至城市脱售，今车辆既供给军用，对于一切之运输上，发生障碍，周转欠灵，此亦为恐慌现象原因之二也。

（3）受屯粮之影响——绥远粮食多出于绥西后套一带，平时绥西农民生产所得，运往包头一带出售，售后能敷运费，已是难得。绥战发生，省府禁粮出口，某方策动之汉奸，造谣生事，乱加宣传，因是人心为之恐慌，屯集之风渐盛，有粮之家，不肯出粜，无粮者大肆购买，因此促成粮价高涨。

（4）受陕变之影响——自陕变以后，前线战事不得不暂时停顿，故与伪匪成对持〔峙〕之状态。地方驻军，仍按前例源源供给，而值此时宁夏方面十数万大军因是活动，同时亦采粮于绥西一带，故有供不应求之现象，此恐慌原因之三也。

（5）土劣之剥削与奸商之操纵——在绥远战争过程中，地方上采购粮食时，一般土劣奸商，难免没有借征购军需之名，从中渔利的。至于一般地主重重压迫人民，人民不得已将食粮、牲畜等廉价出售，因此便有一般奸商乘此机会，以廉价购入，大批粮食，屯集在旁，迨至粮缺乏时，再高价出售，从中得厚利，对于农民生计则漠不关心，此恐慌原因之四也。

我们可见到绥省自粮价高涨以来，市面上发生了食的恐慌，暗中却伏下一个绝大的危机。今春期已到，农民有无力耕耘者，但春荒如果发生，于绥省市面必致紊乱，则影响绥省的前途更觉不堪设想了，所以非设法图谋救济不可。

我们看清了绥省食的问题是这样严重，若不设法解决，必至弄到不可收拾的局面。解决此问题的方式，依余拙见，有下列数法：

1. 设大规模之兵站组织以济军需——敌人即暂作放弃犯绥之计划，当局亦必当作长期抵抗之准备，故如有大规模之兵站组织，接济军需，可免发生临时接济不周之虞。

2. 平定人心，以控制市面之紊乱——当局应极力安定人心，消灭汉奸宵小造谣之徒，使市面平稳，屯集之风可减，粮价自可下落也。

3. 便利交通以求粮食供给之普遍——当局应自备大车、船只，平绥路加添车辆，及各公路之公用汽车，亦需大量增加，以运军需辎重。

4. 设平粜局以供民食——平粜局之功用，已在过去曾实行过，而成绩良好。是以官办粮局，由各具出资，向外省丰收之处，大批购粮，在运输方面，免去一切征收费用，如此可减轻成本，可以最公平之值，粜于平民，以此调剂人民食的困难问题。

上述数点是我个人一点见解。绥远是我国国防第一线，关系全国存亡，至为重要。关于这方面的研究，国内各刊物报章上发表者殊多，作者仅在粮食问题方面，略舒〔抒〕粗见而已。

（廿六年二月廿五日于晓庄）

《边疆》（半月刊）

南京边疆半月刊社

1937 年 2 卷 6 期

（朱宪　整理）

苏俄侵略外蒙古及新疆之现状

沈云龙　撰

一

自从民国纪元前十八年中日战争起，以迄于现在，可以说日俄两国始终继续不断地在向中国进攻，一方面日本挟其传统的大陆政策，迈步前进，他方面帝俄、苏俄秉其一贯的远东政策，肆行侵略。双方势力冲突的地点，始则由朝鲜而南北满，继则由南北满而内外蒙。此种以中国为目标的争夺战，四十余年来，双方虽然不是明争，便是暗斗，但尚保持着均势的发展，直至"九一八"沈阳事变发生后，日俄冲突的情势，愈形显著，愈趋激化。日本除将辽、吉、黑、热成立伪满洲国外，并指挥汉奸割据"冀东"与"察北"，复对绥远蒙古等地作逐步的侵略，以为包围外蒙的企图。而苏俄对煽惑外蒙独立之余，更锐意经营新疆，民国二十年十月乘新省哈密乱事紧张之时，诱当时新主席金树仁签订《新苏临时通商协定》，去年三月复与外蒙缔结《苏蒙军事互助议定书》，这不庸说，是苏俄利用中国领土的地势与富源，来构筑她对于日本防御工程的第一线。观于近年来伪满与伪蒙边境上常常发生纠纷，有时紧张，有时松弛，便可知日、俄两国在背后干的是什么把戏了。

苏俄对于外蒙及新疆的侵略，完全踏〔蹈〕袭帝俄时代的计划，一一加以巧妙的运用而使其实现，最近，更因日本大陆政策的挺进，遂益促其对外蒙、新疆在军事上、经济上、政治上的积极布置。去年八月间，日本陆军省新闻班长秦彦三郎大佐由俄返日，在《外交时报》发表《苏俄之现状》一文里说："苏俄与新疆的关系，在莫斯科不知其详，大概政治和经济的实权握于苏俄之手，但尚未变更政治组织，似系事实。与外蒙关系已发表互助协定，名实皆已在苏俄势力之下。最近外蒙派许多军人、学生至莫斯科、奥伦堡等处，入苏俄学校受军事训练。即在莫斯科市内散步，随处可见蒙古人，其服装几与俄军完全相同。"（注一）是足征苏俄之野心勃勃，手段之高明险辣，正复与日本之于伪满洲国完全相似。

然而一提起了"满洲国"，任何人都知道这是日本侵略我领土，分裂我主权的一幕傀儡戏！可是一谈到成立逾十年的"外蒙人民共和国"，一班"左倾幼稚病者"，受了共产党的麻醉，反而认为这是苏俄"扶助弱小民族"的举动！还有，今日之华北，谁都承认敌骑业已深入，其危险将不堪设想，可是新疆的危机，正不下于华北，然而却很少人注意，这不是件令人可惊可怪的事情吗？

目前苏俄的远东政策，是以外蒙为根据，新疆为防卫，陕、甘"共匪"为游击，如此既可以扰乱中国，又可以牵制日本。复更进一步阳示和平亲善，创造什么"国际人民阵线"，遣派大批"赤色汉奸"，鼓吹苏俄是中国抗日的友人，以遂其整个"赤化"中国的阴谋。去年底陕变发生，一时有所谓"联俄容共"的主张，便是一班平素高呼"拥护苏联"者从中作祟，以求死灰复燃之计。兹姑不论中国抗日而需要联俄，是不啻"前门拒虎，后门迎狼"，即令苏俄有帮助中国的诚意，果真无侵略中国领土的野心吗？吾人试一检视现阶段的外蒙与新疆的情形，即可知苏俄与日本不过是五十步笑百步的差别而已。笔者爰就此点，将外蒙及新疆受苏俄侵略之现况，作一综括的说明，以告我国人。

二

外蒙自民国十年得苏俄支援，叛我独立，复于十三年改称人民共和国以来，完全采取锁国政策，除与苏俄保持紧密联系之外，对于中国及其他国家，禁止交通和商务的来往，因此，外蒙在今日，无异成为一"秘密地带"，孔诺来氏（Violet Conoly）说：

> 自苏俄当局在外蒙古建立一个革命政府以来，它的边境难以深入了。很少人能源源本本地说他知道该处的情况，除了知道些什么"蒙古青年"竭力拥护莫斯科所操纵的政府，军队完全是蒙古人。可是一定要注意，一九三六年三月两国签订了互助协定，实质上变更了蒙古军的独立地位，因为一旦遇到袭击，则行军方向由红军参谋部决定。（注二）

这里可以从外人的观察中，证明苏俄业已事实上统治了外蒙。不过苏俄对于外蒙的政策，与对付中央亚细亚的土可曼和克拉吉尔吉斯不同，在方法上比较是外表温和而内实毒辣，在手腕运用上亦比较有相当的伸缩性和技巧，这是从苏俄与外蒙之间所缔结的各种条约的内容，可以看得出的。

民国十年苏俄与外蒙缔结的《修好条约》，是苏俄在"扶助弱小民族"的假面具下对外蒙施行政治及经济侵略的开始。民国十二年复与外蒙临时政府缔结《苏蒙密约》，于是苏俄势力逐渐深入。民国十三年外蒙所颁布的宪法，处处模仿苏俄，举凡政制、军事、产业、文化各部门，无不灌注了"赤化"的毒素。因此，苏俄乃更进一步与外蒙订结《赤库路约》、《苏蒙电信联络协定》、

《恰克图库伦滂江铁道条约》（约中规定由苏俄分三期贷款一千万金卢布从事建筑，现恰克图、库伦间已完成，并由恰克图延长，与亚伯利亚铁道之上乌金斯克衔接）、《色楞河航行条约》，于是外蒙的铁道、电信、航行等大权，便又尽归苏俄的掌握（注三）。

"九一八"事变发生后，苏俄侵略外蒙愈趋积极，尤其是对于外蒙的军事布置，更为急迫。因此，苏俄为彻底统治外蒙起见，所有外蒙政府支出的军事费，改由苏俄负担十分之三，以作外蒙一带的大规模军事设施。并于民国二十三年七月外蒙政府举行立国十周年庆祝纪念时，由苏俄派往之祝贺代表加拉罕与外蒙代表吉他儿缔结密约，其要点如左：

（1）外蒙人民共和国，以苏俄的斡旋，加入第三国际。

（2）在苏蒙两国内，不得有敌对两国的团体存在。

（3）两国共同设置军事防备线，若在军事行动的场合，两国须作一致的行动。

（4）外蒙承认其邮电建设事业，由两国共同组织之，至外蒙的铁道敷设权，属于苏俄。

（5）两国间的输入税率，不得超过其他协定税率。

去年三月苏俄更与外蒙缔结《军事互助议定书》，其要点则又如下：

（1）苏俄或外蒙之领土，如受第三国家或政府之攻击威胁，则两国应立即共同考虑发生情形，并采用防卫及保全两国领土所必需之各种方法。

（2）苏俄及外蒙政府，承认在缔约国之一国受军事攻击时，相互予以各种援助，包括军事在内。

（3）苏俄及外蒙政府，认为缔约国中一国军队根据互助公约，得驻屯另一缔约国内，至无此必要时，应立即退出。

此《互助议定书》公布后，中国政府曾一再提起抗议，但无丝毫效果。去年九月间，又复有《苏蒙密约》的传说，据昭和十一年《蒙古年鉴》所载（注四），其内容如左：

（1）苏俄对外蒙允许一千万卢布无利息之借款。

（2）改编外蒙赤军，使苏俄将校入队；苏俄赤卫军，并得自由出入外蒙地区。

（3）赤塔、库伦间航空路开设，每周四回定期联络，以苏俄飞机十架担任。

根据上述三约的内容，可知近三年来苏俄在外蒙完全侧重于军事上的布置，一方面因为其在外蒙的政治和经济势力，已有深厚的基础，故更积极地对"弱小民族"的外蒙，由"扶助"一变而为"武装保护"，此与日本军队根据《日满议定书》代负伪满国防的责任，其作用完全相同；他方面因为日本大陆政策的强化，外蒙时时感受严重的威胁，万一日俄将来发生战争，在战略上，外蒙与伪满接壤的满洲里一带，是两军生死决斗判定胜负的地域，俄属沿海省及乌苏里一带，不过居于次要的地位。是以目前苏俄对外蒙急急于缔结攻守同盟，改良外蒙军队素质，分担军事费用，改善交通运输等等，其目的不仅在进一步统治外蒙，实际上尚拟以外蒙为将来日俄战争时的前锋以供其牺牲。观于去年三月四日史太林对美国新闻界巨子哈华特说："外蒙古与苏俄有事实上政治的同盟关系，为阻止破坏外蒙之独立，必要时有与日本一战的决心"，便可知苏俄重视外蒙之用意所在了。

三

苏俄侵略外蒙的最大工具，是沿着外蒙北部蜿蜒而行的西伯利亚铁道，同样地苏俄伸张势力于新疆，亦复是运用新近完成之土西铁路。该路建设计划始于一九○○年，当时俄皇颇窥伺南亚细亚，欲出印度洋，拟以西伯利亚之谷物，接济中亚细亚，以为侵略新疆、西藏、印度、阿富汗、波斯诸地之准备，既以见阻于英国，其计乃暂息。至一九一三年复旧事重提，组织公司，从事兴筑，适欧战及苏俄大革命相继而起，工程因而停止。一九二六年，苏俄政府根据其新经济政策五年计划，土耳其斯坦专植棉，粮食由西伯利亚接济，乃决定赶速完成是路，翌年兴工。全线自西伯利亚大铁道上之新西伯利亚城，南行经斜米帕拉庭斯克、阿拉木图而至于塔什干，与土耳其斯坦铁路及外里海铁路相衔接，于一九三〇年全部竣工，完成通车。此线环绕我新疆外廊长约七百余公里，作一大规模弧形线之包围，因此新疆形势极为危险，平时既受苏俄之经济侵略，战时复受其武力威胁，一旦风云变化，赤军朝发夕至，伊犁、塔城转瞬即可失陷，以新疆距离中国内地之遥远，交通工具之落后，仅就军事而言，苏俄业已取新疆如囊中物了。

土西铁路完成后，苏俄利用此路，大量运输往来货物，既安全迅速，且运费低廉，较诸中国内地所用之驼运或汽车，一则迟滞而损失多，再则运费大而数量少，优劣之差，不知几千万倍，是以近年来新疆市场完全为苏俄所垄断，与内地商务则一落千丈，其原因即在此。据罗文幹氏视察新疆后所发表之谈话中云："在迪化、吐鲁番、哈密一带，举凡火柴、砂糖、茶叶一类极小之日用品，亦莫不使用俄货。据一般调查，除喀什噶尔一带为英商势力范围外，举凡塔城、伊犁、乌苏、迪化、古城、吐鲁番、哈密及阿山等地均在苏俄商业势力范围之下。新疆之商业及经济权，已经全操在苏俄之手。"而苏俄对于新疆之贸易方法，则更利用其国营资本之雄厚，设有新疆贸易公司，其输入输出，均由苏俄政府统制。购买新疆商民货物时，其货价及汇兑价格，由俄商规定，往往故意将价格降低，从中取利。至于货价之交付，一小部分为新疆本地之纸币，其他一部分则强制卖者收受苏俄之货物。反之，苏俄出售货物于新疆时，则不收受新疆之纸币，而采用以货易货之方法，苏俄以供给者之地位，与新疆之需求者交换货物，其所得利益之多与新疆商人损失之大，适成正比例。

然而苏俄并不以此满足，复于民国二十年哈密发生回变，金树仁向苏俄商购飞机、子弹等军用物品时，遂乘机要求交换条件，结果乃有《新苏临时通商协定》的成立，此协定全文计有七条及四附件（注五）。其要点如左：

（1）新疆与苏俄货物出入及人民往来之边卡，得经过依尔克斯坦、霍尔果斯、巴克图及吉木乃等地。

（2）苏俄准许新疆商民不必经特别许可之手续，有权将新疆各种土货，无限制运入苏俄，售与苏俄国营商业机关。

（3）新疆准许苏俄商业机关及其国民在喀什、伊犁、塔城、阿山、迪化各区，有自行执行交易之权，并得于其地彼此来往之间，有自由往返通行之权。

（4）新疆允许苏俄商务机关及其国民，无论现在或将来，所完纳之关税及其他税款，比诸中国商民，不能有较高或加重情事。

（5）关于发展新疆应用各种机器，如工业、电气、农业、交通等项全部构造之机械，由苏俄完全供给，并担任新疆建设上应用之技师，与施行改良农业、垦牧各事宜。

此协定缔结后不久，迪化发生政变，金树仁被迫下野，马仲英再度入新，于是新省回乱复炽，并且波及天山以南。苏俄乃乘机运用其阴险毒辣的二重政策，即一面对于迪化政变后盛世才主持之省政府，极尽其怀柔笼络之能事，另一面对于天山南北之各地回教徒，竭力刺戟煽惑其作反省政府运动。迄后盛世才于民国二十三年战败马仲英，收复南疆，全疆乱事敉平。而苏俄则仍凭借其地理上之优势，土西铁路之便利，《新苏秘约》之优惠，经济势力之雄厚，依然时时对于新疆当局加以胁迫。据日人三岛康夫在《新疆中心之最近的国际纷争》一文中（注六）所云，则近二三年中苏俄与新疆当局尚缔结有两种密约，第一种是在民国二十三年十月签订的，其内容如下：

（1）苏俄军队得自由出入于新疆。

（2）不论何人侵入新疆省境时，苏俄军与新疆军作协力之防卫。

（3）新疆省设置东方军事学校，以养成青年将校。

（4）苏俄对新疆供给武器弹药。

（5）新疆招聘苏俄最高军事顾问及军事教官。

（6）苏俄对新疆贷与一般建设费九千万元，军事费七千万元，交通建设费五千万元。

（7）苏俄在新疆得设立银行分行，发行纸币。

（8）苏俄在新疆得设置领事馆。

第二种秘密条约是在二十五年一月签订的，其要点如次：

（1）新、苏两政府为维持一切的政治、军事、经济各项建设起见，新疆省政府从苏俄招聘专门技术顾问各五名，设立一专门委员会。

（2）新疆省不许第三国侵入，两政府有协同维持省内治安之责任。

（3）新疆省一切的建设费用，由苏俄政府供给，但不得干涉新疆省之主权。

（4）新疆省施行之一切建设，使用苏俄人材及原料。

（5）新疆省向外方推进之场合，苏俄有协助军事、政治、经济一切之义务。

（6）新疆省之迪化至绥定铁路建设权，让与苏俄政府，十五年后无代价返还新疆省。

（7）新疆省政府独立或建国运动时，苏俄政府得协助之。

（8）军事协定及军事建设，另行规定。

（9）苏俄贷与之建设费额，由专门委员会决定。

（10）本条约自一九三六年一月一日署名后发生效力。

上举二密约，如果属实，则今日之新疆，殆完全在苏俄支配之下，事实上已不啻成为第二外蒙。回念数千年来前人所经营之疆土，行且沦为化外，得之难而失之易，真令人有点不寒而栗了。

四

综计外蒙、新疆两地面积，据《申报年鉴》所载，为三，二五四，四六六平方公里，约占全国总面积四分之一强，在昔为我西北屏蔽，历代经营边疆者，无不视为国防重镇。但自苏俄锐意侵略以来，不但屏蔽国防之作用全失，反而苏俄控制蒙疆有建瓴东下之势，加以"为虎作伥"之"共匪"，迄今尚盘踞陕、甘一带，进则可以勾结苏俄联络蒙疆，扰乱中原，退则可以败窜蒙疆，借道入俄，以谋他日卷土重来，所谓"打通国际路线"之意义即在此。

然而苏俄势力之深入蒙疆，与夫"共匪"之负隅顽抗，尚不止于为我西北边防之一大隐患，实际上更可因苏俄侵略之积极，致引起日俄间之重大冲突。朱希祖先生对于此点，观察极为透辟，他说：

　　……故欲统一亚洲者，蒙古、西域，首为兵事必争之地，欧亚强国，苟欲争霸亚洲，此二处必为最要之战场；然蒙古不过为甲乙二国最初决定胜负之区，而欲控制全亚，与其他各国用兵，必以西域为最要地。吾国新疆，为西域最要区域，吾国得之，足以保障中原，控制蒙古；俄国得之，可以东取中国，南略印度；英国得之，可以囊括中亚细亚，纵断西伯利亚，故在昔英、俄二国，已视此为禁脔，今东方日本雄视亚洲，昔之与俄对峙于南北满者，今因外蒙服属于俄，日本遂攘斥俄于北满之外，以与之对抗。今后俄国苟欲伸其势力于新疆，以巩固漠北蒙古，屏藩西伯利亚，则日本必由内蒙西进，北以控制外蒙，发展其军事之优势，南以屏蔽中国，保持其财政之外府，今察哈尔、绥远，形势仓皇，则知新疆之形势，亦必岌岌。苟俄国之潜势力，由陕北达宁夏，以与外蒙通呼吸，则中国本部与新疆必将隔绝，而陕、甘垂危，建瓴东下，吾国财富之区，必又难保，是则贺兰山与祁连山之间，又将为两大势力必争之地。……（注七）

由此看来，外蒙、新疆之得失，实为吾国安危之所系，故吾国当前急务，首在肃清西北"共匪"，剪除腹心之患，次在急起经营新疆，死守勿失，然后方足以控制外蒙，屏障中原，否则新疆一失，宁夏、绥远、甘肃、陕西、青海五省区，不但将随以俱去，而整个西北，亦将为日俄两帝国主义者铁骑的战场，那时候我国所遭遇的惨祸恐非今日主张重行"联俄容共"者所可想像于万一的了。

（注一）引自本刊二卷三期张希为译《苏俄之现状》

（注二）引自本刊二卷四期谢承平译《苏联与亚洲之工业化》

（注三）请参看本刊一卷十一期拙著《苏俄控制下外蒙古之现势》

（注四）见《蒙古年鉴》政治编蒙古人民共和国外交章

（注五）全文请参看曾问吾著《中国经营西域史》七〇五页

（注六）原文载《外交时报》第七十九卷第三号

（注七）引自《中国经营西域史》朱希祖序文

《国论》（半月刊）

上海国论社

1937 年 2 卷 6 期

（李红权　整理）

察哈尔暴动

《中国人》一卷四期，七月一日

黎回．撰

察哈尔、热河已燃起了自卫战的火焰，其声威之炽烈，大有扫灭敌人及其傀儡之势。在过去二十余日，伪军的继续叛变，各地农民的暴动，使日帝国主义异常感到手脚慌忙。敌人虽企图以极大的恐怖来镇压诸叛变及暴动，但这种抗战运动仍在扩大与深入。毫无疑地，这是抗战救国斗争的一个新阶段，在敌人直接压迫下的中国人民已起来驱逐侵略者了。这也是我们收复失地向敌人的第一个搏击。

这次察省发动最初的还是伪军的觉悟分子。在五月下旬伪军的苏美龙和常子仪部就分别在商都、张北间哗变。不幸苏美龙部廿七日在商都附近被缴械。但常子仪部千余人自廿八日在张北附近百庙滩哗变后，即冲越伪军的戒备东进入热河境内，虽于赤峰、多伦间数度为敌军所败，但于其游击所过的区域，更鼓起了一般人民的反日情绪。以致现在义民抗敌的区域不仅包括察北，连热河也在内了。

察北大规模的暴动同时开始于六月一日，波及的地点有崇礼、张北、南壕堑、商都等处。

崇礼县陶濑庙的抗敌群众由赵祥春、田兴所领导起义，将当地警察缴械并杀死局长王耀光。张北民团将伪军第四师包子宸师部包围缴械，杀死汉奸六人，另一部将乌蓝哈达警署包围缴械，杀死分所长，获枪廿余支。商都抗敌暴动由张仲英领导，参加的有义民、民团、伪军尹宝山部的一部分。二日晚武装民众三四百人袭击张家口外廿五里的托盖拉庙，占领当地警所。

日方对于暴动计划似事前早有所闻，并加紧戒备。张北五月卅日二百余嫌疑犯被捕，九人当被屠杀。事后又迅即派兵出动，故各地的暴动群众都遭了严重的损失。计一日起至九日止，死难者已有二百余人，被捕者亦有八百余人。三日张北七人被枪杀。五日商都尹宝山部排长一名、兵士两名因有联络义民嫌疑被捕枪决。康保县警察局长王勋臣因参加暴动失败出亡，全家六口于六日被杀示众。同日张北东城守城卫军包子宸部一连携械逃亡，在崇礼北郊为日正规军乘钢甲汽车追及，三小时内全数被残杀。

除加紧恐怖，日帝国主义并在各地采取更有效的戒备。最初一周嘉卜寺、承德间日机载送军官往来如梭。特务机关奉日军命令注意各公务人员，其家属状况，及个人交际。伪军兵士除酌增军饷外，并立即互相换防，使与原驻地人民隔绝，军官团长以上均置日人一名监视。八日日伪高级军官集议嘉卜寺，决定以下"维持治安"方策：（一）严密检查出境、入境行旅。商民出境须有两家铺保，呈请军政机关核准放行，入境者到达后向当地军政机关报告详确住址。（二）严查民间枪支，限十日内一律报验，逾期经告发查出立刻枪决。（三）清查户口，凡亲朋留宿，应立时向官厅报告，否则予以拘役处分，倘所留亲友稍有可疑，亦受同等处分。（四）旅店住客纵有铺保，如逾十日亦须勒令出境。（五）各地军政机关须多雇侦探，分赴各乡村侦察人民行动。（六）各乡村村长、副村长负监督本乡村民众行动全责，遇有可疑者应立即报告军政机关，否则一经他人检举，村长、副村长应受同等处分。（七）派侦探潜赴邻近各县侦察军情，随时报告。（八）七月一日起取消察盟公署，各县行政直属军政府，各军一概改称蒙古军。

但是，恐怖侦察、讨伐并没有消灭察北人民的起义，恰恰相反，这种运动正在普遍地高涨。六月十日绿林豪客李英领导四千余人将宝昌、沽源南部各村全部占领。这一部系从热河丰宁县的黑河川一带发动，察其行踪系向西南推进，与崇礼、张北等地义民的行动相呼应。另外还有一批多系蒙古民众，由拉王松爹〔爷〕所领导，正由后草地取道滦江向南直趋傀儡德王军政府驻地嘉卜寺，有与李英会师于长城以北张北、崇礼一带之势。如此日方兵力现在已不能集中镇压义民，而各处的小群游击队伍虽经挫折之后仍得活跃。商都的张仲英一部已扩大至一千余人，正计划攻取尚义与商都。邢自强、唐卓群的一部曾于七日占领崇礼，现虽被敌军驱出该城，但在乡村间仍能与敌军对峙。汉奸尹宝山所部十三日在商都附近续有叛变。最后消息，承德日伪军已奉命西开，增援多伦，准备南进围攻察哈尔人民自卫军（义民自己的称呼）。李英部已扩大至五千余人，张海丰所部由围场趋多伦，多伦、沽源间公路交通中断。德王所部十八日在嘉卜寺、沽源间与人民自卫军交战，其中二团向后者投降，并将公路交通断绝。二十一日尹宝山部又有百余人在商都城外叛变，城内纷扰，被捕者甚多，即在冀东方面早于五月十三日，古北口即发现义军，将当地四十二名伪警缴械。最近怀柔、顺义已有小部义军活动，很使敌人及傀儡感得头痛。据一般统计，察、热、冀东的义军约三万人。

我们很有理由相信这次察、热、冀东武装斗争是当地抗战群众有计划组织的行动。据报，五月中，察北各地即有以李庭芳为首组织复土人民自卫军的酝酿。而蒙古王公且曾在嘉卜寺集议，想进行劝谏德王，不幸为敌人所察觉，全体被捕。现在并听说察北各盟旗又有另组抗敌联防自治军之说，其司令部即设于达王府。

这次运动一开始就是联合战线的形式。蒙人、汉人，伪组织的官吏、军官、士兵，蒙汉的工农都联合起来反抗共同的敌人和压迫者。除开丧心病狂不知爱国的少数汉奸外，每个感到压迫和剥削的都在真正携手驱除仇敌收复失地。甚至于这种联合战线还扩大及于日本人民。两大队日骑兵在多伦的喇嘛庙反抗镇压中国义民的命令，突于日前哗变，杀死日宪兵队长池田及高松，向日军部袭击，但不幸被承德日军驰往包围缴械。这次日军的叛变虽然失败，但由此足见日本士兵是反对军部的侵略政策的，而对于我们的抗战极为有利。日本的士兵都是贫苦工农出身，其本身利益是与黩武主义相反的，一朝获得机会与了解，定能与反抗侵略者的中国群众取共同行动。

去年绥远抗战证明我们力能保卫国土抵抗侵略。察北的现状给我们收复失地的机会。我们是不是不应当立即动员，援助我们察北兄弟们的斗争，进行将敌人赶出去的第一个步骤呢？

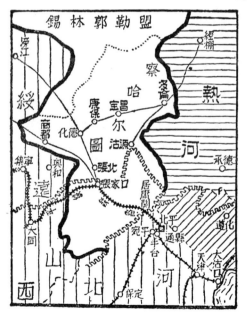

察北形势图（敬之）

《中国呼声》（半月刊）

上海东方出版社

1937 年 2 卷 13

（李红权　整理）

察北民变

作者不详

自古以来，"得民心者昌，失民心者败"，这不啻是一个历史的法则。我们最近看到关于察北民变的消息与报告，更可明白这个历史的法则是不错的。

察北六县自从沦陷于为某方傀儡的匪伪势力以后，一般民众，莫不忍气吞声，同仇共愤。加以匪伪为虎作伥，变本加厉，对于民众，横征暴敛，并将当地教育、文物摧毁殆尽，由是民怨更为沸腾。不宁唯是，今年春季，农村遭受旱荒，猩红热病流行，人口牲畜，死亡颇重，人民不堪其苦，而某方近又计画对人民之财产、牲畜数目，以及人口、年龄，加以缜密之调查，民众益感此后生命财产有难以保全之忧，于是察北各县纷起民变，人民与当地军队及公安机关发生严重冲突（参观六月八日《申报》万全通信）。最近消息，张北各城门已换某国兵把守，人民出入，皆须觅保，否则拘押，尤足见该处情势严重之一斑。

依察北这种严重的情势而论，匪伪因失民心而必然失败，那是很显然的。不过今后的问题却是在（一）我们如何使察省未失的各县，变成人民的乐土，以加强一般民众抗敌的力量，而杜汉奸活动与扰乱的余地；（二）如何以绵密切实的计画将已失的察北六县完全收回，以救六县在水深火热中的民众。

关于第一个问题，最主要的是察省当局须"视民如伤"，将苛捐杂税尽量减少，以轻人民的负担；保障地方治安，增加人民安居乐业的生趣。盖非此不足以得民心，更不足以增加人民抗御外侮的力量。这一点的关系，非常重大，深望察省当局切实注意。其次，第二个问题，自非察省当局所可单独解决，故我们惟有希望中央与察省当局共同努力，在最近期间，把这个问题解决。否则即使匪伪失败，如果某方自己出场，压迫六县的民众，则六县民众的痛苦，仍然是解除不了的。

以上两个问题都与解除民众痛苦以及恢复领土主权有深切的关系，深望中央当局，决定办法，指示察北当局实施，以增进察省的民生并使察北民众早出水火而登于衽席之上。

《申报每周增刊》

上海申报周刊社

1937 年 2 卷 23 期

（刘哲　整理）

绥远的战局

季矜　撰

傅作义将军说："一般人以为绥省剿匪战事已终止，认为匪敌放弃犯缓〔绥〕企图，实属错误。须知侵缓〔绥〕是匪敌多年一贯政策，岂肯轻易罢手，并须知敌人所用手段，一次比一次毒辣凶猛，今年比去年危险更多。在去年因敌想用威吓方法即可达到目的，现在敌知非用真正力量不能成功，故刻正忙于改编训练匪部计划，准备一切，以图再犯，无一不在积极进行中。我们必须迎上前去，充实力量，准备梃〔挺〕战。"（中央社缓〔绥〕远十六日电）

绥远不是太平无事，绥远的战事也决不能就此完结。然而现在却沉寂了。但是沉寂的却只是国内这方面，至于匪伪内部则不沉寂，一月以来敌人在绥远方面积极备战。上月十二日上海《新闻报》载，某方决调伪满军三师加入绥东前线，业于四、五两日开始动员。接着察北宝昌即由多伦开到伪满军一师，化德也开到伪满军一部，约一个联队之多，贝子庙也开到一千多人，南壕堑方面，更是逐日都有增加，这还不过是关于军队的增调。至于粮食、军火，也是大量运输，察北各县民间的粮食俱被搜括净尽，单是康保一县，被征荞麦面粉至二万斤之多。据报载运往察北的面粉，总数达数千袋，而囤积在宝昌、商都的更不计其数。上月十三日由敌人运到察北的弹药、毒瓦斯十三顿〔吨〕，陆炮十二门，陆炮零件一车。十四日宝昌至商都的道上有坦克车、装甲车四十余辆。十六日敌人在天津订购汽油二十万箱，分批运往察北。十八日运抵嘉卜寺的弹药、汽油十六七车。十九日察北某方汽油，大批运往前方，其他由各地零星运往前方的，还不计其数。本月初间由张北、平地泉等地传来的消息，更是紧张得很，匪敌在各地配置的军队无虑数百人。

正如傅将军所说，今年比去年更要危险，诚〔详〕加检讨，不难明白。

第一，侵绥是敌人的一贯政策。田中的奏折曾说："要征服支那，必先征服满蒙。"松室孝良的密文件中也有这们〔么〕一段话："依帝国大陆政策的满蒙主义，则在占领满洲之后，应继续图蒙，我国对之势在必得，而且帝国已不断努力以取得蒙古。"从东三省失陷以后，敌人侵入热河，强占察北，现在只剩这绥远一隅，还在我国掌握，依它既定的策略，这区区一隅，也决不肯放松。

第二，"不流血而占据华北"也是敌人一贯的企图。它们怎样运用这不流血的方法呢？它曾包庇冀东奸徒，使之成立伪组织，又在它的威逼之下，成立冀察政权，更不断的努力，想强化冀察政权。这关于政权的，破坏我国主权的完整，走私事件日益猖獗，我国脆弱的经济机构感受极大威胁，岌岌可危。它更高唱经济合作的老调，以为乘机攫取经济利益的企图。假使它顺利的实行它的策略，我国主权的完整既经破坏，经济命脉又在它的缩握，它岂不就不流血而攫取以去吗？

但是绥远的侵略却受了一大打击。百灵庙一败，接着又是大庙一败，匪伪的力量不足恃，不足以施展它的计划，它不会就此罢手。所以近来所传的完全是它如何配置实力，如何屯积军实，然而这还只是表面的。傅将军说它还要用真正力量，的确，或者它要它自己的力量呢，这岂不是今年比去年更危险吗？

我们怎样对付呢？傅将军说："我们必须迎上前去。"我们以往总是东来东应，西来西档〔挡〕，只以守为策略，部分应付，以守为策，失地永远莫想收回。何况敌人一次比一次利害，能够守得住否，还是问题。部分应付，分散了自己力量，正中敌人的诡计，这两样都是下策。陈诚氏说过："在察北未收之前，不能将匪伪扰绥之根据地铲除，则随时均有来扰之可能。中央对于绥东匪伪原有整个计划与一定步骤，不仅绥省境内应予肃清，为求绥东安全计，即匪伪作为扰乱绥东的根据的匪巢察北，亦非收回不可，不然绥东、绥北必永无宁日。"（中央社绥远一月三十一日电）由陈氏所说，我们的目标不应仅注于绥远一隅，我们应用力量捣毁扰乱我们的巢穴。察北是扰乱绥远的根据，固然应该收回，而作为扰乱察北的根据的，也必须收回。而推而言之，凡足以扰乱我们，都要铲除。如此，我们的目标应是收回全部失地。不然，不只绥东、绥北我无宁日，我们整个国家永无宁日，所以我们必顷〔须〕迎上前去。而我们之迎上前去，决不是等候敌人来攻，方始上前，我们要反守为攻。从此以后，不再是仅仅保守这破碎的版图，是要发挥我们的力量，极力收复失地，补完这破碎的版图。

《现代读物》（月刊）

重庆现代读物社

1937 年 2 卷 27 期

（李红权　整理）

绥远国民兵训练的概述

徐裕楠　撰

自去岁绥战发生以后，"中华民国万岁"雄壮的吼声发动着卫国的枪炮声，充满了整个的绥远大地上，在那里已燃着了中华民族奋起的火炬。这个战争引起了全国同胞的兴奋，震动了世界列强的注意，中华民族复兴正在怒吼着。不幸"西安事变"的发生，战事不得不暂时入停顿的状态，但是表面上战争虽暂时停止，而实际方面绥远仍旧在那里积极做团结御侮的工作，尤以国民兵的训练，更是值得我们应该注意的一件事。

去岁绥东与伪匪一战，很明显的昭示我们，惟有民众的武力，才可保卫国土，惟有民众组织起来，才可抵抗外侮，才可以挫折敌人的野心。绥远人士，早已认识了这一点，所以两年以来，绥省因为环境特殊，对于组织民众、训练壮丁，可谓不遗余力。先有乡村工作指导员训练所的成立，对于组织民众的工作有很大的成功，自伪匪进扰后，这种工作，更深刻的增加了他的重要性。

去岁十月间，省府召开第一次保安会议时，曾议决关于"保甲"、"后备队"、"服务队"之工作与训练，由省乡建会负责办理，令各县、局一律自二十五年十二月一日实施训练。至本年四月十五日截止，其训练时期，除放假日外，共计四个月，训练完毕时，省府备有五千元之奖金，并派大批军官赴各县施行乡单位之普遍检阅。结果，各县、局之公务人员，对于这件工作，大都彻底明了，都肯脚踏实地去积极办理，所以大都获得很好的成绩，惟有一二县因特殊关系，故成绩较逊耳。今将此次训练之概况分述于下。

一　全省国民兵训练实况

1. 全省应受训后备队兵总数，共为三十五万零九百七十三名。
2. 全省实受训之国民兵，共为十八万九千九百五十二名。
3. 各县局普遍开始训练日期，在廿五年十二月十日左右。
4. 全省施训乡镇，计有一千一百四十一乡镇。
5. 全省国民兵学术科普遍之进度，已达二十五年度冬间国民兵学术科之预定四分之三。

二　全省国民兵训练之结果

此次训练结果，全省总共取了七十四个优胜乡。关于奖金之分配，为求公允起见，特规定分配标准如下：

1. 以全县所得之奖金总额之百分之七十给予壮丁。
2. 以全县所得奖金之总额之百分之二十给予各乡干部。
3. 以全县所得奖金总额之百分之十，作为考列前三名壮丁个人奖金。
4. 各乡干部如无显著成绩时，得将该项奖金归并于壮丁奖金内。

三　征集壮丁之实施办法

1. 各县局征集常备兵时，须依照派定额数征集，一概不许加征。

2. 各县、局按照所派之额数，公平分派于各乡镇长、乡导员，依下列标准严格选拔，依限送县：一、身体强健、毫无宿疾者，二、在本乡镇家质较富裕者，三、同胞在二人以上者。

3. 各乡镇长、乡导员接到征集命令后，应即招集间邻长会议，宣布本乡镇应征之额数，并按前条征集标准公平选拔，以决定应征之壮丁。

4. 各乡镇长、乡导员对于征集常备兵应绝对负责，故于挑选之初，必认真选拔公民派定，不准徇私或舞弊，违者严惩。

5. 所有选拔定之壮丁，应即按期到乡镇公所报到，听候派送，一概不准借故推诿，或有其他规避行为，违者严惩。

6. 选拔定之壮丁，如认自己不应被征而强行选定时，准其于征集限期半月前提出理由申诉，于县、局保安分处核办，但所诉被驳斥时，不特仍须应征，并得酌情予以惩处。

7. 各县、局保安分处派定壮丁各节后，应责成自治指导员巡回视导考查，所拔选之壮丁是否按照标准公平选拔，有无不合格或其他舞弊情事，以期预为指正，而免临时发生纠纷。

8. 各团于区团部接到征集命令后，应按所辖各县区距离之远近，规定各县、局在集合之日期，并自行通知之。

9. 各团管区团部于征集限期前，应派征验长官前往各县、局复验，并按距县之远近次第启程，期于各乡壮丁同日到县。

10. 各征验长官到县后，应会同县、局保安分处，依照征集标准，举行复验，如有不合格者，当面通知县、局保安分处责成原乡镇限期补换，并将其不合格者之姓名、乡别及不合格之原因，分别记明，于回团后，一并呈报。

11. 全县壮丁验毕后，由县、局保安分处造具名簿，并派员携带协同征验长官护送回营。

12. 各县保安分处及团派征验长官，对于壮丁之征验，应共同负责，并于征验完毕后，应将征验情形分别递报国民兵司令部备查。

13. 各县、局壮丁入营后，由团部派定军医人员重行检验，如有不合〈格〉者，着即剔除，并为剔除原因及数目具函点交县、局保安分处之派员带领回县，于十日内如数补征。

14. 所有征集入营之壮丁，既经军医检查编队后，一概不准剔除，尔后虽有发生病状，不堪受训，则只准开除，不准补征。

15. 各团管区团部，应将征验官长在县征验之情形，与回团后，军医检查之情形及剔除之原因，详细呈报司令部核办。

16. 所有被剔除之壮丁，除系宿疾非军医人员不能验出，免予议处外，其他一切原因应照下列之规定，分别惩处之：一、在县征验时［除］剔除之壮丁，以乡镇长、乡导员不负责任，即处罚乡镇长、乡导员。二、入营后经团检验剔除之壮丁，以县、局保安分处及团派征验官长不负责任，即处罚分处长及征验官长。

17. 关于办理征集人员之惩处，除前条规定外，如有违误限期，或其他顶替舞弊情事者，亦应查明责任，分别处之。

18. 本办法除递转各级有关人员遵照外，并由县、局保安分处择要布告于各乡镇，并责成乡导员、小学教员剀切解释，务使家喻户晓，免除一切规避心理。

19. 本办法如有未尽事宜，准由各级承办人员，申述理由，经审核后，以命令修正之。

20. 本办法自公布之日施行。

本省壮丁训练的实施，与其说是增进人民自卫能力，毋宁说是培植人民国家观念，当伪匪犯境紧张、绥边挺战剧烈之时，在战区内的壮丁们，都能不顾一切和敌人拼命嘶〔厮〕杀，如兴和、陶林、武川等县的壮丁在挺战期间，皆曾表现过壮烈的战迹

〔绩〕，而为民族抗战史中增加了光荣的一页。

总而言之，这次施训的结果，我们就事实来估计，至少有下列几点的收获：

（一）各县、局的壮丁，过去都没有受过教育的洗礼，他们的性情多半是粗野的，经过这一回的训练，他们对于一切浅近学识，已能相当明了，待人接物也都能懂得一点礼节。

（二）一旦遇有事故，政府下令集合各壮丁，当能迅速到齐。

（三）各壮丁多已领悟政府征训原意，训练时，当不感有若何困难。

（四）各壮丁经过这次训练，最低限度已具有消灭小股土匪及警卫乡土的能力。

（五）各壮丁俱已深明自卫真意，乡间匪类从此可告灭迹。

但是国民兵的训练，在绥远亦曾发生过若干的困难问题，概括来说有下列数点：

一、本省地瘠民贫，村落涣散，人民终年在灾荒的阵营里度着艰苦的生活，他们颠沛流离，迁从〔徙〕无常，佣工于人者，雇主多不许参加受训，而富家子弟则又恃势拒训，这是人数不能激增的主因。

二、各乡干部虽均由常备队退伍队兵充任，但是他们多半目不识丁，军事常识极其低薄，口令既不正确，操练姿势，也不能够完全一致，尤其是精神训练，一次整个没有去做，此皆亟应改进者。

迩来绥事似已沉寂，然阴云暗集，殷忧正多，国人万勿以一时之胜利而自喜，观敌人谋我之志，并未稍馁，国人益应切实团结起来，整饬军武，振新阵容，杀敌致果，是为良策，望国人淬励奋勉是幸。

《边疆》（半月刊）

南京边疆半月刊社

1937 年 3 卷 1、2 期合刊

（李红权　整理）

由绥远战事说到战时财政问题

——在本校纪念周讲演

曹汉贤　讲演

这几天各种报纸，用很大的字标题，以很多的篇幅记载，记载的是什么？都是关于绥远边疆的战事！都是关系中华民族生死存亡的消息！

我们回想，自九一八事变以来，我们民族的敌人，抢夺了我们的东三省，侵占了我们的热河和长城各口，更在冀东树立了伪自治组织。最近，他更进一步的向我们政府提出无理的要求，想不费力的并吞华北五省；因为计不得逞，现在他又疯狂似的驱使伪匪，侵犯绥边，这一切，很明白的告诉我们：现在中日的关系又到了一个新的阶段！远东的风云又到了一个新的局面！

为什么说，现在的中日关系到了新阶段呢？我们可以从两方面观察：

第一从日本方面看：过去，日本侵略我们的方式是用经济手段，譬如走私漏税，收买华商纱厂，华北经济合作等等皆是；过去，日本想灭中国的途径，是由外交谈判，一面利诱，一面威逼，使我们政府总受它的无理要求，譬如，《上海协定》，《塘沽协定》，《何梅协定》，以至最近关于华北的五项要求，都是想用外交来亡中国的！

可是现在，它觉得经济侵略收效太慢，不能囊括而尽；外交谈判，讨价还价，不能逞心满意，所以它现在要更进一步，采取更有效更凶狠的办法来加速度的灭亡中国，这就是说，他现在要用武力进攻中国！他现在要用飞机大炮抢夺我们的土地，残杀我们中国人民！

其次我们再从中国方面看：在过去，中国对于日本帝国主义的狂暴行为，只是以不抵抗主义来还复，希望国联来干涉，希望英、美来帮忙，我们过去是一面交涉，一面抵抗；我们过去是长期抵抗，是"睦邻"、"亲善"，可是到了今天，却大大的不同了；我们大家都认识了，中华民族到了今天，已经是在生死存亡一发千钧的最后关头！伟大的中国要继续生存也在这个时候，要永久灭亡也在这个时候！我们四万万五千万同胞，要做主人也在这个时候，要做奴隶也在这个时候！

诸位，不看见么？这几天绥远的将士在冰天雪地里英勇杀敌，高级军事长官如阎锡山、傅作义诸将领，毁家纾难，南京国民政府通电领导，全国捐薪输将。我们再看，各地民众救国运动不是风起云涌么？南京有张默君女士组织妇女救国会，北平学生下乡宣传，扩大募捐，甚至在这里——长沙学生界也有前方将士后援会的组织，这一切的事实都很明显的说明了，现时我们中国人，上自政府，下至人民，都同仇敌忾，都看清前途，我们要救亡，只有抗敌！！！我们要抗敌，只有拿铁和血！！！我们只有自己武装起来团结起来，才可以抵御敌人的疯狂侵略！！！我们只有拿血和肉才可以挽救中华民族的危机！！！

根据这两方面的观察：一方面，日本灭亡中国的方法，已经从无形的和平的方式，进而采取更露骨更残酷的手段——武力。同时中国方面，也从退让的屈辱的应付，一变而有勇敢的抵抗的〔的〕决心。所以我说，中日的关系又到了一个新的阶段。

诚然，一九三六年的远东危机，现在正在开展，中华民族的伟大的神圣的解放战争，现在正在发动。中日的战事，无法可以避免；并且在不久的将来，有更猛烈更扩大的可能。可是诸位要晓得，我们所希望的是从这次战争找出一条生路而不是一条死路。换句话说：我们要有胜利的战争而不是失败的战争。然而如何才能保证战争的胜利呢？这要靠三个条件：第一要有人，荷枪实弹冲锋陷阵的人。第二要有军需，攻城杀敌坚强犀利的军器。第三要有钱，给养士兵购买军械的钱。拿破仑曾经说：打胜仗的条件，第一是钱，第二是钱，第三还是钱！

不幸得很，谈到钱，中国所苦的偏偏是没钱，现时中国的财政可算到了山穷水尽之境，既无源可开，也无流可节，即就平时而论，平均每月支出不敷约有二千四百万元之多，寅吃卯量〔粮〕，完全是借债度日，哪里还有钱来打仗？这就是〔是就〕中央财政收支现状而言，假使我们再看中国财政收入的来源，则关税、盐税、统税三项，约占总收入百分之七十以上，而这些税又都是消费税，消费税是有递减性的，税率提高，消费减少，并且这三种税都在沿海之区，一旦战事发生，海口必被敌人封锁，进出口贸易简直不能继续，即使有货进出，关税权亦无从行使，因为横蛮的敌人，可以照例用武力包庇走私，甚至攫夺我们的关税收入。至于盐税，则我国产盐区域，多在沿海一带，如长芦、山东、两淮、两浙、福建、广东等皆是，以其产量而言，约占全国总产量百分之七十以上，而这几处的收入，约占全国盐收入总额百分之四十有余（辽宁、长芦已在敌人掌握之中，尚不计算在内），将来战事扩大，沿海各区变成战区，盐税的收入，也无法保持。其次再说统税，我们中国所采取的是就厂征收制，而我国工厂的分布又多集中在沿海沿江各地，将来战事发生，上海、天津、汉口等地，必受军事威胁，或因工商停滞生产减少，因此统税的收入，亦复难于乐观。以这样罗掘俱穷走头〔投〕无路的财政，要想应付这种非常庞大的战费，无疑的是此路不通。

然而战争的威胁已经迫在眉睫，敌人逼得我们不得不战，而我们已经调动大兵，开始和敌人作战，这就是说，不论财政的收入如何拮据，这笔巨额的战费，却无法可以避免。

那么，究竟我们能不能，或有没有办法筹出这笔巨额的支出呢？我可以肯定的回答说：有！

第一，加税办法在哪里呢？战时人民激于爱国的热忱，尚且牺牲性命，遑论钱财，所以战时加税，如果不过度，是不致引起人民的反感，并且增加租税即是减少人民收益；收益短少，消费自减。人民消费减少，直接就是节省物力，间接就是增加战斗力。所以凡非日用必需消耗都应加税。

加税的方法有二：一种是提高原有税率。譬如（1）奢侈品，平时值百抽五，现在改抽百分之十；（2）增加娱乐捐，例如平时戏票一元抽取五分，现在改抽一角。在战争的时期还用奢侈品，还能享乐，必定也能胜任更多的负担，并且提高税率，还可限制人民不必要的消耗，而把金钱省下来，购买公债，捐款输将。（3）邮费加价，寄邮是不会因战争而减少的，所以如果我们加价，一定可以担保收入的增加，何况我国过去已经加价数次，难道到了非常时期反不可以加价么？

第二种方法是降低起税点或免税点，譬如现行所得税规定薪俸所得由三十元起征，三十元以下免税，我们到了战时可以降低起税点，即由二十元起征。

复次，我们更可将上列二法同时并用，譬如所得税，一方面减低起税点，由二十元开征，一方面提高税率，即现在百元以内者征收百分之一，将来战时可增收百分之二。

第二，创设新税以我国现况而论，我们可以创设的新税，约有下列数种：

1.　兵役税　　中国现在行的是募兵制，当兵的只有穷人，富人是不屑从军的。因为中国有一种传统观念，以为"好铁不打钉，好男不当兵"，固然，当兵而从事内战，的确是一件可耻的事。然而为了保卫国家的生存，抵抗强暴的外寇，当兵便是每个国民的义务，而且是最光荣最伟大的义务，所以在这非常时期，政府应行征兵制度，强制人人服兵〈役〉，如果不愿服兵役，必须拿金钱来代替兵役，换句话说，就是缴纳一种兵役税。这种办法，既合于"贫者出力，富者出钱"的原则，又可增加国家的收入，所以我主张行兵役税。

2.　战时溢利税　　当战争时期有一部分人可以乘机获利，如军火商以及其他军用品之供给者，因为战时需要增加，物价飞腾，获利倍于寻常，可是同时另外一部分人则牺牲性命，倾家荡产，而他们反可获得过分的利益，这是很不公平的，所以我主张应由政府设立战时溢利税，抽取一部或全部的超额盈利，以充战费的支出。征收的方法是先计算战前三年的平均利得，然后与战时利得相比较，如果后者多于前者，则抽取其溢额之若干成。设若前三年是不景气或亏本，那就以战前五年的盈利平均计算。

3.　遗产税　　遗产制度养成子女的依赖性，增加社会的寄生物，即在平时，依经济原理，亦当废止。现在这个自轩辕、文武、周公、孔子几千年遗传下来的伟大遗产——中华民族，已经到了生死关头，我们应当牺牲个人的遗产，来保护四万万同胞共同的更大的遗产。所以我主张，在这非常时期应当征收遗产税，甚至废止遗产，将所有遗产，拨充战费。

4.　土地增加〔价〕税　　因为交通发达，人口增加，以及其他社会影响，而土地增价。这种增价是由于外力的促成，不是由于自己劳力或投资的增加。这是不劳而获，应归社会公有，所以应由国家征收其所增价值之一部或全部。有人说：我国可以增价的土地多在沿海沿江、通都大邑，而这些沿海之区，到了战时必遭蹂躏，因此认为土地增价税徒劳无补。其实正因为这些大城市的危险，反促成向来不被人重视的价格很低的乡僻内地，变为奇货可居，价格高涨。譬如最近政府拟在湘乡、湘潭一带建设重工业，因此该处地价陡涨。又如本校附近岳麓山一带田地，因清华学校南迁，地价增加数倍，这就是说明国防前线各地的危急，造成内地地价的增加，因之，中国土地增价的事实不但不会减少，反会随着国难的严重而加多，所以我主张施行土地增价税。

第三，借债有许多人估计借债是不可能的。他们的理由，以为中国的存亡已在不可知之数，外国的资本家决不肯冒险投资，因之外债借不到。其次，本国人民在战争时期，必将资金敛藏，同时，政府收入减少，更无确实基金以为担保，因之战时举借内债亦是缘木求鱼！

但据我的观察并不这样悲观。

第一战时借外债，政治的意义较大，安全的要素在其次。我们很可利用帝国主义者间的内在矛盾，设法通融借款。

第二战时我们所需要的是物力，不一定是金钱。资本主义国生产过剩，哪有不乘机销货？所以我以为在战时可向下列各处借外债：

1. 中立国家——如英、美、法（意、德是我们敌人的同盟者，当然除外）；

2. 以平等待我之民族——如苏俄；

3. 弱小民族——如南美、中欧、亚洲各国。

当日本侵略华北的时候，英、美利益受了威胁，他们就急切的以经济扶助中国，如币制改革、信用借款等，固然他们企图在日本全部并吞中国以前，攫取中国财政金融的命脉，但他同时也是为了巩固中国政府，间接抵抗日本的迈进。现在如果日本实行军事侵占中国，英、美为了自身利益，纵不能派兵直接干涉，亦必给予我们以经济帮助。至于苏俄，我们可以看西班牙的先例。苏联给予西班牙政府以很大的接济，在金钱上，有俄国工人的大宗捐款，在军需上有俄船运送飞机、子弹。何况日本并华是她不可忽视的威胁？所以在战时，苏联为"主义"，为自身利害，我相信是可以向他借物力，求接济。

其次，弱小民族，虽然财力不足，但是总有若干出产，他们不能借以金钱，也可助以物力。

以上是说明借外债有可能性。其次我们再论内债，我以为也有可能。因为这时我们可以利用国民爱国心，鼓励他们买内债。如果说爱国两个字，不能激动有钱人的良心，我们可以实行外汇统制政策，禁止资金外流，人民的余资既不能外逃，又没有存放的安全所在，那时只有购买公债，还可以保本生利。假使说这种方法还不够，我们可以采取更有效的办法，就是由国家发行债票，按照存款的数目，分给各银行，各银行以此债票偿还各存户，同时所有各存户的存款都移转于国家，这样人民的余金，尽归国家掌握之中，或投资于生产事业，或购买公债，悉由国家支配。这样，还怕发行内债不可能吗？

不但如此，除了举债以外，我们还有一种办法，就是停止内外债的支付，以减轻国家的岁出。当欧战时，我们因为参战原因，停付赔款五年。这次为了非常巨变，我们更有理由可以要求外债停付。至于内债债权人，既是中国人，当然可以为中华民族的解放而牺牲，所以内外债的停付，也是不成问题。按我国岁出预算，以军务费、债务费为最多，债务费占岁出总额百分之三十以上。如果我们停止内外债的支付，一共可省二万万五千万元以上。把这笔款项拨充战费，岂不美哉？

第四，通货膨胀关于通货鼓胀，国内学者议论纷纭，有主张者，有反对者，据我的意思，觉得通货膨胀，虽有许多流弊，但非绝对不可采取。因为：

第一从事实上看，通货膨胀在战时是无法可以避免的。因为战事一爆发，紧急动员，一息间需要巨额的费用，一般国家除了动用非常准备金外，必得向中央银行借款，而增发纸币，我们看欧战时，英、法、德各国哪一个能避免的？

第二从经济上说，当战事发生，社会上的货币支付益繁，生产流通的过程加速。如果不增发纸币，社会上必呈紧缩现象，人人感于筹码不足，物物周转不便。

第三从方法上说，假使施行通货膨胀时，能够适应社会的需要，有限制而不过度，则其危险是可以避免的。所以我认为我们所要讨论的不是行不行通货膨胀的问题，而是如何施行通货膨胀的方法问题。

通货膨胀究竟能使国家增加多少收入呢？这有两种估计，第一按照中国现有之现金准备计算：今年九月一日发行准备管理委员会第九次检查公告，中央、中国、交通三行合计发行总额为八万七千九百八十五万元，内现金准备五万七千九百零五万元，约当总额百分之六六。此外中国农民银行有现金约六千万元，广东法币管理委员会有现金九千万元，再与中、中、交合并计算，中国有现金准备约共七亿三千万。

若由七成改为四成，可增发纸币六万万元。

第二按中国存银计算，据凯能氏估计，中国所有的白银存量有二三亿元，现时政府集中的白银仅占全额三分之一，如果再使人民将存银缴纳政府，集中至十亿之多，而以十成计算，便可发行纸币一百亿元。现时中国所有之发行额，以中、中、交、中国农民银行、广东省行合计，约共十二亿元。如与百亿相较，便可多得八十八亿元。

第五，改善财务行政　现时中国财政征收费用极大，而且因为营私舞弊、包庇漏税种种关系，国家税收并未完全缴入国库，故现时政府应当从速整顿收税机关，改良征税手续，实行新式会计制度，励行审核稽察，同时由人民严密监督，这样，财务行政费用减少，而国家税收亦可增加。

第六，减缩政务费　中国每年最大的岁出，除军务费、债务费外，即为政务费，我们到了战时，如把一切薪金和公费，减成发给，仅支生活维持费，便可节省政府许多开支，而战费又多了一笔来源。

第七，自由募捐　每人出钱有限，但积少可以成多，集腋可以成裘，阎锡山捐产七八十万，傅作义捐助五万，以我中国阔人之多，如果大家天良发现，捐资助战，为数岂可小视。我们看浙江慈溪县寡妇陈氏，愤于丈夫被日人杀死，一闻绥警，竟此自杀，并将家产十二万元捐助前方将士为抗敌之用。我相信将来战事展开，毁家纾难的人，决不在少数。所以我认为自由捐款也是筹集战费的方法之一。

第八，没收汉奸、敌人之财产　如果以上各种办法，还嫌不够，我们更可以（1）没收一切汉奸的财产。（2）没收敌人在中国的一切财产，如工厂、商店、银行、矿产等拨充作战经费。在这一点，我更主张中国政府应公开对日宣战，以便行使这种手段。同时引起世界的严重注意，造成对日不利的国际环境。

总之，我国财政虽支离破碎不堪，但到战争时期，我们仍可从无办法之中找出办法。换句话说就是，吾人当前的问题，不是财政问题，而是我们有无抗敌决心的问题。我们如果决心抗敌，财政自有办法，我们如果没有抗敌决心，则虽财政有办法，中华民族的存亡仍然是问题。

我因为这几天，国难愈趋严重，相信大家一定看了报纸，一定都很愤恨敌人的跋扈，都很痛心国家的危亡。我同时更相信，我们大家都有为国努力的愿心，抗敌救亡的意志，所以我今天特地提出一个关于民族战争最重要的财政问题，来和诸位讨论，使得我们大家：

——认识这次战事的重要性！

——明了这次战事持续的可能性！

同时我把研究的结果供献给大家：

——作为我们救亡工作的准备！

——作为我们参加抗敌的起点！

完了！

六，十二，一九三六

附言：

【一】由租税设法增加收入，收效迂缓，且其负担，人民易于感觉。何况中国今日苛捐杂税，小民已不胜其扰，故加税时，应权衡缓急，分别轻重，筹〔免〕使人民发生不良影响。至于创设新税一层，麻烦费时，政府更宜及早筹备，以免临事慌张。

【二】发行公债，利息不宜过高。否则无钱者在前方作战，而有钱者反可安居后方，坐享厚利，于理殊为不当，故公债发行，宜以低利为原则。

【三】通货膨胀，固不失为筹集战费之一法，但为避筹〔免〕流弊计，应采下列设施：（1）使中央银行与政府分开——借以杜绝滥发，而巩固人民对于银行之信用；（2）统一发行——一切普通银行以及各省各地方银行，一律停止发钞，盖不如是，即不能明了通货流通额之多寡，因之发行机关遂无从控制发行以应需要。（3）停止使用硬货——战时纸币变成不兑换纸币，若与硬货并用，则必发生贴水现象，扰乱金融，为害甚大，故战时应由国家集中金银，停止硬货流通。此事我国现已做到，但今夏财政当局复有重铸银币之说，故特提及以供参考。

　　　　　　　　　　　十五，十二，三六，岳麓山

《湖南大学季刊》

长沙湖南大学学生自治会

1937 年 3 卷 1 期

（李红权　整理）

国防前线之绥远保卫团

孟武　撰

绥远保卫团的重要性

自东四省相继沦陷，冀东、察北伪自治问题掀动以后，塞北的风云也就日趋紧张起来。在某方这种加速的侵略下，于是长城以北的绥远，便成了我国国防前线最重要的一道防线。

某方在华北实施大陆封锁政策的狠毒封锁线，就是以绥远为中心，去年十一月绥远抗战的胜利，完全打破了某方大陆封锁政策的迷梦，而这次被认为"超军事"的光荣胜利，与绥远民众武力的发挥，是很有关系的。

绥远在军事地理的重要，是不容我们轻视的，我们只要看某方把绥远当作封锁线的津梁和作为战略的机动地带，便可以知道她在整个国防上的重要性了。我们现在要想充实我们国防的实力，保障我们国土的完整，那么组织民众和训练民众，便是目前刻不容缓的一桩大事。"九一八"事变的发生，长城之役和"一二八"之役，我国一般民众的无组织和高度的缺乏训练，便是一个活历史的教训，所以不论对内与对外，绥远都应当积极培植广大的民众武力来应付目前非常的环境。

绥远的保卫团，同各省的民团和保安队一样，是一种民众武力的集团，在今日国难严重的局面中，绥远的民团是负担有更大的时代使命的，因为他不仅消极的负有绥靖地方的责任，并且还要积极的准备着去为国家的生存作英勇光荣的抗战。尤其是今日绥远在敌伪伺窥环迫的非常时候，要如何去防止汉奸的活动，绥靖战后的灾区，强化绥远本身守土御侮的力量，完成绥远的国防工事等等，都急待本地的保卫团去担任或襄助，所以我们要认识绥远的保卫团，是中国的万里长城，他的健全和充实与否，是关系整个中华民族的命运的。因此我们不得不加意的研究。本文先述绥远各县保卫团的实力，次述过去整理之情况，最后对绥远民国〔团〕略为贡献一点意见。

绥远各县保卫团的实力

据民国二十二年一月该省民政厅派员赴各县调查，各县保卫团实力如下：

1. 归绥县有人口一八四，六三一人，保卫团三团，枪二百四十七支，子弹七千二百九十粒。

2. 萨拉齐县有人口三三〇，三九四人，保卫团五十九团，枪四百六十六支，子弹一为〔为一〕万四千二百五十一粒。

3. 包头县有人口一二二，七二三人，保卫团十六团，枪一百六十六支，子弹三千一百九十四粒。

4. 丰镇县有人口二三九，六四九人，保卫团一团，枪一百八十一支，子弹三千一百一十四粒。

5. 五原县有人口二三九，六四九人，保卫团三团，枪六十六支，子弹一千五百二十二粒。

6. 武川县有人口一四七，四八二人，保卫团十一团，枪四百五十一支，子弹六千三百五十五粒。

7. 集宁县有人口六二，五二九人，保卫团六团，枪二百四十九支，子弹六千八百零六粒。

8. 兴和县有人口九八，一二〇人，保卫团八十一团，枪五百九十六支，子弹二万二千一百粒。

9. 托克托县有人口一二九，二二四人，保卫团五团，枪一百支，子弹一千五百粒。

10. 清水河县有人口五八，九一一人，保卫团一团，枪四十支，子弹二千五百八十四粒。

11. 和林格尔县有人口九九，二一四人，保卫团五团，枪一百零二支，子弹八百八十九粒。

12. 东胜县有人口一九，五三七人，保卫团四团，枪四十六支，子弹六百九十粒。

13. 固阳县有人口八一，二八七人，保卫团一团，枪一百六十支，子弹五百五十七粒。

14. 陶林县有人口四二，三二九人，保卫团三团，枪六十支，子弹二千四百四十八粒。

15. 凉城县有人口一〔在〕六，三五五人，保卫团六团，枪二百一十一支，子弹五千六百三十粒。

16. 临河县有人口四六，五九三人，保卫团四团，枪七十一支，子弹五百三十粒。

17. 安北设治局有人口二七，八三〇人，保卫团三团，枪二十七支。

18. 沃野设治局有人口一七，六五〇人，保卫团一团，枪四支。

绥远保卫团过去整理的情形

绥远民政厅，整理各县保卫团的原则，有下列数点：第一，使全省民团逐渐养成由民政厅统一指挥之习惯。第二，裁汰老弱，使收支适合。第三，化零为整，使有横的组织，随时换驻本县各区。第四，采保证制，剔除不良分子，以树真正民众武力之根基。第五，无给制先由乡而县，逐渐作到。以上所述者为原则，至于实施整理的情况，可分左列诸点：

（A）关于名称方面

（一）各县保卫团一律名为某县保卫团，凡城防团、护路队、游巡商团等，一律改为县保卫团，以前名义一律取消。（二）各区保卫团以第一队、第二队等数别之，如某县保卫团第○队是。（三）各排棚则以第一二分队第一二班等数别之，如某县保卫第○队第○班是。（四）统率者，称为总团长、副总团长、副团长、区团长、队长、分队长，班长、副班长。从前团董、保董、区副、排长、什长等名称，一律取消。

（B）关于编制方面

（一）以团丁十名为一班，外设班长、副班长各一名。（二）三班为一分队，设分队长一员。（三）三分队为一队，设队长一员。（四）集合全县各队为县保卫团，设总团长一员，副总团长二员。（五）各县保卫编成，以原有枪支及经费为标准，分为甲、乙、丙三种。（六）凡编成七队至十队为甲种团，五队至六队为乙种团，四团〔队〕以下为丙种团。（七）各队编成，暂以区为单位，以每区编制一队为原则，如本区人数不及一队，则遵以下之规定：七十人以下编两分队，四十人以下编一分队，编成两分队者，得设队长一人，编成一分队者，设分队长，直隶于总团部。（八）总团部设会计、书记各一名。（九）队部设分队长三员，事务员、司书各一名，班长、副班长各九名，一等团丁卅六名，二等团丁五十四名，传达、号兵各二名，马夫若干名。总团长由县长兼充，副总团长由公安局长兼充，副团长由总团长保荐富于军事学识者（但须回避本籍）三人，呈请民政厅核委，秉承总团长、副总团长办理县保卫团事务。（十一）队长以下官长由总团长就原有官长酌量编用，呈民政厅加委，将来队长开缺时，由总团长呈〔保〕荐有军事经验与声望者三人呈民政厅核委，不得自行委用。（十二）团丁分现役、预备役两种，现役团丁以县、区、乡现有之有给团丁编成之，但须年在二十岁以上，三十□岁以下，在当地居住一年以上，带有身家，并须有邻居三家以上，或商号两家以上之保结者。不合此项规定之现役团丁，应予淘汰。预备役系照县保卫团法按户抽丁，不给薪饷，除依法特许免役外，无论何人，不得托词规避，由闾长充任牌长，镇长充任甲长，务使乡村治安，同有充丁目〔自〕卫之义务，不以金钱作代价，以为将来替代有给制团丁之预备。

（C）关于系统方面

绥远各县保卫团，大多操诸地方豪绅之手，目光所注，仅在一隅，或仅在个人，遇有匪患发生，非各不相援，即以邻为壑，甚至团丁作为爪牙，以为武断乡曲之工具。总团征调，百端阻扰，县长惧其多事，亦不敢明言整理，故宜标明系统，统一指挥。其系统如下：

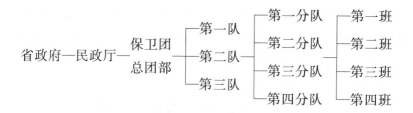

（D）关于经费方面

绥远各县保卫团经费虽多指定由地亩摊派，但能按月发饷者，殊不多见。有每日发筱〔莜〕面二斤，而菜、柴草均无着落，致团丁自行下乡勒索粮草，视为故常，甚至团丁假保卫团名义，放赌起捐，勒索滥罚，只知以不法收入，作筹饷之捷径，于本身原饷发放与否，反视为不急之务。嗣后应以由总财务局统收统支为原则，各县保卫团经费数额，应按照所编预算数目，由全县地亩公摊之，事先公布周知。

（E）关于训练方面

（一）就各乡现役团丁抽调若干名，在区公所所在地由队长、教练员督同训练，以二个月为一期，轮流抽练，周而复始，学术科每日不得少于四小时。（二）总副团长、教练员随时赴各队督练外，得调集曾受区训练团兵之一部或全部，集县训练之。（三）各县总团长为使学术科划一起见，得在总团部成立班长训练所，每班暂以二个月为期，人数总团长定之，以班长训练完毕为止。（四）此外并在省会设立干部训练班，调集各县队长、分队长轮流训练。

（F）关于配备方面

（一）战时防匪配备，由总团长斟酌当地匪情，划定警备区域，统率全县保卫团，分别扼要防堵，并相机追剿。其非警备区域，亦应酌留团队，为镇摄及增援之需。（二）平时防匪配备，由总团长就各县行政区综合配备，以每区分配一队为原则，再按该区实际情形，派出分队驻防。如此区兵力不敷分布，得令一队担任两区域〔或〕数区之防务。至此队与彼队，分队与分队间，应随时会哨，并须互相调驻，以免再有私人把持之弊。

以上所云，系绥远过去整顿保卫团的情形，至于整理后的各县保卫团实况如何，及今后更须着重的地方，特再略谈加〔如〕次。

整顿后各县保卫团实况

绥远省各县保卫团，经当局切实整顿后，编制业经划一，以一县组成一团，每县编成一队或二队、三四队不等，合计全省二十五队，六十五分队，三千余官丁夫役。枪支亦经检验，计全省共有能用枪支二，一四九支。马匹亦经确定，计全省共有二，二〇七匹马。保卫团经费，亦经按照地亩摊派，计全省每月经费二九，九六八元，全年三五九，六二七元。各事俱有轨道，绥远省之保卫团，至此始奠定基础。

今后绥远保卫团更须着重的两点

（一）应注重警察智识及技术之训练

绥远保卫团，虽已着眼团警合作，能够以县公安局长兼任保卫团副总团长，以各区区长（即保卫团区团长）兼公安局长，使警察与团练，在形式上之接近，较其他之各自为政互相漠视者，自然好得多。但绥远为国防要地，汉奸、间谍之活动，在所难免，故保卫团对于警察之智识及技术，更须加以严格的训练，以肃清汉奸之活动，防止敌探的深入。去年委员长召集各级地方行政人员会议时，曾训示团队的训练，应注重警察的智识及技术，这确是严防汉奸、间谍之最良方法，全国各地自应极力奉行，而国防前线之绥远，尤须加倍努力奉行。

（二）应充实保卫团的武器

"工欲善共事，必先利其器。"绥远保卫团的武器，不论在量的方量〔面〕或质的方面，都还是感到有积极充实的必要。根据上面所列的数字，绥远的兴和县有枪五百多支，已是绥远各县枪支最多的了，至于如沃野设治局，虽有保卫团一团，竟仅有枪四支，可见绥远保卫团武器缺乏的恐慌性了。至于在质的方面，新式武器的缺乏，那更是显明的事实，所以绥远的保卫团在国防的前端的伟大责任下，应赶快充实武器，去准备安内攘外的工作。

《明耻》（半月刊）

中央陆军军官学校特别训练班

1937 年 3 卷 1 期

（李红权　整理）

绥远战争的严重性

吴成　撰

绥远战争，酝酿甚久，而爆发于十一月二十四日。交锋以来，我军以迅雷不及掩耳手段，收回百灵庙，捷电频传，举国欢忭。惟是战争序幕，方告启始，再接再厉，固有赖于全国同胞之奋起，而认识绥远战争之严重性，尤属必要。

就历史上观之，我国边患，常苦于北方蛮族，秦始皇之筑长城，石敬唐〔瑭〕之割燕云十六州，真宗澶渊之盟，英宗土木之变，无一非肇祸于北狄，而使我受困今日鏖战之绥远一带也。今者绥事虽由伪蒙匪军内侵，其实发纵指使，大有人在，他日者，短兵相见，匪军崩溃，则中日之战，因而掀起，自属意中事，此其一。

就地理上言之，自"九一八"惨变后，绥远已为华北屏障，而翼蔽山西、陕西。盖由绥远经大同以入太原，经包头、五原，直抵宁夏，又为西北交通要道，平、津及内地货物，由此输出，甘肃、新疆、青海等处货物，从此输入，实掌华北经济之锁钥，其地理关系之重要有如此，使绥远一日不我有，匪独华北堪虞，即秦、晋两省，亦救援莫及，此其二。

就远东情况观之，英人本愿与日人妥协，以图维护其在华利益，观李滋罗斯之聘访东瀛，可以知之。无如事与愿违，英人于是助我改革币制，及信用借款等，此在日人视之，不啻芒刺在背，由是侵我益急。最近日德同盟，大意谓共同防共之措置，或劝诱第三者，加入彼之联盟。此无他，所谓第三者，系指我国而言，即是我国如能俯首帖耳，听命于日人，而加入所谓共同防共之盟约，则日人即能踌躇满志，否则日人将实行其所谓防共措置。准此以谈，中日战争之爆发只是时间问题，绥战为中日战争之导火线，其理至明，此其三。

右述三事，足以窥见绥战之严重性，然而吾人杀敌致果，能操胜利之券者，亦自有其因素，请伸述之。

比年以来，全国人心，愤懑极度，如鲠在喉，不吐不快。今一闻直接与匪徒战，间接即与仇人战，故莫不兴奋，举国一致，灭此朝食，方能快慰。试思前线战将士，戮力同心，争为先死，以报国仇，而后方爱国志士之慰劳与勉勖，又为空前所未有，以此制敌，何敌不克，此其可以操胜算也。

畴昔之日，内乱未已，自相残贼，至为可耻，此次绥战，被匪首王英、李守信裹胁而去之同胞，莫不有中国人不打中国人之觉悟。即此一事，已觉国魂之复活，民族意识之苏〔复〕苏，睡狮醒悟，真此时也。有此即可以操胜算也。

夫绥战严重如彼，而我之可能制胜又如此，今吾人大声疾呼于吾同胞之前曰："速起！速起！披吾甲，荷吾枪，勇往直前，驱胡虏于塞外，湔积怨于一朝，时不可失，同胞速起！"

《中国新论》（月刊）

南京中国新论社

1937 年 3 卷 1 期

（李红权　整理）

国防前线的绥远

金瑞森　撰

国难的警钟，惊醒了睡狮的迷梦，虽未能马上怒吼奋发，吞噬敌人，尽雪国耻，倒也使它那得陇望蜀的野心，稍有顾忌，这就是绥远抗战的代价。我们当然不能以此自满，更大的希望，是中华民族的复兴，收复失地，还我河山，造成光荣的历史，恢复原有的疆域，完成我们复兴民族的伟大使命。

中国人酷爱"和平"，但是为了自己的生存，不得不与敌人武力周旋。时代的格言是"武力为和平的后盾"。所以战场的健儿，也都能认清环境，人人愿编入抗敌的先锋队，抱着"杀身成仁、为国捐躯"的决心，秣马厉兵，等待着冲锋号起，越过山海关，冲到我们的目的地。爱国志士，痛饮黄龙！

国防前线的绥远，就是民族复兴的出发点，进攻敌人的根据地，的确是华北的门户，中华民族的生命线，不容许任何人假借任何的口实来侵占，我们惟有拥护革命领袖——蒋委员长的国策演辞，奋斗图存。否则，中华民国名存实亡，再不能继续她的寿命了。可是我们的贵邻，为了繁荣自己，不惜毁灭他人，奢望其满蒙政策的成功，巧取豪夺，不择手段。所以绥远的被人的觊觎，已非一日。自从察北六县失守，绥东防务，日愈吃紧。始而敌人威胁利诱欲不劳而获绥东五县，以为侵绥的初步。无奈我们的地方长官，威武不屈的傅作义将军，早已烛见奸心，严为防范。所以敌人诱惑之伎俩既穷,方继之以武力劫取,但又利用傀儡,施行以华攻华之毒计,驱使了匪伪军作他犯绥的先锋。幸赖全国人士热烈的援助,守土将士的英勇抗战,终未使敌人如愿以偿,反失去了它已经夺去进攻绥远的根据地——百灵庙、大庙子。因此"绥远"就发现了复兴民族的一片曙光!

眼前战争的沉静,正是酝酿将来的肉搏相拼,我们需要中华男儿更大的努力,要求政府确定抗敌的国策,我们相信唯有血的河,骨的山,才能阻止〔了〕敌人的侵略。

我是身居塞外绥远的一个青年,在敌人飞机、大炮猛攻的危地,但因敌忾同仇心的激愤,我们毫不畏惧。就拿本地五年来国难中卧薪尝胆的努力,与官长们励精图治、守土抗战的决心,深知绥远是不会沦亡于异族之手,中华民族总有复兴的一日,"多难兴邦"的古训是绝不骗人的!

曾忆我政府颁布了"敦睦邦交"令后,归化全城空气骤变,烈士公园不能题"抗日","九一八"纪念堂从新命名,所有的一切,都于忍辱负重的氛围中沉寂的死灰一般,毫无生气,人人的心头也只有隐痛,不能说别的话,尽力谄媚我们的贵邻。虽然是竭力遵行国府的命令,但仍不能得到贵邻的欢心,它们的汽车常在归化城中发出怪声,横冲直撞,显示帝国的威风,时有飞机,翔空光顾,幸末〔未〕掷下开花的礼物做我们睦邻的回敬,然已饱受虚惊,不觉谈虎色变矣!现在绥远的青年已都走向了救亡阵线,投入"乡村工作人员训练所",受定期的军事训练与学习组织民众的方略,期满分发各乡从事救亡工作,高初中学生于暑期举行集中军训,农村壮丁也分期来省垣受训,我们的名目是"防共自卫"。此次绥远抗战,因为军民合作才能百战百胜,希望全国赶快精诚团结,共赴国难罢!有人谩骂绥远的青年死气沉沉,不知救国,其实绥远的青年是埋头苦干,从事救亡,不欲过事声张,徒悦耳目，我们只有以热的血洒遍我们祖国的土地，不至敌人放下屠刀，我们只有抵抗到底，绝不屈服的！

想像中的绥远，一定是满目荒凉，蒙人游牧的场所而已。岂知时代的车轮，拖着人类前进，归化城已走向了新的阶段，尾追着国内的大都市，已有相当的建筑，整洁的市容，到过绥远的人士，都赞美着此地的风光，国人不可忽视了绥远，它原是西北的重镇。可惜教育不发达，全省也不过八九座中等学校，蒙人有盟旗师范，回民惟一的学府，只有民国十二年马公福祥创立的回部小学一所而已！

绥远前途最可忧虑的就是地瘠民贫，无甚宝藏，经济太困难了。全省的税收不及内地一市，近年来所以能支持危局，改革省政，仍兢兢业业向前迈进的缘故，全赖傅主席的苦心孤诣，与唯一的税收——鸦片税。可是提到鸦片，谁不痛心，祸国殃民，亡族灭种，开我国国难的先声——鸦片战争，我们总要彻底禁绝，省当局已分四年禁绝，将来的入款，恐须中央大批的补助，不然国防的建设，省政府的推行，只有停动。抗敌御侮的工作，恐为画饼，给予敌人进攻的机会！

最后我要谈谈绥远的教门。寄居在蒙古草原中的"穆斯林"，约有二千余户，大多数都不是本地土著，他们从事远路经商，寓居于此，他们的爱国情绪，不减于汉人。近日抗敌战起，他们的热血异常沸腾，或出捐款，或做运输工作，与汉人合力救亡，并没有回汉的仇视，与无谓的冲突，故能相安无事。全省的回教徒分布于省垣、包头、丰镇、萨县等处，外县的教门，不知详情。兹就省城中个人所知者，略说梗概，举一反三，不难窥知全省的教况。省城共有八座清真寺，这都是回民团结的处行〔所〕，舍己为群的结晶体。其中建筑宏大、庄严美丽者，以清真大寺和甘绥清真礼拜堂为最。该两寺握教门的权威。不过回教徒自己间已有了裂痕，因为维新与守旧的关系，感情不甚融洽。甘绥寺自从马公秀山阿衡长教以来，热心布教，力求泯灭新旧派的争端，以期精诚团结，共救危亡！马君留学罕志，是西北的著名"尔林"，定能融合新旧、化除偏见也。本来信仰自由为国家法律之所规定，况我中国的伊思兰同遵爱布孩尼非的买兹亥布，在教义上无甚相左，小节细末的争端，大可静息，殊不必详辩，何为尊经，何为顽固，使穆士〔斯〕林的团结精神，因互不相下的诋毁而归于涣散！教胞们，起来吧！这时代是我们奋勇杀敌、自求解放的时候，不容我们自行乖离，再做无谓之争了！

《晨熹》（月刊）

南京晨熹社

1937 年 3 卷 2 期

（朱宪　整理）

绥远抗战中我们应有的认识

连良平　撰

轻轻地打开这页——其实是罄竹难书的——我们的国家生命史，不由自主地将使我们潜〔潸〕然泪下！自从鸦片战役失败后，我们受尽了人家的横暴虐待以及种种的侵略，于今快近一百年的历史了。然而，五年前"九·一八"事变，东北四省的沦亡，总算是我们民族生存的最大致命伤！自此而后，昏迷沉醉的国人虽被如春雷似的敌人飞机大炮从梦中轰醒了，可是在人家的一面亲善、一面交涉的烟幕弹里面，我们的锦绣河山仍旧是不断地变色，不翼而飞了！

在这种情形之下，自然的，要激起整个民族的翻天巨浪和狂烈的吼声！那种不可压抑的情绪，如溃堤的狂澜、爆发的火山似的，谁能阻当它，谁能扑灭它？固然一方面受了极度的摧残和毁灭，但它仍然是在"压力愈大，抗力也愈大"的物理定律下，加速度地澎涨发展着。

所以，在今日国内的一般形势看来，由于民众抗敌情绪的高涨，因此民众和军队的救亡力量和阵容，都较前有很显著的进步，无论是农民、工人、士兵、学生以及其他都奔腾着一种为国牺牲、浴血沙场的精神，和了解了我们现在唯一的民族敌人，更深切地了解到了现阶段，只有"战"才是生路，不但是"战"，而且是如何去战的问题了！

从上面看来，那我们就不必觉得奇怪为什么这次绥远会发生强烈的抗战了。因为在这举行反帝的声浪正在高潮的时候，人们如何奈得？并且素来"吃耳光陪笑脸"的外交，这回也变了样子，"不吃耳光不陪笑脸"了！又兼以欧局极度紧张之际，更是他一个最好不过的机会。

敌人利用德王、李守信、王英等伪蒙军为前锋的牺牲品，实行着"以华制华"的政策，而坐收渔人之利，这是敌人的奸计，谋进一步鲸吞中国！其实，凡为中华民族的子孙，他尚〔倘〕有一点血性，谁愿做出这种卖国求荣的勾当来？谁愿做遗臭万年的无耻殷汝耕？我们应该整齐步武，站在同一旗帜之下，发起神圣的民族斗争！——为民族的自由而抗争！为民族的解放而抗争！

这是大家都明白的，民族自由解放的伟业的造成，必然要经过一段最艰苦的斗争过程，今日的绥远抗战，不过是举国之战的一个前哨和信号，也可以说是全民抗敌胜利的第一声。但是，若果我们依然把"一·二八"和长城诸战的血的教训，重扮演在危如累卵的今日，签订了《淞沪协定》和《塘沽协定》，那么，我们全民抗战便无法实现了，所以这次"绥远抗战"，也未始不可演变为整个华北和西北沦亡的序幕。因为绥远是整个华北和西北的屏障，华北、西北一失，则我们无险可守了，岂不是使中华民族陷于最后灭亡的一瞬？

所以我们处于这样严重的生死关头，民族大搏斗的前夜，首先要发挥青年不屈不挠的神圣的战斗精神与力量，具体地把握住国内外一切的有利形势，把敌人的无耻行动，宣扬给国际间的和平阵线的国家人民，使他们发出同情的心和援助。在国内除了物质的援助外，最要紧的，还是宣传和组织民众，使他们每个人都成为抗敌救亡的战士，同时，更要深切地认清我们的障碍物，一切出卖国家民族利益而使敌人欢心的无耻汉奸！

　　综上所述，我们可以得到这样的一个结论，我们千万不要以绥远为局部的战争，而步"一·二八"及长城诸战的覆辙，一定要下全国总动员令，拿出所有的人力、物力、财力，不屈服、不妥协的来和我们民族的最大敌人决一殊死战！

《福建学院月刊》

福州福建学院

1937 年 3 卷 2 期

（朱岩　整理）

绥远在国防上的重要（地理补充教材）

犁牛　撰

自辛亥革命以后，内蒙方面便是危机四伏。"九一八"事变以后，内蒙问题更引起国人注意。盖日本的满蒙政策，企图侵略我国东北各省，及内蒙地方。日本前陆相荒木曾说："如果日本不能在满蒙建立势力范围，日本将无法实现其最大理想。"日本的最大理想就是征服中国与战胜苏联。现日本既占有东北，乃积极西侵，煽动德王成立所谓"蒙古军政府"，致酿成最近绥东战事的爆发。

内蒙的区域，包括哲里木（在吉林及辽宁省境内）、卓索图（在热河省境内）、昭乌达（在热河省境内）、锡林格勒（在察哈尔省境内）、乌兰察布（在绥远省境内）、伊克昭（在绥远省境内）六盟五十三旗，察哈尔部十二群旗〔旗群〕，及归化土默特独立旗。如今在事实上，日本在东蒙的势力范围已建立好了，所余的仅绥远省耳。绥远如失守，则不但整个内蒙沦亡，而中华民族的生死存亡亦将系于此。

蒙人对于国家观念极薄弱，对汉人治理，亦有不满。自热河失陷后，只剩察绥蒙旗，民国二十三年蒙古发生自治运动，赖中央慎审处理，允许自治。于是成立蒙古地方自治政府委员会于百灵庙，蒙政会成立后，不久即与绥远省政府发生冲突，敌人乘机煽动内蒙独立。二十四年九月间，伪匪侵入察北，此后日人对于主持蒙政会会务之德王，更极尽其威胁利诱之能事，德王被其包围。

中央鉴于蒙古自治有弊无利，反中了他人宰割中国和内蒙的计划，且自治区域范围过大，难于统驭，乃决定另行改组，成立绥察两蒙政会，实行分区自治。绥境蒙政会成立后，百灵庙蒙政会的权力范围缩小，心殊不满。于是日人更利用德王及伪匪为犯绥的傀儡。

绥远是中国西北部的屏障。西北范围广大，包括绥、宁、青、甘、陕、新等省，其与内地交通有两路：一为经绥远的，一为经陕西的。现敌方的阴谋在攫取绥远，以遂其侵略西北及征服整个中国的企图。故绥远在国防上的重要，不待言而晓。

最近伪匪犯绥，中央及地方军政长官，均决心卫国守土。伪匪屡次侵犯均失败，国军且将旧日蒙政会地址绥北重镇百灵庙占领，已截断敌人西侵之路。惟敌人攫绥之野心未死，伪匪尚有大举再犯之可能。目前国人非常关切绥远之安全，因此，我们有熟悉绥省情况的必要。

中央社记者甘家馨所撰《绥远之回忆》一文甚详，颇堪供地理教学之参考，兹节录于次（原文见南京《中央日报》二十五年十二月份）。

一、全省情形一斑

绥远于民国十七年始建省，其在战国为赵地，秦、汉、隋置郡，唐置大都护府，元属大同路，清属山西省，有绥远将军驻守，民国二年与热察同划为特别区，十七年建省。其地东邻察哈尔，南通晋陕，西连宁夏，北接外蒙古之土谢图汗、三音诺颜两部。全省面积约一百万方里，划为十六县、两设治局、十九旗。人口约二百余万，其中汉人约占百分之五十，蒙人约占百分之四十，满人约占百分之十。阴山山脉自察哈尔东来，横贯其中。在归绥、萨县、固阳、包头间曰大青山，迤西至五原、临河曰狼山。山南为广大平原，黄河由宁夏东流，环绕南部，以故土地肥沃，河套尤为膏腴之区，诚塞外大好河山。其位置在北纬三十八至四十四度之间，完全为大陆性质。阴山以北，更为寒冷，阴山以南，较为温和，全年均摄氏表七度。雨量稀少，平均十七英寸，然山南空气润湿，温度平均，适于耕植，故出产丰饶，利源广大，不亚于他省。

归绥

归绥为绥远之省会，其地在汉为云中郡之中部，属于并州；唐为今河县地，属于关内道；元为下州，属于大同路；明为丰州；清雍正元年，设归化城理事同知厅，隶属山西朔平府；光绪十年改为抚民同知厅，属山西归绥道；民国元年改县，二年以绥远城同知并入归化，是为归绥县。地居大青山以南，位居全省之中。省城在平绥路线之南，有新旧两城，旧城为商业住宅之区，新城乃乾隆年间所建，为满旗将军驻节之地，今为政治区，省政府及所属各机关集中于此，并有学校在内。两城之间，有平坦马路相通，古树成行，苍翠欲滴，市街整洁，人民醇朴。各政府机关公务人，勤劳相尚，待人诚恳有礼，有问必殷殷相告。警察事务，办理甚佳，所有消防、卫生、交通各警，一一具备，各警署简朴清洁，而气象活泼。门墙所制标语，意义切实。旧城市街繁盛整洁，商店栉比云连，百货齐全，外货充斥，商民爽直，贸易无欺，对于外来雇客，尤殷勤接待。食物以羊肉为主，凡饭面、包饺，皆为羊肉，一入酒菜馆，羊味袭人。早晨啜茗清谈，为一般市民必有之节目。绥远饭店为最高尚之旅邸，新式洋楼装置水汀，中西饭菜俱备，外来旅客及当地高级人员之投宿、酬酢，皆萃于此。昔有大盛魁商店，乃全省最重要之商业机关。往时每军〔年〕组织骆驼商队入外蒙库伦经商，营业数字常达百万以上，盖不啻为绥省之对外贸易局。全县人口有二十六万以上。物产有高粱、麦、谷、豆、麻等粮食品，并产药物如党参、防风、甘草、黄芪、苁蓉，矿产有盐、煤、石棉，动物尤夥，交通便利，实漠南塞北锦绣之地也。

集宁

集宁（即平地泉）原隶察哈尔，十八年始划归绥远。平绥铁路由山西大同西入包头，在集宁县城成为一直角形大湾，西、南两面交通称便。东界兴和及察省商都，北为陶林县境，扼平绥要点，西向绥包，南趋大同，车行四小时即达。东至察哈尔亦有公路可通，可朝发夕至，实西北边防上重要之地。今匪伪侵犯兴和、陶林，企图夺集宁，进攻武川、固阳以迫归绥，谋截断平（平地泉）包（包头）段铁道，长驱直入，然其目的仍未放弃。该县之存亡与西北全局，有莫大之关系。该处商业鼎盛，绥东农产品均集中于此处，转火车运输，有粮食栈行四十余家，栉比成市。物产中以麦为大宗，堆积如山，俨若粮城，为绥省富饶［绕］繁盛之地。

包头

包头居于绥包铁路之终点，黄河之北岸。黄河西自宁夏入省，横贯全县，东西三百余里，有七站板、高帮大船、小筏子三种民船，航行于包宁之间。汽车路东至武川，西至临河，南至东胜，四通八达，水陆交通俱便。商贾云集，在商业上之地位，有如东南之上海，故有"西北上海"之称。其地原为萨县之包头镇，十二年设局而治，十五年始改县治。往时内外蒙古与关内之交易，以包头为枢纽，内外各大商均派员常住该地，设立商行栈房，故市面繁盛。其交易货物以皮货、牲畜、布匹为大宗。自外蒙交通梗阻，商业萧条，市场冷落，商人裹足不前，绥省财政上亦遭受影响。然其地为西北重心，极形重要。全县面积四万七千四百方里，人口约八万以上。

二、屯垦与水利

绥远土地，蒙旗占十分之六七，汉族占十分之三四，人民习于游牧生活者最多，故全省大部分为荒地，已垦之地，不及二分之一。又因十五年至十八年，全省亢旱，土匪蜂起，人民逃避死亡颇多，以致田地荒芜，故兴办水利，发展屯垦，为经济建设之要图。考绥远屯垦，发轫于前清光绪二十八年，最初由张之洞、岑春煊等提倡，于山西设立丰宁押荒局，嗣改设督办蒙旗垦务大臣，民四年在绥设立垦务总局，不久又改由绥远都统署设立垦务督办办事处，现设垦务总局，并设六分局，历时三十余载，中因披〔波〕折丛生，故垦务不振，进展迟缓。民国十五年以来，锐意整顿，颇有起色。至二十年雨水调匀，农事转佳，绥东各县下种之地，约占百分之六十，绥西各县下种之地，约占百分之五十，生产数量，倍于十五年以前。全省垦务状况，计已放地数约一六，〇二七余顷，未放地数计三五，六三〇余顷，原报地数一九五，九四三余顷，此外尚有蒙民私垦地及丰镇、陶林、凉城、兴和、集宁五县大粮地十万余顷，现可耕地面积日大，若当丰年，其利可观。关于荒地之性质，有生荒、复荒、夹荒、余荒之分。生荒是向未开拓者，复荒是开过而又荒芜者，夹荒是两面开垦，中间所夹之荒地，余荒是人民按地照多领之地而未开垦者。此外有已垦未报者，有已放未垦者，有宜垦地域，有宜收〔牧〕地域。按各种荒地性质，计划分配为垦地及牧地。垦地中又分配何处应办大农，何处应办小农。关于领荒之办法，是先由主管机关将来应报垦地之招户丈放，愿意承领者，将所领地段顷数、界至，报明该主管机关，并纳挂号费，俟绳丈员丈量净地若干，发给丈地执照，承领人依限期分别缴纳押款，即获有该地段所有权，以后换领部照，即为自己产业。

绥远在民十八前五年间所遭之旱灾，十分严重，全省灾民达一百五十万，占全省人口百分之七十五。盖绥省处西北高亢之地，雨水不调，农产丰歉，受天时支配，一遇天灾，束手无策，故开发水利，至为迫切。然黄河流行绥境，东西一千四百五十里，两岸注入之水凡三十有七，西部河渠颇多，尤以河套一带，更可开渠引用黄河水灌溉田地，东部各县大河较少，只有掘井抽水之法。建设厅于五原县城设立包西水利管理局，督促完成包西各渠渠工，各渠设立水利公社，办理各该渠工程进行、款项收支等事务。公社设董事会与经理，职员均义务职，由各渠民户票选，民户种地一顷以上者，均有董事、经理选举权。公社经费及修渠费，由所属灌溉区域内地亩，计顷征收水费以支付之，每顷征费十元至十五元，规定秋后征收。河套乃塞外膏腴之区，东西长约五百二十里，南北宽约百里，面积十六万顷，唐时即开延化渠，灌地二百顷，为兴办水利嚆矢。今河套一带已开干渠十一道，计大余太设治局三道、五原县四道、临河县三道、包头县一道，均引用黄河，预计可灌溉五万一千四百顷，但因河身低，水道高，常有淤塞之患，不能充分灌溉，据实地调查，现可灌万余顷。此外托县有两渠可以灌地，集宁、凉城亦各有渠道，惟河道太短，灌地甚少。此外各县拟开渠道，有民生渠等十七道，其中十道为引用黄河，余七道为引用内河，共长六百余里，可灌地五万余顷。总之，河套沃野千里，自古为西北第一粮库，语曰："黄河百害，惟富一套。"诚天赋之地也。

绥远土地，蒙旗占十分之六七，汉人占十分之三四，汉人以耕种为业，蒙人以畜牧为业，所以农业与畜牧事业，是同等重要。且因气候寒冷之故，播种期间均须在清明前后，过早多遭冻死，过迟则不成熟，耕种时间有限，农业上之收获不易。反之，牲畜易于繁殖，至于庄户人家更可以畜牧事业为副业，为生活之补助。所以畜牧事业在经济上，占有极重要之地位。

三、交通与物产

绥远之交通，有铁路、汽车路、大车路三种。铁路自山西入境，经丰镇、集宁、凉城、归绥、萨县、包头六县，凡二十六站，长四百公里，绥东南之交通，以此为骨干。其预定兴筑之铁路，有平漧、包宁两线。平漧铁路乃自平地泉至漧江，约距五百华里，漧江扼居张库间要道，东北通张北，南通平地泉，西北可展至乌海，北达库伦、恰克图，西达新疆，东北达赤塔，实内外蒙交通枢纽，将来此路一成，西北屏障，益臻巩固。包宁铁路乃由包头展筑至宁夏之线，相距约一千三百华里，所过为绥远肥沃之河套地域，农产、矿产均富，宁夏贺兰山一带，并有油矿宝藏，此路筑成，于西北民生、实业、国防，均有莫大之利。全省公路网现有十线，长约三千三百里，通达全省十五县，工料费百余万元，其中最长之路为包乌路，由包头至与宁夏交界之乌拉阿，长约六百三十里。至于大车路，原无固定路线，近已次第计划修筑，共有十余线，各县村镇，完全沟通。其主要汽车路线如下：

一、绥清路——共长三百三十五里

二、隆武路——共长五百六十里

三、归武路——共长九十里

四、绥托路——共长一百六十里

五、包武路——共长二百八十里

六、陶卓路——共长九十里

七、绥兴路——共长五百四十里

八、卓凉路——共长一百七十里

九、包天路——共长三百七十里

十、包乌路——共长六百三十三里

绥远土地肥沃，宜农宜牧，物产丰饶。农产以糜、谷、高粱、麦类为大宗。又因从事畜牧业者甚众，故畜产之丰，甲于全国，每年河北、河南、山东各省来绥贩卖牲口者，络绎于途。畜产以羊为大宗，牛、马、驴、骡等次之，此外野禽野兽亦多。绥远畜牧之种类，以牛、马、羊、骡、驴、猪、骆驼等，每日输出数目甚大。依二十一年出版之调查概要，全省畜产数，至少约有下数：

羊　　　九二七，六八〇头

牛　　　一二五，三四八头

马　　　九一，二四七头

驴　　　五三，九四七头

骆驼　　四五，七七四头

骡　　　一六，〇八一头

各盟旗不在其内，萨县亦未完全列入，故实数当不止此。畜产既富，皮毛产量自多，每年所产羊皮、羊毛、骆驼〈毛〉等，大部生货输出，无大规模之皮毛工业。昔时毛毯一项，最负盛名，全省织毯者四十徐〔余〕家，每年出品在五万尺以上，大部分运销平津及国外。毛毡出产亦多，每年在十万尺以上。此外有毛布、毛单、毛鞋、毛口袋、毡帽等工艺品，因出产甚少，只供本地之用，间有少数运销外蒙。至于矿产如煤、铁、盐、碱等，应有尽有，惜未大量开采。煤以大青山及鄂尔多斯一带之煤田为最，有烟、无烟均备，煤质甚佳。大青山煤田分为七区，其中以石拐煤田为最大，储量在五万万吨以上，其余各区，共藏有十万万吨以上。现各煤窑以土法开采，规模大者百余人，小者数十人，每日产量约五六十吨，全年约产二十万吨，以大青山一带之归绥、武川两县为最多，陶林、集宁、兴和次之。此外清河、萨县之铁矿，兴和之水晶矿，固阳之石棉矿，藏量丰富，均未开采。而茂明安旗之白云鄂博铁矿，据西北科学考察团团员之估计，其认为可能之数，达十三万六千九百余万吨。绥远有大部为内河流域，各旗多盐碱湖，其中以鄂托克旗、杭锦旗为最多，丰城〔镇〕、凉城之代海滩暨三苏木次之。现归绥、丰镇、包头、武川、集宁、凉城、和林勉托县、固阳等县，每年产量在二百万斤以上。药材为绥远物产之主要部门，其中以甘草最为著名，包头设有甘草制膏公司，每三百五十斤制膏百斤，售洋三十五元，每年出品，十之八九运销于天津。兹将二十年之主要粮食及主要药材产量，约计如次：

（一）粮食产量

糜子　　五二五，〇六〇石

高粱　　四四三，九二〇石

莜麦　　三五八，一二〇石

谷子　　三五〇，一四七石

小麦　　二七五，五八〇石

杂豆　　二二一，八五七石

麻子　　一一六，八九五石

荞麦　　　九八，七七五石

（此外如菜籽、黍等均有巨额产量）

（二）药材产量

甘草　三三五，六〇〇斤

黄芪　一九四，四〇〇斤

黄芩　五〇六，一六〇斤

苏蓉　二〇八，八〇〇斤

大黄　一二〇，二〇〇斤

锁阳　五九三，〇〇〇斤

（此外如防风、当归、党参、羌活等出产，均多至数十万斤）

四、绥境蒙旗王公

最近绥境的匪乱虽然暂时被国军击退，但将来的关键，厥在境内各位王公（以下录天津《益世报》介绍绥蒙旗王公）。王公是世袭制，绥境以内共有两盟十三旗（新划四旗另论），其一为伊克昭盟辖七旗，其二为乌兰察布管辖六旗。旗〔盟〕有盟长、副盟长，由各旗推选年高有德者任之。普通称各旗旗长均为王，实际职别并不一样。现在我们的敌人侵略内蒙，是首由王公入手，因为王公对本旗人民有绝大威权，生杀予夺，并不一定遵守着法律。人民之对于王公，不仅彻底服从，且以能为王公服务为荣。现在将各王公的履历介绍出来。

（一）伊克昭盟　正盟长为沙克都尔札布，简称沙王，职位为札萨克（位同县长），现兼任绥远省境内蒙古各盟旗自治政务委员会（以后简称绥蒙会）委员长，本旗为札萨克旗（在绥境东胜县）爵位为贝子。副盟长阿勒坦鄂齐尔，简称阿王，职位为札萨克，现兼任绥蒙会副委员长及秘书长，本旗名杭锦旗（在五原临河），爵位为郡王。本盟所属各旗计有准噶尔旗、达拉特旗、郡王旗、乌审旗、鄂托克旗，连同札萨克旗及杭锦旗，共为七旗。（1）准噶尔旗，现无旗长，由次于旗长之东西协理代理札萨克，东西协理为奇文英（汉名）、齐凤鸣（汉名），二人代理札萨克，兼任绥蒙会委员，旗地设托县。（2）达拉特旗，旗长为康达多尔济，通称康王，职位为札萨克，现〔旗〕兼任绥蒙会防共训练委员会主席，及七旗剿匪总指挥，本旗设萨县、包头、五原三境，爵位为贝勒。（3）郡王旗，旗长为图布升吉尔噶拉，通称为图王，职位为札萨克，现兼任绥蒙会建设委员会主席，本旗在东胜县境，爵位为郡王。（4）乌审旗，旗长为特古斯阿木古楞，通称特王，职位为札萨克，现兼任绥蒙会委员，本旗不属县境，爵位为贝勒。（5）托鄂〔鄂托〕克旗，旗长为噶拉藏罗勒玛旺札木苏一，通称噶王，现兼任绥蒙会委员，本旗不属县境，爵位为贝子。（6）札萨克旗，旗长为鄂齐尔胡雅克图，简称鄂王，为沙王之子，职位为札萨克，现兼任绥蒙会财务委员会主席，本旗在东胜县境，爵位为贝子。（7）杭锦旗，旗长即阿勒坦鄂齐尔。

　　（二）乌兰察布盟　本盟六旗，计为达尔罕旗、四子王旗、茂明安旗、乌拉特东公旗、乌拉特中公旗、乌拉特西公旗（原为兄弟三人）。正盟长为巴宝多尔济，称巴王，职位为札萨克，现兼任绥蒙会副委员长，本旗为乌拉特中公旗，在绥远安北县境，爵位为贝子。副盟长为潘德恭察布，简称为潘王，职位为札萨克，本旗为四子王旗，现兼绥蒙会副委员长，保安处长及绥靖〔境〕蒙旗剿匪司令，〈本〉旗在武川县境，爵位为亲王。（1）达尔罕旗，旗长为车左特巴勒珠尔，通称车王，职位为札萨克，本旗在武门县境，爵位为贝子（为本盟前盟长云王之子，云王升任国委，改由其子世袭）。（2）茂明安旗，旗长为齐默特林庆库尔罗瓦，通称齐王，职位为札萨克，现兼任绥蒙会委员，本旗在固阳县境，爵位为贝子。（3）乌拉特东公旗，旗长为额托克色庆占巴勒（去年病故），通称额王，曾任绥蒙会委员，本旗在安化县境，爵位为贝子。（4）乌拉特西公旗，旗长为石拉布多尔济，通称石王（已故无子），职位为札萨克，曾任绥蒙会委员，本旗在包头安北县境，爵位为贝子。（5）四子王旗，旗长即潘王。（6）乌拉特中公旗，旗长为林庆僧格，通称林王，为巴王之子，以巴王任盟长由林王世袭，职位为札萨克，现兼任绥蒙会民治处处长，本旗在安北县境，爵位为贝子。

五、感言

绥远居大漠之南，塞关之北，无论就经济或国防见地言，皆处于极重要之地位。自建省以来，经省当局之惨澹经营，政教、经济、交通、国防诸端，渐具规模，近年尤有显著迅速之进步。论其财力、民力，远逊关内各省，而在政治、经济、文化各方面之发展，堪称苦干之模范，至于绥省政治上之特殊良好风气，更足矜式他省。若继续经营相当时日，则西北门户如上铁扃。无如我之所喜，人之所疾，为今之计，一方面须巩固边圉，一方面须开发地利，勿使此大好河山孤悬塞外，则金瓯永固矣。且在绥远公教教友颇众，公教教育亦颇发达。此次绥东前线抗敌将士，得该地司铎及教友之效力甚多，或参加前线抗战，或在后方救护，足见当地教胞爱国之热烈。而该处司铎及教友垦荒之成绩，亦甚良好。他们平日奉公守法，在此国难期中，尤能与长官合作，共同抗敌，故甚得当地官长之倚重。政府若有卫国守土决心，则敌人在绥远当难以染指也。

《公教学校》（旬刊）

北平公教教育联合会

1937 年 3 卷 2 期

（朱宪　整理）

绥东警讯

南风　撰

匪军李守信部，受人主使，进扰绥东，至今将匝月矣；惟以环境关系，情报缺乏，是以国人详知者尚少；兹特急将其情形，汇志如后，用飨国人，而资警惕。

（甲）事件揭幕

绥东情势，日趋紧张，晋绥当局，亦早经注意。讵七月三十日、八月二日，果有李守信逆军，督同察北匪众进犯，虽均被击溃，然此事已引起各方之注意，盖此乃李逆有背景之举动也。近来蒙伪匪军仍陆续向察北、绥东移动，企图再度侵扰，致绥东方面甚形紧张，日前并盛传正黄旗总管达密凌苏龙被掳遇刺，该项消息，刻已证明不确；现彼正在该旗坐镇，指挥所部痛剿进犯之匪军，并已将匪众击退；按达前曾任乌旁〔滂〕守备队长，现任察哈尔正黄旗总管，绥境蒙古各盟旗地方自治政务委员会委员，及绥东四旗剿匪司令等职，为人骁勇善战，极为蒙民所拥戴，且颇富国家民族观念，最近因蒙伪匪军企图进犯，渠已将眷属移至他处，个人则坐镇四旗，亲督所部抵御到底，以尽职责。匪军正在准备时期，不久将以全力向绥东侵扰，冀、察、绥边境股匪，悉被招编，赵大中等亦由滦东前往参加，热河伪第五军区长李静修，已率张海鹏旧部（数目不详）由热河开至。李守信部现仍盘踞商都一带，多伦等地亦有大批日军增防。闻匪军此次异动蓄志颇久，准备亦已经年。事变后绥主席傅作义连日召开干部会议，决定应付方策，除于各地赶建防御工事以防敌袭外，并饬所属，倘敌进犯，即迎头痛击。匪军实力，据关系方面调查，一部为李守信部伪军，一部为热边散匪，驻多伦日军，亦有两联队出动察北。据归绥电，绥东阳高铁路线迆北某地，八月七日晚又发现匪众三百余名，企图不逞，旋被驻军击溃。闻伪军李守信部队，仍分驻商都、德化一带，张北西南五十华里地方公会村一带，目下亦集有多数番号不明之军队，冀图分窜察西四旗边境。现绥东五县暨察西四旗，情况颇紧张，交通断绝；傅作义曾电平称，察北匪军进袭绥东，经我驻军击退，四日以后迄未敢前来，地方颇为平靖等语。又闻绥东日来虽趋平靖，但当局仍严重戒备，匪军王道一部被我军痛剿，死伤四五百人，伪司令部亦被捣毁，傅作义氏已命守军固守，并曾连日纷电阎呈报，复派绥省府交际课主任尹绍伊赴并谒阎，面陈该方军事近况，阎已召集关系人员开会，讨论应付办法矣。张垣消息：匪军王道一部，侵犯绥东，经绥军击溃时，李守信曾乘机飞往战地侦察。李返张北后，声言绥东驻军，实力雄厚，防御工程极为坚固，欲攻绥东，决难获胜等语。察北匪军各部，近皆积极招兵，自八月三日起，王英于察北各地，已募有一千数百人，集中商都附近。大批军官，陆续前往，均枪支齐全。伪司令部已成立于商都城内。包悦卿现在通辽县城，住南街达旗旅馆。另据绥境蒙政会在平某要人谈：进犯绥东之李守信部，原为乌合之众，经达总管（绥东正黄旗总管达密凌苏龙）及赵承绥部击溃后，损失甚重，短期间暂难再事啸聚。绥东近日极平静。至德王最近曾一度飞返百灵庙，据推测彼仍无放弃以百灵庙为政治、军事根据地之决心，彼近自称"蒙政会总裁"，企图囊括绥、察两蒙政会职权，并委李守信为"军政部长"，王道一（即匪首王英）[1] 为"边防司令"，以便加紧图绥。商都现已设飞机场，日前由漥江运到前某方所馈赠之飞机四架（原为五架，一架于今春毁于火）。包悦卿新编之蒙军千余名，已自漥江进驻商都，有与"蒙边自治军"匪部王道一部会同大举图绥计划。伪军张海鹏部，最近亦陆续由热河向察北移动，绥军傅作义、赵承绥两部，沿丰镇、陶林各县布防，并请察省驻军联防平绥路线，以备不虞。而麇集商都之伪军万余人，已编成若干纵队，陆续向西南方面移动。又有某国军队千人开入商都，并运米〔来〕大批枪械及粮秣，似将大举侵犯绥东五县，前途殊堪忧虑也。

（乙）绥东近况

绥东方面，虽未续有战事，但日军两联队，已开抵张北，致该处形势，益见紧张。绥远与察哈尔间之交通，业已梗塞，去冬夺据绥北六县之匪军司令李守信之部队，现在仍逗留于绥边之商都地方。察北方面有何事故发生，消息极难获得，因驻张家口之日本军事当局，对于由张垣前往张北游历之外国人士，皆拒绝发给通行护照，甚至有一部分日人，亦遭此同样待遇。北平某蒙机关负责人谈，察匪此次犯绥东，系试探性质，大规模行动，当在九月间，晋绥军现已增厚兵力，预防再犯。察匪犯绥东计划，远决定于去年旧历十二月二十七日至二十八日张北会议，参加此会有各方代表，会后即着手扩充兵力，在东蒙一带征兵，凡二十五至四十岁之男子，均在被征之列，喇嘛亦多被征，现共编两军、三独立师，李守信军辖三师，包贵亭军辖二师，包悦卿、熊、王等

---

[1] 原文如此。——整理者注

任独立师长，枪械均由某方供给。某方在张北、商都、化德一带，均驻少数军队，系策动性质，尚未参加此次犯绥行动。绥蒙、察蒙交通梗阻，茶叶及日用货物均囤集张垣、归绥，无法运输。察北匪军各部，近皆积极招兵，声势颇浩大云。承日军二千已开往察北，凌源日军十日晚开往承德填防。十一日晨多伦日机大演习，并有二十架飞往张北一带视察。闻察北伪军此次进犯绥东，事前与殷汝耕及平、津各地汉奸，已有接洽，欲借军事行动，与殷逆扩大伪自治之阴谋相策应，以进行某方对华北之新企图。多伦日军增加，［满］德王往来百灵庙与嘉卜寺之间，行踪忙迫，惟言动均被某方监视。日军两联队开抵张北一带，德王刻在嘉卜寺，卓世海在张北，现嘉卜寺与察北各县，时通电话。该处电台，每日与蒙境各台通报，察北现征收鸦片税甚旺，商都、康保一带，杂军麇集，形势混乱，绥东交通，已被我军封锁。绥东五县刻由曾延毅、彭毓斌、达凌熟〔密凌〕苏龙三部，协力防守。百灵庙附近之李守信部，已增至万余，扰绥东部，皆系来自热境之王英、王道一匪部，受某方利用与指挥。蒙兵均无开察西准备，傅作义已抵平地泉视察。

（丙）敌方意图

伪军李守信、卓世海等，自侵入察北六县后，即积极建设军事设备，扩充部队，并在滂江、多伦设立无线电台，与长春互通消息，建筑飞机场及由多伦至康保、商都各地之汽车路，同时关东军又在热河建筑由承德至平地泉及叶柏寿至赤峰间之铁路，以期提高军事运输能力，接济伪军，而张海鹏之伪军，亦大部调驻西南各县，有开入察省与李、卓等逆部联合之趋势。据确实方面调查，该李守信、卓世海等伪军，人数已达两万三千余人，均拥有新式之机械设备。此项机械，缘由某方供给，均属精锐出品。此外尚有零星收集之匪军，数亦逾万。综合最近之电讯，进侵绥东之伪军部队人数不多，可知此次举动乃系试探性质，若我方不能猛挫其锋，则大部来犯，乃旦夕间事耳。彼辈此次蠢动之第一步目的，乃欲进窥归绥，非他地方事件所可比。其再进而西窥宁夏，南侵陕、晋。宁夏方面，日人势力，极为膨胀。据情报，日军当局，除已在该省设立大规模电台与长春互通消息外，并在各县遍设特务机关，以侦查我方军情，测绘地图，密输军火，麻醉人民，工作极为积极。此外又收编各地土匪，委为自治军，截至目前止，被收买之匪徒，为数已达五千余人，正在待机蠢动中。溯自某方觊觎内蒙以来，所谓再造"蒙古国"、"大元国"等说，宣传甚盛，继而"冀东"、"察北"等问题相继发生，即系某方有计划之慢性侵略动作，故迭经交涉，迄无效果。而察北六县失陷后，伪军即陆续开到，汽车路、飞机场，亦均建造。计划既成，当威迫德王招募蒙兵，扩张势力，以为前驱，现编成者已有三师，均归李逆守信指挥。某方军事计划，系首先占据绥东，再进窥绥远省城，夺取晋北，如果某方此项计划实现，冀、察即垂手可得，是其目标既转注晋、绥，进犯部队，乃分三层以进，以土匪为前锋，伪蒙军居间，某国军则在最后督队。现某国兵已有两联队开到察省张北县，某国在商都所建飞机场，亦告竣工。李逆守信，现在商都调度一切。又闻，伪满游击司令某，本月初曾到津，时殷汝耕亦由通县赴津，共同密商将战区保安队长张庆馀、张砚田、李允声、赵雷各部，一律改为游击队，共分八队，并准备派一部赴察北，协助进犯绥东。当局对此，正严密注意中。某国此时尚非正式发动，故将来问题难免扩大耳。

（丁）伪军概况

察北自伪军占领后，一切消息，均极沉闷，来往行人，均受检查。外间欲明真象，颇为困难。兹有察北来人，谈及察北近况，以及该地驻军之组织甚详。并云王道一部约二千二百余人，均为步骑兵，枪占十分之五六，前在张北三区二泉井，复移尚义、商都，图进扰绥远陶林县境土木尔台，幸绥军齐集集宁，将该部击退。据军事家谈称：以伪军现有之军队，决无进占绥远之可能。盖以驻扎察北九十余里张北县境之伪军部队，计有内蒙古第一军，内蒙古第二军，西北防共军，边防自治军，兴亚军联合军团，独立师，蒙古青年学校等，均毫无纪律；蒙古军并无军事常识，多属杂牌队伍，虽有八千之众，然不当我一旅之摧击，故绝无侵占任何省县之可能性。兹将伪军军事方面、政治方面情形分志于下。

1. 军事方面

伪内蒙第一军　伪内蒙第一军司令李守信，年四十余岁，热河省蒙旗人，系崔兴五之旧属，"九一八"事变时，曾追随崔在热河凌源、围场一带，抗战经年，艰苦备尝。嗣以时局变迁，某方压迫过急，崔即下野，伊则率所部投降于伪军，其部下多半系热河省人。占据多伦后，其兵力尚有四千之众，经伪军几次缩编，只有两千余名，编为两旅一团。第一旅旅长刘某，第二旅旅长尹宝山，炮兵团团长丁某，彼时伪方监视颇严，待遇尤苛，官兵均愿倒戈。自去冬该部进展至张北后，纪律较严，伪方对之亦不似过去之严厉矣。现并扩充一旅，名为第三旅（旅长王某），人数亦未补足，现驻宝昌、沽源一带。至该军之枪枝，颇为整齐，完全为新枪（数约三千枝），官兵薪金，亦随而提高。某方近又委李为德化市（即化德县）市长，李则往复于张北、德化间，某方颇为重视。其兵力以现在统计，不过骑兵三千，炮十三门，机枪八挺，近来虽积极整饬，亦不如国内军队之整齐。该军关于军事指挥教育，悉听某国人嘱托与主持，其第一队队〔旅旅〕长刘某，山东人，亦为崔兴五之旧属，人极忠诚，颇具服从性，对于祖国萎弱，恒自悲泣。刻某方又委刘为张北卫戍司令，司令部亦设在张北，第一团驻在犬虎山、宝昌一带，第二团驻南壕以上木路（张北管），第三团驻张北城内。第二队队〔旅旅〕长王〔尹〕宝山，年五十岁，香河人，亦崔兴五之旧属，为人奸险，与该军关系较为密切。其军队驻商邱〔都〕、尚义、康保等地。第三队队〔旅旅〕长王某，队部现正在沽源、多伦一带，进行组织中。闻系久在延庆北部杂牌军队，归伊收服者。炮兵团团长丁某，年三十二岁，香河人，现在张北西门外驻扎。另外有通该〔讯〕连、特务队等组织，均驻张北城内。

蒙边防自治军 蒙边防自治军司令于某，现年四十余岁，绥远人，前在绥远省之公安局充局员，自今夏乃以"地方自治"为标帜，奔走于张北、绥远间；因与该军最高长官秘密接洽，拉拢各省一般失意军人组织自卫团等等，其集合地点，在张北二区三宝沟、七甲岭，犬虎山一带（绥远边境），现有五六百人，枪不过三二百枝，现正在候编中。

伪兴亚联合军 伪兴亚联合军总司令金甲三，辽宁人，前在冯占海部下六十三军当旅长。副司令林竹轩，年四十余岁，辽宁梨树县人。现任张北县总务科科长张松涛，年三十九岁，河北人，亦为副司令，惟现在只有该军名义，未见一兵一卒。据闻伊等曾与热河北部及边疆一带杂牌军队，均有接洽，不久将齐集察北，人数较其他各部众多，某方已允将察北私枪及自卫团枪支，完全编入该军，但是否能成为事实，尚不可测。

伪内蒙第二军 伪内蒙第二军司令宝得勒额，年三十余岁，热河省蒙旗〈人〉，其队伍系在热河新招募者，数约一千八百名，现在张北县三区公会镇驻扎。现正由某方代为训练，不过纪律不甚整齐，枪枝亦不齐全。

伪西北防共军 最近由某国人在德化组织西北防共军，伪司令王道一，其部队为吕二小之匪众，七月中旬始齐集张北三区二泉井、三义城一带村庄，饷糈无着，给养完全由地方担负。抢劫之事，日有数起，民众逃避已空，因不堪其扰，绅商民众，均请求该部移至尚义一带候编。闻不久将移至商都县境绥远边境，实行扰乱工作。至其人数，约二千二百名，马六百匹，枪一千二百枝。

伪独立师 伪师长王有济，二十余岁，现在伪蒙公署充科员，在事变时充指导员，现正从事拉拢地方素有声望之失意军人，相机活动，组织独立师，现在〈南〉壕堑一带活动颇力，已集有三百余人。

伪青年学校 伪校长布某，为蒙古人，现年四十岁，现在伪蒙署充当教育厅蒙人科科长。该校今春成立，在察盟十二旗召集蒙古青年三百余名入校，聘某国人为教官，现在教育进度颇为急速。

2. 政治方面

伪军政府 某方在内蒙设立军政府，总裁由德王充任，于五月间在德化成立。德王名为总揽蒙古军政大权，实则操纵于某方特务机关长之手中（现驻德化），以下设总务、财政、军事、交通四署。

伪察哈尔盟 盟长卓特巴扎布，盟公署设在张北县，盟以下设总务、教育、保安三厅，管察北八县（按察北原为六县，近经伪军将尚义、化德、崇礼三设治局划为县治）十二旗，军政各权，亦操诸某特务机关长之手中。政治方面，某方似不甚注意，仍用假面具，高倡亲善，但对财政则十分注意，一般汉奸，并献计剥削，苛税杂捐，有加无减，民众负担，亦云苦矣。又察北化德县（即嘉普〔卜〕寺）事变之不久，改为德化县，近又改为德化市，不属于察哈尔盟，直属于伪军政府。沽源县因收入不丰，归并于多伦、宝昌两县，宝昌县政府改为保源县焉。

（戊）某要人谈话

据平市熟悉绥东情势之某要人谈：某方图绥计划蓄意已久，当冀东组织成立之初，即拟大举。在上月中旬，着人布置，并四处招纳亡命及散匪编成部队，复在张北成立一特务机关，派一少将阶级之军官某氏长驻该地，总理其成，所招之匪众，率多来自冀、察各县及冀东、热河等处，分子复杂。招齐后不暇训练，即仓卒编成部队，驱之最前线，且不正式发给饷糈，每开到某一地点，即令就地筹饷，故匪踪所及之处，任意搜括〔刮〕，民愤衔骨。而匪等事先既未经训练，纯属乌合之众，一旦与正式官兵接触，辄不战而溃，以〔此〕为过去数次匪部图扰未逞之原因。现此项图绥部队，系由（一）伪军（张海鹏之一部即李守信、吕存义等部）、（二）匪军（王英、李〔王〕静溪〔修〕等股及临时招编之散匪等）等部混合而成，总数据传约有三万，武器亦大半由某方供给，分驻张北、商都等地，部属庞杂，号令纷歧，且毫无临阵经验，故声势虽相当雄厚，但终不足以酿大事。日军近向察北虽续有增加，然总额尚不足千人，不过多伦方面日军现仍不绝增加，其用意似属叵测。德王现正往〈来〉百灵庙与嘉卜寺之间，行踪忙迫，惟言动均为某方所监视，察蒙会遵令改组云云，在环境与事实上自难做到。包悦卿前在东蒙所招之蒙军，因某项关系，均被截留，未能开到。一说此等蒙军性颇倔强，勉强应募，原非本意，在原盟驻守则可，若调移他处，多不肯往，若驱之至最前线，则尤不可能也。现时所可虑者，绥军防御实力稍形单薄，所幸晋军一部分近已奉阎锡山令急遽向晋、绥边界开动协防，驻五原、包头一带之绥军王靖国部，亦已奉调开抵某地点，实力渐增，匪部虽欲侵扰，当更不易得逞也。

我东北四省，既相继沦陷，冀东、察北之主权，复被掠夺，今又得寸进尺，嗾使其爪牙，图略绥东矣。综观上述，敌方阴谋殊足惊人。夫我之国土有限，彼之欲望无穷，倘长此以往，国家前途，岂堪设想？尚望当局坚守"维持领土完整"之宣言，一面命令前方将士，英勇抵抗；一面急调重兵，为之后援，勿使其继四省及冀东、察北之后，国家幸甚，我民幸甚。

《正风》（半月刊）

北平正风杂志社

1937 年 3 卷 2 期

（李红权　整理）

怎样应付现阶段的绥远战争

袁锐 撰

一 绥远前线的新姿态

本年开始的前两三个月里，绥远的战事，在表面上好像是非常沉寂；其实在暗地里，我们的敌人——日本帝国主义者，却无时无刻不是在调兵遣将，设计运筹地在准备着新的进攻。据最近的消息：自从敌人派遣植田、末次、杏月等高级军官入察后，已诱起大批的汉奸，从事活动。如组织所谓"中日满蒙反赤同盟军"、"华北新政体"；如刘桂堂、王英等匪众，在冀东扩充内部；如德王、卓什海、包悦卿等傀儡，成立两万多人的伪新蒙旗保安大队。同时派遣大批军事大员赴察、绥，测绘地图，设立电台，建筑防线等阵地的工作；调遣万余正式军队赴前方，督促伪匪军作战。并且把伪蒙傀儡政府增多至百余日本顾问，把伪匪军内部的上级军官换为日人。其它如枪炮、子弹、飞机、大炮，为伪满运往者，已历数月之久了。

目前日本帝国主义者对绥远，为什么会这样的积极呢？在去年十二月间匪军大败之后，为什么敌人会容忍而暂且放下屠刀呢？一[这]方面固然由于当时匪军受数次重创之后，极待整顿与准备，迫不得已而出此，但是，在另一方面，也是由于当时的政治形势对于敌人尚且有利；例如，那时伪匪军虽然大败，但是在中国南京政府方面，那时仍坚持"攘外必先安内"有利敌人侵略的政策，同时在敌人国内，那时政党、民众与军部间的矛盾还不十分显明，日本军阀在这两种有利的条件下，当然可以安心整顿与准备。然而在目前，中国与日本的政治形势，完全与那时不同了。

（一）日本的国内——林内阁上台后的法西斯手段，使政党与内阁、军部间的利害更加尖锐化了。及至到了林内阁孝忠军部，不顾政党的利益而解散国会以后，这冲突是更加深刻化了。各政党为着自身的存在利益，已联合一致，决心倒阁。四月卅日总选的结果，便是显明的表示：反对内阁的政党所得的票数占百分之九十，其次便数到相当注意民众要求的社会大众党，至于其它带有法西斯气味的国民同盟东方会，虽然有政府的赞助，结果却不免遭受惨败。同时在这次总选中，还有一件事值得我们注意的，便是人民大众为着不满军部蛮横地干涉选举，有很多消极而放弃投票权，这很可表示出：在日本国内人民生活日趋困苦的情况下，反法西斯的浪潮高涨了，军部失掉人民的信仰。所以在这种政党与内阁、军部的矛盾及人民对内阁、军部的反感日趋深刻化的现在，日本军阀要想在国内维持它的威信，要想转移日本国内人民对内视线为对外，唯一的方法，只有掀起对外的战争。

（二）中国方面——五六年来，日本帝国主义者所以能不损一兵一卒，而吞并我东北四省［热河］、察哈尔、冀东……的土地，在华北享有特殊的权利，在华中华南施行局部的政治经济的侵略，完全由于政府执行"攘外必先安内"的结果。可是到了三中全会的时候，因为全国民众一致呼吁抗战，东北、西北军及湘、桂各军抗战情绪的高涨，使政府不能再像过去一样一味的屈服于日本，不得不转变"攘外必先安内"为"和内攘外"。譬如在三全会上，不得不讨论宋、冯及李、白等抗日救亡提案之国共合作的条件。

之后，杭州、奉化两次军要讨论，也都以抗战及抗战先决前题〔提〕的"国共合作"为主题。最近三原红军，已取消共党名义与中央谅解，其他在前次抗战中坚守中立的宋哲元氏，最近也多少转变了，出席阎氏召开的冀察晋绥联防会议，并约韩复榘在鲁北讨论鲁与冀察军队国军化的问题。如东北二十五万义军派代表接洽援绥，如反蒙精锐七千赴前线参战，如廿九军士兵离军东进，袭击伪警队。这一切都表示在"抗战第一"的今日，国内已团结一致，在今后只有抗战的问题了。

目前日本军阀，在国内既然感到孤立的辣手，在中国又感到侵略有遇阻威胁的时候，它那惯用的"先发制人"的急智怎会忘而不用呢？最近南壕堑两次的挑战，也许就是这故智启用的征兆吧。

二　过去抗战得来的经验与教训

绥远，在日本帝国主义者侵略中国过程中，固然是完成大陆政策中满蒙政策最后一个阶段，是吞并整个中国的先决前提；同时在中国国防上也占了重要的地位，它是绥、晋、陕、甘、宁诸省的屏蔽，是华北五省的门户，是全中华民国存亡的最后关键，是收复东北失地的桥梁。前几个月的绥东抗战，我们凭着：（1）前方将士的英勇抗战；（2）全国民众一致的援助及（3）匪伪内部同胞觉悟反正，而得保全绥远的胜利，这是值得我们欢跃庆贺的，然而，我们如果把前几个月的抗战，仔细的分拆〔析〕一下，那就有很多的地方是值得我们注意的：

（1）只守不攻，不但自己放过更大胜利的机会，并且也是给予敌人准备再攻的机宜——这次绥东的抗战，我们所取的战略是和一二八上海抗战一样的，我们取守势，敌人取攻势。因此，在我们胜的时候，并不趁胜追攻敌人，直捣敌人的老巢，反而使敌人在小小的失败后，得到充分准备的机会。

（2）用恐吓和欺骗的手段，使冀察当局对绥战旁观，以便实现其个别攻克的鬼计——据关东军方面传出的消息，敌人这次用的战略，是以华北驻屯军牵制宋哲元的廿九军；同时进占胶路州牵制鲁军，而令绥军孤独抗战。敌人的这个阴谋，在恐吓与欺骗的技术下，得到相当的收获了，在绥战发生后，宋哲元即立表示"保境安民各不相犯"之后，召开四个师团长会议，结果仍是决定："绥远剿匪，战事与冀察无涉，除受某方攻击时采取自卫行动外，决仍保绝对中立，以防冀察地位之恶化。"

（3）敌人以华制华的毒计——这次绥东的战争，谁也明白是敌人有计划的进攻，绝不是敌人所宣传的匪军入寇。这在百灵庙及红格尔图两次的战争中，尤其显明。"在这两次战争中，敌人不但把原驻热河的伪军，开到察北援助，不但以空军帮助伪军作战，不但供给伪军大批的坦克车、钢甲车、重机关枪、钢炮等新式武器，不但对我准备用毒气化学的屠杀，并且伪军的干部，都由日人自己冒装充任，伪军中有半数以上是敌人的士兵。"可是敌人却口口声声说：这是匪军入寇，与伊无涉，这明明是一个烟幕，而我们不少的当局，竟为这烟幕所迷了，也认为这是匪军入寇，绥远军可以独立支持，无须增援，甚至竟有人认为这是地方的小问题，不必大惊小怪，这正中了敌人以华制华的毒计，我们自动的解除武装，只有任敌人的宰割了。

（4）敌人利用满、蒙、回、藏各民族的偏见，利用少数民族对汉族的不满，建立卸用的傀儡政府，如"满洲国"，内蒙傀儡政府，冀东伪组织。而我们政府，对于敌人这种离间阴谋，向取不问不闻的态度，对于各族对汉族的不满，不积极设法消除，一任敌人的欺蒙利用，成立第二第三……敌人卸〔御〕用的傀儡政府。

当然，在我们检讨过去抗战的时候，不能只注意到缺点而把优点忘记了。我们除了纪〔记〕起在前上面说过三个优点：前线将士英勇，全国一致援助及伪军内部反正外，我们还记得：傅作义将军的誓死守土，阎锡山的毁家纾难，在政府与地方当局谅解下，和平的解决西南、西安问题，以及敌人声东击西策略的击破。

三　今后应要怎样去应付绥远战事

在过去几个月的抗战中，我们有好多地方是中了敌人的毒计，又有好多的地方，我们做得太不福〔周〕。但是无论如何，我们总算是胜利了。就在小小的胜利当中，也具有着重大的意义！傅作义将军说得好，他说："绥远抗战，我们粉碎了敌人以华制华的政策，治愈了全国的恐日病。"使屈辱五年的中华民族看见生机！

绥远过去的胜利，虽然值得我们庆幸的，但这只是收复失地驱逐日本帝国主义出中国的起点，一切的艰苦斗争还是在今后！我们要接受过去我们历次抗战的经验与教训，那么，最后的胜利才有属于我们的可能！

第一，要认清目前绥远的战争，是敌人实行大陆政策吞灭我中华民族的侵略战争，在我不是剿匪而是争取民族生存，不是局部的领土问题而是整个中华民族存亡的问题。全国应当不分阶层不分派别的联合起来，一致抗战。

A. 绥远邻近各省的军队，如冀、察的二十九军，山东的鲁军，山西的晋军以及陕、宁、豫各省的军队，都应当除去地方省界的偏见，互相协商成立国防前线的统一机关，以巩固国防。最近阎氏召开的冀、察、晋、绥的联防，宋、韩在鲁北会商鲁、察军队国军化的问题，都是好的不〔征〕兆。

B. 政府应当把人民〈用〉血汗换来的新式武器飞机，运输到绥东前方，给前方将士运用，调中央的精锐部队，赴前方参战，同时把军库中抽出一部分经费，作前方抗战的费用。

C. 全国民众应当自动的武装起来。凡愿赴前线工作或在后方工作者，地方当局与民众，应在各方面加以帮助，务使每个人都如愿的去参加抗战的工作。

总之，在目前国家存亡的最后关头，每一个中华民族的国民——无论他是政府的官员也好，乡下的老百姓也好，都要肩起挽救民族存亡的责任，同时对于别的负起救亡任务有困难的国民，也尽量的去帮助，务使每一个中华民族的国民，都能负起挽救中华民族抗战的任务。

第二，与苏、蒙建立防敌军事协定，与东北义军建立统一的行动。

A. 在目前谁也得承认：苏联，是和平阵线的支持者，是一切爱好和平——尤其是弱小民族的友军，欧洲老牌的帝国主义者法兰西，为了防御德、意法西斯的侵略，已久与苏联成立《苏法协定》；之后，在敌人向外蒙共和国挑战的时候，外蒙为着防御敌人，也与苏联成立《苏蒙协定》了。在目前敌人为着吞并中国进攻苏联而攻绥远的时候，我们为着抵抗中、苏共同的侵略者，与苏联成立防敌的军事协定，是目前迫切需要的。

B. 五年来东北义军在东北的艰苦抗战，全世界都是赞扬的，在绥远抗战的今日，如果我们能与东北内部数十万的义军建立统一抗战的行动，我们不但可［又］以收"外攻内应"的效果，同时还可以收"敌疲我击"的效用，前天报载东北二十五万义军，派廿七位代表赴晋接洽援绥，这也是好的象征吧。

第三，在战略上，我们对于绥远的抗战，不应当采取被动的"守势"，而应当采取主动的"攻势"，我们在全国一致抗战下，不但要使绥远保全，同时还要收复冀东、察北、东北四省以及其他所有的失地；并且我们要在全国一致抗战下，肃清在我国境内所存的敌人势力。

第四，改善民族政策。从来中国解决边疆问题，总是采取两种方式：一为对其他民族用武力征服，一为勾结少数民族的公王领袖，使之内附，因此，满、蒙、回、藏各族对汉族都有着极大的反感。在汉、蒙两民族间发生的，如西公旗事件、百灵庙保安队的哗变、庙蒙会与绥蒙会的对立，都是显明的表示。目前敌人正利用我和蒙人间的这个弱点，尽量的挑拨离间。所以我们目前对于民族政策，应当下决心改善，同时派大批的人员，赴蒙族内部，消除汉、蒙两族一切的恶感，务使达到合力抗敌的目的。

第五，改善人民的生活。改善生活是目前全国人民一致的要求，而尤其要立刻改善的，要算是前线蒙、陕、宁人民悲惨的生活。因为我们要想这些在恶劣环境中挣扎着的人民，燃烧起民族的热情，那是很不容易的。

日本帝国主义者对中国的侵略，是多方面的，可以说是无孔不入；在目前我们决心掀起民族放〔抗〕战的时候，我们也要运用全国四万万七千万人的力量，联合一切有利抗敌的友军，利用一切的机会，前往收复失地，驱逐日本帝国主义出中国！

五月十六号

《民族战线》（月刊）
马尼拉民族战线社
1937 年 3 卷 3 期
（李红权　整理）

训练壮丁

王诚　撰

"训练壮丁"，这在民族抗战最前线的绥远，是一件极重要的工作；我们在两月之前有许多同学曾讨论过这个问题，计划由每一个绥远青年学生联合起来，各回到各人的家乡，向百姓宣传：先从自己的家庭、亲戚朋友做起，再推到亲戚的亲戚朋友的朋友，来征集壮丁，组织民众力量，由村及乡，由乡及区，由区及县……这样做去，是可以做到我们原定的计划；因为绥远的大学生平均每县只有三四个人，中学生每县平均也只有十余个人（全指现在求学者而言），这些学生大多数的家庭，不是地方上有资产者，便是地方有一点声望者，在地广人稀文化落后的绥远，凡是这一流的人，地方上无人不熟悉不认识，而每一个学生虽在地方上无号招力量，可是一村之内，人民颇对其信仰，因有这两种的特殊关系，所以回去各县组织民团是一件不成为问题的事。至于枪械，除原来民团已有的以外，还可向有资产的百姓筹集款项，或节省不急须需用的款来添购，我们这样的来组织起民众自卫的力量，不但来防预敌人到处游击轮流的战法，并可使敌人的策略"四处进攻使晋绥军疲命应付，若某处空虚即用重兵击破，并以耐寒冷的兵士利用严冬时向前进攻"种种计划是无处使用。

我们为什么这件事要以青年学生为中坚呢，当然也其中有个道理存在：绥远处在这种危急之下，已经到了最后牺牲的关头，站在最前线的绥远青年，更应该首先跑在前面和敌人杀去，但是地方的士绅大多是"劣而不优"，"别有做法"，"顾虑太多"，能否赞成这种做法，那还是另一问题，所以不得不以青年学生为中坚；就是过去的几次伟大的运动，也是这样的告知我们。而我们所以不愿"投笔从戎"爬到战壕里的原缘〔故〕，也因为那样去牺牲，莫若回去组织起民众力量，是永远能和敌人抗战。至于组织起的内部工作，分宣传、训练、救护、通讯，是以一村为地域的单位，以小队为基本组织的单位，这样的去牺牲似乎比较别的工作重要，也就是别的工作，任何的人都可以去做，但是这件工作绝不是外省人能来做的；至每一个队员，当然要合许多规定的部件，才能使这个组织坚固健全，假若我们照着这个大略的计划做去，是可以能得到许多的成功。我们觉得在绥远组织民众的力量较别省容易的缘故：（1）绥远地扩〔旷〕人稀，开治不久，在一县之内稍有家产者都被〔彼〕此熟悉；（2）绥远藉〔籍〕的学生能在中等以上者甚少，回到自己的家乡能得民众的信仰；（3）同学之间被〔彼〕此都认识了解。所以我们觉得若要做去尚无多大困难。

所以要这样做去，我们并不是想乘机组织民众力量来有别的野心，或是当其中的领袖，而我们也只是其中的一个队员，内中由军事长官派人协助，并向地方人士有名望者联络参加，这是为避免内部有不坚固的情形，也是为免除众人的疑虑。赶回去之后，我们向地方的人士征求意见，商讨办法，可是竟得到不参加丝毫的意见，并背地里则胡造谣言，而当局者的表示，认为还不是这般学生牺牲的时候，仍希望还照旧读书，可是我们这种办法始终没有得到地方人士的同意，及许多昏梦不醒受〔授〕意他背后给拿平市票花的同学不赞同，这实在是我们内心最大的痛苦，最觉得伤心！

若让敌人不进攻绥远，除非不实行其大陆政策，归还中国原有的领土，否则，无论中国的时局有什么变化，这块国家的屏藩、隔断中俄要道的绥远，绝不会不来夺取的，正因匪伪失利，才能借给兵扶助"自治"，才怕将"满洲国"卷入旋涡而音〔影〕响到××的利益。在这时我们希望地方的人士和同学们，先向前要认清敌人的政策和计划，回头再想想绥远现在的地位和我们每个人所负的责任是什么？抗战的序幕已经拉开，我们处在最前线上的绥远人——尤其是负领导责任的知识阶级者们，是不是还有闲假〔暇〕的时间在利禄上竞争奔走，结党活动，逢迎拍马以至于埋着头读书……假若敌人来到，一切生命、财产、家乡全被炸毁无余，我们是不是还能做以上的事情?! 覆巢之下是绝无完卵，这是千真万确的一句话，假若永无敌人来侵犯，那我们闲余太平的日子才在后面。

上面一大段题外话，我的主要意思，也不过是希望军、政、学、民都联合起来做救亡的工作，取消过去那种投机式的或是为来应付场面的救亡工作，因为省府要训练一万壮丁，便又引起前些时，我们发动回绥服务运动，也是做这个工作，因为无人表示意见，竟障碍了事情的进行。

民众的力量，这是极待政府努力培养，增加一分民众的力量，就是等于增加一份救国的力量。傅主席已见到这一点，过去便由各县选送壮丁，由省府直接派人训练，在这一次战争，已表现出很好的功效。据报载最近计划全省要训练一万壮丁，我们更希望傅主席把全绥远的民众都武装起来！关于〔过〕去训练出的壮丁，将见到的两点以作建议：

在过去两次训练出的壮丁，有许多回去各县都感觉做事无处下手，还是散沙无组织，仍在各村各家闲着，这是一方面因各县人民还不感觉自卫力量的重要，固〔故〕无人关心，别一方面是旧民团负责者，因与壮丁发生利害冲突，恐怕收回各村枪械，取消民团经费，为了维持旧来的地位起见，故暗中反对甚力。政府现在应从新组织民团，将旧日团丁和现在壮丁混合组织之，以加强力量。

有了团丁和壮丁，而无枪械籽弹，仍等于无用，我们希望当局除把过去公家收回的枪械发给以外，余都补足枪械，这才始能自卫抗敌。

兹以一得之愚，敬谢执政诸公。

《绥远旅平学会会刊》（月刊）

北平绥远旅平同学会

1937 年 3 卷 3 期

（李红权　整理）

额济纳旗日特务机关被解散情况

璇　辑

潜入额济纳旗策动蒙局之日本特务机关，顷已全部解决。负责前往取缔之宁夏民厅长李翰园，八月一日晨率日方全体人员，乘汽车五辆，由肃州抵兰。据李氏对记者谈：

日方人员　除特务机关长江崎寿夫、飞机场长五之原、通译员大西佼之外，另有总务员、特务员、汽车司机各一，测绘员二，电务员二，并华人勤务五名，共携带自来得枪二枝，子弹一百粒，步枪一枝，子弹二百粒，白郎尼三枝，弹二百七十七粒，手提机关枪一挺，战刀一把。此外汽车二辆，电台四部（二十瓦特），私人用品两汽车，骆驼四十只，马六匹。

活动历史　（甲）秘密期，由印人奈鲁二十年到额，于二十四年东返，任务侦查西蒙内情。（乙）调查期，由山本率领组员四组，调查队于二十五年一月到额，二十六年已解散，任务测量、测验，分两路，一遵新绥路过山丹庙达定远营，二由张家口到安西马鬃山。（丙）正式期，自二十五年九月二十七日成立特务机关，由江崎主持，至本年七月七日破获止，为期九阅月，任务成立蒙古保安队，二十五年九月二十日曾由百灵庙运步枪二百支，子弹六十箱，是项军火，至十月十日着火烧毁。

阴谋计划　借清同治年〈间〉回人惨杀蒙人之史实，挑拨蒙、回感情，企图煽动百灵庙、阿拉善、额济纳、青海二十九旗，联合成立"阿额青蒙汉〔汗〕国"，并计划成立安西特务机关，由前任锦州特务机关长横山信治负责，率组员善山敏、高森安彦乘骆驼二十四匹，前往筹设，至西蒙鼓鲁地方，闻额旗特务机关被抄，始急遽折返。

破获经过　李氏一行于六月十九日由宁夏抵兰，六月廿日由兰往肃州，由驻肃州马步康旅派兵三十人，于七月六日抵额王府，向额王图布升巴雅尔告以此来，系取缔日人不法机关。日特务机关设东庙，翌日遣人约江崎寿夫来，宣示愿和平离境，当保护东返，否则严厉取缔。江崎表示接受保护出境办法，遂将日人所有文件、用具，及全体人员，分乘汽车五辆离额，于七月十八日抵肃州，七月二十五日由肃州起程，因沿途泥泞，一日始抵兰州。

又兰垣各界闻该氏一行抵兰，群情激昂，汽车入城时，群众数十人举行示威，经军队竭力弹压，秩序始平。

附注：敌人谋我西北各地，已有年矣。在宁夏省额济纳旗、阿拉善旗遍设特务机关，并有成立伪组织之企图，现值此时期中，宁夏属于后方，焉能再任敌人捣乱，地方当局迅速予以解散，诚为至痛快之事，国内各大报纸均有登录，兹特转载，以期国人普遍知晓也。

《边疆》（半月刊）
南京边疆半月刊社
1937 年 3 卷 4 期
（赵红霞　整理）

匪伪军侵袭下的绥远农村

张季光　撰

从表面上看来，我们的国防最前线的绥远，经过了这次爱国的武装同志们的忠勇抗战，似乎它的地位，已经稳固了一些；然而从各方面的消息看来，它的危机并没有丝毫减少。在某帝国主义指挥下的匪伪军，虽然一再失败，但是还不甘心，还要再度侵扰；而且×人更积极的调动伪军，扩充匪军，准备乘机犯绥。所以，处在国防最前线的绥远，依然是危机四伏。

由于这次绥远将士的忠勇抗战，由于神圣的民族解放战已不断在这国防最前线开演，所以绥远便成了全国人民最注意的地方，关于它的一切现状，我现在拉杂地写下来，以告关心绥远的爱国同胞们。

加紧训练农民

在匪伪军进犯绥远以前，绥远当局便认清了绥远的环境，非唤起广大民众自动的起来抗×不可。但是抗×不是一件容易的事，如果没有健全的组织和军事的常识，就不能很迅速很有效地打退敌人，所以从那时起，绥远当局，便开始训练民众。当时为了要避免×方的怀疑起见，把那训练民众的团体，叫做"防共自卫团训练部"。训练部的责任是由三十五军的上级干部李大超负责的，第一期由各县局（即设治局）各抽选农民二三百名，并聘请省垣各公安分局的警官数十名，担任教练。第一期毕业后，又召集第二期，先后训练的农民，不下万余人。现在为着要使这受过训练的民众，能够参加前线的抗战起见，所以又把这一万余受过军训的农民，编成了一支实力充足的国民军，预备作为抗×的先锋队。国民军的司令由傅作义将军兼任。每一个国民军的官兵，都穿上了整齐的黄色制服，军容和一般军队不相上下。

现在绥远当局，为了要使全省的民众都武装起来，都走上了抗×救国的前线起见，于是更召集第三期自卫团。这期受训者比从前又增加了好多，而训练的方法，比前期有了很大的进步。这期，不但是注重军训，而且更特别的注重灌输国家民族的思想，务使每一个自卫团的团丁，都知道爱国，都认清了目前民族的危机，都明白全国的民众，非全体武装起来和我们眼前的死敌——某帝国主义作殊死战不可。

自卫团又分为两种，一种是常备自卫团，一种是后备自卫团。所谓常备自卫团，便是上面所说的已经召集齐全的第三期自卫团。所谓后备自卫团，便是现在由各乡乡村指导员训练的那些壮丁。这后备自卫团的数目，大约是每乡一百五十人，按照每县八个乡来算，那么每县就有一千二百人，这数目也就很可观了。

改良主义的乡村建设工作

绥远从自〔自从〕傅作义主持省政以来，即令省府组织了一个乡村建设委员会，由傅自任委员长，各厅厅长兼任委员；乡村建设委员会以下，又设一乡村建设训练处，专门造就乡村工作人员。乡村训练处招收的学员，是以曾在省立中学或省立师范毕业的绥籍学生为标准。该处训练学员的课程，特别注意的是军训，所有学员，都穿着蓝色的军服，腰上系着皮带。乡建会委员长傅作义在该处举行毕业典礼的时候曾说过："乡村指导员（该处毕业的学员，都分发到各乡村，任乡村指导员）的工作简单的说来是：教，养，卫。"从这简短的一句话中，我们可以知道乡村指导员的工作是如何的重要了。现在乡村训练处，已经有好几期学生都毕业了，并且都已经分发到各县的乡村中去了。按乡建会所分配给乡导员的工作来说，更为重要：一、乡导员须负责使乡民彻底明了政治。二、乡导员须负责训练后备自卫团。三、乡导员须兼任该管乡村的小学教员。四、乡导员须兼管乡公所的一切账目。五、乡导员更须斟酌当地情形，使乡民改良生产方法，以期增进生产。由上列的几条看来，我们更可以知道乡导员的工作是如何的重要了。举凡政治、军事、教育、财政、建设的一切重责，都是必须由乡导员一个人来负责办理的。这种办法，虽然完善，可是还有一个缺点，就是恐怕一个中学生或者是师范学生，负不起这样大的责任来。

自匪伪军进犯绥东以来，绥远的乡建工作，更越发的加紧了。第一步在各县成立了县乡村建设委员会，由县长兼任委员长，各科科长兼任委员。省乡建会更不时派督导员前往各县，督促指导各乡乡导员工作。同时省乡建会更令各县乡建会召集各乡乡导员，讨论乡村工作以及保安、财政、建设、教育等等事项，并派员前往参加指导一切，考察各乡导员工作勤惰。据本省报载，即武川一县的乡导员，因工作不力，被省乡建会查悉分别惩处者，有八人。

最近省乡建会更制定《二十六年春乡镇宣传大纲》，颁发各县县乡建会督促各乡乡导员实行，其内容为：一、民族意识，二、自卫，三、军事，四、传递网，五、凿井与扩大春耕等项。此外省乡建会更分令各县在各区中心设立中心乡，由各区的视察员就近督促指导各乡乡导员工作。同时更分令所属，对乡建公文，一律不得积压，由此我们可以知道绥省当局对于乡村工作是如何的重视了。

全省农民自动捐款

自从傅作义将军率领着他的部下开始和匪伪军挺战以后，马上得到全国人民的热烈援助，尤其是在百灵庙和大庙相继克复之后，更振起了全国人民的抗×情绪。各地人民的踊跃输将和慰劳团体的纷纷北上，这都是表现全国民众对于抗×战争的热烈拥护。

这次绥远抗战，不特全国的人民，都踊跃的捐款劳军，即地瘠民贫的绥远民众，也都自动的捐起款来。他们把那节衣缩食的钱，送到乡公所去，然后大家再公推乡长或者是乡村指导员送到县政府去，请求县府汇集起来，捐给那抗×救国的战士们。

这次绥远的民众，所以会自动的捐助抗×的军队，可以说是绥远的民众已经深切地了解如果不是大家起来把那上门的强盗匪贼（伪军和×军）打退，则他们的生命财产，就不能保存。

的确，自从"河北事件"发生以后，绥省民众受到×人的压迫，真可以说是罄笔难书，尤其是绥东和绥北的民众。

绥东因为毗连察北，察北自被伪军强占后，××即时常派遣蒙匪到绥东一带烧杀抢掠，无所不为。此外更派遣了好多的××浪人到绥东一带吓诈乡民，大肆活动，更雇用了一批丧心病狂的无耻汉奸，专在各乡村的公用水井内抛掷毒药，打算着害尽了我们绥远的人民。

绥北是通百灵庙的大道，在百灵庙未收复之前，××在百灵庙的特务机关的人员，可以任意乘着汽车往返绥、百之间，在途中他们往往随便的强占民房。至于那些××浪人，更时常在武川各酒饭馆大喝其酒，大吃其饭，吃喝完了，不但不给钱，反而大发酒疯，真丢尽了"文明"国家的脸。

去年冬初，××复派浪人多名，大量收买绥省的糖米、皮毛，结果造成了糖米和皮毛的极度高涨，这更使一般人民受到了无限的损失和痛苦。

去年××在包头强雇民夫，硬筑飞机场。并在归化强设特务机关，雇用了好多鲜浪人，任意出入民宅，骚扰民众。而该特务机关长××，竟又敢干涉省政。这更使绥省的人民"发指眦裂"。

这些残暴的事实摆在绥省的民众面前，使他们深深地知道了：××帝国主义不打倒，他们即不能生存。所以他们才热烈拥护英勇抗敌的将士们。

旧历年节的热况

往年的旧历年节都是遵照旧例，不准放花炮，以及举办高跷、杠箱等民间的娱乐的。可是今年因为相继克复了百灵庙和大庙，于是便也破了例，各乡人民都自动的举办起高跷、杠箱等民间的娱乐来，借以庆祝国军的"连战皆捷"。

从旧历的正月初一到十五止，在这整整的半月期间，差不多所有绥远的乡村，都在普遍的狂欢着，庆祝着。

绥远省城归绥的街上，差不多每天就有五六起的附近乡村民众们所办的高跷、杠箱等的民间娱乐团体来游行。当他们游行的时候，两旁商店的门口，都站满了观众，还有好多的观众尾随在他们的后边，高声喊好，热烈的情况，盛极一时。

归化的街上，也从初一到十五止，每天晚上，也聚满了观灯和看放花炮的人民，每一个商店里，都在不住的放着花炮。直到十二点钟，看热闹的人们才逐渐散尽。

三月五日寄自绥远

《中国农村》（月刊）

中国农村经济研究会

1937 年 3 卷 5 期

（李红权　整理）

绥远抗战的现阶段

黄观涛　撰

敌人侵略绥远的战争，自去年七月底爆发以来，至今已半年了。在这半年中，敌人侵绥的进行，随着各个具体情势的开展，曾经换变过许多新花样。

比方，在去年七八月这一时期中，敌人一来因为不知道我绥远前线的抵抗力量，二来又想袭过去占领察北的故技，只嗾使王英、王道一等走狗用少许兵力，作土匪式的试探战。后来经当地的民团与守军击溃之后，于是退回商都从新准备。到了去年十一月初，成都、北海、上海、汉口等地不幸事件发生，中日关系紧张的时候，敌人认为是千载一时的机会，再嗾使李守信、德王、包悦卿、卓什海等大批伪蒙军，作第二次的进攻。但这次的进攻，已与前次迥然不同。在前次进攻中敌人还不大明了我方的虚实，还存轻敌幸进的心理，以为我守军见敌即退。可是，在第二次进攻中，敌人已知道我绥远当局守土的决心与准备，不得不作大规模的进攻。但敌人同时知道我前线兵力不厚，于是用声东击西方法，表面在绥东线红格尔图、兴和、陶林等处虚张声势，实际潜移势力于百灵庙，企图由绥北压迫绥东，使我背腹受敌，首尾不能兼顾，彼即直扑集宁，下归绥，以占领绥远全省。

殊不知事实大大出乎敌人的想像之外。我绥远守军，在全国人民热烈的支持之下，不但不退缩，反由"敌来即拼"，"城存与存，城亡与亡"的死守战略，进而采取以攻为守的战略，于是先后击破敌人的进犯部队，乘胜捣毁王英的伪司令部，收复伪蒙军的老巢百灵庙。王英的部下，如金宪章、石玉山、葛子厚、吕存义、安华亭、王静修等师、旅、团长，接着又纷纷反正，使收复大庙子、乌兰花等伪蒙军重要根据地，毫不费力。

敌人自第二次进攻失败之后，深知伪蒙军实力的不可靠，"以华制华"政策也发生问题，不得不亲自出马。于是由关东军发表声明："对内蒙军（即伪蒙军）之行动，为多大之关心，而愿其成功。……万一'满洲国'之接壤地区，受此战乱之影响……略及'满洲国'或发生中国全土濒于赤化之危殆的事态时，关东军将讲求适当的处置。"这所请〔谓〕"适当处置"不是亲自出焉〔马〕是什么呢？在另一方面，关东军再调集驻满第一、第四、第七等师，以及大批坦克车、装甲车、炮兵、化学等特殊武装队伍，开往察北，以实力威胁我抗战的当局。同时又由华北驻军强迫察冀当局"中立"，以监视其援绥的举动。青岛的陆战队，也借口纱厂工潮登陆，企图袭用九一八事变时进攻上海的故技，以扰乱我们抗战的后方。

敌人在这种布置完妥之后，本拟再来一次更大规模的进攻。恰〔这〕在这时候，发生了西安事变。敌人为了执行一贯的"以华制华"政策，它的花样来得更加高强更加巧妙。第一，傀儡德王，秉承其外国主子的意旨，发出停战"反共"通电，声明暂时停止进犯绥远，以使中国自己内战，企图在内战之中，坐收渔人之利。第二，关东军又诬蔑我抗战军队为共产军，并公开声明要以实力援助伪蒙军"讨共"。敌人口口声声要"反共"、"讨共"，目的无非一个，即企图以反共的名义，分裂中国的抗敌力量，使国际反共的法西斯侵略陈〔阵〕线（如意、德）牵制同情我国抗战的英、美、法、苏，使全世界的保守人士，默认他们的侵略为合理。

敌人的这些阴谋，现在可以说是部分的失败了。但是，敌人的诡计是层出不穷的。在西安事变和平解决以后，跟着又发生陕、甘的善后问题。敌人认在为〔为在〕西安事变中空无所得，是一件憾事，所以在陕、甘善后问题的处理中，不惜千方百计，企图混水捞鱼。他们声明要"静观中国事态的发展"。"实静"的结果，大概是这样决定了：在中国三中全会决定"战与和"之前，暂时还不是明火打劫的时候，而是要怎样布置对三中全会的天罗地网，以便把整个中国拖到自己的怀抱来。为要把整个中国拖到自己的方面来，当然不能单靠军事的进攻，更要借助于其他更巧妙的毒计，特别是目前中国站在歧途上的时候，非从军事进攻之外，加强其他方面的活动（如政治的、经济的、外交的），是不能把中国从英、美的怀抱中拉回来的。正因为如此，反映到绥远方面的军事进攻就时张时弛。

然而，我们不要误会，以为这样敌人就完全放弃了军事的进攻，倘若这样想，那就上了敌人的大当了。敌人知道我们的政治构成分子是相当复杂的，有反日的势力，也有亲日的势力，而这两种势力又不断的争斗着，消长着。为要助长亲日势力和镇压反日势力，使中国政局的发展更有利于日本，那就必须采用军事的进攻。由于这一点，绥远形势就紧张起来。

据一月十二日《新闻报》的报告，某方决调伪备〔满〕军三师，共二万余人，加入绥东前线，已经于四五日开始动员。察北宝昌，十四日开到伪满军一师，宝昌至商都路上，兵车络绎于道。同日化德也开到"满"军一部，约一联队。十七日化德西北的贝庙子〔子庙〕文〔又〕开到"满"军千余。南堃壕〔壕堃〕方面，伪军逐日都有增加。一月杪至二月初，伪满军开入察北、多伦等处，也络绎不绝。

同时，匪首王英，又由敌人拨给巨款及大批军械，积极扩充部队，其残部由千余人扩至五千人，统为长春伪满军部直接指挥，军中连长以上官佐，全由日人充任，一俟改编完竣，即开往前线担任先锋队（二日、五日《中华日报》）。

敌人除增兵与扩充部队之外，对于伪满军的粮食与军火，也大量接济。察北各县，征发民间粮食，几至鼠雀俱穷，单是康保一县，强征面麦等，已达两万多斤，其他各县，亦复如是。军火的运输，也是不可胜数，统计从一月十日到廿日这十天内，由敌方运往察北的弹药、毒瓦斯、大炮、坦克车、装甲车……不下二三百车，汽油一项，达二三万箱。此外又扩大化德、滂江等处的飞机场，派遣飞机到我绥东、绥北前线侦警与轰炸等事情，几乎无日无之。据归绥消息，关东军参谋自飞嘉卜寺与德王会议后，决定在旧历年关向绥东总攻。但日来绥东前线表面反趋沉寂，甚或扬言撤退商都部队，这大概是为了配合上述怎样布置对三中全会工作的应有文章吧。

然而，敌人的阴谋诡计，决不止此。最可怕的是"盛传华北日军当局……业向宋哲元提出要求，将察、冀两省华军，一律移驻西南一带……腾出后防，由日军全责担任，企图不流血而占据华此〔北〕"。（二十一日《华美晚报》）

所谓不流血的方法，据张健甫先生举出的有下列四项：

第一是举行大规模的武装演习。敌人自从去年在平、津举行过一次大演习后，今年一月八日，华北驻军又以第一、二两联队为中心队合其他特种兵，分别在津郊李明庄、平台举行新年大检阅，两处参加步、骑、化学、炮等队，不下三四千人。

第二是扩大冀东傀儡组织，实行冀察政权冀东化。这种扩大冀东政权的活动，本不自今日始，但最近更为积极。据说陕变后宋哲元为了应付困难，曾经闹过"闭门谢客"的悲喜剧（《申报周刊》二卷二期）。一月初，华北军参谋与平特务机关长，先后到通县和殷汝耕商量扩大冀东政权事宜，平、津、青、济各地武官，也集津会议，讨论支持扩大冀东政权的办法。日机更代表殷贼到我石家庄、青岛、沧县散发荒谬绝伦的传单。

第三是重弹开发华北经济的老调。"华北经济开发"的双簧戏，虽已唱和了许久，但实际却还未开始。最近趁了布置三中全会工作的时机，索性再来一次。一月廿五日，满铁与华北军部在津会议，结果已编成塘沽建港、津石筑路、恢复龙烟铁矿等三项方案与预算。会后田代即访宋哲元，要其为日方罗致资本。李思浩更仆仆于平、津之间，做"开发"华北经济的急先锋。

第四是恢复海盗式的走私掠劫。敌人用走私来破坏我国的财政命脉，置我国经济于死地，已成为家晓户谕〔喻〕的常识了。前在南京谈判中，曾一度敛迹，近又复活起来。据说由冀东运入的私货，不下数万吨，单丝、麻、纸张、杂货，已值千万。这已引起欧美人士的反响，天津英领曾访津市长商量对付的方法。

此外，又利用汉奸，在津设立假共党机关，企图造成恐怖空气，供敌人为压迫冀察的口实。还有收买失意分子，担任破坏平津、津浦两路工作，破坏之后，故意遗留所谓共党痕迹，以为某方从事要求协力防共的证据（二月七日《申报》）。这也是借刀杀人的毒计。

敌人除了在华北方面布置他们的天罗地网之外，又派遣中日实业公司副总裁高木陆郎和该公司董事江田丰二来华，据说"预定……访中国经济界要人，探觅中日民间经济提携途径，并促其早日实现。更拟入京晋谒实业部长吴鼎昌及其他要人"。这种拜会，结果如何，我们不得而知，但拜会的时间不先不后，恰在三中全会的前夜，所以我们绝不能把它当为普通的应酬，而应该认为是对付中国整个计划中的一个步骤。

在外交方面，敌人的活动，日来也日趋积极。我们从各种报章中，可以看到在华重要外交人员的更调（如在满活动的能手继须磨任南京总领），大批所谓"中国通"的来华，上海日外交官的活跃，长谷川之赴厦门，大熊政吉之与粤当局联欢，这些事实，无一不是对我们说，敌人的外交阵线，已全体动员起来，企图在三中全会之前，布置包围中国政府的天罗地网。

总之，敌人的进攻，已不只限于绥远一隅，而是遍于全中国。采取的手段，也不只限于军事，而是普及于政治、经济、外交各方面。我们为了回答敌人这一遍于全国，包含各方面的新进攻，唯一有效的办法，只有马上停止一切内战，集中全国各方面的实力，动员全国的人力、财力、物力，扩大绥远一隅的抗战为全国的抗战。

最后，我们还得郑重提出，如果现在绥远的抗抵〔抵抗〕还是长此迁延下去，那么，谁能担保不会重蹈淞沪、长城诸役的危险呢？即使退一步说，绥远守策能保持过去百灵庙、红格尔图诸役的光荣，固守绥远全境，但是，失去亦〔六〕年的东北三省，陷落四年的热河，失去两年的冀东与察北，就这样让敌人永远占领下去吗？回答当然是否定的。正因为这样，所以绥远的抗战，决不能以保守绥远为满足，而要把它当为"复兴中华民族的起点"（蒋院长语）。在现阶段中，最低限度，也要马上收复察北六县，只有这样，才能真正保卫绥远，何况我们的抗战目的，并不止限于保卫绥远呢！

一九三七〈年〉二月九日

《绸缪月刊》
上海绸业银行
1937 年 3 卷 6 期
（朱宪 整理）

绥远挺战阵亡将士追悼会

张杰　撰

在火车站，在街头上，在每个角落里，人们都蠕动着，嚣叫着。墙壁上今天发现了长条儿的标语："先烈未完的志愿，是后死者应负的责任。""能出力肯流血的民族，一定不受人欺侮！""宁作战死鬼，不作亡国奴！"贴满了墙壁。机关、学校、旅馆、饭店等门口贴了长方形的黄纸条"第某某招待处。"据说共有廿七个招待处呢！灿烂显明的青天白日满地红的国旗飘扬在街头，好像也含蓄着悲痛。大会的汽车在街道上"呜呜呜……"的不断地装着各省参加追悼会的代表，在今天全国各地都有代表来。不同的脸色，不同的口音，各色各样的人都有。今天"三月十五日"的归绥城特别显露出热闹，像今天这样的日子是从来没有过的，报纸上用了大号的字标者："民国廿五年绥远挺战阵亡将士追悼大会。"

我们手里拿了几张追悼会仪式的秩序单，上面注明了上午十时准时开会，并且还写着参加者必须在九点钟以前赶至。天气虽然是那么暖和，可是微风吹得人脸难受。

整个烈士公墓都挤满了蠕动的人头，在广场上有灰蓝色的中央军，有黑色的学生军，有黄色的国民军，有穿着便服的后备队，有穿着制服的公务人员。在祭棚里有戴着小帽子的蒙古王公，佩着指挥刀的军官，还有各省的代表，和阵亡将士的家属。在会场上穿来穿去的有摄影的新闻记者，都争先恐后的忙着找他们的材料。

迎面新搭的祭棚里周围布满了花圈。祭棚最后面的祭台上供着阵亡将士的题名录，和中山先生的肖像，再前是一股浓浓的香烟往上升，两旁燃烧着一对雪白的蜡烛。在祭棚的中央柱子上是当国要人的挽联，祭棚的前面高搭着讲坛，讲坛的两旁走廊挂满了各省高级机关、各团体、各要人、各名人的挽联。

十点、十一点、十二点，都跑过去了，主席还没有宣布开会，人们的期望好像渐渐地消失下去了。人们的脚已站得够酸麻疲乏了。好容易，一位军官在讲坛上拉长了嗓子："……请大家注意，汪主席（精卫）阎主任（锡山）马上就到，到的时候大家要静，不要发出声音来，全体立正，不要显露出……注意，后面的民众都退出会场，下午分祭的时候来，免得秩序不能维持，……马上退出！……"立刻，后面的退让声和吆喝声杂乱起来，眼看着一批一批的老的、少的、男的、女的，依依不舍的走出了会场，在场外拥挤着遥远地向里面看。队伍中有人很怀疑的自言自语"什么？民众不得参加吗？""你不知道下午还有分祭吗？"不知谁说了这句话。

音乐队奏起乐来，几万双眼向着有一团人移动的地方转移，这时，全会场没有一点声音，只有摄影者像苍蝇掉了头一样的乱窜，像猴子样的外国人拿着"噔噔噔"的开麦拉上下左右的移动着。渐渐的在一群军官爷堆里出现了汪主席和阎主任，主席报告了"开会，"接着"通通通通……"的吊炮共发了卅三响，疲乏的人们现在又活活跃了起来，几万颗热烈的心变成了一个。向英雄的阵亡将士行了最敬的三鞠躬礼，当默哀三分钟的时候，人们的头都低下，耳朵边只听见风沙的呼呼声。这个时候，什么杂声都没有，默毕后，主席恭读各要人的祭文。我所听到的几篇祭文，尽是那么一套的什么"之乎也者，"文绉绉的，枯燥无味的，假如没有受过相当教育的人，一点都不懂，咕哩咕噜的真不知讲些什么玩意儿，大多数知识程度低下的士兵们，保证说一句，他们一点都不懂得。但是一堆污烂古老的东西里倒有一篇祭文，打破了一般祭文的老套，就是傅作义将军的，写的那么的通俗、明白、沉痛、动人。我想每一个在听倦了那些不能接受的祭文的时候，一定感觉到异样的面悲壮。

"这次绥远挺战，敌人用飞机大炮，摧残你们的肢体，毒气瓦斯，遏止你们的呼吸，还加风雪严威，刺裂你们的肌肤，但是，凭你们热血的沸腾，终于战胜一切，完成下列使命：（一）尽了军人守土的责任，（二）保全绥远领土主权的完整。（三）恢复已丧失的民族自信力。今天大家到这里来，都抱着沉痛和深切的凭吊。不仅你们共患难的战友，还有全国最高的政治领袖和各省的代表，及其他各界的同仁，不仅绥远一隅的表现这是全国整个的敬仰，不仅目前暂时的热烈，这是将来永久的崇拜。我个人对于你们不但不表示悲哀，回想起杀敌的忠勇，反增强了羡慕……"

"你们的鲜血，灌溉了四万万人的心苗，而充实了自力更生的信念，只要我们后死者一息尚存，应当继续着你们昭示的伟大精神，共同奋斗！我们虔诚的在诸烈士灵前，喊几句口号，权且结束这一篇沉病的哀思，就是：一、你们为国家争生存而奋斗。二、你们为民族求解放而奋斗。三、中华民国的前途虽不由你们手里完全建筑成功，可是用你们的鲜血来开辟了一条新的路线。你们看吧！我们要循着这条复兴的大路，踏着你们光明的血迹，一致努力，前进，前进！勇猛的前进！"讲得多么的沉痛呵！这是最后的一篇祭文因为时间已是不早啦！主席报告开会的意义简略了，傅作义将军那篇祭文，我以为也就可以说明了今天这个大会的意义了，还有一项各代表致词也取消了。又奏了第二遍的哀乐，完成了大会的仪式，最后是各代表展墓。

祭棚后面，搭着三座门的牌楼，牌楼的中央横挂着大公报馆的挽词："死有重于泰山，"铁丝网围了一个长方形，有着四五百个半圆形的坵堆子，在这个里面埋葬着英勇抗敌而战死的叔叔、伯伯、哥哥们的身体。他们的死，是为了四万万五千万人们的生存而牺牲，他们的牺牲为了有五千年文化的中华民族求得在世界上的自由和独立，他们的死终于为了人类的正义，为了人类的和平，在今天他们的墓前有了几万颗热烈的心在凭吊，不，全国四万万五千万未死者都是这样。他们的英魂永远受全人类的崇拜，敬仰！

每个矮小的堆子上面遮盖不显明的国旗，在面前供着新鲜的花圈。长长的木牌子都写着烈士的姓名和战死的原因等。在霎那，眼看见尘灰满面的老奶奶们，和廿多岁年青的嫂嫂们，拐着二三寸长的小脚，一进到圈里向四五百个坟堆中寻找着他们的儿子和丈夫，一经找到了以后就伏到堆子上号啕大哭起来，情景多使人悲惨呵？谁不爱我们的叔叔、伯伯、哥哥们呢？可是敌人郐炸毁了他们的躯体，世界上最残忍的莫过于这些野兽们毒辣的手段。年幼的孩子拉起年老的老太太们，当然离开堆子的时候，还恋恋的不舍。

抗亡将士墓

狂风急怒的从大青山括〔刮〕下大地；黄沙阵阵的向着东北

角上吹，人们的眼睛都迷了好吧！怒啸吧！把敌人迷瞎了眼，从我们的土地上括〔刮〕到太平洋去，吹回三岛去！

《新少年》（半月刊）

上海开明书店

1937 年 3 卷 7 期

（李红权　整理）

察北民众的武装斗争

恽中 撰

察东抗战四周年纪念才过去了几天，我们又听到了察北民众的吼声！

本来，自从侵略者的铁蹄踏上察北民众的头上起，察北民众的武装抗敌运动，就不断地在进行着。最近，本来预定在六月一日，察北各县同时发起一个大规模的武装运动。但是因为消息走漏，敌人和汉奸到处戒备，到处捉人，把联络截断了，结果有几个地方就没有发动起来。只有崇礼县陶漱〔濑〕庙村的人民，在乡长赵祥春指挥下，作了最坚决最勇敢的斗争，杀死了该村的伪公安局长，缴了警察的枪，并且继续战斗。接着南壕堑各地的民众，也勇敢地发动起来。

同时，热河西部的人民，也组织了人民自卫军，人数已经发展到了三四千，六月内，攻下了密峰岩、白河堡、二道关以及沽源、多伦两县边境各地。

自然，民众的武装抗敌运动，遭受了×帝国主义及其走狗（汉奸）最残酷的对付。飞机、坦克、机关枪，不仅被用于火线上，而且光临于各个非火线的村落。六月十一日的《申报》上，有一个由日伪新闻封锁下漏出来的电讯："自一日至九日，各县死难义民百余人（这其实只是指在火线上牺牲的同胞），被拘禁者七百，其中亦有全家死难及被拘者。"（张北电）

但是，拘禁和屠杀，就能够征服我们察北民众的心么？不，一千个不！看！英勇的察北人民，对于日伪军的兽行的回答，是"再接再厉"的斗争！

在人民自卫军的旗帜之下，不仅集合了察北不愿作奴隶的汉人，而且也有了蒙人，甚至连伪兵也不断的投降到祖国的同胞怀中来了！在人民自卫军的旗帜之下，展开了英勇的游击战争。虽然日伪军的炮火猛烈，虽然人民军的弹少枪劣，给养无着，但它竟攻下了崇礼，威胁德化，进攻嘉卜寺，扰乱沽源和多伦（廿日北平电：人民军已截断嘉卜寺和沽源的交通），英勇的精神，连多伦的日本军队也给感动得不愿作战了。

这斗争是偶然的么？

不！

"失了自由，更失了饭碗"的亡国苦痛，正加在察北同胞的头上，"九一八"以来牺牲了的同胞们的血痕，特别是察东抗战时死难同胞的血痕，深印在他们的心中。他们知道了谁给苦痛与他们，他们知道了死难同胞的血是为了谁流。于是，他们也终于起来了，要撕碎那个加在自己头上的亡国奴的枷锁，他们也终于流了自己的血！

这斗争是徒然的么？

不！

在嘉卜寺的阴谋会议开过，敌人的刀手正在准备开始屠杀的时候，在汕头、华北、青岛各地的"御制""事件"纷纷发生的时候，唯有察北民众的吼声，才冲破了这沉闷的气氛，打击了侵略者底阴谋。它再度的向全世界昭示着：中华民族不是可以奴役着的民族，它再度坚强地反驳了一部分同胞恐日的偏见，即使我们枪劣弹少，人饥马瘦，也一样可以战胜侵略者！

《中国农村》（月刊）

中国农村经济研究会

1937 年 3 卷 7 期

（朱宪　整理）

察北匪伪史料杂辑

霭士　撰

察北又渐渐被人忘记了，唯一的原因，就是叛逆和敌人们暂时停止进攻。自绥东战后，他们降的降了，死的死了，散的散了，当然，这需要长时间的整理，而我们呢，我觉得没有什么理由来辩护，为什么眼看他们重整旗鼓，却分毫没有表示。察北有五十万以上的人民，都是道地从内地移殖而去的我们的嫡亲同胞，敌人的飞机、大炮虽然停止活动了，可是他们的房子没了，地荒芜了，牛、羊、马匹被没收了，还要负担着逾量的税捐，甚至天机活泼的下一代国民，也镇日饮着文化的鸩酒，这样，年长的对于祖国是盼和恨，年幼的则只剩下忘记。察北人民，何其不幸，他们既已被弃于祖国，不久又将毁灭于异族，我们将何以从实际上设法援救他们快些跳出深渊呢？

沉寂许久的局面，因为今年五月关东军司令植田的飞往察北、热河视察又活跃起来了。五月十七日叛逆们在加卜寺召开军事会议，参加的有德王、李守信、包悦卿等，商讨"西进"计画。据过去的报纸记载，当时曾决定具体办法如次：（一）由李守信部三师，分担大青沟、南壕堑、商都三路侵犯主力；（二）日方在多伦集中汽车、大车五百辆，运大批军需接济伪军；（三）日方特务工作人员，增加数量。以后就有绥东紧张的消息。近来，听说冀鲁巨匪刘桂堂也正式加入匪军，五月二十九日报载：刘近在热边大阁镇活动。又云，匪军常子义部一千余人，在张北迤北之庙滩揭橥抗日，向热境进发，并击落日顾问飞机一架，刻下伪蒙政府及日方特务机关正在围剿中。这些信息，夹杂在汕案紧张声中，大约是不甚为人所注意的，但我们确可知道匪伪一面在加紧侵略，一面因内部分化的日显，本身也在时刻动摇。但这动摇对于日方又有什么损失呢？只要特务人员以及顾问什么的不被杀死就好，你中国人越自相残杀得利害，他是越开颜的。把别人的金钱下孤注，输赢又有什么了不得！有的报纸记载另一条新闻云：日方为防范未然计，将驻商都、大青沟一带匪军之子弹均已封存入库云云。我们闭上眼睛想想，这些徒手的可怜虫们，不晓得何时就会在敌人暴怒的鞭子下丧命了。

是时候了，你们还不醒来吗？

我很惭愧，虽然我暂时托身于国防第一线的塞外，但为事务所牵，始终未能到抗战地点去参观一次。最近得到的消息也很少，只有借了朋友的帮助，搜集了一部分匪伪的文件，今暂粗为分类，介绍给国人，或亦可以借此明了匪伪内部状况的一斑吧？

一 伪政府成立及一般行政文件

（一）《蒙古军政府通令（蒙字第一号）》

为令知事，本政府于成吉思汗纪元七三一年五月十二日正式成立，于十六日启行办理公务，合行通令各处，即转饬所属一体知照，除分别通令外，合行令仰知照，此令。

按：此是匪伪叛变之正式通告，请注意其不通之字句，及荒谬之纪年法。

（二）《德化县公署训令（总字第二号）》

为令遵事，查政治业经变更，以前政治下之一切标识、徽章、袖背帽章、国旗以及绘画文字，均应一律取缔，若有抗违情事，定即严予法办，除分令外，合亟令仰该□妥为遵照，勿稍疏忽，切切此令！

县长　颜景陞

参事官　上田长造

（三）《察哈尔盟成立一周年纪念日传单》

按：察哈尔盟之成立，约早于伪蒙政府半年，在廿四年十二月间，那时盟长是卓什海，盟政府在张北。这传单是去年十二月叛逆们在加卜寺开该盟成立周年纪念会时发的。

今日是我们察哈尔盟成立一周年的纪念日，特将一年间施政之结果及今后之希望，于吾友邦及全盟官民者约略言之：

溯我全盟民众，自民元以来，受军阀之蹂躏，遭暴政之压迫，以致生计维艰，流离失所。最痛者，在党国对于塞北民众，如秦人之视越人，痛痒漠不相关，加以捐税重重，匪贼横行，使吾五十万民众，陷于水深火热之中。我民众忍无可忍，经友邦之援助指导，乃于去年今日树自治之帜于张北。察盟成立伊始，本以王道造成乐土宗旨，将我民众不克负责之苛税杂捐，首先蠲除，是以用人行政，因收入减少，极感困难，幸赖友邦贤士辅助指导，僚属勉奋从公，政治遂逐渐进入轨道。兹将关于财政、教育及交通、农商各事，凡我民众所共知共晓，及此后之计划，足以取信于民众者简言之如左：……（中略）农、工、商、矿关于生产至为重要，除工业已设计规划外，我农民因感于王道政治化，凡从前之弃地逃亡者，现已陆续返乡，照旧耕耘。本盟长体恤民艰，不究已往之积欠，并希四方人民惠然来归，以兴地利，本盟长必予以充分之保障，并副其满意之希求。……其未来之事，千头万绪，虽属繁多，现已分别设计，积极进行，尤希内而官民，齐心努力建设，外而友邦，援助始终如一，俾我全盟政治蒸蒸日上，本盟长愿与友邦贤达及我同寅并五十万民众共同勉之！

这个传单，开口友邦，闭口王道，实在使人恶心，至于他们自己的"丑表功"，那只有天晓得了。现在察北各县人民，纷纷向晋北天镇、兴和、集宁一带逃难，而他们还说四方人民惠然来归，实属出色的无耻。

（四）《德化市市长就职典程序及演辞》

一　全体肃立

二　向成吉思汗遗像及国旗（蒙古国旗，蓝地，一角有红、黄、白、黑四色）行三鞠躬礼

三　军政府总裁（德王）即位（？）行授印礼

四　市长即位受印并向总裁行一鞠躬礼

五　市长致词

六　军政府总裁训词

七　特务机关长致词

八　市长答词

九　摄影礼成

市长致词："本席今天承总裁任命，就任德化市市长兼职，个人出身军旅，没有政治经验……近因德化废县立市，同时政府又以市长相委……守信自然要本诸个人良心和尽忠新国的热诚，督率所属，勉力的作一下，所望政府诸公及友邦各位，不时加以指导与援助……这是守信个人所最荣幸的了。"

特务机关长致词："德化是军政府的所在地，为现在与将来的发展计，很有成立市公署的必要，所以本人力赞其成。此次军政府任命李司令官为兼任市长，亦深得本人的同意，本人在可能范围内，当予以充分之援助也。"

二　教育史料

（五）《察哈尔盟德化县公署第一次学务会议纪录（摘抄）》

开会程序　1. 就席　2. 顾问宣布开会宗旨　3. 顾问指示事项　4. 总务科长指示事项　5. 教育股长指示事项　6. 各教员报告及提议　7. 公决　8. 闭会

地点　县公署顾问办公室

出席　县长　上田顾问　小野顾问　通译官姜信忠　科长　股长　各小学教员……

顾问宣布开会宗旨："在过去历史上，教育为第一要务，道德又是教育的中心，所以教育以道德为基础。不过在民智未开，教育幼稚的德化县，要想达到以道德为中心的教育，全赖各位教员的热忱去指导，才能收效。现已改为察哈尔盟，诸位极明了，那么对于教育上的设施，和从前是不同的。凡以前一切不合理的科目，应当一律取消，妨害道德的设施，都要取缔，这样作去，将来结果一定比从前好得多！我们这次会议，纯系关于教育上应取的方针和进行的程序，所以才召集大家到这里开会，并且希望各位对自己的职务，多多努力。"

以下顾问指示事项有：（一）注意运动；（二）直观教授。总务科长指示事项：（一）教员要敦品；（二）尽忠职务；（三）注意体育；（四）与家庭联络；（五）取缔有碍友邦感情之教授、教材。兹将其第五项抄录如下：

　　取缔有碍友邦感情之教授、教材：各校现无教科书，故教授稍感困难，但盟公署现在编印中，不久即可分发各校。在书未发到期间，教员采用教材，应特别注意对于有碍友邦感情之课程，应一律取消！大家均受过中小学教育，当然明了过去的历史。试观前清末叶，英法联军之役，及民国时代中俄之役，黄种人受白种人的压迫，已成不可掩饰的事实。我们要想脱离白种人的压迫，维持东亚和平，非借赖日本友邦的援助提携，是别无他途径的！中国是靠不住的，现在中国外蒙、新疆已入苏俄之手，西藏、四川，英国正虎视眈眈，极力经营。东南、两广，亦在法人觊觎之中，而内地各省，复遍地苻萑〔萑苻〕，受土匪蹂躏，共产荼毒，西南、冀东，又高唱独立，已成一千疮万孔、不堪收拾的国家了！识时务者为俊杰，当此之间，只有和日本友邦联合起来，庶可免白种人的压迫。再就我德化论，在中国时代，土匪遍地，一日数惊，自蒙古国成立，人民始得安居乐业，今昔相比，大有天渊之别。回溯所以能有今日者，都是日本友邦援助所赐的！所以大家对采取教材上，对有伤友邦感情的，亟应取消，改以互相亲善、彼此协和为宗旨的，不独应使学生明了此意，还希望对乡人善为劝导也！

　　（请注意，这位总务科长姓张，名文友，乃一十足地道汉人。读罢上文，不顿足大骂者，想来一定没有吧？这是去年六月开的会，至十一月，各学校已改用伪满文教部所颁课本，与冀东学校，取一致行动矣。）

（六）德化市公署训令各乡小学教员采用文教部课本文

　　为令遵事，案奉蒙古军政府教图字第一三号训令内开，为令行事，案查本府对于各盟、旗、县学校教科书未编定以前，暂时采用满洲国文教部及蒙政部所出版之教科书一节，业经通令知照在案。兹复制定本府暂定教科书分配标准，随令颁发，仰即转饬所属各学校一件〔体〕遵照办理，此令。附暂定小学教科书分配标准表一件。等因，奉此，除分行外，合亟令仰该教员遵照办理。此令！

成吉思汗纪元七三一年十一月九日

市长　李守信

副市长　卜琳弼勒格图

蒙古军政府暂定小学教科书分配标准表

书名及册数\学科 \ 学级名别	初级				高级	
	一	二	三	四	五	六
算　术	文教部出版算术教科书第一册 蒙政部出版算术教科书第一册	同上第二册 同上第二册	同上第三册	同上第四册	同上上册	同上下册
国　文	文教部出版国文教科书第一二册 蒙政部出版国文教科书第一二册	同上第三、四册	同上第五、六册	同上第七、八册	同上第一二册 《孝经》一册	同上第三四册 《论语》上下册
修　身	文教部出版修身教科书第一册 蒙政部出版修身教产书第一册	同上第一册	同上第三册	同上第四册	同上上册	同上下册
地　理					文教部出版本国地理教科书一本	同上 世界地理教科书一本

续表

学科 ＼ 级别／书名及册数	初级				高级	
	一	二	三	四	五	六
历　史					文教部出版国史教科书一本	同上东亚史教科书一本日本史教科书一本
自　然	文教部出版自然教科书第一册蒙政部出版自然教科书第一册	同上第二册	同上第三册	同上第四册	同上上册	同上下册

说明：

1. 应用此表之学校，如还特别困难时，得依照当地情形之需要及不违背本府建国精神范围内酌量增减之。

2. 除上列学科依照本标准教授外，其他如图画、音乐、体育等科，均照旧设置，并由学校规定其教材。

3. 满洲国蒙政部出版之蒙文教科书，适用于各旗小学校，文教部出版之教科书，适用于各市县小学校。

上表颇足使人注意的是中国史已根本没有，世界史也付阙如。而东洋史、《论语》、《孝经》则大讲特讲，不知今日盛倡读经的衮衮诸公，视此亦满意否？

三　军警编制及行政

（七）《蒙古军总司令部组织大纲》

一、蒙古军政府总裁，为依照《蒙古军政府组织大纲》

第三条之规定，统率所属军队便利计，组织蒙古军总司令部，自兼总司令。

二、蒙古军总司令部直隶于军政府，并设于军政府所在地。

三、蒙古军总司令部设副司令一人，辅助总司令统率所属军队，遇总司令不能执行职务时，得代理之。

四、蒙古军总司令部设参谋长一人，承总司令、副司令之命，掌理总司令部一切事宜。副总参谋长一人，辅助参谋长办理总司令部一切事宜。

五、蒙古军总司令部分处办事，其编制职掌另定之。（下略）

按：共同〔有〕副官、参谋、军需、军械、军法、军送五〔六〕处①，总司令德王，副司令李守信。

（八）《蒙古陆军编制撮要》

甲、师司令部：计少将师长一名，少将或上校副师长一名，上校参谋长一名，中校、上尉、中尉参谋各一名，中校副官长一名，少校及上、中、下尉副官各一名，少校、上尉军械官各一名，少校、上、中尉军需官各一名，上、少尉军医官各一名，上、中尉兽医官各一名，上、中士、军士各一名，中士传达长一名，传达兵二名，中士司号目一名，下士勤务一名，勤务兵四名，合计官佐三〇名，士兵十九名。

每师区分三团，第一、二团骑兵，第三团步兵，每团官佐三八名，士兵三九一名，共四二九名，全师共官兵一三三六员名。

师部附手枪七只〔枝〕，步枪十五枝，乘马卅九匹，全师

①　原文如此。——整理者注

手枪共九十七枝，步枪一〇五六枝，重机枪九梃〔挺〕，迫击炮三门。

全师乘马一三二六匹，驮马一二六匹，共计乘、驮马一四五二匹。

乙、每团区分三连，机迫混合连一连。团部附手枪五枝，步枪十五枝，乘马廿五匹。全团附手枪三十枝，步枪三四七枝，重机枪三梃〔挺〕，迫击枪〔炮〕一门。全团乘马四二九匹，驮马四二匹，共乘、驮马四七一匹。

丙、每连区分三排，每排三班，每班班长以下十人。全连手枪六枝，步枪九四枝，乘马一〇一匹。

丁、机迫混合连，全连区分四排，第一、二、三排为重机关枪排，第四排为迫击炮排。每排二班，第一班为枪（炮）班，第二班为弹药班。枪（炮）班班长以下十二人，弹药班班长以下十人。全连重机关枪三梃〔挺〕，迫击炮一门，手枪七枝，步枪五十枝。枪炮班每班三枝，弹药班每班八枝。军士、炮兵、传令兵各一枝。全连乘马一〇一匹，枪炮驮马十九匹，枪炮弹药马二十三匹，计一四三匹（重机关枪每枪驮马五匹，内预备马一匹，弹药班之弹药马四匹，迫击炮每炮驮马四匹，内预备马一匹，弹药马三匹，弹药班之弹药马八匹）。

附记：团以下之编制表从略。

（九）《蒙古陆军师饷制撮要（月俸）》

少将三〇〇元，上校一七〇元，中校一三〇元，少校一〇〇元，上尉六五元，中尉四五元，少尉三五元，准尉二五元，上士一六元，中士一四元，下士一二元，副兵八元。师公费一〇〇元，医药费二〇〇元，团公费六〇元，连公费二〇元，机迫连公费三〇元，马干五元，炮兵团公费八〇元，炮兵连公费三〇元。所有俸薪均以满洲国币为单位。

（十）德化县公署致各法团请捐款慰劳前方将士函

　　径启者：顷接前方情报，李军长、王司令官（按即李守信、王英）部属兵士，先后开火，均节节胜利，十五日午间，炸毁敌方汽车五十余辆，毙敌官兵四千余名，兵士振奋，勇敢异常。该将士等，为国家拓疆土，为人民造福利，勋献伟绩，殊堪嘉尚！吾侪侧身蒙国，难安缄默，若不予以表现，何以慰军心而厉士气也？现在军政府提拨巨款，派员解赴前方慰劳，教署职员，亦全体解囊襄助义举，是以函请各界诸君，热心志士，慷慨捐助，广为集腋，多多益善，少少亦奚辞？以期涓滴成为江河，慰劳将士，功莫大焉！如蒙慨诺捐助若干，请即径送军政府内，组织前方将士慰劳委员会收讫，定能转致前方。除分函外，相应函达查照，力为赞助是荷！此致。

中央银行（伪满）　　邮局　电报局　商会

善邻协会　　　大蒙公司　街公所

十一月廿日

（十一）德化市公署解送捐款函

　　子忠军长、洁沈司令官勋鉴：窃念自古建邦兴国，莫不赖诸豪杰志士，所谓英雄时势，时势英雄者也。今我大蒙古国拓展边疆，幸荷诸将士之坚毅，本牺牲之素志，奋勇杀敌，节节胜利，实威武腾升之际（？），谋策决算之时，万众钦欢，士民感激。敝署全体同仁，本爱国之热忱，鉴甘苦之莫共，虑心集腋，勉凑国币六百元，除提一百元交慰劳会外，其余五百元，专遣秘书房文阁随同前方将士慰劳委员会赍款送上，区区众意，尚希鉴纳，用示慰劳。肃缄奉布，敬颂捷安！

德化市公署副市长卜琳弼勒格图

率全体职员谨启

十一月十九日

这就是去年绥东战役叛逆们所得的"慰劳"！

（十二）《德化市住户留客报告暂行章程》

此章程为德化市公署的汉奸们秉承他们主子的意思拟定的，办法可以说直接采用"满洲国"的成规，住户在这种情形之下，十足的变成奴隶。

一、本章程以清晰户口，维持秩序，并杜绝宵小潜行匿迹为宗旨。

二、本章程凡在本市区域内，无论任何住户，均遵行之。

三、凡在本市管辖境内为住户，留亲朋或外客时，均依表式填报住客之姓名、年贯、住址、职业及往来地方，并本署不时派员逐户详查，以资彻底。

四、无论任何住户，留住亲朋或外客，故意延误不报，经查获者，均依左列各款处罚之：

1. 初犯留客不报被获者，得依《违警罚法》第三十四条三款之规定科以罚金五元，如有窝匪藏奸特殊情形被查获者，得依刑法严重处罚之。

2. 再犯被查获者，依同法第八条，加本罚四分之一处罚，并科户主以窝藏匪人奸细罪从严惩办。

3. 三犯以上被查获者，依同条加本罚二分之一处罚，并处户主以无期徒刑或死刑。

五、罚金于判定后五日内完纳，或无力完纳者，须先期呈请，易科拘役，以一元易拘役一日，令服劳役，但得由审判官详查酌定之。

六、凡亲朋、外客，户主不能填表者，须径赴警察署请求代填转报市署，逾期被觉者亦处罚之。（下略）

德化市公署规定本市各户来宾报告表

户主姓名	来宾姓名	性别	与户主之关系	年龄	籍贯	职业	何时由某处来	留住时间	留住理由
附记									

成吉思汗纪元七百三十一年　　　月　　　日德化市第　　　阁住户　姓名　印

除此表外，另有《去宾报告表》，仅第八栏为"何时往某处去"，余悉同。商店另有《商号来去宾报告表》，格式亦同。自此法施行后，农民不堪其扰，因为许多匪军或日方特务人员常于黉夜栏〔阑〕入民宅，声称检查，开门稍迟，必遭痛殴。但检查者的目的非奸即盗，人民只得哑子吃黄连。有一个时期，简直夜间不让闭门，为了检查的便利，所以稍有恒产的人家，差不多都偷偷逃走了。

四　其他史料

（十三）《德化县公署严禁私赌以维俱乐部营业布告（总政字第16号）》

为布告事，照得本县设俱乐部，原以便于娱乐而裕收入，业已成立多日，其愿赌者，自应来部娱乐，不准私自聚赌等因，业经公布在案。近查仍有不遵法令，私自赌博者很多，殊属目无法纪，玩忽已极。合再布告，不准私自赌博，倘有私自赌博，一经本署查觉，或系被人告发，定即每人罚洋十元，绝不姑宽，以资儆戒而禁私赌，仰各该商民人等，一体周知，切切此布！

县长　颜景陞

（十四）贩卖鸦片章则表册撮抄

《德化市暂行鸦片贩卖取缔办法》："2.　凡营鸦片贩卖业者，应先呈请市长批准后设立。3.　鸦片应由批发鸦片人让与零卖鸦片人，再由零卖鸦片人售与吸食鸦片人。5.　吸食鸦片人应携带由该管市长发给之证明书。6.　吸食鸦片人不得由零卖人以外购买鸦片。9.　批发鸦片人贩卖鸦片之价格由市长指定之。11.　批发鸦片人及零卖鸦片人应具备账簿，关于买卖生鸦片及鸦片烟膏，每次登载其种类、数量、价额，年月日以及买卖人之住所、姓名。批发鸦片人及零卖鸦片人，关于买卖生鸦片及鸦片烟膏，应于每月十日以前将上月份分别汇报市长。12.　市长认为必要时，得随时令该管官吏，入批发鸦片人及零卖鸦片人之制造厂、店铺或其他处所，检查原料制造品、机器、账簿、文件暨其他物件，或为取缔上必要之处分。"

（以下系违反此办法之处罚，兹从略。还有施行细则十三条，里面规定了几种表册，为贩卖鸦片或吸食鸦片人用的，都要详细填明履历、住址、职业和产业的详细估计。还有几种账簿，是预备贩卖者登记售出、制造的数量用的。总之，我们从这些东西中意识到他们一方面有计划的毒化察北，一方面也加深剥削的方法，使人民不死于枪炮也要死于慢性自杀。）

贩卖鸦片人请求书

呈为开设鸦片贩卖营业得〔仰〕祈鉴核赐准事：兹依《鸦〈片〉贩卖取缔办法》第二条之规定，拟具左开书类，备文呈请鉴核，伏祈恩准，实为公感。谨呈德化市市长

声请人氏　　名印

计开

合计货产评价额	债权 价值	现金	畜类 共计	马	牛	家产 中 额值 元	虚产 评价额	动产 评价额	不动产 二、土地 一、家产	氏名	住所
元								须类件类明细评价数			

声请人产业调查表

备考 有无	药馆退所 可第 区县城 街门牌镇	营业种类 贩卖志	出货者 氏名 住址 年月日生 当何岁	声请人 氏名 住址 年月日生 当何岁

鸦片吸食证发给声请书

呈为请领鸦片吸食证仰〈祈〉鉴核赐发事，兹依《鸦片贩卖取缔办法》第五条之规定，拟具左开各项，声请鉴核，伏祈恩准颁发，实为公感，谨呈市长钧鉴。

吸烟人〇〇〇谨呈

一、姓名　　二、籍贯　　三、住址　　四、性别

五、年龄　　六、吸烟年数　　七、现在每日吸食数量

八、其他

鸦片吸食证

鸦片吸食证

××市批第　号
籍贯
住址
姓名
性别及年龄　男　女　当　岁
成吉思汗纪元　年　月　日　市长×××印

注意
一、本证依鸦片吸食贩卖取缔法第五条之规定发给
一、本证于购买鸦片时须必须提出
一、本证如有遗失须立即向市公署声请补给
一、本证不能让与他人
一、本证有效期限至　年　月　日间一俟满期须换领

备考　纵四寸横六寸，纸须模造纸。

表内折线系于该线处折合，印刷时不印出。

我检查了一本名叫《商都年报》的东西，它已将鸦片罚款、鸦片捐、鸦片印花税、鸦片牌照税列入经常收入。而且在民国廿五年前半年中，该县预算鸦片捐为六四三元，但实际收入竟达一，三五七元，鸦片印花税预算为七五四元，实际收入达九〇五元，毒化速度之惊人，真非同小可也。

在《商都年报》上还有两条有趣的记载，就是商都的邮局下注："直隶于新京交通部邮政司。"电报下注："直隶于满洲电报电话株式会社。"更觉无耻之极！

×　×　×

上面十几种文件，有极有趣的，也有极枯燥的，但我觉得他都很难得，而且也都值得注意，故设法保留下来，希望读者勿了〔潦〕草放过才好。

六月六日在塞北

《文化建设》（月刊）
上海文化建设月刊社
1937 年 3 卷 9 期
（朱宪　整理）

阎主任整饬晋绥军军纪

军队要和平公道　人民受欺可告发
长官不得有袒庇　晋绥军整会通令遵照

作者不详

太原绥靖公署主任阎伯川氏为整饬晋绥军军纪，防止军队欺压人民，前特饬由太原绥靖公署军事整理委员会规定纠正办法，刻已通令各军队遵照，规定各军队在所驻地须对人民主张公道，并由各军队派员及主张公道团人员等注意稽查。兹将该办法原文，探志于次：（一）军队无论在何时何地，要和平公道，凡移驻一地，应先贴布告，严禁所属欺压人民，如有违犯，人民可随时告发。（二）军队各级长官，应随时派员明密稽查，如查有欺压人民之官兵，即依法处办，不得稍有袒庇情事。（三）各驻军地之各县县长、宪兵暨主张公道团人员，对于军队欺压人民应随时注意稽查，详确报告绥署核办。

《西北导报》（半月刊）

南京西北导报社

1937 年 3 卷 9 期

（朱岩　整理）

绥东战事情形

绥远省政府主席傅作义　演说

绥东战事，内情复杂，传说稍失真相，易滋误会。前月二十三晚绥远省政府主席傅作义宴外交部特派调查员段茂澜等于省府，傅氏即席演说绥东战事情形，措词甚为得体，尤其对于抗战之环境关系，作清晰之说明，中有"向来主张不惹事，亦不怕事，生平不说硬话，亦不作软事"等语，大有外交家不亢不卑之风度。爰特登录于后。

编者

（一）在此国难严重期内，国人心理最近发生一很大变化，就是深知中国是弱国，不应有轻躁行动，但为生存计，须做到最小限度之不分割，不失土，不丧权，以建设新国家而已。绥远近数年来，外人交往甚多，日人尤夥，我们本中央睦邻之令，一年来尽礼招待保护，以诚恳态度，力维交谊，尽周旋之苦心，乃绥东事件，仍不幸发生，殊使人十分痛心。近日谣诼甚炽，群疑国际背景复杂，昨经友邦负责郑重声明，绥东事件，无国际关系，而为中国内部问题，但其中仍不免有非中国人在内。我们以为中国莠民甘作汉奸，固然可恨，假使以文明大国国民，亦竟违背其本国之方策，反加入其内，不惜破坏东亚和平，更可惋惜。国家官吏，各有职责，守土保民，为边地军人天职。在此国土发生危险之际，就本国言，自当铲除莠民，就东亚言，亦应去此破坏和平之障碍。但战端虽启，仍不变睦邻之本旨，决非逞强好名。作义向来主张，不惹事，亦不怕事，生平不说硬话，亦不作软事，以期无亏职守。

（二）近来国人对作义同情援助，极可感愧，惟绥东防守大计，悉奉上级长官命令办理，而躬冒炮火，厕身锋刃，则前线士卒，较作义尤为劳苦。慨自国家多事，各地袍泽，情愫常通，关爱至切，其环境之难，与爱国之热，谋国之忠，均十倍于作义，区区剿匪，本军人天职，今虚名如斯，益增惭愧。

（三）此次全国慰劳绥远将士，热烈异常，尤其是学校青年，不吃饭，不生火，并有愿至前线牺牲者，更为感动。大家要知道，复兴国家，是长期斗争的事，非五年十年不能达到目的，青年为国家民族生命之继续者，责任重大，亦所不忍，希望诸同学以后多加精神智能的帮助，分工合作，以报国家。

（四）各方捐助慰劳款物，拟即成立军民联合委员会，由各军派员及士绅公开保管，对此项收款，除伤兵慰劳外，全数储存，听候上级官长命令之支配，将来或作奖赏，或补充战器，都有正当用处，以不负同胞捐助之热诚，希诸君返校转达此意。

（五）最后作义认为我国家必能复兴，民族必可自救。其复兴与得救的理由，不是军人能流血，敢打仗，而是中国人人心不死，换言之，我土地虽可侵占，人民虽可屠杀，而此救国心理，则任何人不能改变。凭此一心之诚，即足克服一切环境，希望全体一致努力。

《正风》（半月刊）

北平正风杂志社

1937 年 3 卷 9 期

（李红权　整理）

绥东战事

一民　寄自绥远

绥远为我国西北重要省份之一，面积一百十七万方里，人口约二百余万，其位置北界外蒙，西接甘肃，南连陕、晋，东邻察哈尔。溯自东北沦陷以后，环境特殊，绥远已成国防之最前线，其存亡得失，不仅关系华北，甚至全国亦将受其影响。查匪军近犯绥东，表面上虽属局部问题，实乃全国整个问题也。查此次战机爆发之后，我方劲旅奋勇杀贼，乃于一昼夜苦战之下，收复匪军根据地之百灵庙，现匪伪老巢已破，精锐尽丧，近虽有死灰复燃、企图反攻之消息，惟是我军准备充裕，将士用命，匪如来犯，决难得逞。兹特将绥东战事之起因、红格尔图应战之情况、百灵庙收复之经过，及绥东我军布防等项，择要阐述如左，借供关心时局者之参考。此种报告，内地各报，或有记载，惟其简略不详，挂一漏万，在所不免，则此项近情之补述亦不无参阅之价值，阅者幸勿以明日黄花视之也。

1. 绥东战事之起因　绥东为此次战事之冲要地点，其处地广人稀，大部为草源〔原〕地，我国昔日因不注意边疆，故该地一切，均极落后。清时对该地向取怀柔政策，民国则取放纵政策，致该地一切军事设备，更趋废弛。自傅作义主绥以来，对当地各种设施，大加整顿，较著者有三，即：（一）治安之维持日渐改进；（二）整顿金融；（三）架设电话、建筑公路等，均予当地居民以生活上极大之便利。惟该省鸦片税占全省捐税之半，殊为可惜耳。此次绥远战祸之起因，其危机不自今日始，去年察北六县蠢动时，绥远已感受威胁。今春晋境"共匪"渡河，绥军调晋，绥省空虚，匪军以为有机可乘，拟即来进犯，幸赖地方当道之维护有方，始告无事。此次匪徒决意侵略绥远，已经数月之准备，终于最近倾巢来犯，计主脑匪军为张海鹏、李守信、王英、卓什海及德王等部，实力共约在一万五千人左右，内部且多有不能操说内地语言者。彼辈因受某方供给，故枪械整齐，推〔惟〕因缺乏训练，故实际多成乌合之众。

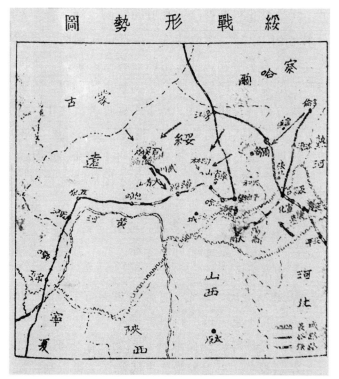

2. 红格尔图抗敌之追述　匪军扰乱绥东，最先侵犯红格尔图，战情极烈，来势极汹，某方助战之飞机，竟达七架，所投炸

弹，重量多至二百磅以上，察其弹壳之来源，即可知之。我方实力虽不甚强，然当地人民，因均已受军事、政治之训练，如保安队、自卫团等，实力亦不甚弱，大有全省皆兵之形势。上月中旬，匪军攻我红格尔图，当时该地驻军，仅骑兵二百余名，势颇危急，然经沉着应战，虽至交绥，亦未为匪所算，支持两日，十七晚我军又予反攻，追至八台，直捣王英司令部，王英仅以身免。此后匪数次进攻，均经我军击退，毙匪无算。至前方抗战兵士，态度尤极英爽，咸认为国捐躯，此正其时，并表示彼等绝不惜任何牺牲。绥省兵士，每月军饷三元六角，生活极苦，惟当地士兵与民众，因皆感觉防御上，极有把握，故亦皆表示安静。

3. 国军收复百灵庙之经过　百灵庙位于大青山之北，为某方侵略我西北之根据地之一，乃军事上所必争之地。绥军预定二十五日占领该庙，二十三日先令军队开往附近，以便大举进剿，不料绥军步队开到距庙二三十里之山口时，蒙伪匪约一千七百人已先发觉，准备迎击，于是当晚双方即行鏖战，战至天明，绥军骑兵绕道，由匪之后方，进占百灵庙，但前方之匪，仍未得息，于是绥军骑兵、步兵，一前一后，将匪军在山谷内包围屠杀。是役计杀死敌匪的〔约〕六百人，伤约三百，俘虏四百余，逃亡者亦有四百之众。经此次巨击以后，匪敌几全军被歼灭，而我方伤亡，则仅二三百人。绥军占领该庙后，计得汽油约五千桶，面粉约二万余袋，子弹约二十万发，新载重汽车约四十余辆，均满载军需品。闻当时敌方停在庙上原有新载重汽车一百辆，后因得我方占领该庙消息，始急速逃去六十辆。又据百灵庙附近土人称述，敌方匪徒，均为乌合之众，服装不整，给养亦极形缺乏，匪徒每日仅许食稀饭一顿，加以漠北寒冷之地，寒苦异常，故均无斗志，而有此次之大失败也。且蒙人虽善于骑射，但对于参加集团作战，则全无训练与经验，故不值一击而瓦解也。

4. 百灵庙之重要与今后反攻问题　百灵庙为某方侵略我西北之兵站，其最前兵站为阿拉善，后方为百灵庙，再后方为滂江、多伦、张北诸地，凡飞往西北之飞机，均在此停航添油，故占领该灵〔庙〕，某方实不甘心，而每日必有飞机前来轰炸，且该庙既经失守，则阿拉善前方已失其根据地，故阿拉善某方所派之特务机关人员即已星散矣。

现在敌方对百灵庙之反攻问题，据吾人观察所及，一时尚难实现，其理由有三：（一）沙漠交通不便，运输困难，且此次存在百灵庙之巨量军用品，乃经半年以上准备之结果，今已被我夺取，倘再预备作战，亦必需相当时日也。（二）塞北天气严寒，在冬季不易作战。（三）此次敌匪受创过巨，精神堕丧，纪律荡毁，亦非一朝一夕可以恢复也。

5. 我军东路布防情况　现在东路全线，则仅有小冲突，死伤人数不及二百，但在前线击落敌人飞机，则有三架之多。且我东路防线甚为坚固，由得胜口以北均驻有游击队，沿平绥线巡查，以防敌匪破坏铁路。阳高、丰镇间，亦驻有多数部队，平地泉以西之各谷，则均建有坚固之防御工程，日间从平绥车上，沿路均可睹见其梗概也。

《正风》（半月刊）

北平正风杂志社

1937 年 3 卷 9 期

（朱宪　整理）

绥远战争中的日本论调

南云　撰

自去年〔岁〕十一月十五日，内蒙军以近代的武器——飞行机、坦克车、装甲车等，进攻绥远后，到现在已经四个月了。在这四个月中，不知流了多少鲜血，牺牲了多少内蒙和绥远的将士——这些将士，这些鲜血要谁能说，不都是属于中华民族的。

因为中日是友诚〔邦〕——而且据说是关系特别密切的友邦，所以自绥战发生以来，东京就常有关于此问题的言论，在此种言论中，要算是关于内蒙的富源和"内蒙民族"的文字，最为精采，也最重要了。

把这些事情，介绍给国人，这是笔者早有此意的：无如问题特殊，难于发言，因此提笔复止，已不知若干次了。但是，问题是不会使关心者忘记的，在本月（二月）二十一日，日本第七十次议会的预算总会上，杉山陆相，关于绥远问题，就对议员们做了答辩。

为什么杉山陆相不在别的会议上说明绥远问题，而要在预算总会上说明呢？关于这，笔者不能多说。现在笔者能做到的，只有将东京方面发生过的关于绥远战争的文字，择其重要者略摘数段于后，是是非非，随读者自己去加以判断。

先抄东京第一大报——《朝日新闻》，在去岁十二月初，所发表的言论：

蒙古地方，牧畜业、矿业、采盐业，及天然曹达业，都很丰富。牧畜业为蒙古人唯一的事业，但现在所用的方法，还很幼稚，从绥远省丰镇县以北至包头一带，是羊毛的名产地：输出额年在八九千万斤以上。石炭的土埋藏量的百分之〇·二①，但铁矿的埋藏量，却比中国任何地方，都无逊色，仅察哈尔的宣化县，埋藏量就在九千万吨以上。内蒙的产盐额，每年也在数十万斤左右。天然曹达，察哈尔年产约八千吨，绥远方面每年也产四千万担以上。盐和天然曹达，即内蒙的主要财源。

察绥两真〔省〕，足称工业的，惟绥远的皮毛加工工厂。农业虽然十分落后。但依中国的西北开发计画，一九三四年时，〔着〕开垦水田，已达三百三十万亩，旱地三千二百万亩，若果此次的独立运动成功，在适当指导和援助下，树立确固的开发计划，而且更进而与华北方面的中日经济提携之进展互相关联，则内蒙的将来是很可期待的了。

其次，再抄去岁十一月下旬，《读卖新闻》所发表的言论：

关于绥东的战云，日本有三个不能坐视的理由：第一，绥远、察哈尔是当冲于苏联对中国的西方路线，及重要的北方赤路线的地方。第二，"满洲国"是邻接内蒙古地带的，从民族方面说，内蒙种族，是和"满洲"的内蒙古人为同一种族。现在，此种族正卷入赤化的危险潮流中。第三，实现蒙古民族解放，正是日本大陆政策的重要焦点。

够了，摘抄的工作，就至此停止吧。材料太多，要全抄也抄不了。反正大意是差不多的。国人只要细心体会，则这些论调的奥妙处，是不难推想而知的。

---

① 原文如此。——整理者注

绥远战事，目前虽在停顿着，但前途如何，正成问题。现在三中全会已经闭会了。针对着三中全会的宣言，日本林首相，于本月二十二十〔日〕曾在议会中发表了如下的言论：

帝国政府尊重中国的领土主权，希望中国达成行政上的完全统一。但华北是日、“满”、支三国的接壤地带，是三国的政法、经济利害关系最错综的地域。关于华北政权之动向，帝国政府，无论何时，都不能不有重大的关心。

同时，杉山陆相关于《满洲产业五年开发计划》的概要，也在议会中做了如下的说明：

……计划的内容，包含着矿、工、农、畜、产业、交通，及通信各部门，但其主眼，是基于适地适应主义，而振兴重要产业。同时，在经济上，也曾企图“满洲国”经济生活的安定。此外，更策画民族协和，讲求使日本的满洲移住容易而便利的方法……

关于林首相和陆相的言论，笔者也只能对国人稍尽一点介绍的责任。甚么批评，甚么意见，那是仁者见仁，智者见智，中日两方，各有不同。这里特别要〈指〉出的，只是“大陆政策”，是一定不变的。在完成“大陆政策”方针下言论行动，尽管有今要〔昔〕之差，但骨干里的重昔〔要〕因素，是只有策略上的不同，而没有内容上的变化的。

《统一评论》（旬刊）

成都统一评论社

1937 年 3 卷 56 期

（萨如拉　整理）

敬悼绥战殉国军民

作者不详

去年匪伪受人利用，数度进窥绥境，幸赖我守土军民，挺身抗战，保全领土主权，其丰功伟烈，薄海同钦。兹者当局为纪念先烈起见，特于三月十五日，在绥垣举行绥远挺战军民追悼大会。此不但表示崇德报功之至意，且在国土破碎之今日，尤具有重大之意义也。现特将各报社论转录如下，用示哀忱。据上海《新闻报》之言曰："绥远剿匪守土之战，始于上年六月王道之一役，迄于是年九月中旬，而形势扩大，其间经过红格尔图、百灵庙、乌兰不花、西喇木伦庙诸战役，我将士皆奋不顾身，甘为国殇。……其时军事当局，曾将忠骸七十余具，埋葬于大青山下，为位而祭，以慰忠魂，而资矜式，然犹未及举行盛大之仪式也。今者匪踪东退，简书稍暇，晋绥当局，爰择于三月十五日，在绥远省垣，举行阵亡军民追悼大会，所以志守土之不易，殉国之可敬，使后死者有普遍更大之觉悟，而共为桑土绸缪之计，则危疆或可终保，金瓯或可复完。吾人身逢国家多难之会，年来习见前史所谓一朝而下七十余城之故事，重复搬演，辄为心碎，独绥远能秉其众志成城之概，使历史上之云中、定襄，今日犹同为汉家郡县，较之白山黑水间草莽义士，身膏原野，而山河破碎者，其可敬可悯同，而际遇之幸不幸攸殊，阵亡诸军民，于今日万人顶礼膜拜之际，使地下有知，亦当如曾湘乡之所谓身殄而魂愉矣。

逆匪之来犯，如红格尔图之役，如攻百灵庙之役，人多可以假人，别有人主之，而驾驶者技术幼稚，其威焰又为蒙古草原地形所限，反攻百灵庙之役，虽曾有一度携带所谓毒瓦斯，然所备皆属下品，兼以匪无固志，未及使用，即已溃走；故综上述数战役而论，在对方尚未发挥其最高之效率，在我守土健儿，亦仅属牛刀小试。自来军事之得失，非尽决机于行阵之间，尚须制胜于庙堂之上，秉此旨以论绥远，则其事有可得而言者。晋绥当局，抱如临大敌之精神，为先事绸缪之至计，平地泉防御工程，预筑于上年六月，见机早而戒备密，一也。政治修举，地方无思乱从逆之人，甘苦与共，部曲有同仇敌忾之心，二也。西二盟王公，与晋绥当局，诚信相孚，同忧共患，蒙汉协和，内奸以绝，三也。蒋委员长曩在江西，曾谓剿匪须用三分军事，七分政治，守边捍敌，其义亦同，绥远之犹得为国家领土，系于将士御侮精神，尤系于疆吏政治力量，此则今日追悼会中，应认识之要点也。

"绥远军情，虽已稍弛，实则匪方鉴于我军之屹如山立，乃先为巩固内部之计，例如改编匪军为十师，每师设顾问一人，每团设指导员一人，而张万庆等被猜疑者，皆另调闲职，渐予淘汰，无非加强其统制力量，变更前次'一鼓而下'之梦想，为壁垒对峙，伺机进取之企图，是则今日绥远情形，在如病菌潜伏于人体之中，伺其元气衰弱，抵抗力薄，乃再四出活动，昔楚庄以屡胜之师，雄长诸夏，尝以'民生之不易，祸至之无〈日〉'，晋绥当局，平日忧勤惕厉之怀著于寰宇，兼以地处前线，洞瞩情伪，必能始终不懈益虔，发挥其政治、军事之最大效率，为国家永奠此西陲之门户，而晋、绥以及全国人民，亦须鉴于卫国守土，前途辽远，各以宏毅坚决之精神，为其后盾，庶几无负于此次阵亡诸军民，而今日之追悼为不虚矣。"

北平《华北日报》曰："去岁匪伪杂军，受人利用，进窥绥境，幸赖当地驻兵、人民联合，奋力抵抗，能转危为安，犁庭扫穴，于短期内，将百灵庙收复。此其勋绩，岂仅在绥远一省，全国人民，实莫不直接间接，共受其赐。且鸦片战争以来，对于战争，屡次失败，九一八后，数年之内，叠失数省，一部分国人不免悲观，自绥战告捷，而民气大振，民族自信之心，于以恢复，此种精神上之收获，尤比任何物质上之保全为宝贵。故当此追悼之日，各地人士，宜从全民族之幸福上，体念阵亡烈士之壮志，则此后全国团结，共同御侮之信念，必能更进一步，若仅以保全绥省委颂，则犹失之于狭也。

"绥战虽已告终，国难犹未解除，我国再三以对内自存、对外共存之旨，昭告世界，而邻邦侵略野心，始终不肯放弃，来日方长，艰虞可虑。目前绥省，固因去岁作战军民之奋勇牺牲，而得保全，然将来能保无再次之进扰乎？盘踞于察北、冀东之非法势力，果将以何法消灭乎？数省失地，果于何日，方能收回，而使整个金瓯回复旧状乎？凡此数事，皆吾侪后死之责，吾人必须践踏先烈血迹，继续前进，完成此项艰巨工作，而后方足以慰幽魂于地下。"

天津《大公报》曰："匪伪在人利用之下，进图绥远，欲先控制此北中国之战略机动地区，其积极准备，已非一年，而我方则内困于国力之支离，外牵于形式之折冲，迫绥东已紧，不得已而就地挺抗。红格尔图，绥东一小村耳，二百守兵不得不抗拒七八千之匪众。百灵庙，绥北天险也，而发觉敌人欲凭借绥北，西扰后套及宁夏蒙古之阴谋后，我徒步之师，亦不得不星夜驰驱，正面仰攻。塞上隆冬，冰山雪野，蒙荒寥阔，人迹稀疏，前线将士，衣薄食缺，苦力撑持，步兵经行蒙古草原，则与敌之运输汽车并驾，骑兵本长袭击，则自始即日夜转战，不得休息，空中则敌机横行，而我仅寄望于待机之铁鸟，敌炮示威，反击无术，尤以前线村落，武器简单，壮丁稀少，组织与训练皆仅具雏形，且又不如军队之可以自由选择有利阵地，其抗战甚为艰苦。然而自去冬十一月中旬红格尔图之鏖战，至十二月二十四日百灵庙之克复，我方之战争纪录上并未因环境之艰难而减少其胜利之荣耀，此则不得不归功于我前线军民超乎寻常之忍耐与牺牲，红格尔图二百守兵在四面包围与飞机大炮交相轰炸之下，从未表示求后方之增援，仰攻百灵庙之部队，乃仅果腹而前，咸下进庙因粮于敌之决心，此种必死与必胜之精神，已将中华民族之生存权绝对不可侵犯之铁的事实，昭告于全世界。

"中国当前之国〔图〕是为建造强固之国家，而不必定为对外战争，但为争取建国机会之自由，对于外来无已止之侵略，当有最后牺牲之觉悟，绥远抗战，义即在此。设使绥东抗战失败，收复绥北之计划又归泡影，则西北各省之门户洞开，中国之防线，将由绥东之数百里，顿增为绥、宁、甘、青等省之数千里，故去冬前线军民之牺牲，正不啻为国家缩减数千里之国防，此种功绩，国人绝对不可漠视！

"抑外人之醉心所谓大陆政策者，年来对中国之侵略方法为以华制华，故编练伪国军队，武装一部蒙民，豢养土匪，利用汉奸，使为前驱，企图坐收大陆政策之效果。及绥战胜利，此辈被人利用之徒，憬然觉悟，民族意识，蠕动于怀，反正自拔，顿成风气，不特使国魂复活于满蒙之野，在精神意义上令强邻之大陆政策的基本方略受一重大打击，其在国内政治演进上亦有极大的效用，诚以经此几度挺战，使国民对政府增加信心，令反对者消除许多误解。古所谓'死有重于泰山'者，殉国诸英真将与中华民族并存不朽！"

《正风》（半月刊）

北平正风杂志社

1937 年 4 卷 4 期

（李红权 整理）

绥远在国防上之重要性

郎忠濬　撰

一　导言——绥远历史的回溯

　　远处在西北角上的绥远，一向是被人们认为荒凉的区域。但是自从"友邦"的大陆政策推行以来，向来被国人忽视的绥远，现在已成为举世注目的中心。而今日的绥远，已不是"禁脔"，而是"浪人"、"野客"蹂躏践踏的对象了！目前绥远在国防上的重要性，固为人所共知，我们若再细加检讨，便觉得它的本身之于国防关系，并富有着悠久的历史性呢。在汉代的时候，大青山以南，已入我国版图，当时在绥远境内，设置了云中、定襄、五原、朔方四郡。唐代继承汉之旧规，复置安定都护府，大部注重屯垦，以御匈奴的南侵。此为从事边疆移民事业，而参以军事的组织，可见古代对于北方边防实有整个计划。元代以突起于北方之强，统一了中国，但总不忘怀于边塞，以图巩固国防之门户，故于北平建大都，于多伦建上都，又设行宫于兴和，称为中都。元之兴和，在今察哈尔张北县，与今绥远之兴和县比邻。至多伦原定为察哈尔之省会，明初于多伦置开平卫，于兴和置守御千户所，屹为塞外屏藩。其后卫所内徙，塞外之地，遂沦为异城，此种形势，至今仍然。清初康熙帝平定西北，便置将军于绥远，以资镇摄，固已视为重镇了。中山先生在《实业计划》中特别注视西北边防，曾定多伦为西北铁道系统之枢纽，移民实边之根据地。此次塞北作战，自必以克复多伦为第一目标，建设军事要塞，然后绥东方可无虞，并为恢复东北之基点。我们根据历史的昭示，绥远在国防上重要性，已得一概要如上。现在再就个人在它的地理上、政治上、经济上的各方观察所得，作下列的叙述与检讨。

二　从地理上透视——绥远是保障西北的屏藩

失去了东北，来注意西北，这叫亡羊补牢，尚未为晚。西北范围很广，包括绥、宁、青、甘、陕、新等省，这偌大的地方，因为交通不便，隔绝中央，加上民族复杂，各民族间又是相互猜疑欺骗，到如今又来了匪伪的骚扰，眼看西北，即无外患，如何使它内治走上正轨，亦是煞费力量；可是某方特务机关，宁夏阿、额二旗，已有他们的足迹，其他特务人员在各地的往来，更如过江之鲫，前后相踵，几使人怀疑西北天下，已有他们的一份了。所幸绥远是西北的总门户，守土尚称尽责，门户虽开，尚未至于"放"的地步，西北内部也就被保护不少了！

绥远之所以成为西北的门户，是由于一条阴山山脉的天险，从阴山山脉的北侧，侵略者虽然也能绕到宁夏及新疆，但那一地带都是荒凉的草原，不只是交通非常困难，而且物产也很有限，所以它必得以阴山南麓的平绥铁路为其进展的出发点。现从地理上分析它的形势。

（一）概况　绥远东邻察哈尔，西连宁夏，南接晋、陕，北界外蒙，面积九十一万六千四百五十六方里，人口二百一十二万三千余。民国二年合山西省旧绥远重〔和〕乌兰察布盟及伊克昭盟成立绥远特别行政区域。民国十七年建设绥省，置省会于归绥，共辖归绥、萨拉齐、包头、清水河、托克托、和林格尔、五原、临河、武川、固阳、东胜、丰镇、凉城、兴和、集宁、陶林等十六县。又有两设治局，一名安北，一名沃野。

（二）城市　可分四部述之：

（1）归绥　该城系由归化、绥远两城合并而成。归化城在西南，绥远城在东北，民国二年两城合并，始称归绥。归化城称为旧城，亦称三娘子城，蒙古称库库和屯，城为明万历忠顺夫人三娘子所筑。绥远称为新城，筑于清乾隆四年（一七三九年）。两城相距五里，民国三年于两城之间，勘为商埠，省政府设在新城，其地为汉蒙贸易之枢钮〔纽〕，甘、青、内外蒙古一带之皮毛、牲畜、药材，及新疆之棉花、葡萄，均集中于此，转运平、津。洋商在此设立毛庄，采购羊毛及皮革等物。所以归绥实兼为政治与商业的中心，今绥新公路即以归绥为起点。归绥城南二十里有昭君墓，为历史上著名的古迹。清初在归化建喇嘛庙多所，寺塔壮丽，借以吸引蒙人。自大青山上下瞰归绥平原，云树苍茫，麦浪如海，夏季气候凉爽，杨柳荫浓，诚为塞外一可爱之都会。

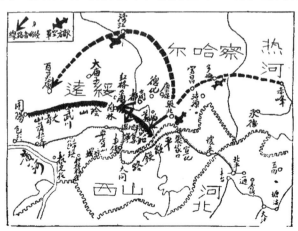

（2）集宁　昔称平地泉，在归绥东一百五十公里。东达多伦，

西至归绥，北通洮江，交〔乃〕平绥路上之一要站。集宁县是绥远交通的咽喉，军事的重镇，年来颇为敌人所觊觎。假如敌人占领了集宁，它就可以火速的修成一条多宁铁路，从集宁通到察哈尔的多伦，再达热河的赤峰、朝阳、北票，而和满洲伪国打成一条坚固的铁链。满洲伪国和平绥路这样连接起来之后，再进一步，也就可以把中国的东北和西北打成一片了！在集宁的西北七十里，是陶林县，集宁的正东一百里是兴和县，这两县恰恰形成集宁的前翼，亦可想见其在绥远军事地理上的重要性。

（3）包头　旧为萨拉齐县之一镇，后以商业日盛，乃独立设县。其地扼水陆交通之要冲，陆有平原驼车之便（由此西北行经河套以入蒙古，西南抵宁夏，南下晋、陕，东达察、热、冀等省），水有黄河舟楫之利，既为皮毛、牲畜聚集之所，又为粮食物产转运之处，由平、津、沪、汉等处运来之土布茶糖，亦由此分运甘肃、阿拉善一带。自民国十一年平绥铁路通至包头以来，因运输便利，商务更盛，人口早达十万人以上，成为新兴的部市，益形成西北的重镇。包头之在西北，一如哈尔滨之在东北。而尤为难得者，包头的河港与车站相接近。其南伊克昭蒙东胜县境内，有成吉思汗之陵寝，每逢阴历三月廿一日为祭期，诸旗王公，皆远道集此致祭，颇极一时之盛。

（4）百灵庙　该地为武川县属之一区镇，又称为白陵庙或贝勒庙（贝勒为蒙古爵号，意谓王公），是乌兰察布盟达尔罕旗政教之中心，前内蒙要求自治，王公会议地点，即在此处。其地东临四子王旗，南接武川、固阳县境，为绥远至外蒙之孔道。南距归绥约一百十公里，汽车五六小时可达。由归绥西北行过蜈蚣坝之陕九十里至武川，又六十里到什拉毛尼召名台河至卢家义，再北行一百二十里即达百灵庙。环庙皆水，山口有九，俗名九龙口，俨如城廓。其西北及西南有山，河水二道汇流而过。庙系康熙帝北征回京后所敕建，庙面积约四方里，周围有塔十一座，庙内住屋二百余间，均为喇嘛个人产业，庙有喇嘛一千二百名。所居地势高亢，偶有局部盆地，冈峦环合，其空旷处，天苍苍，野茫茫，几有置身海洋之感。由武川而上，山势尤陡，为高原中之胜地，亦最宜于屯兵置垒。百灵庙之所以成为绥北军事上的要冲者，即以此故。

百灵庙是总绾绥远内外交通的枢纽。就对内言：一路经武川通归绥，一路经固阳通包头。就对外言：一路通外蒙古，一路通新疆。曾传敌人欲在蒙古建立"大源国"，以百灵庙为首都（见十一月廿五日上海《大公报》所载归绥加紧专电）。所以此次国军克服百灵庙，其意义实在非常重大。因为消除了外人对于绥北之威胁，且断其西进之路。百灵庙之役将与历史上"雪夜入蔡州"先后媲美，为民国史上光荣之一页。我们希望国军于此建设坚固要塞与森严壁垒，永绝外人觊觎之心。

（三）交通　绥省交通以铁路与汽车路为中心。

（1）铁路　在绥省境内的唯一交通干线，厥为一条长段的平绥铁路。本路是由平张、张绥、绥包三铁路连接而成，起于北平西南之丰台，北行经宣化以达张家口，复西南经察哈尔、山西省境，历柴沟堡、天镇、阳高而至大同，再北折出长城而入绥远省境，历丰镇、集宁而至归绥，由归绥西经萨拉齐而达包头县。由北平至归绥，全长一千二百十八里，附有平门环城铁路及宣化、大同各支线，共一百二十七里。绥包线长二百七十余里。由北平至包头，全线合计一千四百八十余里。东南之茶及布匹，内蒙之皮毛，均以此为运输之孔道，而安辑蒙旗，捍卫边疆，亦有极大关系。此路并拟自包头修至宁夏，更由宁夏以达兰州，将来西与陇海线接，东与北宁路联，东南并与平汉、津浦两线贯通，成一大循环铁路。在商业上、国防上，至为重大。敌人攻我绥东，其目的即在截断平绥路，使归绥、包头与太原、平、津等地失其联络。

目前平绥路在国防上之价值，尚未充分发挥，计划中之平滂、包五二线皆与平绥相接，实有早日兴工之必要。张家口大竟〔境〕门外之大坝，铁路工程至为困难，故张库铁道改以平绥路集宁站（平地泉）为起点，称为平库铁道。平库全线长约一千公里，分为平滂（滂江属察省）、滂乌（乌得）、乌叨（叨林）、叨库四段，其中平滂一段，在民国十四年交通部曾经派员测量，长约二百四十公里。平库铁道在国防上具有特殊意义，因为在中国沿海被敌人封锁的时候，想得一欧亚交通之孔道，实以此路为最便捷。自集宁至西伯利亚铁道上乌丁斯丁车站，仅等于自潼关至嘉峪关之路程。又自平库铁路至天津出海，较之经由中东路及南满路至大连出海，可缩短路程五百公里。在目前铁道未成，张库汽车路亦仅有利用价值。故守护集宁，并进而恢复张、库交通，在国防上实为必要。至包五铁路则自包头起点，经乌拉山之南而达五原县。民国十四年已经测量，长一百七十五公里，此路是算平绥路的延长，也可视为包宁铁路之第一段。因为由五原可沿包宁汽车路线展筑到宁夏，再延长至甘肃兰州，与陇海路衔接，其重要性可以想见，前已言之。所以平绥与包五两路是构成绥远交通的大动脉。

（2）汽车路　在张家口、承德、归绥、包头的四城区域，原为汉蒙交通之枢纽。由张家口至库伦，曾筑有汽车路，民国六年通车，路长一千五百公里，计五日可达（由归绥至库伦，较张库线略短）。当日商旅络绎，盛极一时。民国十八年以后，中俄绝交，因之交通亦断。现在借着公路来维系绥远的西陲国防者，则有南北二道。所谓北道即指绥新汽车路，南道则为分往甘、青两省之骆驼路。绥新汽车路由归绥经百灵庙（此路第一段利用归绥至百灵庙之二百三十公里之汽车路，八小时可达）横跨戈壁，经新疆哈密而直至迪化，全长三千公里，曾〔业〕经通车。其中分为三段：归绥至居延海为一段，汽车需行五日；居延海至哈密为一段，需行四日；哈密至迪北〔化〕为一段，需行三日，共十二日可达。自张库汽车路断绝交通后，外蒙通商之路已无。原来贸易于外蒙之商人，乃不得不转而西向，往新疆另觅出路。现在绥新路通，商业已渐趋繁荣，两省货物运输，亦多称便。运新之货，以茶为大宗；返绥之货，以皮毛为大宗。此路于民国二十三年通行后，实开了新、绥两省交通之新纪元。至南道分往甘、青之驼路，仅借骆驼队通行，以晋、绥界上长城杀虎口起点，西行至喇嘛湾（古称君子津）渡黄河，横贯鄂尔多斯高原，至磴口再渡黄河，至阿拉善定远营，复由此西行，一路至甘肃武威（凉州），一路至青海西宁，前清时代达赖喇嘛来京，即由此道。成吉斯汗陵寝在鄂尔多斯郡王旗，即在此路沿线，其地名伊金霍洛，今为绥远境内盟旗地方自治政务委员会所在地。中、南、北三道之间，又可互以公路或水运相联络。黄河水道每年虽仅能航行八个月，在西北究不失为水运要道。此外绥远其他之重要汽车路尚有：（一）包宁路，由包头经五原、磴口、石嘴子而直达宁夏，长四百余英里。（二）绥清路，由绥远经和林而至清水河，长三百三十五里。（三）归贝路，由归绥西北经武川至贝勒庙，全长二百九十里。（四）绥托路，由归绥达托克托，长一百六十里。（五）包武路，由包头至武川，长二百八十里。（六）绥兴路，由归绥经凉城、丰镇至兴和，长五百四十里。（七）包榆路，由包头经东胜而达陕西之榆林，长三百七十里。

三　从政治上透视——绥远是汉蒙民族分布的区域

绥远全省面积三十万方公里，人口共三百二十万，就人口密度言，稍胜于黑龙江省（每方公里七人），虽因地理环境与地形气候有关，但绥省人烟稀少之状，已可概见。就中居民，以汉蒙两族占大多数，回族次之。目前绥远人口大都密集于平绥路以南归绥、萨拉齐、托克托、和林、丰镇、凉城、兴和诸县，河套一带如包头、五原、临河诸县，人口亦渐趋增加。大青山后武川、固阳、安北三县及鄂尔多斯之东胜县，垦辟未多，人口颇疏。境内蒙古盟旗，共为乌、伊两盟十三旗，以及绥东四旗，连上土默特一旗，合为十八旗。绥省盟旗大部分在山后及鄂尔多斯。试检讨三千年来之变迁，当日所谓"长城以南天子有之，长城以北单于有之"，与今日汉蒙民族分布情形比较，亦仍无大异。据绥远省政府民国二十二年统计，乌兰察布盟六旗人口五万余人，伊克昭盟七旗人口九万余人，共十四万人，平均每旗仅一万一千人。绥省土著多业农及牧畜，汉人多营商及垦田。寄居绥远的汉人，大半来自山西、陕西、河北、山东诸省。他们以营商为主体，多麇集归绥、包头一带。主要的商业如粮店、银钱业、洋广杂货店、哈哒庄（哈哒庄系蒙古人所用的一种贡物，用线织成），均操在汉人之手。

　　绥远既是汉、蒙、回族分布之区，各民族间不免时常发生猜忌、纠纷，以至于冲突，因此影响到政治问题，实含有莫大的严重性，就中尤以蒙民为组成此种政治问题之要素。诚如耶康托夫（A. Yakhontoff）所说："历史的进程，使蒙古成功了威胁世界和平的一座新火山。"（见美国《太平洋》月刊九卷一期）这火山现在已经到了爆发的前夕。而张佐华先生在考察蒙古回来，也得着这样一个结论："蒙古问题是西北问题的前提，因为蒙古对西北，占有极重要的地位，蒙古如安全，西北方能巩固。"这里所谓蒙古问题，多是侧重内蒙问题。内蒙的疆域很广，计包括哲里木（在吉林及辽宁省境内）、卓索图（在热河省境内）、昭达乌（在热河省境内）、锡林格勒（在察哈尔境内）、乌兰察布（在绥远省境内）、伊克昭（在绥远省境内）六盟五十三旗；察哈尔部（在察哈尔省境内）十二旗郡〔群〕；及归化土默特独立旗。绥远既占着内蒙疆域的一部分，而在今日内蒙的形势已非，察、绥却成为国防的第一线，我们对于察、绥两省蒙民，实不能再容忽视！本文仅就绥境蒙绥〔族〕对于国防的关系，一加检讨。

绥远虽然是一个省份，可是文化甚低，地利未辟，普通一班蒙古人还度其上古时代的游牧生活。又加历年边官对于蒙古治理，采取高压政策，蒙人对国家观念极其薄弱，对汉人治理，不甚欢迎。民国二十三年蒙古发生自治运动，当时热河正失去不久，东蒙可算没有，只剩了察、绥蒙旗，中央慎审处理，允许自治。中央的原意，无非是根据民族平等原则，给与范围内的自治，冀其为国效劳；可是事实上，当时要求自治时即含有与省分家意味在内。果然成立后，绥远省政府与百灵庙方面不久即发生冲突，指导长官公署有名无实，迄未成立。于是绥远省政府与百灵庙蒙政会间，纠纷日多，误会日深，从特税争执开始，继之以西公旗纠纷，一直到百灵庙的哗变，省、蒙二方刻下了极大的裂痕，这非但未能达到共同御侮的目的，倒弄成增加一个为人利用的好机会。当去年九月西公旗事变再度发生时，某方借飞机与百灵庙飞至西公旗散发传单，并示威吓，可为明证。中央一再考虑，蒙古自治，如此下去，一定是成事不足，败事有余。推究他的根本大原因，实在是自治区域太广，难以统驭，非另行改组，不足以收防边的实效。乃在今春先后颁布明令，成立察、绥两境蒙政会，实行分区自治，集中蒙汉两族的力量，减轻省行政与蒙自治的悖谬，为华北国防树一个新基础，这在中央可说是煞费苦心了。

自绥境蒙政会成立后，在晋、绥方面看，是极其适宜；不过察蒙会则等于百灵庙蒙政会的东迁，由大缩小，由广变狭，失去它的固有指挥全蒙能力。自然的，这是中央决定分区自治，原为他们减去其环境上困难的困〔苦〕心。所以此后察、绥国防，只是守土问题，而无蒙古问题在内打扰。谈到守土问题，绥远首当其冲，上月绥东告紧，即是守土与否的探视。虽然察蒙已无自主能力，听由某方计议，扩大组织，忘不了统制全蒙的迷梦，但是因为绥远决心守土，此种迷梦也不敢大喊出来，当然更谈不到实现。因此绥远现在已成为硕果仅存的西蒙内外倾的分野，而益可想见其重要性。

但中国历史究为光明之历史，二千年来汉蒙二族同成为民国之国民，现在绥境蒙旗与绥省府，却是非常合作的。此次绥远战役，蒙人于国军多所援助，且慰劳备至。像这样能够消除民族间的隔膜，来共同努力于守土，诚如张其昀先生所说："此种国防上的精神基础，其重要不在物质基础之下。"不过时间拖延下去，局势又一天一天的严重起来，绥蒙各旗能否受他人的煽动，却为洞悉绥省内幕者所深虑的。即如绥蒙各旗王公对于绥境蒙政会与察蒙会之左右讨好的对外策略，已有人为绥远前途虑。加以蒙人智识幼稚，本身又无力量，各旗近年来虽曾编制军队，既无固定粮饷，又无良好枪弹，更无训练可言，深恐容易受敌人的离间利诱，投到敌人的怀抱里与汉人作对。纵使没有意外吧，在蒙人本身亦不敢倡言御侮。我们根据上面统计，绥境蒙古十八旗中只共有十四万余人，平均每旗仅一万一千人，少的只有五六千人，而除去妇女、老少、喇嘛外，壮丁人数能有几何？像这样的微薄力量，一旦有事，哪能谈到自卫抗敌呢？中央若欲救蒙古，亦惟有实力帮助这一条路。他如开辟草莱，兴办屯垦，都是目前当务之急，定为蒙族同胞所赞同。不过我们所要明白的，绥蒙各旗现力所能及者，只能做到消极的合作；我们目下所希望他们的，亦只此一点。如果他日边防实力充足，要蒙人积极合作，那是不成问题的。

四　从经济上透视——绥远是个天然丰富的仓库

　　一般人以为绥远在西北边塞之区，远非东南富庶之省可比，当然更谈不到所谓"经济繁荣"；可是事实昭示，却不是如此。绥远以有阴山横亘境内之中部，故有山前山后之分，绥省资源所寄托者，不在山后而在山前。因山前为一大平原，东曰归绥平原，西曰河套平原，连为一片，东西长约四百公里，南北广自三十公里至一百三十公里，海拔约一千二三百公尺，阴山高出平原约六七百公尺。此平原为绥远省精华所在，亦为中国西北部最重要之农业地带，仅关中平原、宁夏平原足与相比。绥远得有阴山作为天然屏障，虽属高原，亦有局部盆地，有此农牧业的广场，形成了天然丰富的仓库，以之用来充实军事资源，盖于国防上有莫大之关系在。

　　所谓军事资源，当以一地之农牧业为基础。农产、畜产为衣食原料所自出，就农业言，绥远省内有广大之平原，产粮特丰，又因人口较稀，自给有余，每年五谷杂粮堆积如山，皮毛、牲畜的出产更富。粮食每年输出，为数约一千万担，军食就地采购，当可无虑。所能利用这样富源，使绥省经济渐臻繁荣的，却是靠着汉人经营的力量，尤以山西人为最。山西人把绥远当做他们的生命线；同时，绥远也因为得到山西人的开发，商业一天天的在发展，人口也一天天在增多。结果，绥远与山西的经济生活，成了一个不可分开的局面。

　　绥省是个粮食的仓库，农产物种类很多。农民大抵以价廉之糜子、小麦留给自食，出口粮食为小麦、小米、高粱等。糜子、小麦成熟期短，性耐干燥，适于塞外风土，为本省特产。黍去壳称黄米，糜子粒较黍大，无黏性。糜子面价廉，常用以代替小米面。

干米即炒干之糜米，食时仅以沸水泡粉，行军应急，甚为便利。筱〔莜〕麦即燕麦，居民用以磨粒，与马铃薯同食。肉类则蒙地所产牛羊肉不可胜食。凉城、岱海与鄂尔多斯白盐池之产盐，可供腌肉之用。惟茶叶与糖则须仰给于南方。

绥远除了农产外，还藏有矿产，在大青山一带便富于煤矿，包头北三十公里石拐沟现已有漠南公司开采，供平绥路沿线家常日用。该路拟筑支线以利运输。绥、晋为邻省，故大同之煤在平绥路上亦甚畅销。绥省燃料现因邻省之接济，虽不虑缺乏，但是我们觉得它既有了广大的天然煤矿，应该积极的来努力开发其富源，以充实边疆之经济。

此外绥远因为人烟稀少的原故，目前境内已经开垦之地，只占全面积百分之五，据专门家估计，该省可耕未耕之地占全面积百分之十一·五。由此可见绥远省为一有希望之移民地带，已为周知之事实。不过我们要认清边疆移民事业须含有国防的意义，而参以军事的组织，此在中国古代谓之屯垦。汉唐以来在绥省经营屯田颇力，详载史乘，笔者在前导言中，已略述汉、唐、元、明、清各代在绥省设置郡、府、都、卫、所的概况。最近绥省包头设有屯垦督办办事处，以三团兵士在河套五原附近实行屯垦，其组织以营长任区长，连长任村长，房屋、牲畜、农具等由屯垦办事处供给，分三年偿清，以后土地归士兵所有。新农村皆筑坚固保〔堡〕垒，以备一旦有事，可作军事上之基点，此事极有价值。河套基本问题为水利与交通，待包五铁路告成，屯垦事业必有发达希望。

农业在绥省的情形，有如上述，现在再来一检讨其商业。在农业与商业之间，自有其相互密切的关系，我们既知道绥远是个粮食的仓库，所以在粮食上市的时候，便是商业畅旺的时候。每到八月中秋，外帮商人在天津、汉口、河北、山东所收买的洋广杂货、棉布、茶砖、糖类，潮水似的运到绥远，而粮商、皮商则将五谷杂粮与羊毛、皮革由平绥路上运到天津。因为绥远的商业，与季候有密切的关系，银钱的汇兑，主要的也是在冬春两季，名曰"走镖"（"走镖"即用骡马驮送金钱的意思）。镖分"长镖"、"短镖"，按月解款曰"短镖"，解汇的款项较少；"十月镖"和"二月镖"曰"长镖"，解汇的款项有时在几十万元以上。所以"归化镖"来到的时候，就是金融活动的时期，商业上的大宗成交，多在这个时候举行。近年各地银行遍设，银钱汇兑，似乎是用不着以前那样麻烦了，但是"走镖"之在绥远一仍如昔，只不过没有先前那样大的规模罢了。

　　绥远的商业中心地点有二：一为归绥，一为包头。归绥是新省会及军部所在地，因系政治中心，更易促成商业的发达。归绥在商业上多称为西口，以别于张家口之东口。它既为平绥路上的一个要冲，又是绥新公路的起点，由于交通运输的便利，确是作为繁荣市面的因素。它的贸易之盛，远及甘肃、青海、外蒙古及新疆等省。汉蒙民族大都集中在归绥，其地不但为汉蒙贸易中心，又为汉蒙文化沟通之所。包头原为黄河上游一大码头，随着平绥路之通车，形成了一个新兴的城市。包头商业虽受外蒙古独立及新疆政局之影响，显出凋敝；但黄河上游的甘肃、宁夏、青海三省之货物，大部均由包头转运平、津，仍有相当繁荣。计归绥贸易额每年约在二千余万元；包头则在三千万元以上，最盛时曾达七千万元。归绥人口十六万，包头人口曾达十二万，现减至七万人。现代国防必集中经济力量以为军队之后援，故经济中心往往即为国防中心。因此绥远的农商业在经济国防上的重要性，已不言可知。

五 结论——今后救亡应如何巩固绥远

根据上面各点所述，便深知道绥远在国防上所处的地位，是怎样的重要。绥远是西北边防的总门户，绥省一失，华北五省及西北诸省必将随之俱尽，且东北失地从而永无恢复的机会。所以绥省之在今日，实为我国与寇敌必争之地，亦可视为中华民族整个存亡的关键。敌人侵略绥远，是为完成其大陆政策之满蒙政策的最后一个阶段，是由侵略我东北到侵略我西北的必然过程，同时也是威胁我政府，使中国屈服签订防共协定和华北五省独立条约的武装示威。因此绥远战争，决不是所谓偶发的地方事件，乃是敌人作进一步饿虎扑羊的表演；而中国在绥远的抗战，也不是淞沪、长城两役的再版，乃是整个民族全面抗战的开始。绥远战争，自今夏七月开始到现在，为时恰为半年，从红格尔图的搏斗与收复百灵庙两役，已经充分的证明中华民族自卫力的伟大，充分的证明中华民族决不是可以征服的民族。"中华民族还是狮子，不是绵羊"（罗家伦先生语），又得到了一个事实的说明；这就是委实地露示着我们要求民族解放的精神和救亡图存的热望。

我们深切明白，此项绥事自非局部剿匪问题，亦非寻常内乱问题，绥远的危机，更非一省一隅的危机！试看盘据察北的匪部，自去岁以来无时无刻不在蠢焉思动，及至今春蒙政会成立后，乃于今夏公然又有所谓"蒙古军政府"于百灵庙出现，至此便知匪伪军的进犯，实为我们早已料及的事实。某国强化华化〔北〕驻屯军而后，殆视河北为瓮中之鳖，对于绥远自必垂涎三尺，以达其由东北而西北的侵略野心。但是匪伪军经过了百灵庙一役的损失，却不得不退回后方以谋补充，再准备作更大规模的进犯。所以在绥北方面，曾由某方军官指挥匪伪五千人，以大庙为根据地，于十二月三日，向百灵庙进攻，不逞。五日，又以飞机八架飞往百灵庙上空，作残酷的空袭。八、九两日因王英部下的旅长金宪章、石玉山率全部十团归诚，益使匪伪军士无斗志，而予我军以绝大的胜利和兴奋，终于在十日上午十时三十分我军克复大庙了，连蒙民均极欢跃，潘王并派员驰往慰劳，这是值得大书特书的。不过大庙克复以后，绥北方面虽渐趋安定，但匪伪又积极向商都增援，企图以热河伪军主力进犯，故绥东形势又转紧张了！十三日德王曾率蒙兵第八师包悦卿部亲到育〔商〕都。十四日商都之敌，乘汽车攻我平地泉东北一百二十里之九股泉，敌机亦到该地轰炸；同时离平地泉东北八十里之红帽子营亦有敌机投弹。我兴和北面地区，飞机亦参加轰炸，当被我民团击退。顷据归绥廿九日电，蒙伪军匪〔匪军〕仍多酝酿反正，李守信个人近亦表示，愿率全部乘机投诚，效忠祖国。绥东、绥北近均平静无事，某方以匪伪多无斗志，犯绥企图，渐趋和缓。而傅作义主席已由并返绥坐镇，我在平地泉之高级官员，亦定日内返省，赵承绥部之骑兵司令部已移驻绥北。似此目前绥远国防，当可暂无意外的事件发生。

几月来前方将士英勇抗敌，实称难得；自西安事变消息传到绥东，前方将士如闻晴天霹雳，莫不叹息唏嘘。但他们表示，当以更大决心努力支持；当以最后一枪一弹及最后一滴血，以徇〔殉〕我艰难的国家。他们这种忠于职责忠于国家的伟大牺牲精神，真是值得我们后方同胞所敬爱。

现在蒋委员长已安旋首都，举国欢慰；对于绥边前线将士深切关怀，特于返京后一日（廿七日）致绥远傅主席及全体将士一电，以示慰劳。略谓此次西安事变，正值前方战事酣烈之际，诸将士凌寒冒雪，又增此意外之忧惶焦愤，劳苦倍可思念，赖傅主席、各将领秉革命大义，指挥若定，全体将士，不懈不摇，益励忠勇，却敌卫国，丕振军声，洵能不负中枢之倚任，与国民之期望。有此凌厉坚贞之士气，必能克服任何之困难；益望为国努力，贯彻始终！所以今日前线将士得在军事统帅领导之下，沉着抗敌，此后益应反守为攻；后方同胞亦更应当将智力、财力、劳力集中起来，立在国防的战线上，万众一心，始终不懈，誓为绥军抗战的后盾，永为复兴民族的基本队伍，而以增进人类全体生活为生活之目的，以创造宇宙继续之生命为生活的意义。这样，新的中国，方始有与世界各国共存于地球之上的一日。

末了，我们愿一略述绥远国防现状。涉及国防问题，多少总带些秘密性，局外人本不得其详。现在简单说起来，关于防御工程，全省各重要地带，已有准备，绥东平地泉等处，绥北武川等处，绥西包头等处，均驻有重兵。若论精神的国防，则今、去二年绥省府所创办的乡村建设委员会训练处，训练有将近千人乡村工作人员，分布全省各乡，宣说爱国要义；最近又训练"防共自卫团常备队"，已毕业了一期，共三千人，第二期又是三千人，除技术的训练外，特别注意精神的训练，时间允许，打算训足二十万人，作边防上的自卫工作。绥远当局早自命其国防地位，可作为中日国交调整的关键，成仁早具决心；中央为维持华北政权，自亦不容放弃丝毫领土，并已有实力的帮助。蒋委员长以其百战皆捷的经验，对绥事抱着坚毅宁静的态度，宣示政府已有充分准备与整个计划。这次我们连战皆捷，的确不是幸致。

绥远，绥远！已成为国防第一线上的绥远！近数年来，日人积极西侵，已将锦朝铁路（辽宁锦县至热河朝阳）分二路展筑，一路至承德，一路至赤峰，均于民国二十四年通车。并自赤峰展筑至察哈尔省之多伦，业成路基。目前侵绥之匪伪军以多伦为总兵站，其野心正欲并我察、绥土地，制造第二个傀儡国。我们希望能赖前方将士忠勇的奋斗，及全国同胞热烈的后援，打破日人制造伪蒙古国之迷梦，并有一日将伪满洲国取消，使我东北三千万同胞重见天日。我们目前的局面，内部已完全统一团结，今后惟有在抗战御侮下以求民族的生存，巩固绥远，就是我们救亡的起点。

《前途杂志》（月刊）

南京前途杂志社

1937 年 5 卷 1 期

（李红权　整理）

绥战中之毒气问题

立天　撰

据我方情报，敌人储有大批毒气弹以备必要时施放。且事实上，上次敌人反攻百灵庙时每个伪兵即发给催泪性毒气及烟幕各一筒。不过因为气候不适宜，并且所谓伪兵都是中国人，总还有点良心，不肯用此惨酷毒气杀害同胞，故虽发而未用。但因我方防毒设备简陋，对此毒气问题颇现不安之象。作者于本月初因劳军曾有绥远之行，滞留前方达半月之久，顺便考察防毒设备，及与毒气施放有密切关系之气候、地形等。据作者考察所得，毒气问题并不如一般人想像中那样严重。因为气候、地形、风向等等都能影响毒气之施放，而绥远之气候，以及战地之地形等又恰不利于毒气之施放，想某方亦能明了此点，彼等之所以储备毒气，乃期以恫吓手段扰乱我方之军心也。而我方因一般大众及士兵们对毒气常识之缺乏，却大事恐慌，此正中彼等之狡计，诚不智之甚。其实在目前阶梯〔段〕之绥战中，毒气问题并不严重，满可不必过事恐慌，庸人自扰也。不过将来绥战扩大，伪匪后方导演亲自出马时，情形便不同了。故目前之毒气问题虽不严重，但为将来计，防毒能力的充实又不容稍缓。盖防毒能力之培养，需相当之时日，不及早图之，届时难免不有手忙脚乱，无所措手足之虞。作者愿将此次去绥观察所得，及个人对解决此防毒问题之意见，贡献于前方将士之面前。作者学疏才浅，挂一漏万，在所难免，尚希不吝指教是幸。

一　毒气问题并不如一般人想像中那样可怕

毒气的种类固然很多，但并不是都有致人于死地的效能。如催泪性毒气及喷嚏性毒气等，其效能只能刺激眼部流泪，呼吸气管打打喷嚏而已。这种效能虽能减低作战的能力，但对于生命却没有致死的危险。其他如窒息性、糜烂性及中毒性毒气，虽然较比厉害一些，但也是吸了相当多，经过相当时间之后才能致死，并不是一吸到了或接触到了立即死去。若受毒后立即救治，绝没有生命的危险。况且只有在适宜的温度、风向及地形之情况下，毒气的施放才能发挥其欲〔预〕期的效能，并不是在任何地带、任何时间施放都能有效的。一般人不明了这些，便把毒气看得过于神秘可怕了。以为偶一接触立即驾归阴曹，于是生了过度的恐怖心。这种过度恐怖心的生成，一般谈论毒气书籍的著者，不能不负一部分的责任，他们为促进书籍的销路起见，总喜欢夸大其词，将毒气形容得过分可怕。这种不忠实的叙述，实在是不对的。一般阅者多又只注意其夸大之辞，毒性之厉害，却常忽略了更重要的一点——那种厉害的毒性，只在相当浓度之下及相当时间之后才能发挥，并不是一接触便立即发挥的。一般人对毒气战争只有此种一知半解的认识，遂生过度的恐怖心理。此种过度恐怖心理，在我方前线中亦有相当的滋长，望负责当局努力设法铲除之。其唯一有效方法为灌输毒气战争知识，使前方将士对毒气战争都有正确之认识，恐怖之心理自然便消灭了。

前已言之，毒气之施放与风向有密切之关系。多数毒气在通常状态之下为气体，虽有一部为液体或固体，但在毒气弹爆发时多为气体状态。气体当然要受风的影响，风向东吹，毒气便被吹向东方；风向西吹，毒气便被吹向西方。故施放毒气时，风必须正吹向敌方，否则敌人受不到害，施放者倒要受毒了。在目前的绥战中，敌人正在我们的东方及东北方，而绥远所刮的风又常是西北风，这种风向是不利于敌人向我们施放毒气的。如施放时，因风向的关系我们不但受不到损害，敌人反倒要先受其毒了。所以在此常刮西北风的绥远，我们东方或东北方的敌人是不能随便施放毒气的。

毒气之效能与温度有莫大之关系。因为有许多毒气在通常温度之下为液体或固体，如苯氯乙酮催泪性毒之沸腾点为摄氏二四五度，凝固点为摄氏五八度，像此种毒气在通常温度中既不易气化，若在零下二三十度的地带施放更不易气化了。液体或固体状态毒气的为害范围较气体状态者是小得太多了。绥远的天气很冷，通常外面的温度总在零下，刮风的寒冷天气中常达到零下二三十度，在这种寒冷的天气中，大部的毒气是失效，或毒性大大减低了。

毒气的施放与地形也有很大的关系。因为毒气的密度多比空气重，施放毒气最好是选择较高的山头，顺风向敌人施放，因毒气较空气重的关系，毒气便自然下坠而趋向处在地势较低之敌人了。若是施放者处于较低之地势，其对方处于较高之地势，或在山顶之上，除非风速很大外，很难使毒气达到山顶上的对方。风速太大又很容易将毒气吹散，使达不到为害的浓度。假若借飞机掷毒气弹或炮击法使毒气弹可爆发于山顶之对方敌人处，但因毒气较空气重的关系，很快地便可由山顶自然坠向山下了。所以为减少毒气之为害计，我方阵地应构筑于山顶或较高之地势上，使敌人处于低下的地势，不便施放毒气。像百灵庙的情形，我方的阵地在山顶之上，敌人在山下向我们反攻便很难施放毒气，上次反攻时敌人虽携有毒气而未放，此种地势之不利，想便是其中原因之一部。若在一望无际之平原上施放，虽无由高处向下施放之利，但也无由低处向上施放之不利，似乎是较比适于施放毒气了，其实也不然。因为毒气之为害，须达相当的浓度，只在此浓度之上才有杀害生命，发挥毒性的能力，在此浓度之下时是不能为害，充其量稍微感觉不舒适而已。在大平原中，因无高低之山岭或地势为屏障，毒气最易分散，换句话说，便是较难达到有效的浓度。尤其是在大风天，因风力之吹刮更易分散了。在绥远之大青山之北便是一望无边的大平原，在这称〔种〕平原上施放的毒气很容易被风吹散，浓度稀薄了，这种平原之上也是比较不适于施放毒气。

　　施放毒气也并不是一件很容易的工作，没有相当训练的兵士是很难胜任的。在外国的军队中都附有化学战队，由受过特殊训练的人员组成，其任务专司施放及防备毒气等事宜，在目前的匪伪中还没有这种组织。这些乌合之众，就是某方发给他们毒气，他们也很难施放得合适有效。〈施〉放不合适，说不定他们自己反倒要受害了。所以在目前的绥战中，毒气问题并不严重，无须过事惊慌。如上次敌人反攻百灵庙，每人发有催泪性毒气及烟幕各一筒，这种成桶的毒气只能用"云阵"方法攻击对方。施放毒气，云阵在一切毒气放射法中是最难施放的一种攻击法。该法为最早引用之攻击方法，差不多在一九一六年毒气弹放射法普遍应用后，已经很少有人用了，渐归淘汰。因为气候、风向及风速等之影响过巨，很难施放成功。工作人员对敌阵距离、云雾播散度、气候及风向等，都须有相当的知识与经验，不然是很难施放成功。若由乌合之众，毫无训练的匪伪担任这种工作，可断言其必失败。上次反攻百灵庙敌人携毒气而未放，于我彼均属幸事，否则说不定或有怎样可笑的结果发生，或许我们没受其毒害，施放的伪匪们反倒先受其毒了。不过这是只对目前的绥战来讲，若某方亲自出马时，情形不同，又当别论了。

　　总之，毒气并不是最可怕的东西，尤其是在目前的绥战中，气候、地势既不利于施放毒气，敌人又是乌合之众，没有施放毒气的能力，更无须过事恐慌。并且据过去欧战中的经验，毒气的攻击只在使未戴面具者于受毒后感受一时或长时间之痛苦，失却战斗能力，很少有生命的危险，假若有相当的防护设备，则毒气之为害能力更小。据美国的报告，在四年欧战中，受毒气攻击而死亡者，仅占全部兵士的百分之二，因之而残废者亦占极少数。反之，死于其他各种战斗者，却在百分之二十五以上，且有百分之二至百分之五之失明或残废。由于这个比较，便可以知道毒气并不是怎样值得特别可怕的东西，只要有相当的防护，是很容易躲避其毒害。望前方勇敢战士，注意此点，幸勿过事恐慌。

　　目前绥战中的毒气问题既不严重，我们便应当忽略它么？不去注意么？不！当然不应当忽略，并且还应当积极谋防毒能力的充实。因为绥战中的敌人不仅是目前的匪伪，其背景、某方的企图，正如司马昭的心，"路人皆知"。因此吾人敢断言，绥战绝不能停带〔滞〕于目前这种局面中，将来必定要扩大，转变的，更不能于很短期间内结束。必要时，导演者亲自出马，乃是意料中之事。所以现在的一切设施绝不能只顾目前，而忽略了将来。现在的战争只是一个序幕，主要的大战还在后面。目前的匪伪乃乌合之众，固不足惧，但为应付将来的真正敌人，却不能不及早准备。真正敌人于前岁在习志野地方，创设大规模化学战学校一所，其全国军队干部均轮流前往受训，于大连更有大规模之毒气贮存库，其用意何在？敌人之准备如此，吾人现在始谋求防护之道，已嫌其晚矣。至应当怎样解决，作者愿略述愚见于下。

二　怎样释决我们的防毒问题

应付将来的毒气战争，只有了防护的能力是不够的，还须具备了以毒气攻击敌方的能力，具备了这二种能力——攻与防——才能说是已经具备了应付毒气战争的能力。我国年来灾祸频仍，百事待举，因国力所限，尚未得暇及之。虽近一二年来政府已稍稍注意，但严格的说起来，那种小小的准备，离最低标准之限度相差尚远。大战之序幕已经揭开，将来毒气之应用又为必然之事，故此二种能力之培养，必须及早努力图之。情势迫切，已不容再缓。但因国力所限，二者欲期于最短期间中解决之，事实上又有相当的困难。不得已，只好就其需要最切者谋最先的解决。

应付将来的毒气战争，固然"攻"与"防"二种能力都是必需，但二者相较，后者较前者需要得急切，并且后者又是前者的先决条件。没有防毒的能力是谈不到攻的问题的。其理由很简单，若没有防毒的能力，遇到敌人的毒气攻击时，便要中毒而失却战斗力了，手中虽备有攻人的毒气，或其他犀利武器，亦将无用武之地了。所以没有防［防］毒气的能力是谈不到以毒气攻击敌人的。反之，若只具备了防毒的能力而没有以毒气攻击敌人的能力是可以的。虽不能以毒气攻击敌人，但遇到敌人的毒气攻击时，借防毒器材的保护，尚可继续战斗，以他种武器与敌人拼命。所以二者相比较，防毒能力的培养需要得最急切，应谋最先的解决。故依作者的愚见，我们现在应竭尽全力先谋防护毒气能力的解决，待有相当设备之后，再谈如何制造毒气攻击敌人的问题。在此尚未具备防毒能力之前，不应徒唱高调，奢谈制造毒气弹问题。故本文只谈及如何解决绥战中之防毒问题，至于攻的问题，留待以后有机会时再谈。

解决防毒问题，可分二部来讲：防毒器材之制造与人民防毒知识之灌输。防毒器材当然是必需的，但防毒知识的重要也不亚于防毒器材。一二八沪战时我方兵士竟误认烟幕为毒气，以致心意慌乱，无心作战。此次作者在绥远曾见许多兵士不知毒气为何物，这种兵士若临时发给了他一只防毒面具，恐怕很难用得合适。何时应当戴用，何时应当除下，中毒后如何处置等等，都得有相当的明了。此外防毒器材的使用也得有相当的训练，尤其是防毒面具，戴用后，呼吸较比不舒畅，行动方面也要受相当的影响，发现毒气时须要戴用敏捷，这一些都得事前有相当的训练。欧战时曾有许多兵士，宁愿遭受毒气的侵害，而不愿戴用使呼吸困难，行动迟缓的笨重面具，尤其是在追击或退却中奔跑的时候。这些过去的经验足可证明，只具有防毒的器材尚且不足，尚需具有防毒的充分知识，及使用防毒器材的训练。故解决防毒问题时，必须二者兼顾，不可遍〔偏〕废。

防毒能力的培养，固然前方战士需要得比较急切，但后方人民也很重要。因杀人利器之进步，天空中有飞机之活跃，后方已无异于前线，同有被攻击的危险。尤其是后方的工业中心，遭受敌人飞机轰炸的可能性更大。前方的战争，是后方来支持的。若后方遭受敌人飞机的轰炸或毒气攻击，在一无防护设备之下，生命牺牲，秩序紊乱尚在其次，前方的战争因供给断绝，恐将不能继续了。故后方的防毒问题也与前方战士有同样重要。解决防空防毒问题，绝不能只顾前方的战士而忽略了后方的大众。故作者所拟议中的方法，是以绥远的全体民众及前方的〔的〕兵士为对象，以绥远的人力、财力为基础。为清楚起见，将此问题分作防毒器材之制起〔造〕及民众防毒知识的灌输来讲。

A. 防毒器材之制造

防毒器材中最重要的一种要算防毒面具。现在绥远的民众都没有防毒面具，军队中也只有很少数目，大部是中央发来的，一小部分是由各地民间制造捐赠的。其中有一部分因为绥远天气特别冷的关系，不很适用。就如中央发来之一部有意大利制造者，面部罩盖又是橡皮制，戴用时感觉过度寒冷尚在其次，偶遇太冷天气便冻硬了，折合时便有破裂的危险。尤其危险的是呼气活瓣亦为橡皮所制，冻硬时，失去作用，毒气可由该处侵入面具内部，面具便失效了。这种冷天固然少有，但在百灵庙却曾发生过这种事情，面具冻硬不能打开了。中央制造者较好，面部为橡皮布所制，呼气瓣亦非橡皮，恰可免去这种困难。故中央发给或各方捐赠面具时务须注意，是否能适用于该地。因气候之不同，适用于别处者，不一定能适用于该地。

防毒面具之需要量很大，因为无论是前线的士兵或后方的民众，每人必须要备有一具，此外尚须备有多余之滤毒罐一只，以备原面具上失效时换用。绥远的民众及士兵约有二百多万，现在已有的数目与此需要量相较实在是相差太多了。这样大的数目若只待中央政府的颁发及各方的捐赠是不可能的。因为据作者所知，中央的制造厂规模也不太大，出产量有限，对此面具之供给，恐有心有余而力不足之憾也。故除接受中央之供给，各方之捐赠，向各制造厂定制外，绥省府应设一制造厂，以补政府力量之不足，经费可由临时项下支出，或另拨专款。筹款困难时可向中央政府或山西省政府请求协助。技术方面可请求某一大学之化学系担任。绥远为中国人之绥远，绥战为全国人民之对外战争，本国家兴亡匹夫有责之义，当然均应为国家服务。〈有〉见于名人学者去前方慰劳，服务团去前方工作之踊跃，请求大学化学系与之合作，定无问题。只要省府方面有意设置，各方均愿效力也。

因需要之量过多，欲期于最短期间内制出之，事实上不可能，故制出者应先发给需要最急的前方战士，其次再发给较大都市中之市民。为减轻政府之担负起见，发给市民之面具，不妨收回一部之成本，但售价万不能过高，致使贫苦同胞无力购买。如中央所制者，固然效率好，构造完善，但售价在十元以上，一般民众对之只有望洋兴叹而已，故售价务必低廉，如每具售价能在一二元之左右，想一般人民都能购置了，但绝不要只求价值之低廉而忽略了效能问题。实在贫苦无力购置者，不妨无代价发给之。在绥远时有人说，一二元之价值尚嫌过高，恐民众无力购买，但该地农民早晨能吃一角多钱的早点，而不能出一二元之代价购置一与生命有关的防毒面具，我不之信也。

固〔因〕为防毒面具制造的困难，有人提议制造简章〔单〕之面罩代替。这种方法在无防毒面具时，应付紧急的需要尚可，效率虽小得很，但总有胜于无也。但这只能应付紧的需要，为长久计总非彻底的办法。尤其是在寒冷的冬天不适宜，因为面罩必须浸有解毒的药水方才有效，此种药水在寒冷之天气中很容易结冰，结冻后药水失去作用，口罩也不透气了。况且这种简单的面罩只能应付窒息性、喷嚏性及中毒性毒气，若遇到了催泪性及糜烂性的毒气便不灵验了。遇到了催泪性毒气尚可戴以四周严密不透气的风镜补救之，但遇到了糜烂性毒气，如芥子气等则不能保护皮肤之不受其毒了。故面罩只可于无面具时救急用之，如长久计还是设法制造防毒面具。毒气，战争中为发挥毒气之伟大毒效计，常将数种毒气混合施放，良好的面具尚且有时失效，简单的面罩又怎能应付呢！

防毒面具固然是防毒器材中最重要的一种，但只有了防毒面具还是不足，其他消毒及救急用的器具材料等，也必须于事前有充分的准备。漂白粉、炭〔碳〕酸钠、凡士林、石油等，以及常用器具如喷水车、消毒药水、喷筒等等，都须事前有相当的准备。器具一项可指导当地工厂家制造之，至于药品一项则只有事前大量购置储好之一法。如此需用之器材有充分准备，庶可应付将来之毒气袭击也。

B. 民众防毒知识之灌输

前已言之，只有防毒器材尚且不足，还必须有充足的防毒知识。南部各省大城市，近几年来常举行防空、防毒等演习，以促进一般大众对将来的战争有正确的认识，并获得充足的知识以应付之。但因一般大众们的知识水准过低，几次简单的演习很难使他们获得正确充分的了解，故成效甚微。依作者的愚见，非有相当时间之训练不为功。一般大众的知识水准如此之低，人数又如此之多，欲期较短时间内使他们获得充足的防空与防毒的知识，乍看起来，好像是很难成功的一件工作，其实也不太难，只是因民众数目之众多，从事这种工作的人员也需要相当的多而已。

究竟要哪一部分的人来担负起这种工作呢？依作者的意思，最好是叫全绥远省境的中学生担负起来。全省中学生为数总在二千以上，以这样多的人担负起这种工作来已很够了。绥省各学校的军训很严格，成绩很好，但这些受过军训的中学生，在将来的战争中我们请他们担任什么工作？执枪荷弹，去前敌作战么？我国教育落伍，受教育者很少，这些优秀的青年，担任这种工作着实有些可惜。并且我们现在缺乏的不是士兵，他们作起战来也不一定比未受过教育的兵士来得勇敢善战，或者竟不如之。所以最好付给他们较高一点的工作，训练后方的民众当然是最合适的工作。但绥远民团办得很好，一部分人正在做此种工作，也无须他们参加，况且那种工作，普通的军官便能愉快胜任，惟独这种灌输人民防毒知识的工作，其他部分人员很难担负起来，他们担任起来最合适。因为他们都具有相当的化学知识，并且受过教育的人，教导民众也得法，收效容易，为国家服务，他们定也高兴去作。

有人或者要问这些中学生们，对防毒的知识也是缺乏得很啊，如何能担负起教导他人的责任？事实上，的确也是如此，他们对防毒的知识也是薄弱得可怜，立即叫他们担负起这种工作来，是不可能的。但他们对化学都有相当的知识，只须加以很短期间的训练，便能胜任了。这种训练中学生的工作，最好是能由各中学的理化教师来担任，不过事实上许多中学的理化教师对这件问题也没有什么研究，那么只好由省政府请求某一大学之化学系合作，请该化学系派高年级生担任这种工作。因为这种训练是短期的，每日讲授三四小时，有两个星期即可。化学系之学生只去工作这种短的时间便回来，与其自身的工作也不会有大的影响，所以实行起来是不会发生困难的，为国家工作，一般化学系学生当然也高兴去作。转眼寒假来临，若能于寒假期中举行则更佳。绥省各中学于学期结束后，可通令各学生继续留校二周，接受此种防毒的训练。各大学化学系学生于学校工作结束后，前往训练这批中学生，无课程之羁绊，看事实之需要，多停留些时间也是可以的。这样利用空闲的时间来举行，无妨碍于学校之正常工作，岂不是最好么？如此经过两星期后，便可有二千多学生具有充足之学识担任训练民众的工作，更何愁民众们不能于最短期间内获得充足之防毒知识！

所讲授的课程应包括毒气战术、化学兵器、毒气战史、毒气鉴别实验、防毒术、防毒器材使用法、保管法、中毒急救法、消毒法等等。项目虽然是这样多，但有一部分无须详细在课堂中讲授，编发讲义，指导学生阅读即可。故有两个星期的时间，足可把这些东西讲授完毕，时间不足时，可按实际情形延长之。不仅在课堂上讲书，同时还须作实验，指示给学生看，使彼等能获得深刻的印象，正确的认识。学校的设备及经费能力许可的话，能使学生在导师指导之下亲自作一点较简单的实验则更佳。尤其是毒气鉴别一项，更必须作实验。因设备关系，各中学中不能制造许多毒气样本，故最好由担任讲授课程之化学系高年级生在彼等之学校制作，携去应用。除毒气外，作战常用的烟幕也需要作一些，以改正一般人常误认烟幕为毒气之一种的错误。

各中学生受训期满后，即可分发彼等到各城镇市区，以及军队中担任训练民众的工作。训练民众的方式，可按当地之情形如何，制定适宜的办法，倒无须乎全省各处必须一致。不过依作者的愚见，不妨采取民众夜校的方法，于各市区中遍设防毒讲习班，于每日晚间七时市民工作完毕后开始讲授。每日讲授二小时，有三星期之时间即可大致讲授完毕。讲授之课程应包括毒气战争常识、个人防毒法、团体防毒法、防毒器材使用法及保管法、中毒急救法、消毒法等项，内容务求通俗浅显，避免枯燥之学理。把这些应当讲授的材料不妨编成一本书，名之曰《防毒术》，前来聆讲的人，每人无代价的发给一册，聆讲完毕后即归该人所有，以备其以后温习参考之用。担任讲授的人应负指导该区内人民构筑避毒室或地窖等的责任。若能作点简单的实验，指示给他们看则更佳。

受训人民应当包括全体市民，无论男女老幼，都应当受过这种短期的训练。受训之先后，可按照报名之次序，或住址的次序来排列。为作事顺利起见，最好省政府于省会设置一防毒协会，该会为该省之防空防毒事宜之最高指导机关，监督全省内各地之防空防毒事宜。因为攻击后方城市多由飞机投掷毒气弹，防空与防毒乃是不可分的工作。该会之经费由省政府担任，工作人员可延聘化学界人员担任。前面所提到应设置的防毒面具制造厂，即应由此会设置管辖。此外最好再设置一研究机关，以解决所遇之困难问题。譬如有人提议用风箱代替避毒室中之换气机，究竟能否通用，效果如何，这一类的问题都应由该研究所担任研究之。此外各方捐赠或购来之器材，亦应由该研究所试验其是否为完善物品。在绥远时已闻绥省当局有意设置此种研究所，望其能迅速成立也。此外训练民众所需之宣传品、小册子及毒气样本等，亦应由该所负责编辑制造，分发各地应用。省内其他各城市应成立一防毒分会，名称可叫作防毒协会××分会。此会应与省防毒协会保持密切的关系，接受后者的监督与指导。该会之经费由当地行政当局担负，工作人员由该地中学生担任。其工作为指导该区域内之防毒防空等事宜。前面所提到之防毒讲习班，即应由该会负责设立。更应不时连络当地军警举行防空防毒演习，务使民众们动作敏捷，庶几将来遭受敌人的空击〔袭〕时可应付裕如。省防毒协会的工作为监督各地之分会，各分会之工作为筹办及指导该区内之防空防毒事宜。如此，系统分明，办事顺利，庶可免互相牵掣之虑。

至于军队方面的训练工作，则不妨由军事当局分发若干中学生去军队中工作。每连中有一人即可，于兵士换防休息时讲授之，有二三星期之时间亦可讲授完毕。

此外民众教育馆方面，应购置毒气样本、防毒器材等陈列，以备市民观览。在日本尚有国防馆之设，内部陈列各种新式战具及避毒室、防毒器材之样本模型等，我人之防毒知识如此薄弱，当然更须设置也。新闻界方面更应努力宣传督促此种工作之进行，发行防毒副刊，介绍防毒防空知识，报告各地防毒消息以补书本之不足。如此，各方进行，绥省全体人民及士兵诚不难于最短期间内，获得充分之防毒知识也。

总之，目前绥战中之毒气问题虽不严重，但为将来计，防毒能力之充实又诚刻不容缓。防毒能力之充实，虽为唯一重大困难的工作，但在全体动员的局面下进行，又不难于较短期间内解决之。最后应当提到的，绥远并不是绥远人的绥远，乃是全中国人的绥远；绥战并不是绥远人民的战争，乃是全中国人的对外战争。故绥远的一切问题，应以全国的力量解决之，绥省人民固然应当特别努力，其他各地人民也应当积极协助之。情势迫切，时不我待，望国人努力焉！

　　　　　　　　　　　　一九三六，十二，廿五，于北平

　　　　　　　　　　　　　　　　　《西北论衡》（月刊）
　　　　　　　　　　　　　　　　　西安西北论衡社
　　　　　　　　　　　　　　　　　1937 年 5 卷 1 期
　　　　　　　　　　　　　　　　　（朱宪　整理）

绥战今后应取之策略

流寓 撰

绥战的幕后策动者

绥战的幕后策动者，举世皆知为某国。但日本政府迭次声明："匪扰绥远，系中国内政问题，中国军队可自由进剿，日本政府，决不过问。日本决未参与其事。"又说："绥东战争，纯系中国之内部事件，与日本无关。纵使有日本人民参加蒙军作战，亦应认为个人行动，与日本政府及日本军队，渺不相涉。"

这话说得扭扭捏捏，但实际上越有声明越显露其马脚。而日本关东军倒比较其政府来得痛快一些，在去年十一月二十七日发表如下的宣言："……此次内蒙军之所以敢然蹶起者，实欲脱离中国共产党及其结托之军阀之压迫的防共自卫不得已之手段。因其目的与日'满'两国紧切之国策一致，故关东军对于内蒙军之行动，为多大之关心，而愿其成功。同时万一'满洲国'之结壤地受此战乱之影响，治安为之紊乱，累及'满洲国'，或发生中国全土濒于赤化之危殆的时态时，则关东军将不得不讲求认为适当之处置也。"

关东军声明对于内蒙军之行动，为多大之关心，而愿其成功，并且将要进一步在中国讲求适当之处置。意思间还不敢公然承认是绥战的幕后策动者。再看同时日本武官喜多诚一对《泰晤士报》驻沪记者的声称，较日本关东军的宣言，尤其痛快坦率，才是一个心直口快的人。《泰晤士报》记载是："日本对内蒙现局，确已参加，对于日本军官曾协助现时集中绥东之蒙伪匪军事，该武官亦直认不讳。并披露日本分化内蒙之计划，直拟将一万七千方里之中国领土，置诸日本统治之下。"据云（喜多诚一云）："现日本军队后备军官，已在察北设立大规模军事学校，专事训练蒙军。日本军官之薪给，系由蒙人担负，惟不参加战争。至于日本曾以飞机售与内蒙之事，亦实有之。外传内蒙无力购买坦克车、铁甲车及军需品之说，殊为不确，盖内蒙鸦片收获丰富，购买军械即以鸦片偿付。"

这段话已完全明白的供出某方是在如何计划灭亡中国，如何分化内蒙，如何策动绥远战争。而现在绥远战争的策动，内蒙分化的计划，不过是其整个灭亡中国险毒计划中的一部分而已。

在绥战发生前后，日本川越大使和我张外长，曾作七次会谈，中间忽弛忽张。日本始终坚持其"共同防共"及"华北特殊化"两问题，并谋获得我国最低限度的接受。我方则以该两问题，在我领土主权及行政完整俱受侵害的现在，与我既定国策，根本不能相容，无法接受，坚决拒绝。最后最低限度，为河北省内行政完整必须恢复，察北、绥东秩序必须安定，作调整华北中日关系的前题〔提〕。倘舍此不谈，其他都无从谈起。双方因意见不同，交涉自无从进展。自绥战爆发后，谈判进行，更受阻碍。我当不能在敌人策动的炮火攻击我领土的局面下，再和敌人谈判"共同防共"、"华北特殊化"的问题。从去年十二月起，中日交涉，在事实上已告停止，惟双方均声明决未破裂，川越并谓中日关系前途，亦且不可认为悲观云。

绥战所利用的匪伪傀儡

绥战某方所利用的匪伪傀儡，分左列三种：

（一）德王、卓世海、李守信、包悦卿等号称蒙军，李为第一军，卓为第二军，包为第三军，打着"内蒙防共自治军"的旗帜，以成吉思汗纪年。

（二）王英、张万庆等号称"防共军"，最初打着"西北蒙汉防共自治军"的旗帜，亦以成吉思汗纪年，后于去年十二月初改称"大汉义军"名义，用黄帝纪元纪年。

（三）张海鹏、王静修等，是由伪满调到察省的伪军。

从九一八到现在，某方占领了我们的多少土地，某方自己实在并没有用过多少力量，所用的政策是"不战而亡中国"，利用我们政治上的若干缺点，挑拨离间，注重在特种政治手腕的运用，所提的口号是"防共自治"，所用的方法是：

（一）挑拨我们民族间的感情，分化我们民族间的结合，以"民族自决"为号召，组织某方发纵指挥的傀儡政府，所谓伪满，和现在的伪蒙古防共自治政府，以及其理想中的"大元帝国"等等，都是这一套。

（二）利用中国人打中国人，凡中国一般政治上不得意的旧军阀官僚，各地的土匪流氓，某方都用威胁利诱的方法，大批胁迫收买，作其侵略中国的工具，用中国人打中国人，来灭亡中国。所谓王英、张万庆辈，就是这一类。

战争经过的几个阶段

匪伪侵绥的计划，大约分为四路。一路向红格尔图扰平地泉；

一路由兴和图窜丰镇；一路由百灵庙向武川而压迫归绥；另一路则淮〔沿〕陶林南窜。

战争的经过，分做以下几个阶段：

（一）红格尔图之役

绥战正式开始在去年十一月十五日，察北伪匪部以步骑兵三千名，大炮十余门，向我陶林、红格尔图进犯，并以飞机七架投弹助战。前后冲锋，有六次之多，我军奋勇迎战。十六、十七两日，匪军增援，前方战况激烈，匪机前后投弹百余枚，肆行轰炸，我军沉着应战，匪未得逞。十八日我军增援部队开到，在商都属金村、土城子一带，与匪鏖战，踏平王英匪总司令部，匪势不支，败退商都坚守。是为红格尔图之役，大挫敌锋，匪众丧胆，绥东暂时平靖。

（二）百〈灵〉庙之役

匪伪进犯绥东失败以后，改变策略，转扰绥北，以百灵庙为中心，分两路出武川、固阳，直趋归绥、包头，深入绥西扰乱。我军当局以百灵庙为绥北重地，大陆交通惟一要路，不容某方率匪伪部长此盘踞，因以迅捷行动，间道前进，由二十三日夜起，与匪发生激战，国军奋勇冲进，匪部据险顽抗，卒于二十四日早晨占领该庙，匪伪向东北溃退。此为白〔百〕灵庙之战，造成绥战开始以后战争的最高顶点。

是役除获得不少战胜品外，最重要者是搜得某方组织"大元帝国"的阴谋，及打通内蒙种种计划书、地图及调查表册等有价值的文件。某方预拟组织的"大元帝国"，其疆域由热河直达新疆，包括全部内蒙，以百灵庙为其工作中心，形成包围外蒙隔断我西北国际通路的大阵线。预定经费四万万元，现已用去六千万元。百灵庙收复的重大意义，是在根本破坏了某方整个灭亡我国的阴谋与迷梦！

（三）大庙之役

匪伪军在百灵庙失败后，残部纷纷集中大庙，企图反攻，不时派飞机至百灵庙、乌兰花一带投弹轰炸。十二月三日以大庙为根据地的匪众五千，向我军反攻，进犯两次，激战两日，均被击退。我骑兵于七日起出动进击残匪，有金宪章、石玉山等旅，觉悟来降，通电反正，匪伪几被全部解决。国军得此兴奋鼓励，九日围攻大庙，十日收复，匪众退向东北方面，从此绥北匪乱，暂时得以敉平。

（四）陕变以后

大庙收复，前线将士，兴高采烈，正待直捣匪巢命令之下，忽于十二日西安事变发生，莫大〔不〕顿足痛哭，誓以更大决心，努力守土，虽余一枪一弹，亦必尽其神圣卫国战争的天职到底。匪伪各部，因大败以后，忙于从新分别调动布置，亦未敢再犯，而前线抗战消息，一时转趋沉寂。但绥战的严重性至今固毫未减少，而前方将士，并不稍稍懈于防御。在此沉寂的一刹那后，将更有一番激烈的鏖战，请国人紧紧注视这一刹那沉寂的发展，不要因陕变而忽略了目前绥战的严重性！

绥战今后应取的策略

军事方面，我们今后应当变更被动的防御方式，成为主动的攻击方式。虽说这次战争，我们用的是"攻击防御"的方式，异乎以前长城的战争，但究竟我们是被动的，匪伪是主动的。匪伪停止侵犯，我们即不前向攻击，等到匪伪再来侵犯，我们再去攻击，这样匪伪可以永久从容布置，以作进犯我们的准备。我们老在等待匪伪的侵犯，永在防备的时间，延宕时日，难收大效。匪伪对我们，可以乘虚蹈隙，我们对匪伪，不能直捣巢穴。这样的战争，永不能遏止战争的根源，这样战争的结果，永不能收到胜利的功效！

其次，要有举国整个的计划，一致的骤步。这次战争，虽有进步，关于军队的编制和调遣，军器和饷糈，命令的发布，都有通盘计划，和统一的指挥，但究竟还不够。比如在绥省作战，察省的军队，就不能参加作战，而察北反作了匪伪侵犯绥省的根据地。又如平绥路，由北平到大同，不能运输我们的军队，倒替某方运输军火到前方接济匪伪，在《国闻周报》十三卷四十七期《绥局揭开》一文中，有如此的记载：

（一）据平绥路确息，某方由平绥路输送大批军火，以前仅运至张家口，近则直接输送前方。担任此项运输者，为万国转运公司。此公司大抵为某国人出资组织，不服检查，明知其为军火，亦须以货物记载，平绥路局昨特电察省府，请协助各站查验云。

（二）某方连日由平绥路向前线输送大批军火，殊影响我方军事。绥当局特派稽查二人，自十二日（去年十二月）起随车查验车辆。

（三）连日自绥东战事掀起以来，某方已有士兵一团加入前线作战，并派军官二百余名，分派各匪军内担任指挥。

绥远邻省的土地，反作匪伪进攻绥远的根据地；中国的铁路，反替某方侵略中国作了运输军火的机关。这样的战争，还能操多大胜利的把握？就是胜利，中间又白费多少不需要费的气力？所以在军事方面，除去采取主动的攻击方式，我们还非得有整个的计划，一致的步骤不可。不然同是一家人，自家兄弟受他人侵凌，自家兄弟不能帮忙，这有多么难受，有多大危险！

以后的战争，纯在军事上用力还不够，必须还要辅以一种特殊的政治作用。这种政治作用，主要的就是破坏某方的特种政治工作。某方离间我们民族间的感情，我们要尽量的调协我们民族间的感情，使得敌人无法离间。某方利用中国人打中国人，我们尽可能的消灭造成这种事实的因素，团结我们自己的同胞，共同抵抗我们自己的敌人，使得敌人无可利用。已被敌人利用的同胞，我们尽可能劝服他，使他觉悟，来投降，凡是中国人，都有爱护祖国的赤忱，我们看此次在大庙通电反正的金宪章、石玉山等，就是证据。

　　简单的说，今后我们战争的策略，要以军事为主，辅以特种政治。在军事方面，要改用主动的攻击方式，要有举国整个的计划，一致的步骤。在特种政治方面，要尽量的调协我们民族间的感情，尽可能的消灭造成敌人利用中国人打中国人的因素！

《西北论衡》（月刊）

西安西北论衡社

1937 年 5 卷 1 期

（朱宪　整理）

绥远抗战中的军事地理观

张中会　撰

　　××嗾使匪伪，进攻绥远，其目的不止在欲得绥远便算满足，而是想进一步攫取华北，并中国，以遂其帝国主义侵略的野心。那么，绥远在国防上的重要，也就可想而知了。不料屡次进犯，赖我前方将土〔士〕，在冰天雪地中，沉着应战，匪众卒不得逞。尤其近几日来，绥东的战事，似乎陷于停顿的状态，有些人也许以为绥战已经停止了，不知××的"满蒙政策"是一贯的，帝国主义侵略的野心，是没有满足的。所以不久绥东战事的二次爆发，是不难料测的。绥东的情势，也更要比从前严重起来。既然如此，我们在绥远的防御，还能不更加严密么？因之，绥远的军事地理，很需要有详细的研究。我今天把这个题目提出来，希望和大家检讨一下！

　　关于这个题目，虽然有些人也曾叙述过，然而他们的着眼点，都有些近于"皮毛"之谈，实际在战场中，是毫无用处的。而且他们都不注重自己方面的准备，只不过谈到些敌人方面进攻的情形，也实在不够。譬如我军的后方供给和运输的关系，这是极重要的问题，然而他们竟没有提及。

　　现在就我的意思，分成以下几项来讨论。

一　绥远的地形结构和军事行动关系

绥远全省的地形结构，以地形学来说，至少有四个不同的区域：在北部的，是蒙古高原区；在南部偏西的，是鄂尔多斯高原区（Ordos Plateau）；在中部的，是低平的归绥平原；在中部偏西的，是稍高的河套平原。鄂尔多斯高原和蒙古高原，是一片沙丘（Sand Dunes）堆积的地带，无关重要，只有归绥平原和后套平原，是一片广大的沃野，人口聚落集中的地带。有这种的地形条件，支配了××的军事行动，他要完成一条进攻苏俄的战线，必定的经过这两个平原，而后才能达到西北，成功大包围的形势。所以这两个平原如果丢失了，那甘、宁两省，真和陷在摇篮中一般。在地形的构造上，因为在绥远的中部，有一条东西走向的大断层线（Great Fault Line）的作用，把一个长形地带的归绥平原，降落下来。在北部蒙古高原，平均拔海在两千公尺以上，而这块降落地带的归绥平原，则仅拔海一千公尺左右。在这两个高低不平的界线上，就是一条东西横断的阴山山脉。在山的南方，都是悬崖峻岭，无法攀登，但山峰和山峰的中间，却有巨沟急涧。这些沟涧，也就是由山北来山南的唯一孔道，历史上的匈奴族，现在的匪伪军，都是要从这些沟涧间下瞰平原的，成为军事上极重要的地点。顺沟涧北行，不到百里，山势就渐次趋平，毫无崭岩峭壁之可言。在地质学上讲，因为阴山的南面，既是平原低地，则山间的沟涧，愈近上流愈高，而山顶就和北部地平的高度差不多了，所以从阴山北面南望，根本无所谓山脉。地形如此，我们的防御工作，是应建筑在阴山的北麓，不然，只靠了南麓的防御，却是与敌人以"举高临下"的趋势。因此，山北的地势，我们是非占领不可。在百灵庙收复以后，傅作义将军所谓"正合我军事要点"，是有充分理由的。

此外，归绥平原的东部和南部，也是一带较高的地方。即以南部的大同来论，已较归化高二百公尺，而兴和、陶林，又较大同为高，故敌人的屡犯兴、陶，也是合乎军事要点的。但是因为这里的地形，较归绥北部的武川崎岖的多，集宁附近，又有十八台的险要，进攻实感棘手。从前敌军在攻兴、陶的当儿，忽然绕道滂江，由百灵〈庙〉进攻绥北，正是避难趋易很显明的证据。

二　百灵庙一带的地形与军事

在阴山山脉中，最高的地方，就是大青山山地。百灵庙的位置，正在山地的东北角上。这里所要说的百灵庙一带的地形，是包括了达尔罕贝勒（喀尔喀右翼）、乌拉特前旗（西公旗）、四子部落及茂明安一带的，并非单指百灵庙而言。这一大片地带的形势，非常险要。当年成吉思汗远征时，曾经过此地。清康熙亲征准格尔时，也是在此地作战。民初张绍曾平蒙乱时，更取此以为径。以往的军事家，既以此为必争之地，在这民族生死存亡的绥远抗战里，尤其不能轻放这个地域的。所以我们对百灵庙附近一带的形势，是应该详加研究：

（A）巴特哈尔山——这是环绕在百灵庙四周的山，汉译为"固关"的意思。当年成吉思汗远征过此，因为此地形势险要，有如固关，故得斯名。此山共有九个山头，都有路可通，蒙人名之为"九龙口"。我们如果在九个口子上，都驻兵防守，敌人是万难攻入的。

（B）女儿山——在百灵庙正门的前面，大约有半里远近的地方，有小山孤立，山势虽不峻峭，但可作天然的屏蔽，使百灵庙更加了一层巩固。

（C）康熙营——从百灵庙起，向西行五里左右，有山腰如抱瓮，其内可容二千余人，就是当年康熙亲征准格尔时驻屯军队的地方。现在敌军飞机，屡肆轰炸，我军尽可隐藏其间，因有乱石和山头的掩护，飞机是难以侦察明白的，即虽大肆轰炸，也不过炸碎些山头石块，我军当不会有若何损害。

（D）百灵河——这是顺着巴特哈尔山麓流着的小河，自西方入口，折南，会南方诸小河后，折东而又转向北，最后由西方出口。水势虽小，然可作兵士的饮料，故在军事的给养上，很有相当的重要。

（E）旧蒙政会的会址——此地现在已为我军所占有，约在百灵庙西北十五里处，就是在那尔泰山的南面和百灵河的北面。其地四面环山，绕以流水，中为平原，东西长约十里，南北宽约八里，形势极为险要。在多沙漠的蒙古高原上，此地却有茂林修草。我军据此，既可作为掩护，又可袭绕敌军后路，故于军事行动上，或攻或守，都占有绝对的优势。

总之，百灵庙的占有，非常重要，是绥远二次大战爆发以后，匪军誓所必争的地方。我们以为绥军一时的胜利，以及百灵庙的占有，是不足骄傲的，因为现在还是部分的抗战，不是全国总动员的抗战。而且在绥的军队，充其量亦不过五万，若敌军重振旗鼓，大举进攻，夺取百灵庙，是很有可能的。若是百灵庙一带丢失了，趁胜的匪军，自然要顺着山沟，分两路来攻固阳和武川两地。两地有失，那归绥、包头的攫取，真是易如反掌，后事即不堪设想了。

三　绥东的形势和军事

绥东的地形，在军事上讲起来，虽不若绥北百灵庙一带的险峻，但我军如果能据险守之，敌人也是很不容易攻取的。在陶林县的东北，有沙喇哈达岭。此山是东北及西南向，恰巧是陶林的外屏。在兴和县的东南部，亦有很复杂的山地，沟崖崎岖，攻入也很费力。从陶林或兴和再往西行，地势虽逐渐低平，但集宁至卓资山间，又有如阶梯状的山脉，层层相倚，号称十八台高地。平绥铁路，行经此地，也是穿行在山谷间的。所以这一带的山地，可说是绥中天然的保障和归绥、包头的东方门户。敌军在这一带，明知进攻棘手，但为进攻绥北，虚张声势计，也常来侵犯。如果万一我军在此失利，敌军便可长趋〔驱〕直入，很容易把集宁拿到手中。集宁是平绥铁路入归绥的咽喉，又是晋、绥两省联络的关键，若集宁一失，平绥铁路马上中断，归绥一带，即无能为力，不攻自破了。而且在陶林的西北，有一带较低平的地方，我军可从这里袭击敌军进攻绥北的后路，敌军如能把陶林占领，就没有这些后顾之忧。再从另一方面观察，若是敌军能把平绥铁路操纵了，那么张北贮存的各种军火、给养，就可很快的运到绥东去，然后乘势取得卓资山，和进攻绥北的敌军联络起来。如此两路夹攻，归绥的占领，也是和囊中取物一般。所幸我方，早已注意及此，从今夏起，即由太原大批的向北运输军火、给养等，日夜加筑防御工事，在集宁以西至兴和、陶林一带，造成一个极难攻破的金城汤池，敌人想要进攻，自属不易。

四　敌军所在地的形势和后方供给路线

兵法云："知己知彼，百战百胜。"所以敌人所在地的地形和后方联络，也是一个重要的问题。

敌军的根据地是商都。商都一带，地形很高，西部虽然较低，但和兴和的高度也差不多。在商都的东部，有大马群山脉，和无数内陆河流造成的无数坡陀低谷，在行军上，亦很不方便。商都的西北，为阴山山脉的余支盘伏着，这里和滂江的中部，最显著的高山，有苏青稀尔山、霍租山等。这些山脉，都是东北及西南向，确巧是通绥北的障碍物。滂江以东，虽地势较低，然地多沙漠；滂江西南，又有察罕呼都尔山、呼鲁乌都勒山等阻碍，行军都不方便。所以敌军要想攻打绥北，必须从商都起，绕经滂江北部较低的地方，走一个大弧形，才能达到百灵庙一带。当此凛烈的严冬，塞外气候，又较内地寒冷，敌军要大批调动军队，再犯绥北，的确也很困难。

至于敌军的运输途径，是全靠了两条重要的汽车路线：一条是由商都出发，经庆代穿行察罕呼都尔山和呼鲁乌都勒山的南斜面，而至布鲁图，从这里就可袭击百灵庙的北部。另一条汽〈车〉路，是由张北发轫向北沿着沙漠间的湿地，很弯曲的绕至滂江，再由滂江向西南来攻绥北。这两条路线间，也有可能的联络，但都很辽远，行军不能敏捷。如果我们从陶林山间，出一支军队，向东北猛攻，就可马上截断敌军的后路，使其首尾不能相顾。

五　我军的后方供给和运输路线

战争的胜利，固然在乎士卒的勇武和官长指挥的得法，然后方的供给和援助，乃是备战的先决问题。尤其在这荒凉的地带作战，运输问题，更为重要。

我方的供给中心，在绥北方面，当然是归绥；在绥东方面，当然是集宁。然而这两个地方的供给品，大半还是来自太原。从太原到绥远的路途中，有一段同蒲铁路，向北已修至原平。从原平转乘汽车，七小时可达大同，若是从太原直接开汽车到大同，也不过是十小时的功夫。从大同起经平绥铁路行一百七十里左右即到集宁。从集宁转西再行约二百里，即到归绥。这条交通道路，不算十分困难，故大量运输，亦是很容易的。

除此而外，在战区的运输，因为距离较近，所以亦有相当的便利。在绥北方面，有一条从归绥发轫的汽车路，经阴山口的武川县而达百灵庙，所以这里一旦有激烈战争，我方的援军和军需给养在最短时间，亦可源源来到。在绥东方面，集宁既有平绥铁路的便利，可集中军用物品，而集宁又距前线不远（至陶林仅有七十里，至兴和亦不及百里），所以陶林和兴和作战，我军绝无供给困难可言。

由以上情形看来，可知我们由各地至战区的运输，较敌人由商都至滂江等地的运输，不知要便利多少倍的。

六　绥远抗战中的几点希望

我们知道现在的敌军，正在那里调迁〔遣〕军队，作充分的准备。当然还要有更大的进犯，但是二次的大举进犯，一定是更要激烈。所以我们在这个时候，也应继续努力，更加严密的准备起来，进而为攻击的非防御的才好，此其一。再如敌人的飞机，屡肆轰炸，人民、士卒，自是死伤无数，尤其是炸毁了集宁南五十里的平绥铁路桥，以断我们运输的路线极关重要。我们希望政府也派飞机，参加抗战，此其二。为了军运愈便计，晋省当局，应该加快的完成同蒲铁路，一以缩短运输的时间，再与平绥及各汽〈车〉路，实行联运，以期如臂使指，收效更宏，此其三。此外，在敌机肆虐之下，我军应该赶快在绥东、绥北一带的山中，多凿洞穴，既可贮存军需物品，又可略避其锋，此其四。

以上四点，希望政府当局，不弃浅薄，有所采纳。我想对于绥战的前途，一定有很大的补助。

写于一九三六除夕

《西北论衡》（月刊）

西安西北论衡社

1937 年 5 卷 1 期

（李红权　整理）

国防最前线之察绥

江铎　撰

一

　　察哈尔、绥远，向为中原屏蔽，尤其在民国十年外蒙二次独立及民国二十二年热河继东三省沦陷以后，介于赤白色帝国主义之间，更一变而为国防上最要地，复自二十四年察北六县失陷，察哈尔形势，半入敌人手中。去冬绥北战事发生，绥远又为敌人现下侵略目标。是此二省，在敌人方面，视为必争之地，在我国，则为关华北各省安危，乃至全国存亡，非力与抵抗，不足以固吾圉而图生存。故察、绥现下地位，于国防上关系至大，而其现下一般概况，吾人诚有知之之必要。

　　吾人出张家口北门，乘汽车约四十分，则越万里长城之外廓线而至平沙万里之蒙古大高原，其周围景象，忽尔一变，不仅风光与长城及其附近不同，即居民生活状况及其房屋构造，亦复有异，换言之，其地羊群骋逐，牧夫奔驰，具有蒙古游牧社会景象。惟其附近，内地人混入，开辟土地，从事农耕，生产燕麦及粟等。此种状态，并直至北方三〇公里之张北附近。又内地人近年向此以北所发展面积，每年平均为一哩，［均］由此种意味而言，今日所谓纯蒙古地带，至少须在张北以北，再严格言之，则在德化以北，即至锡林郭勒盟之境是也。

现所谓察哈尔省，系包括纯蒙古地带之锡林郭勒盟十旗、察哈尔盟十旗（右翼四翼〔旗〕现划归绥远）及口内十县（张家口以南旧直隶省之地），原察哈尔在数千年前，为北狄犬戎之地。嗣后汉蒙二族，迭相争夺。迨民国成立，五族一家，政府为将内地行政制度推行于蒙疆起见，于二年，划察哈尔、绥远为察、绥特别区，设察哈尔都统以治之，民国十七年，更将察哈尔、绥远分治，与热河、宁夏同时改为行省。

二

察哈尔人口为百九十万，面积为二五，八八一五平方公里，境内大部分地方，由蒙古人居住。其人口数目仅十二三万，余则为内地人，内地人大率居住于省之南部。然察哈尔人口，总内地人与蒙人，就地域分配密度而言，究极稀薄。

吾人对于蒙古，第一认识者，为一道及蒙古，即连想到沙漠，其地并为海拔一二〇〇米至一四〇〇之高原地带，第二，蒙古人虽属原始民族，但现对于国家观念，却有相当发达。吾人证之近事，一般蒙人，颇不愿为日人利用即知也。在张家口北三〇公里之张北，人口约六七千，泥屋土街，李守信伪蒙军司令部在焉。由张北向北以至德化，现满布伪蒙军，德化系四面环山，中间蔚为盆地之都邑，有察境蒙政会，为察蒙政治中心地，市内并有德化食堂、德化旅馆，无电灯而有洋灯，德王伪第二军及其飞机场与格纳库均在焉。

德化北一一六公里地方，为西苏尼特旗之德王府，即纯蒙古地带锡林郭勒盟之中心地，为大草原，羊群、马群游牧其间，而此草原中并别无街市，仅德王府与西庙及班禅之庙。

西苏尼特旗王府之西约二二五公里之处，为百灵庙，道途平坦，乘汽车由西苏尼特旗王府，约七小时可达。百灵庙，为一小都市，人口不及一千，四面环山，中间成为盆地，而此小都市，则居盆地之中，形势险要，山紫水明，地分喇嘛庙与一般商店二区域。最初蒙政会成立，为内蒙自治政权策源地，一变而为内蒙政治中心地，职是之故，此人口不及一千之小都市，竟驰名于全国。其由交通上论之，由绥远至新疆，此处为必经之路，如为敌人占领，则赴新疆之途以塞，影响西北政治、经济，良非浅鲜。至在军事上，系西蒙之根据点，归绥、包头，仅在指顾之间，为天然要塞。如果战略要地，在敌人之手，则西蒙全境，甚为危险，反之，为我固守，则内蒙得赖以保全。去岁绥北战事发动以前，此处已为敌人作侵略绥远乃至西北之大本营。所幸战事初起，傅作义将军用兵神速，一举即行攻〔兴功〕，在军事上而言，百灵庙之收复，诚为我一大收获，故蒋委员长于百灵庙收复后，电奖绥远前线将士，有谓为复兴民族之基等语。

三

察哈尔产业，以畜产为第一，其次为农产、矿产等。畜产以绵羊、马、牛、骆驼等为主，由蒙古人牧养之，就中饲育绵羊，为最有希望产业，尤其蒙人如将原始的饲羊方法改良，则将来之发达未可限量。至本省畜产数目，现尚〈无〉正确统计，大概羊为一〇〇万头，马四〇万头，牛三〇万头，骆驼二万头内外，但去岁蒙古大雪为灾，畜牲已受莫大损害，现恐无此数。

农产为燕麦、小麦、高粱、粟、豆、胡麻等，而此等农产并悉由居住本省南部之内地农民耕种之，又以蒙人仅知从事牧畜之故，致本省大部分土地，尚未开恳〔垦〕，置诸荒废。吾人为开发蒙地

及宣泄内地过剩人口计，亟应移民前往，使国防与国民经济两有
裨益。

　　矿产以煤矿及铁为主，其他金、银、铜、铅、石棉、曹达、磁
铁等亦产之。尤其铁与煤炭，产量最丰富。煤炭储量，估计约五
亿吨。铁约七千万吨，其最有希望者，为南部宣化一带之龙烟铁
矿，储量约六千万吨。其含有铁量，为百分之四五至五〇。其铁
质，较湖北大冶所产者尤为优良。该矿曾于民国七年组织龙烟铁
矿公司，着手开采，旋因政局变动，筹措经费困难放置之，现移
归铁道部管辖。该公司并于民国十二年曾借日资，现日人甚为垂
涎，日人年来大倡所谓开发华北经济，此即其一目标也。

　　本省交通机关，除经过本省之平绥路外，余悉用汽车，惟其数
极少，将来殊有增加之必要。至本省公路建设及资源地方与海港
联络，铁道之修筑问题，尤为本省当务之急。

　　次为航空路，去岁伪满航空公司，创设以北平为起点，经张
北、绥远、包头，每周航行一次之航空路，又以热河承德为起点，
创设经多伦诺尔、张北、德化、西苏尼特之定期航空。惟此等航
空路，系日人之军事目的，其业务与所使用飞机，均不能与欧亚
航空公司相比较。盖现在欧亚航空公司，业务甚为发达，有以上
海为起点，至成都、云南之线，及以北平为起点，经郑州、西安、
兰州、宁夏至包头之线，每周各航行二次，更计划由兰州、肃州
经新疆之哈密、迪化、伊犁至塔城之线。其所用飞机，为可容十
六人之最新式的优良机，而包头飞机场，并有大规模格纳库。伪
满航空公司所用飞机，为仅可容六人之飞机。

四

　　绥远西北接外蒙古，东部接察哈尔与山西，南界陕西，西部界

宁夏，绥远与察哈尔相同之点，省之南部，均属内地人居住地带。西部伊克昭盟及北部乌兰察布盟，为纯蒙古人居住地带。本省面积为三〇四，五二〇平方公里，较察哈尔约大四五，二四三平方公里。人口为二百四十万，其密度，每一方里有二人，较甘肃每方里七八人，为甚稀薄。全省人口，内地人居十分之六，蒙古人居十分之三，回人居十分之一。人民中信仰佛教者占大多数，信仰回教者属少数。

　　绥远为由察哈尔西南部所起之张〔燕〕山山脉，自东向西而行，在绥北一带，为大青山山脉，西部为狼山山脉，宁夏省境为贺兰山脉。由本省全体以言，却〔都〕属山岳地带，其平原地方，仅为由黄河流域一带全伊克昭盟之鄂尔多斯沙漠一带，面积较少。又本省除南部包头及归绥外，称为内蒙古，在百灵庙未克复前，由绥东及百灵庙至四子部落及中公旗附近，为日人势力所侵入，我国权力，几不能及，今则百灵庙收复，情势已好转矣。

　　在此次绥东战事，原由日人唆使蒙匪而起，其唆使口实，即所谓绥东五县问题，原绥远东部集宁、陶林、凉城、丰镇、兴和五县，前隶察哈尔特别区，即察哈尔石〔右〕翼四旗。民国十七年改行省时，政府为行政便利计，划归绥远管辖，去岁察北失陷，察哈尔已在日人掌握中，嗣日人为侵略绥远计，乃唆使察境蒙匪，以索还绥东五县为名，兴兵进犯。夫政治区划之如何变更，应由我政府主之，日人竟唆使蒙匪，借此为名入寇，不亦可晒？所幸我将士用命，一战而将百灵庙收复，再战而将大庙夺还，战事前途，我方甚可乐观。

　　绥远省城，名归绥，城分归化城与绥远城二部分，各有城墙，相距约五里。绥远城，建筑时期颇早，今则城墙已折，主要商店及旅馆在焉。归化城，筑于清乾隆年间，原为将军所驻，今省政府及各机关在焉。合二城人口约十万，为西北唯一大都会，附近一带人民，来此贸易，自不待言，即内外蒙古及西北边境地方人民，亦来此贸易。一九三四年辟为商埠，与外国直接通商。归绥之西有包头，以前称包头镇，亦冲重之地也，今为平绥路终点及欧亚航空公司西北线终点，又为西北物资著名集散地，由北平乘平绥路火车，到此普通约一昼夜。原包头，系近于沙漠市镇，人口约七万七千，输出品为羊毛、驼毛、皮革（羊、牛）、药材等，输入品为丝织物、棉布、茶砖、砂糖及其他杂货等。此等货物交易额，最多时达二千万元，现减至八九百万元。

此次绥远战事，蒙匪攻击唯一目的地为平地泉，在该地位于平绥路，由北平而北，折向西，成直角之屈折点处，为海拔约一千呎之高原。其南门外，有高约二百呎之山岳，地势险要。此次绥远战事，我军以作根据地，如我不固守此处，而为匪所得，则平绥路被其截断，晋、绥两省危矣。是地又为各处粮食集中之所，有西北粮都之称，商业甚盛，人口约二万八千。

要之，察、绥两省，在外蒙、东蒙为他人占领之今日，国防上最为重要，尤其日人亟欲得之，以完成其大陆政策之迷梦。惟此次绥远战事，其鹰犬之蒙匪，已经我击溃，日人不免徒费心计，然近日消息，日人又在察东方面调兵遣将，准备反攻。以吾人之见，应不论日人之如何援助匪类，吾人切不可存投鼠忌器之心，不与痛剿。且也，察东形势，既属重要，吾人为图察、绥两省之领土完整计，应即将察东收复，庶而后可以固守察、绥，可以作收复东北之准备，军事当局其急起图之。

《边事研究》（月刊）

南京边事研究会

1937 年 5 卷 2 期

（丁冉　整理）

绥远之战

载苏联《蒲拉夫达报》(Pravda)，
一九三六年十一月二十日

哈玛丹　撰　李孟达　译

日本侵略中国的行动又在绥远和察哈尔发动起来了。日、
"满"军队及其走狗的队伍（德王、李守信、王英等）正向绥远的
边境进攻，绥远本省的军队与日、"满"军队已在察、绥两省的边
境上进行了几礼拜的顽强流血的战斗。武装不良的、军装很坏的
中国兵士，正在顽强抵抗武装优良、军容整齐的日、"满"军（有
坦克、飞机、化学队与温暖的衣服）。

绥远省在日本帝国主义的计划中占着很重要的地位。绥远的战
略意义是很大的。这一个省份，实际上是一个分隔中国西北与华
北的走廊。这个走廊对于中国西北与新疆，可以开辟广大的侵略
道路，同时绥远如果失守，将使华北与中国的后方各省分开。

日、"满"军之新进攻还有其他的重要目的。占领绥远可以使
日本帝国主义完成包围外蒙的计划，这对于日本准备大陆战争有
特殊的意义。

在绥远的战争中，两方都调动了很大的力量，绥远军队约有二
五——三〇，〇〇〇人，日、"满"军亦有三〇，〇〇〇人。但
日、"满"军在技术与战略上，都有很大的优点。日、"满"军之

进攻是凭借察哈尔很适当的准备很好的地点。日、"满"军虽有上述优点，可是前进异常缓慢，每个步骤都遇到了中国军队坚决的抵抗。实际上军事行动仍然只在绥远附近的察哈尔边境。假若我们估量到日、"满"军之优点与战争之延长，则此种情势实足证明内蒙战争之新性质。

日本侵略的新阶段，是发生在中国民族解放斗争正在高涨的时期。千百万的中国人民由于愤恨日本之公开不停的侵略，不仅发出了强大的抗议呼声，而且转向了积极行动。

反日运动的浪潮已经普遍了全中国，广大人民之抵抗情绪，正在日益增长。中国报纸纷载许多青年学生、工人、农民的队伍自动开向绥远的前线。与他们同阵的还有许多妇人与少女。全国正在募捐金钱与冬衣，援助绥远的兵士。许多社会团体都向政府请求派兵增援。

中国的抗日运动已经种下了深根。参加这个运动的有农民、工人、教授、商人、兵士、苦力与官长。广大的士兵与官长都表现了抗日情绪。例如北平的学生不久以前与廿九军的长官、士兵联欢，就是一个明证。学生往往赠送军队旗帜，在其上大书特书"保护祖国"。

在绥远参战的队伍中，反日情绪更为高涨。他们从满州〔洲〕、热河与察哈尔的事实中，已经看见了敌人对于中国领土有系统的掠夺。正因如此，这次日、"满"军队一到绥远边境，就遇到了严重的抵抗。中国人民对于绥远前线的精神上与物质上的援助，更加提高抗战的决心。绥远之战已经明显的昭示日本的侵略政策，已经遇到伟大的中国民族日益扩大的抵抗了。

《时事类编》（半月刊）

南京中山文化教育馆

1937 年 5 卷 2 期

（朱宪　整理）

绥战史料二则

费怀永　撰

归绥公医院院长费神父致《大沪晚报·野声周刊》主编信：

一

张先生大鉴：八日午后接读六日晚来书，迅速极矣，对君努力赞助余之工作，不胜感激。君与雷怀德神父所订办法，甚惬余意，如此则凡慷慨之士所捐助者，定可到余手中，此项捐款，只为济助并抚慰受伤勇士之用，绝不移作他用，余以司铎之天良，保证此款，将悉按诸慈善爱国之施主本意而用。绥远收到捐款固属不少，然此可怜之伤兵，丝毫未得分润，良可慨也！

省主席傅作义确系一勇敢有为之君子，若与之商酌，可望有较善之处置，然彼不及一一顾问也。在此内蒙地方，行政人员，品格不齐，每多不知何者为真实之需要，往往虚掷金钱，而对极紧要之事，反显吝啬。余虽稍受补助，但若一切重伤者须来此间，则至少须有三倍之费用，彼等固不识一座公医院开支之浩繁也。余一心依恃天主，借诸公教信友来援助余之工作，如此则可增人对吾圣教会已有之重视矣。今敝院已有六十余伤兵，且大都为重伤者，将来或须增收至二百人。此外军医院方面所收之伤兵亦须抬来敝院施行手术等事，余今已有四位医师皆自震旦大学毕业者，若余感受困难穷于应付时，当再告君设法号召来此服务者。

君对敝院创办经过历史，知之颇详，希望君之介绍文字，赐起[？]慷慨之士注意，余祈求天主，祝福君仁爱与爱国之努力，斯诚为在前线之人可慰之事，而我圣教会之统一性，益形彰显矣。凡读君文章及来函者，咸表兴奋与感慰。

余认识中国及华人，至今已四十余年矣，在传教士中，少有如余能与军政商学各界多周旋，而认识上级社会者，余则认识之，故可语君：余认识华人愈多，敬爱之心亦弥深。

目下中国政治统一，余深为庆幸，此皆尔伟大领袖蒋介石先生努力所得也。

中国现已成为一体矣！凡人体之一部分感受痛苦，则全体分尝其痛苦焉。绥远乃大中国边远之一部分，今全国纷起援助此省，抚慰而鼓励之，诚美事也。愿天主受祝赞，缘其以尊贵之情感，赋于中华人民也。此伟大之民族，倘能互相辅助，互相联结，则强盛可必，而能使其他民族钦佩，至少亦当望而生畏也。我侪当努力达到此目的，于是中国可获真正之和平，而有重整复兴之一日。

请君在沪努力工作，余等在此已准备为公益而牺牲一切。我军勇士所获之胜利，惟有引起敌人之咆哮怨怒而已。此间公教信友首蒙其害，有二处公教村庄惨遭屠杀，传教神父一位亦被杀伤，但众人举心向上，仍极兴奋，切望胜利。此间城市亦有敌机投弹之威胁，战区究是战区，我侪亦不顾其危险，惟有仰承天主之圣意而已。

余对君将为我侪所作之事，先致谢意，并祈天［大］主降福上海诸热心教友，为我侪蒙古诸昆弟将行之善举，而以百倍酬报之。余容续叙，专此，顺祝，天主保佑。

司铎费怀永启　十二月九日，由归绥公医院

二

张先生大鉴：昨日午后接读航快大札，今附信寄上药品名单，皆为治疗外科创伤，与战时普通病症之用。

卫生署长刘瑞恒先生，昨午亦来敝院看顾病人，并亲察医院，彼以在此内蒙地带，特在抗战时期，有如此之医疗设备，甚表庆幸。同来参观者，有庞京周医师，与多位上海绅士，刘署长表示亦愿赞助我等工作云。所寄药品名单，请向前途接洽，随便的给，不拘一定数量，凡有所赐，不胜感荷。

中国有如此间之兵士，亦足〔矣〕自矜矣。百灵庙之役，奋勇攻战，其英武之气慨〔概〕，即欧洲兵士，亦未必稍胜。占领百灵庙之役，诚为军事上极有价值之举，足为中国战史上，增添光荣之一页矣。

今敝院共有伤兵六十余人，军事当局嘱为预备收容二百重伤之床位，盖战争正方兴未艾，在叠获胜利之后不久当局浊〔激〕烈之进攻也。

伤兵中断臂折腿者甚多，须经长时期之治疗。其中有最可怜之二人，牙床骨已断，且有一部分炸去矣，倘能医愈，则终身亦成重大之残废者矣。倘有仁人君子，慨发慈悲，愿作其义父义母，以供养其一生者，则为善举中之尤者矣。盖诚惨不忍睹，而伊等之将来殊多凄凉也。

倘能将济助药品，直接寄我，余甚庆幸。盖若一切皆由行政当局转来，则不知何日始能收到，而救治受伤病人，当愈速愈好也。故若绷带之类，为医伤不可少之物品，请竭力促之速寄。为免运输延搁起见，务须请得政府护照，而此急需之品，方可提前运出，余意或可邀得免费载运之便利。

　　请君对努力于此种事业之诸善士，代达谢忱，余与诸伤兵，咸深感激也。伊等蒙诸位同胞热烈援助，实为一大慰藉，我今切实告君，伊等皆系忠勇之士，心地光明，余甚爱之，且甚怜恤其痛苦焉。

　　有一点当特别注意者，即我侪当供给多数受伤者之需要，且已预定额为二百伤兵，在此边远之区，当顾及日后铁道有为敌人炸毁之虞，如此则我侪与外间交通隔绝矣，虽有飞机，但笨重之物不易载送也。最后对君致谢意，并向诸位深表感激之忱，与切实合作救护事业之至意。

　　　　　司铎费怀永启　　十二月十日由归绥公医院

　　按：费氏原籍比国，在内蒙传教已四十余年，其爱中国之热情，溢于行间，故特将原函译出，幸请公鉴。

《我存杂志》（月刊）

浙江杭州天主堂我存杂志社

1937 年 5 卷 2 期

（朱宪　整理）

绥远战争的真相

评之 译

本文载于日文《世界知识》一九三七新年号，标题原名《内蒙如何变化》，言词荒谬，堪称绝伦，用心卑劣，达于极点，尽力挑拨我民族感情，离间我中央地方关系，惟恐中国不乱不弱，所言原本不值一笑，但由此可看出友邦侵略我们所用的一贯政策——"以华制华"，因特译出，以飨阅者。

译者志

本刊新年号有流寓君之《绥战今后应取之策略》一文，说明今后绥战应取之策略，在特种政治方面多努力，调协我们民族间的感情，消灭敌人利用中国人打中国人的因素，即系针对友邦此种政策而发，读者可检取参看。

编者附志

一

对于蒙古的风云，一两年来，已屡次的介绍过，这次在绥远爆发了内蒙的危机，在绥东首先开火，揭开战幕，内蒙军向绥远进击，并有空军协助爆炸，转瞬间讴歌和平的蒙古，变成民族斗争的血的战场了。阴山山脉的北面，突然卷起了"亚细亚的暴风雨"。

从这个部落向那个部落，冒着雪，飞快地向各处传令，"战呵"！喇嘛教徒负着枪，壮丁们持着刀，青年们策马任传令的职务，姑娘们在成吉思汗的像前，喊着"收复我们的蒙古"、"讨伐无人道的傅作义"。这几年来，被虐待的民族的怨恨，一时爆发出来，灼热的剑如同欧洲那时的十字军一样，杀到绥远去。

以内蒙云王为首领的百灵庙蒙政会和绥远省政府主席傅作义之间的对立，已不自今日始。曾经有数度发生冲突的危机，由于南京政府的调停，幸而得免于爆发了，然而紧跟着而发生的事件出来了。

蒙古军为何发动这个战争？一看德王的出兵通电就明了了。该通电内曾述过去二十余年间，蒙古受南京政府的政治压迫和地方当局的侵略蹂躏，使蒙古民众的生活，苦到如何程度，而对于下列各项要求，并无任何回答：

（1）绥远省政府违约占有自蒙古民众征收得来的赋税。

（2）收买蒙族内部不良分子，嗾使杀戮蒙古人，屡次挑起内讧。

（3）绥远省当局，破坏统治全蒙古的最高机关蒙政会，对中央捏造事实，另组绥远蒙政会。

（4）敌视蒙古，在百灵庙一带设防，使附近蒙民无不恐惶，用经济封锁法，禁止食料、燃料，运销蒙地，置蒙古民众于死地。

（5）根据上面各项事实，在十一月（民国二十五年）五日，蒙政会曾知会绥远省政府，提出下列诸项：

（甲）察哈尔右翼四旗，即时归还蒙政会。

（乙）撤废各地的一切军事设施。

（丙）即时退还蒙政会保安队保存的武器。

（丁）立刻交付所欠蒙政会经费二十万元。

（戊）将蒙政会兵变时的叛徒，刻日送还。

依然进行侵略蒙古的步骤，迫不得已，遂举义兵讨伐绥远，所谓蒙古人实行完全的蒙古统治云尔。

然而单单这些还是表面的理由，此外，在一九三四年九月，德王的亲信知己者日本留学生韩凤林，被宪兵第三团暗杀了。今春（二十五年春）傅作义也有派刺客暗杀德王的事。最重要的是嗾使在绥远的共产党，图谋搅乱蒙政会。企图使内蒙"赤化"的种种事，数不胜数，举不胜举，自然这些都是内蒙方面出兵的主要理由。

更进一步，这次战争的直接导火线，还是为了梅力更召事件。这件事起于西公旗的石王罢免，蒙政会同傅作义的纠纷从此表面化了。一九三六年八月十三日，绥军袭取梅力更召，占领该地，任意暴行掠夺者约十日左右，虐杀附近蒙古人三百余名，尚有虐杀王族十一岁幼童的传说。此次事件，蒙人不知激愤到何种状态，而且这种消息曾一度纷嚷于蒙古人间，他们含着悲愤的泪，而骂傅作义的暴虐，不论老幼，替天讨伐绥远，要誓死杀灭傅作义。

二

但是，这样的政治理由，还不算大，必须知道德王的举兵、蒙古军的崛起，倔强的民族意识，是最有效力的。这次德王用兵的目的，由上边记述的理由看来，是讨伐傅作义，对中央决不反叛，而且这件事正证明也不是民族的斗争，只不过一个生计的问题，翻开汉、蒙两族的斗争史一看就明白了。两族间自古不断的斗争，含有其必然的运数。在今日内蒙包括察哈尔、绥远和中国本部割划出来的一区域，过去几千年间，这个地带，已成汉蒙两族必争的有名地域。自古以来，汉人即呼蒙古为北狄之地，或称之为犬戎、匈奴，总括起来，把蒙古称为胡人，视同敌国。古代黄帝的领土，由现在察哈尔的宣化起，西边远至甘肃的嘉谷〔峪〕关，在此以北汉人所称为夷狄之地，曾屡次作为斗争的战场。这种斗争，直延到秦代，秦始皇为了防止胡人南侵，筑下了万里长城。近代汉、蒙即以长城为界而区分，蒙古民族也随着长城的修筑，渐趋衰亡了。此后蒙古地方，渐被汉族蚕食，变为汉土的一部分。如民国二年置察哈尔都统署，在政治上已包括在中国本部内，后改为特别区域，接着民国十七年，又改行省制，热河、宁夏及察哈尔、绥远两省，这些特别区域，完全并入中国本部了。

就在这样的计谋之下，蒙古濒于衰亡，因此造成了这种的反抗力，眼看着祖先遗留给自己的土地，任汉族随意蹂躏，对于这些，使蒙人甚感不快。表面看来没有什么，实际上孕育着危险性，这种愤恨，终久是会爆发的。

自从一九二一年"外蒙共和国"的成立，接着一九三二年"满洲国"的出现，在这种四围情势的恶劣变动下，必然的促成蒙古人反抗思想的抬头，激起了以德王为中心的蒙古自治运动，一时高喊着"蒙民治蒙"、"蒙民自决"的口号，于是在一九三三年有百灵庙的王公会议，至一九三四年成立蒙古自治政府，当初决定希望不受中国的干涉，但结果事与愿达〔违〕，完全失望了。自治政府成立后，中国方面，有机会即企图破坏和消灭。

蒙人为了创造蒙古，他们的希望全然发自内心，对中国待他们的恨愤，而开始产生了新的民族意识。中国对蒙古人不断的压迫，尤其是大虐杀，已越过政治的斗争，而变为残酷的民族斗争的挑战了。蒙、汉的对立，两民族反复再四地的流血，是难免了。

三

这次内蒙军队，从十一月（一九三六年）三日开始了军事行动，李守信部下有正式军二万，"大汉义勇军"王英的部下六千，并有喇嘛兵数千加入，配备在兴和、陶林和西部百灵庙一带，德王任总司令，在化德指挥军事。对方的绥远军，在绥东的主力军，连集中在平地泉的七十三师，平地泉、卓资山、旗下营一带用洋灰筑有半永久式的防御工事，更在绥西方面，以王靖国的七十及七十二两师驻扎于萨拉齐前线，武川、固阳等地，兵力约四万七千，战线延长三百公里。眼看着十一月十九日，在兴和、陶林、土城子方面，开了战端，接着蒙军陆空并进，开始猛烈的攻击，与对方的守军李服膺部队之间，展开了大激战。

当初由两方的战况看来，蒙军向绥东方面的进攻，着着胜利，各处的绥军，受到很大的威胁，那种果敢的军事动作，完全如同成吉思汗时代的再现一样，其势大有突破阴山山脉、窥视中原之势，令人想来，这种事实，大有可能。但是实际上内蒙军的装备，抵不住绥军，并且绥军的后方，尚有晋军，晋军之后，更有具备近代武器的中央军控制着，胜败的数在战前已很明了，蒙军能以少数兵力，作勇敢的猛攻，实令人惊异。

后来，内蒙军的战斗计划，由绥东渐移至绥北方面。即以百灵庙为根据，从固阳、武川方面，向包头、归绥进击。而傅作义的军队，先已准备妥当，十一月二十三日，向百灵庙加紧猛攻三次，内蒙军众寡不敌，遂退出该地。蒙军右翼战线，有移至百灵庙东方一带的模样。

百灵庙是一个不到一千人口的小镇市，为内蒙有名的圣地，自治政府的所在地，是内蒙政治的中心，同时在军事上指顾间可以遥望包头、归绥，形势颇为重要。所以百灵庙的陷落，给蒙军以重大的打击，绥北方面的战争，遂形完全停顿了。

内蒙军曾对该地拼命的反攻，企图夺回，然而百灵庙是一个周围皆山，中间系盆地，易守而极难攻，形势极险要的地方，一旦失陷，想夺回是不容易的，今后蒙军反攻的胜利，甚成大问题。

四

蒙军与绥军冲突的事件，社会上有各种不同的揣测，甚有向各方面宣传，谓日本作蒙军后援者。关于这一点，关东军及外务省，曾发表声明，表白态度。但内蒙军的胜败如何，对于日、"满"两国的影响至大，所以必须加以考虑。由外蒙及中国西北部而来的"赤化"势力，已侵入内蒙境内，内蒙民族的兴亡，就基于"赤化"势力的能否排除，也就是以蒙军的胜负来决定，而蒙军的胜负，又影响到日、"满"两国能否共同结成防共壁垒的重要问题。日本对这件事，是如何关切，绝不容袖手旁观，尤其在满洲将近百万的蒙古人，恐怕蒙军失败，愈促其动摇不安。内蒙问题的国际性，关乎日、"满"两国的防共问题，和威胁远东的"赤化"势力，在防止以上的两点上，对于这次内蒙军的行动，当然是最恳切的关心着。

在日本国内有人主张扩大这个战事，那末，将来势必演成中日的整个战争，由此转而诱发成远东大战争，是应当顾虑的。尤其蒋介石对于今后绥蒙战事的处理，是对满洲以威胁，日本不能任此种形势，随意发展，但在目前状况下，蒋介石打算这样作的可能性很少，从蒋介石的谈话中，可以证明他不愿把绥战扩大为远东战争，他曾把蒙军的兴起，看做国内的叛乱，申言讨伐内蒙军，视这次战争为国内事件，对于日、"满"的军事行动，无何妨碍，因此而爆发中日大战，也不可能。从事实看来，蒋介石对于挑起中日战争，还不见得有充分准备。

蒋介石集中大批中央军于山西，向着尽管在那里强化的抗日阵线，迎头痛击，唯一目的，希望华北、西北中央化，决无抗日的企图。在这个当儿，他最怕的是因内蒙问题，引起中日大战，有极力阻止的模样。而他最恐惧的，是因内蒙军的胜利，激起抗日战线的扩大，共产分子的势力乘机得势起来。中国共产党的势力，利用各种的机会，促成抗日战线的发展，乘各种空隙，在蒋之阵营中肉搏，侵入其内部，随着抗日的波浪，希图夺取蒋之政权。利用共产党的蒋介石，反而有被共产党利用的形势，就是他观察国内情形，想想自己的立场，不得不有缔结抗日纲领的表示。

十一月二十三日上海抗日人民阵线的七个领袖人物，被一网打尽了。这件事件〈是〉第二次清党运动的先声，对于抗日势力，在某种程度上，是要有控制的必要。

即就绥远问题看，在某种程度上是可以援助的，他曾自己声言乘胜向察哈尔进攻，但积极的应援，在事实上或难置信，所以中日全面的冲突，在目前还待考虑呵！

《西北论衡》（月刊）

西安西北论衡社

1937 年 5 卷 2 期

（丁冉　整理）

绥远抗战的重要性

赵悦霖　撰

一　战争的由来

　　××国土狭小，人口众多，欲图生存，势必向外发展。其向外侵略的必然性，又与资本主义的发展相终始：第一，因了资本主义的不断发展，造成了××人口的过剩，遂逼迫着它不得不找殖民地，以资容纳和救济；第二，××是个后起的工业国家，大量的过剩商品，更需要广大的殖民地市场；第三，××食粮与工业原料品，俱感缺乏，需要食粮充足、原料丰富的殖民地来供给；第四，因资本主义高度发展结果，使国内资本盈溢，不得不向工业落后的殖民地去投资。××为谋其资本主义的发展与出路，不得不实行侵略政策。中国地大、物博、人众、工业落后，和××又仅一水之隔，自然是侵略的唯一对象。

　　××军人野心勃勃，气焰万丈，时时刻刻做着征服中国、独霸〔霸〕东亚的迷梦，遂使其对外侵略政策，变本加厉，愈加积极！明治以来所计划的大陆政策，即以亚洲大陆为进攻对象。××大陆政策的具体意义，可见之于田中义一的奏折，和××少壮军人对外同志会会长佐藤清胜的《满蒙问题与××的大陆政策》一书。田中义一在奏折上说："欲征服支那，必须征服满蒙。如欲征服世界，必须征服支那。倘支那被我完全征服，其他如中小亚细亚，及印度、南洋等异服之民族，必畏我、敬我，而降于我，使世知东亚为我国之东亚，永不敢向我侵犯。"佐藤清胜说："大陆政策者，其意义含混，然要之欲发展于亚洲大陆而言也。亚洲大陆，有印度、中国、蒙古、满州〔洲〕及西伯利亚，但主要乃向满州〔洲〕及西伯利亚。"由此可知××侵略东亚大陆的决心，是如何积极了！

　　××为使其大陆政策积极推进，乃高唱满蒙为其生命线，一九三一年的"九一八"事变，是××开始积极推进大陆政策下的满蒙政策。××以武力占领东三省，并一手造成伪满州〔洲〕国。一九三三年更进占热河，侵入长城，迫近平、津门户，使中国订立城下之盟的《塘沽协定》。××东北四省既掠夺到手，更"得陇望蜀"，企图控制华北，乃对于中国军民大事煽惑，肆意挑拨，更嗾使汗〔汉〕奸流氓四出活动，一九三五年冬季，遂发生所谓华北自治运动，谋将华北五省造成特殊区域，进而变为东北之续！结果有冀东傀儡政府的产生，在我已是免〔勉〕强隐忍的最大让步，而××反感觉未饱腹欲，怏怏不快！华北五省自治计划，既没有完全实现，乃"变更战略"，转越〔战〕于内蒙，嗾使蒙古王公要求高度自治。一九三六年一月，竟嗾使卓什海等蒙古保安队及李逆守信部，占我察北沽源、宝昌、康保、张北、商都、化德（嘉卜寺）等六县。蒙古地方政务委员会成立后，更嗾使德王等汗〔汉〕奸，作威作福，把持政权，因而蒙古地方政务委员会的所在地——百灵庙，遂在××卵翼支配之下，进行各种汗〔汉〕奸工作。××三面包围绥远之势既成，我西北乃自此多事，岌岌不可终日！

　　××为资本主义国家后起之秀，苏俄为社会主义的大本营，两国在社会体制上，完全对立。而两国对外政策（××的大陆政策，苏俄的东进政策），又针锋相对，水火不相容，故日苏关系终无好转。"九一八"事变后，××势力伸入北满，苏俄势力被驱于伪满国境之外，远东领土，且有被掠夺的危险，苏俄乃于远东配备重兵，加紧国防。现在苏俄配置于苏"满"国境的正式军，有二十四万，远东赤军机械化之设备，现已完成，有装甲汽车一千辆，战车八百辆，军用飞机一千架，其碉堡之建筑，极为坚固，未来日苏战争，终所难免。××计划在日苏战争前，先把中国置于其控制之下，因而对华侵略，愈趋积极！一九三五年九月，××前外相广田，遂提出所谓调整国交的三大原则，这三大原则是：

（1）彻底根绝中国之排日抗日；

（2）实行中、日、"满"之政治经济的提携；

（3）共同防御华北及边疆之"赤化"。

这无异使独立自主的中国，承认伪满，丧失自由，做其铁蹄下的牺牲品。此绝大桎梏，自为中国政府及人民所难接受！

××见调整中日国交的三原则，既因我方反对，而不能顺利进行，乃造成外交事件，以作对华交涉的借口。去年成都、北海等事件的发生，就是这个缘故。××借口中国民众排日，"赤色恐怖"，乃提出"华北五省特殊化"与"中日共同防共"等严厉条件，迫我承认，我政府坚持"主权独立领土完整"的原则，严予驳斥。××见诱引中国既已乏术，威胁又不成功，乃悍然不顾，嗾使德王、李守信、王英等汗〔汉〕奸，在飞机、大炮等现代武器掩护之下，犯我绥远！由上所述，可知伪匪此次犯绥，绝对不是如对方所说的"地方事件"，更不是如德王通电所称的"国家之争"，而乃是××数十年来一贯大陆政策之急进！

二　敌人的企图

××自武力占领东北，造成所谓伪满州〔洲〕国后，即以蒙古为侵略目标。首先在我东蒙境内，设立"兴安省"，开办蒙古青年军事训练学校，奴化蒙古青年，使做向西侵略的向导。一九三三年热河失陷后，更煽惑蒙古王公，脱离中央，实行自治，复派遣大批特务人员，深入西北内地活动，以勾结土匪，煽惑军民，引起叛乱为目的。归化、包头、阿拉善旗、额济纳旗诸地，均设有××特务机关，包头特务机关有××军官六人主持，内部且设有无线电台，可与长春通电。并想在包头建筑大飞机场，××军用飞机，几无时无日，不飞往绥远。据伦敦《泰晤士报》驻平记者谈话："今年（一九三六年）七月中间，某外人在绥西一带，遇见××特务机关人员一队，乘兵车往宁夏方面进行。又另有特务机关人员一队，已向接近新疆省境的区域前进。"××对我西北真是"志在必取"，无远弗届了！××此次发动绥远战争，实有绝大意义，它的企图，更不容吾人忽视：

（1）建立蒙古"大元帝国"　　敌人此番对绥远取三面包围形势，企图以"声东击西"的策略，扰乱我军，然后以迅雷不及掩耳的手段，占领绥远，以绥远为根据地，继续西侵，经宁夏、甘肃、青海而至新疆，企图组织其所谓"大元帝国"！其预定区域，东自热河起，西达新疆边境，包括全部蒙古在内，预计需资达四万万元之巨！百灵庙即敌人组织其所谓"大元帝国"的根据地，故敌人数月以来，在百灵庙积草屯粮、招兵买马及建筑工事等所费，已逾五千万元。我军克复百灵庙后，所获弹药、枪械、粮秣等，为数甚夥，足供数月之用，敌人之雄心积虑，由此可见！敌人占领绥远后，向西侵略的方法，是挑拨民族感情、扩大民族冲突，尤其是利用蒙古民族，来造成所谓"大元帝国"，这个傀儡组织的外表，是"民族自决"，而骨子里完全受其控制。××所以不怕一切靡费，来"苦心孤诣"的制造"大元帝国"，实有两个非常深刻的意义：

1. 大陆封锁计划——××很晓得中日旧账的总清算，在所不免，时间早晚，总是要爆发的。以××现有海军力，来封锁中国沿海口岸，绝对不成问题，但中国西北部，自察、绥、宁夏、青海以达新疆，广大数千里的平原，与苏联、外蒙接壤，战时仍可得到外国军火、原料与其他必需品的供给，沿海虽被封锁，仍不能置中国于死地，乃企图控制〔而〕西北陆路来封锁中国。一九三六年一月，××嗾使卓什海蒙古保安队，与李逆守信部，进占察北六县，截断张库汽车路，即敌人大陆封锁计划之初步实行。据闻敌人大陆封锁路线，以内蒙自然区域为依归，自热河、承德起，经多伦、张北、德化（嘉卜寺）（目前伪匪策划内蒙军事、政治中心）、百灵庙（原为封锁路线的中心点），再西到外蒙边境上的松稻岭；自此分两路，一路南下阿拉善旗之定远营，一路西去额尔〔济〕纳旗，从此两地南下，定远营南经凉州（武咸〔威〕），额尔〔济〕纳旗南过肃州（酒泉），分途入青海，再西到新疆。敌人此项计划如果完成，则我与苏联、外蒙之交通，将完全截断，一旦有事，沿海与内陆悉被封锁，我与外国交通，就完全隔断！

2. 完成包围苏联阵线——日、苏两国国交，既无法调整，缔结互不侵犯条约，又以××反对，未有成功，未来日苏战争，自是意中事。现时××对于中国，尚未能完全控制，现在对苏宣战，自属不利，此为有识见之××军人所深切认识，亦××对苏关系和缓之主要原因。××对苏战争，将避免正面攻击，以减少损害，其预定计划：一方面经过外蒙，而入于后背〔贝〕加尔湖区，以割断苏俄之西伯利亚铁道，使其东部西伯利亚陷于孤立；一方面则由新疆西进，截断西土铁道，进入乌拉山脉，以牵制苏联自西部调来之接济和援军。倘使蒙古"大元帝国"果然组成，则××对外蒙、苏联成了三面包围的形势，在军事上占着绝对优势的地位！

（二）使华北真正特殊化 ××占领绥远之迷梦如果实现，则东起榆关，西讫贺兰，皆在其统治之下，且完成对华北诸省军事上的包围线，不但可向西推进，又可分途南下，侵略华北，一方面用军事力量威胁地方当局，他方面则嗾使土匪汗〔汉〕奸大肆活动，企图以"不战而胜"的策略，使华北真正特殊化！对苏作战既可借为根据地，做原料与经济的补充，对华侵略，更可分途南下，袭辽、金伐宋故智，征服全中国。绥远为北方诸省的锁钥，故绥远一失，则华北不保，华北一有变动，则全国动摇，届时战斗力毫无，不击自溃！

（三）威胁南京谈判　去年成都、北海等事件发生后，××视为"奇货可居"，乃以排日抗日为借口，对华提出任何独立国家所不能接受的条件，拟不费一枪一弹，而达到侵略目的。上海日水兵被杀事件发生后，××驻沪陆战队，更越界布岗，巡行示威，我政府态度镇静，沉着应付，两国交涉尚在进行中，而绥远大战"突然爆发"！××嗾使伪匪分四路犯绥：一由红格尔图至平地泉，二由兴和至丰镇，三由百灵庙至武川，四由陶林南进，谋一举陷归绥，占包头，截断平绥路！然后外交、军事双管齐下，××驻华外交官员，乘机威胁政府当局，使我屈服、退让，接受其所提条件！

三　抗战的价值

酝酿已久的绥远大战，终于在去年十一月中旬爆发了！我前线将士，誓死御侮，奋勇抗战，果然连战皆捷，克复数要隘，使我国家重现生机，走入复兴的途径，所谓"多难兴邦"更得到事实上的证明，国军此次抗战的价值，是非常重大的。

（一）国际方面的影响　自一九三一年的"九一八"，至一九三三年的《塘沽协定》，中国军队可以说是每战必败，无往而不丧权失地、污辱国体，中国的懦弱无能，完全暴露于世界。此次绥远抗战，我军士气奋发，迭次予敌重创，非但未失尺寸土地，且斩将搴旗，追奔逐北，使伪匪寒心，暴敌丧胆，建洗涤国耻之创举！友邦人士知我已非酣睡之狮，懦弱之羊，经数年来之容忍与修养，一变而为与强权奋斗的生力军！国际以"青眼"相视，对我做新的估价。

（三〔二〕）收复失地第一声　××自武力占领东北后，更得寸进尺，步步进逼，同胞忍无可忍，个个摩拳擦掌，准备"背城借一"！一般军民，更屡次请缨，"灭此朝食"，军民〈对于〉对日容忍退让的情绪，早已达到饱和点了！绥远战争发生后，守士〔土〕将士咸抱杀敌致果之决心，还我河山之壮志，故自红格尔图战役后，国军即采取攻势战略，去年十一月二十三日夜效"雪夜袭蔡"之役，进攻敌人扰我内蒙的根据地——百灵庙，至次日晨完全克复，开收复失地之先声！后伪匪野心不死，反攻百灵庙，我军又在满腔热血之下，克复大庙。收复失地之端，既已开始，则白山黑水的归来，亦在指顾间了。

（三）救亡图存情绪的高涨　暴日侵绥消息传来以后，全国同胞皆以挽救危亡为天职，捍卫国家为己任，上至达官贵吏，下至贩夫走卒，都踊跃输将，热烈捐助。太原阎主任输捐八十七万元，开军人捐款之先声！毁家纾难志士既所在多有，贡献一日所得运动更普遍各地。各校学生多牺牲学业，为抗敌将士赶制冬衣与防毒面具等，且组织战地服务团，赴前方工作。上海、青岛日纱厂工人，更满腔热血，万分激昂，先后罢工，对敌人作消极的抵制！受暴日压迫最甚，几无地自容的二十九军将士，报国心切，摩拳擦掌，跃跃欲试，谋一举陷通州，收复冀东二十九县。总之，救亡图存情绪的高潮，已因绥远战争而达到极点，此种精神，在东北失地未恢复前，将永远存在着！

（四）国民自信力的加强　自甲午战争以来，××对华步步进取，着着胜利，屠杀蹂躏，无所不用其极！数十年来，尤其是过去五年中，国人每闻强敌压境，辄"谈虎色变"，惊惶失措。但自去岁绥战发生，百灵庙、大庙相继克复后，国民对外心理，因之大变，群悉飞机大炮毫不足畏，我之精神大可胜过一切。此种自信力之加强，胜于增添百万大军！中国非特无亡国灭种危险，且已走入复兴阶段，将永远立国于大地！彼蕞尔倭奴，亦不过"昙花一现"，如过去之马其顿罢了！

（五）伪匪官兵的反正　中国人究竟是中国人，谁无天良，而甘做敌人的爪牙?! 大多数的汗〔汉〕奸伪匪，一方面为了环境的恶劣，他方面又有升官发财的私心，才走入敌人的圈套，做了国家的罪人。绥战发生后，前方将士奋勇抗战，迭克重镇，后方民众更热烈援助，国家前途现出无限希望！伪匪官兵动于大良，乃相率投诚，石玉山、金宪章诸将领的反正，是全部伪匪将士"改邪归正"的开端，也是"中国人枪口向外不向内"（宋哲元将军说"剿共"不得认为内战）的事实的表现，且可证明敌人"以华制华"政策的失败。

（六）华北巩固，西北半壁得以保全　暴日发动绥战的主要动机，是在企图占领绥远，以绥远为根据地，进而囊括西北。他方面自热、察、绥分途南下，武力占领华北。但战事发生后，伪匪军心涣散，不击自溃，因而敌人控制西北、占领华北的计划，成为泡影，非但西北半壁因以保全，华北诸省赖以巩固，且我自收复百灵庙、大庙后，对于伪满州〔洲〕国已形成三面包围的形势，随时都可做讨伐叛逆、收复失地的准备！

绥远抗战的价值，真是愈想愈多，说不胜说，为现代史上最光荣的一页，将永远留存于吾人的脑海！现在把蒋委员长在洛对军分校演说一段活〔话〕，摘录于下，以作本文本段的结束："百灵庙之攻克，足使全国人心振作、士气发扬，并使全国军民确知吾人只须全国统一，共同一致，决心奋斗到底，必无丧失寸土之理，故百灵庙之收复，实为吾民族复兴之起点，亦即我国安危之最大关键！"

四　今后的希望

现在百灵庙、大庙虽告收复，然察北尚猬集着四万多的伪匪，他们正在积极补充，预备"卷土重来"，大举进犯！他们的后台老板——关东军，更"骑虎不下"，难免不老羞成怒，发动其正规军对我作战，故近日绥远战事表面上虽趋沉静，实际上正方兴未艾，变化莫测！××军阀刚愎自恃，目空一切，不达其征服中国之目的，不受到全军惨败的教训，无论如何是不肯罢休的。我们要认清敌人对我们的决心，决定今后国策的动向。兹将个人今后的希望，表示于左，想也是大多数同胞，想说而未说出的：

（1）联合世界平等互惠之民族　我们欲救亡图存，复兴民族，当然要准备自己，充实自己，向"自力更生"的大路，勇往迈进；但在国际危机四伏，矛盾丛出的今日，国际关系的紧密，已是间不容发，任何国家欲独善其身，已不可能。××为减除国际上的孤立，积极侵华，并威胁苏联起见，已于一九三六年十一月，和德国签订《共同防共协定》。内中第二条规定："各国凡感受共产国际之威胁者，应由签字双方会同进行接洽，俾各该国得依此项协定精神，采取防卫措置，或加入此项协定。"××常谓中国已渲染"赤化"，迫我与之"共同防共"，则德日此项条款之规定，自大有其意义了！同月，日意协定亦告成立，根据内容条款，意将承认伪满，是即对××侵略中国之行为，予以契约的承认。远东实行侵略政策的××已与欧洲法西斯国际阵线打成一片，这是××积极侵华政策的外交胜利，也是一种"先发制人"的奸计！今后××对华侵略，必愈来愈凶、变本加厉！我国若仍然保守孤立政策，拘于狭义的"自救主义"，适中敌人的圈套。我们应认清现在国际局势，及时猛醒，实行孙中山先生临终时所昭示我们的策略："联合世界以平等待我之民族，共同奋斗。"这是中国民族复兴中的一种外交政策，也是在反抗侵略者应取的策略。我们要联络俄、法、英、美诸友邦，向不顾公理、侵略弱小民族的暴敌去进攻！

（2）拥护统一　××对华侵略一贯的技〔伎〕俩，是实施分化，使我完整统一的国家支离破碎，然后分别压迫，个个击破。敌人过去用此方术，在我们身上讨了许多便宜，我们今后应当痛定思痛，力改前非。全国朝野上下，应彼此废除成见，捐弃小嫌，以"救亡图存"为当前最高目标，一致服从领袖，拥护统一。有了统一的领袖，抗战之步伐才能一致；有了强固的中央，御侮才有坚持的力量。更望中央在最近召开的三中全会上，决定迅速集中全国的物力、人力和财力，积极的和暴敌去奋斗！

（3）发动全面的抗敌战争　"九一八"事变后，××施用"不宣而战"的策略，屠我人民，占我国土，我则技〔枝〕节应付，随地抗战。一九三二年的上海战争，一九三三年的长城战争，均因缺乏整个计划而先后失败。现在敌人仍用以往惯技，犯我绥远，我如仍责成某部将士，就地抗战，势必蹈过去覆辙，堕敌术中。茫茫神州，行将易主变色，不知伊于胡底！现在中日局势已演至最后阶段，不是它死，便是我死，绝没有妥协的余地。我们应该尽最后一滴血，誓死捍卫国土，并对过去旧账做一总的清算。各界同胞一齐动员，有钱出钱，有力出力，有知识贡献知识，在中央政府领导及最高领袖指挥之下，发动神圣的抗敌战争，迅速收复察北六县与冀东二十九县，将引狼入室，认贼作父的德王、殷如〔汝〕耕等汗〔汉〕奸，枭首示众，明正典刑，进而出兵东北，驱除鞑虏，还我河山，使沦陷五年多的东北，重见天日，使美丽璀璨的"海棠地图"完整无缺！

亲爱的同胞们，武装起来吧！在暴敌铁蹄残〔践〕踏下的三千万民众，正在馨香祝祷，希国军降临哩！

　　　　　　　一九三七，一，二五，赵悦霖写于天津南大

《西北论衡》（月刊）

西安西北论衡社

1937 年 5 卷 2 期

（李红权　整理）

绥战之严重及其解决之途径

志毅　撰

芸芸众生，孰不爱生，爱生之余，进而爱群，其固理所当然、勿容多赘者也，盖种族之不保，个人何由而生，扶颠持危，救亡图存，休戚攸关，责无旁贷，故孔子曰："以不教民战，是谓弃之。"又曰："善人教民七年，亦可以即戎矣。"当此盱衡时局，斟酌损益，养精蓄锐，激励士气，励精图治，自力更生，是为当务之急，而须以十年生聚、十年教训之信念，务期见诸实行。夫如是，复兴之业，庶乎其殆近之。

我国今日，灾祸连年，战乱频仍，自存之道日微，沦亡之危益深，流离颠沛，风雨飘摇，民穷财尽，十室九空，自犹以为不败，而亡国灭种之端，自是滋矣。东邻日本，夙笃同种同文之谊，今违共存共荣之道，其对于我国之企图，无所不用其极，美其名曰：亲仁善邻也，提携协助也，究其本心，征服羁縻之野心，无或少变其一贯之大陆政策。强占满蒙，进窥华北，焚杀掠夺，为所欲为，致我国土日蹙，生民涂炭，惨案环生，血迹斑斑，视我国人之生命，曾不异乎腐鼠，国之地有尽，而暴日之欲无厌，残无人道，丧昧信义，处心积虑，非欲并吞我国，独霸东亚，实现其大陆政策之迷梦，不足以填其欲壑。而侵略图占之伎俩，无恶不为，无微不至，诚不知天下有羞耻事也。且以我政府年来以长期抵抗之失策，致令敌人南下之渐，往事犹存，昭然若揭，此如癣疥之疾，终成心腹之患，言念及此，不禁令人顿足长叹也。

迩来强邻又复扩张军备，蓄意南进，使无力以充实自卫之计，挑拨离间，双管齐下，欲以迅雷不及掩耳之手段，夺去我土地，威胁我政府，强迫订城下之盟，故绥远不幸，战云密布。匪伪德王、王英、李守信等，头脑愚昧，甘受驱策，陈兵相见，进窜绥境，以中国人而亡中国，为虎作伥，认贼为父，丧心病狂，莫此为甚。幸我抗战将士用命，指挥有方，勇猛善战，先攻克形势险固之百灵庙，附近各地，次第收回。此为兵士之激愤胜利，亦即国人精诚团结，一心抗敌之使然，吾人私心为之庆欣。

目前战事虽胜利，阵局仍属紧张，匪伪畏势溃败，不敢与抗，而强邻各方援助，增强匪力，卒为吾国当前之劲敌，非以全力以赴之，是则收复之地，仅一隅耳，全部东北无收复之望，抑且国破家亡之祸，不旋踵而来矣。盖以敌人经此一挫，必不甘心罢休，政府与全国人民，在此时期，应奋勇赴之，以竟全功，事实上可能，惟可战而不战，以亡其国，政府之罪也，不可战而战，以亡其国，政府之罪也，备战未周，而轻于一战，以亡其国，政府之罪也，宜当深谋远虑，为国家民族策安全。况强邻入室升堂之谋，路人皆知，今以满蒙为根据地，进攻绥远，其谋昭然若揭，以绥远乃居天险，进守所宜，诚有高屋建瓴之势，东接冀、察，西连宁、新，外通满蒙，守之则存，失之则亡，控制边患，抵制外侮，以成国防之中心要地，宁能漠然忽视耶？

强邻之阴谋，以伪军李守信等部首由察东北侵入绥东，又以德王部直袭绥北，更配合其兵力，夺取整个绥远，奠定其在西北之军事势力，此其一也。拟筑包宁铁路，借以图占宁夏，同时以共同防共为名，移植其势力于晋、陕，此其二也。由甘肃、宁夏侵入青海、新疆，利用少数民族或宗教问题，在西北树立政权，以对抗中央，此其三也。由是言之，其据关东之固，拥内蒙之地，伪贼固守，以窥中土，有席卷华北，遥控西北，并吞中华之心，称霸东亚之意。以至今日，外连诸强，缔结同盟，整军经武，修守战备，因利乘便，分裂我河山，欺辱我同胞，此诚危急存亡之秋。以暴日之强，量我国之力，故〔固〕知我国讨伪，力弱敌强也，然不讨贼，国家亦危，惟坐而待危，孰与讨之。是故谋国诸公，不懈于内，忠志之士，忘身于外者，盖念天下兴亡，匹夫有责之义，以其赴难耳。至于解决之途径，谨就一得之愚，申论之于次节：

（一）拥护中央：政府宜乘此时机，锐意复兴，全国之兵集中于中央指挥之下，以为抗战准备，务期一鼓作气，灭此朝食；而全国人民听命于中央指导之下，严格训练，步伐整齐，不为外力为制。不如是，坝上棘门，直如儿戏，一旦临阵，仓皇失措，既为无益之牺牲，复无补于国家之危亡。吾故〔固〕知明理达义之国民，憬悟统一指导之必要，磨励以须，慷慨就义，虽死之日，犹生之时也。

（二）调整邦交：近世外交，非往昔国际之过例矣，外交之用，在乎协调和谐，吾国仍循因〔固〕执陈见，自居孤立之地位，不接信于外，以为守战之助，一意孤行，人所寡助，其不若阿比西密亚者几希矣。宜当广为结交，提携扶植，图中国之复兴，谋邦交之敦睦，以互惠条约之订立，制驭强敌势力之滋蔓，而后复兴之效，可计日而待也。兵法云"知己知彼，百战百胜"，岂是之谓欤？

（三）救济西北：西北地势〔处〕边彻〔徼〕，地势险固，种族杂处，政教未逮，建设事业，百端待举。早夜以思，实深焦灼。虽经地方长官，渗淡经营，然荒原旷野，一望无垠，富源盈野，成效鲜著。今者西北多难，"赤匪"肆虐，农村破产，生民涂炭，大军调来，徭役苛繁，大军去后，姿意横行，哀鸿遍野，饥饿交集，以致建设大计，无力举措，啼饥号寒，亟待救济。至今坐言开发，不谋救济，不啻削足适履，于事无济。况西北军力形成割据，需饷浩大，军民交困。一言以蔽之，在现时之军政现状下，人民断无法忍耐也，应由政府［应］负担该地方驻军之饷，此亦保护人民之道也。夫过去以全国未臻完全统一之故，中央过事敷衍，遂不能得平衡施政，而地方之困苦，亦不能得中央之救济。种族复杂，问题丛生，缺乏理智，受人驱策，望中央迅速筹划全国军饷，统一发饷之事，为国防计，固应如是，其他尚未统一发饷者，亦宜改进。目前要务，则为中央发饷之全责，以安军心，纾民困，则整理军政，亦可彻底设施矣。

以上数端，兹举荦荦大者，至如细末之论，皆略而不言。中日问题，已至生死存亡之关键，困苦艰难，莫可比拟。政府发号施令，全国动员，于战时状态之下，全国人民，共襄国事，使敌无隙可乘，扫除匪伪，此非高谈阔论，须以全国心力以赴之。夫然后，奠国家于磐砥之安，扶人民于衽席之上，发皇光大，万寿无疆，国民之责，已云尽矣。风雨如晦，鸡鸣不已，有志之士，盍兴乎来！

《新青海》（月刊）

南京新青海社

1937 年 5 卷 3 期

（李红权　整理）

沉寂中的绥远抗战

作者不详

绥远抗战消息，近颇为沉寂，但沉寂中，亦不乏可堪记载的事实。

第一，敌人战略的变更。前据嘉卜寺某特务机关传出消息，关东军以匪伪军迭次反攻，迄未能逞，极为不满，因已严令各匪伪首领，今后不准有挫败情事，倘有作战不力者，即唯其长官是问，并将实行以热河匪军为犯绥主力，令其正规部队开入察北，分据各地。目前战策，以绥北既难得手，决即由绥东南壕堑进犯兴和，企图获得平地泉（即集宁），以断绝平绥铁路交通，并扼绥省援兵及运输之孔道。故南壕堑现已成为敌人进犯绥东的根据地。

第二，敌人增兵察北。自去年十二月初，我军收复大庙子后，敌人即调大批日伪军增援，最初到达南壕堑者为伪热河匪军张俊哲、李振铭两部，约六千余人，某国正规军乔装混杂于内者约占半数。未几又有一部热军约三千余人，亦向张北土木路地方集中，随即开往南壕堑。

从十二月十三日迄十六日，热河伪军大部向西推进，围场及多伦一带，已到有热军万余人，即准备西开，目的地系商都、南壕堑，某国正规军之直辖独立骑兵旅，约有两团共千余人，每团四连，每连有某国指挥官二人，其旅长系蒙人乌某暂时代理，现预备三个月食粮，亦准备西开参加犯绥战事。驻滂江之蒙兵，亦向商都开拔。十四日晚，由多伦开抵张北城内热军四百余人，系王静修部，正待命赴南壕堑，其中并有某国下级指挥官二十余人。某国对于伪蒙各军军火，充分接济，由口内运到张北之军火，每日均四五十载重汽车，十六日又续到十余车，同时并运往嘉卜寺十余车，以步炮子弹居多。

入新年后，德王、王英两叛国首领，复招兵买马，相继扩充，据一月三日嘉卜寺讯，穆盖华（即穆克登宝）所部蒙兵，前因被金宪章解决，剩余无几，穆曾迭向德王要求重行扩编，已获德王允准，令穆由正白、镶黄两旗，各征壮丁三百名，其不足额数，准穆由各地自行募集；穆除派人赴正白、镶黄两旗征兵，并一面派人分往各处招募，积极扩编外，至所用枪械，由德王商得某方特务机关长之允许，由嘉卜寺军库内拨给。

据一月十二日中央〈社〉大同电传：察北匪伪军，近在调动整顿中，总计匪伪军实数二万人，连日运输暨补充甚忙，某方现又订购煤二千吨，汽油一万箱，作军事上准备。匪伪侵绥目标，中心在南壕堑、商都、大青沟三处，该处均筑有坚固工事。李逆守信现居张北，张万庆残部千余人驻南壕堑，王英仍在商都城内，康保、宝昌分驻新由东境开来伪兴安军三千人。

第三，敌伪军累开军事会议。去年十二月西安事件发生，敌伪军以为有机可乘，累次召集军事会议。十二日十六日某方在嘉卜寺召集德王、包悦卿、卓世海、李守信、王静修诸逆，举行秘密会议，闻其议决要点：（一）德王仍留驻嘉卜寺。（二）包悦卿、卓世海两逆，分任前线指挥官。（三）李守信任绥东前线总指挥官，所有在绥东前方伪、匪、蒙、热各军，悉归其节制调遣。（四）某方另委一总指挥官与李守信协助并行，其性质殆如古代皇室所派之监军，此外更派十六人，在李之参谋处，运筹一切行军计画。（五）再向□□①军最高领袖，要请速拨飞机及坦克车，增强兵力，以便乘西安事件未解决前，迅急反攻。会后德王、李守信两人即联署发出大批告前方伪将士书。及蒋已返京，某方又于二十七日在长春召集高级幕僚会议，重新决定侵绥策略。

　　一月八日关东军又在长春开会，决定对侵绥事暂时趋向冷静，并极力训练伪军，易攻为守，俟我方士兵久戍师老，再行突出攻击。

《新中华》（半月刊）

上海新中华杂志社

1937 年 5 卷 3 期

（刘哲　整理）

---

①　此外"□□"为原文所有。——整理者注

记绥垣挺战阵亡军民追悼会

朱子陵　撰

　　绥战用血写成了中华民族复兴史上的第一页，追悼绥战阵亡军民，是全中国人民发誓：继续先死诸烈士昭示的伟大精神，共同奋斗，以完成先死诸烈士未竟的使命。子陵先生寄来本文，适值本刊上期刚已出版，留载本期，读者幸勿视作明日黄花。子陵先生现教读于绥垣蒙旗师范学校，百忙中草成本文，寄给本刊，实可感激的很！

编者志

　　去岁冬季，伪匪军受某方嗾使，侵扰绥境，本图一举而下，幸赖绥远军民，联合挺战，出敌意料之外，十一月收复白灵庙，十二月夺回大庙，不但寸土未失，反使敌人为之胆战心惊。经此挺战，对外而言，使敌不敢轻视中国，国际地位，随之增高不少；对内而言，坚定了民族复兴的自信力，民气奋发，完全消失恐惧心理。向日国人多不注意的边塞绥远，经此一战，顿成万目睽视之区了。全国上下，现在真正有了觉悟，已知国势危急，非准备抗战不可，今后国家领土绝对不能再"丢失一寸一分"了。

　　绥战暂时虽然获有相当的胜利，可是未来的忧患，还是日益滋长，全国军民更应积极努力，准备与敌人在战场上作第二次的会面。

因挺战而死亡的军民，他们"奋勇挺战，为国牺牲"的精神，永远值得我们来钦仰，永远值得我们来纪念。三月十五日，绥垣举行之"绥远挺战阵亡军民追悼大会"，就是全国后死的军民对先死的诸烈士来表示悼念钦敬的意义。

中央执监委员会，特派常委兼中政会主席汪兆铭氏，代表中央来绥致祭。

汪氏十三日下午由京飞抵太原，十五日上午九时半，偕晋绥绥靖主任阎锡山氏，一同飞抵绥垣。

大青山下，绥远城北的烈士公园，即是举行追悼大会的地点。平日荒坟累累，冷静凄惨的地方，这一天变得人山人海，由旧城至烈士公园五里多长的马路上，挤满了赴会追悼的行人。他们多半是自由参加的民众，每个人面上的表情，激昂，庄严，心底里蕴藏着无限的愤慨和悲痛，都显露着追随先死诸烈士为国牺牲的精神。

这次追悼大会，是国难以后，发扬民族精神空前悲壮雄伟的纪念，中央政府除派来大员致祭外，并通令全国各地一律下半旗，各省市当局也纷纷派人前来致祭！

全国各大报馆，特派新闻记者来采访新闻，各影片公司亦派员来摄制影片，有太原西北影片公司及美国特派远东米高梅有声影片公司等。

会场的布置，礼堂内外，素雅庄严。公园门首，除正中扎搭柏枝三牌坊外，东西并扎搭两素色辕门，上悬"丹水永壮"横匾两方，气势雄伟。入正门过石桥正中，又搭素色牌坊三座，上悬"气壮山河"金字横匾，鲜耀壮观。各烈士遗像供设正厅中，四周扎搭围墙，形成七空大厅，东西两壁满悬各方挽联、花圈万余件。厅后扎搭柏枝三空牌坊一座，进去即为诸烈士之茔墓，排列成序。墓之四周，设有栏杆，墓前各竖一木牌，敬志诸烈士的英名。

祭堂正中设香案，上置祭品、鲜花及银塔等。诸烈士遗像上，中悬中央执监委员会敬挽之"浩气千秋"四大字。两旁悬林主席挽"舍生卫国"，蒋委员长挽"卫国铭勋"八字。遗像前，悬三挽联：

（一）为国捐躯，千载凛然有生气；杀敌致果，万方奋起效忠忱。（中央执监委员会挽）

（二）成仁即是成功，遗训永昭垂，十载谆谆期共践；卫国终于死国，大招旌壮烈，九边黯黯动新哀。（蒋委员长挽）

（三）洒热血于收复失地，完整主权，示牺牲救国于模范；继遗志而充实力量，统一行动，是精神不死之真诠。（汪主席挽）

大会仪式隆重，情绪悲壮，参加致祭者十数万人。正午十二时，由汪兆铭氏代表中央主祭，首鸣祭炮三十三响，次全体肃立，奏哀乐，行祭礼三鞠躬，献花默哀，读祭文，复行三鞠躬，奏哀乐，礼成。礼成后，到祭堂后凭吊各烈士冢墓，行礼致敬。午后二时，各界分别公祭，各烈士家属依次奠祭，时适狂风大作，尘沙飞扬，在悲壮情绪中，增添了无限的凄凉！

最悲壮动人的，是傅作义将军的白话祭文，很雄壮愤慨的说道：

"这次绥远挺战，敌人用飞机大炮，摧残你们的肢体，毒气瓦斯，遏止你们的呼吸，还加风雪严威，刺裂你们的肌肤，但是凭你们热血的沸腾，终于战胜一切，完成下列使命：

（一）尽了军人守土的责任；

（二）保全绥远领土主权的完整；

（三）恢复已丧失的民族自信心。

……

"你们也许对你们的使命，还不大放心，我敢代表作一句恳切答覆：现在中华民族已走上复兴之路，相信你们遗留下未完使命，一定有最后的成功，因为你们的鲜血，灌溉了四万万人的心苗，而充实了自力更生的信念，只要我们后死者一息尚存，应当继续着你们昭示的伟大精神，共同奋斗。"

……

还有当日参加追悼会的两位英勇的爱国男儿，他们的大义，伟绩，实在令人景仰，写在这里作一个简短的介绍：

（一）张子清——绥远兴和二区庆余乡人，当匪伪进扰庆余乡时，他随同保安队，几次作战，极为奋勇。一次外出遇一敌人迷路，坚请导往商都，给千元为酬。当时他就觉得有些奇异，便一口佯允，设计诱送县府，一经审问，果系伪匪重要分子，来兴和侦查我方军事地形，作侵扰绥远根据的。

（二）张仰贤——山西赵城县人，年二十五岁，充当汽车、钢甲车的司机兵。去年十一月二十三日，我军进攻百灵庙，至次早八时，几次对庙东南方主阵地之敌冲击，不见动摇，反见增加，当时我军若再无进展，转瞬敌机飞来，敌援到达，不但无胜利把握，反有全军覆没之虞！指挥官非常着急，因选拔勇士，分乘钢甲车，由庙东南山路口，向前猛冲。他开驶的钢甲车，开距敌人最近时，不幸他的左臂被子弹穿过，车亦击毁，不能行进，当时情形危急，不仅奋勇队将被歼灭，即全局亦甚可虑。适另一钢甲车司机阵亡，被他瞥见，不顾创伤，冒弹将尸移出，奋勇只手驶车，向敌猛冲，士气为之大振。我军卒由此山口冲入，将敌突破，乘势猛攻，百灵庙才得克复。

大会在当日下午四时闭幕，从此大青山下阵亡烈士的遗骸，永远受人们的崇拜，他们的精神，永远不死，他们的鲜血，给中华民族的前途，开辟了一条新路。后死的我们，当永远悲壮热烈的歌唱着：

（一）先烈的血，民族的花！

（二）阵亡军民的鲜血，已写了中华复兴史的第一页！

（三）要表现国家的生存力，惟有全民族团结起来，预备总流血。

一九三七，三，十七

写于绥垣国立绥远蒙旗师范学校

《西北论衡》（月刊）

西安西北论衡社

1937 年 5 卷 4 期

（侯超　整理）

罗家伦告绥将士书

作者不详

（绥远通讯）绥东前方日来已发生接触，我军严密防范，匪未得逞。十一日中央委员兼中央大学校长罗家伦来绥视察，十二日转包头，经大同游云岗，临行之时发表告前线将士书，激励士气，文云：

绥远前线各军武装同志：

经我们血染的山河，一定永久为我们所有，民族的生存和荣誉，只有靠自己民族的头颅和鲜血才可保持。这次我看见各位将士塞上的生活，已认识了我们民族复兴的奇葩，正孕育在枯草黄沙的堡垒中，等候怒放。我深信各位不久更可以使世界认识我们中华男儿还是狮子，并非绵羊。我们全国同胞的热血，都愿意奔放到塞外的战壕里，助各位销灭寒威，激励忠愤。我现在筹奉国币一千元，本欲供各位杀敌前的一醉，但是想起这是长期斗争，并非一次的慷慨赴难，所以愿将这些小的款项，改为医药卫生设备之用，备各位壮士裹创再战。现在整个民族的命运，抓在我们手里。我们大家都无所逃于天地之间，只有我们血染过的山河，更值得我们和后世的讴歌和爱护。我诚恳热烈的向各位致敬，更愿代表国立中央大学三千教职员和学生向各位致敬。

罗家伦，二十五十一月十二日，绥远
（十二夜）

《新蒙古》（月刊）

北平新蒙古月刊社

1937 年 5 卷 4、5 期合刊

（李红权　整理）

绥东四县警卫概况

孔祥哲　撰

一　陶林县

陶林位于绥远东部边境，大青山脉灰腾梁之北，东与察哈尔商都县为邻，南临集宁、凉城二县，西与武川县毗连，北与四子王旗相接；全县面积，东西宽二百四十里，南北长一百七十里，周为三万六千方里；惟地形不整，如两勾股相接之形。境内要隘之地，首推土木尔台与红格尔图；次为镶红旗大庙、土城子、南壕堑、福生庄、三道营、坝底、东泊子等处。全县行政，划分三区六十乡，共有村庄二百零九个，人民有四万二千二百三十余口。查于区内，各设有保卫团一队，以维持地方之治安。兹将县内警卫政〔状〕况，逐一分述如后：

（A）城内公安局——该局初名警察所，创设于民国元年，置有所长一人，队长一人，巡官二人，长警六十名；迄至民国十七年，始改为今名公安局，内设局长一人，警官三人，现有长警六十名，枪械五十只，马三十一匹，每月经常费共为八百三十元。

（B）第一区公所——该所设于三道沟，计有保卫团一队，现役长官五员，团丁三十九人，快枪四十只，马四十匹。

（C）第二区公所——该所设于福生庄，计有保卫团一队，现役长官六员，团丁三十人，快枪四十只，马三十八匹。

（D）第三区公所——该所设于新大义村，计有保卫团一队，现役长官十八员，团丁九十三人，快枪六十六只，马二十匹。

以上各区保卫团之经常费，每月均为一百四十二元，合计现役长官二十九员，团丁一百六十二人，快枪一百四十六枝，战马九十八匹；数量虽微，而剿匪能力，则超乎倍蓗，素有功绩，为国人所赞许，红格尔图之役，是以见其勇武之精神矣。

二　集宁县

集宁位于绥远东部灰腾梁之南，平绥路平地泉车站之左右，东邻察哈尔商都县境，实为察、绥两省绾枢之重镇；全县面积，约为二万七千二百方里，户口约有六万九千一百一十四人。年来县内匪患频仍，奎〔灰〕腾梁东西之间，实为其出没之地，行旅商贾，辄被抢掠；然若在苏计不浪、红旗大庙、白彦沟等处，配以相当驻兵，则匪患可消矣。考其县内地方治安，除城内公安局，现有警官三人，警察三十人，枪械二十一枝外，亦惟各区之保卫团队而已。今爰将县内各区警卫行〔状〕况，分述如后：

（A）城内保卫团部——该队驻于城内，现役长官计为十员，团丁十八人，快枪二十枝。

（B）第一区公所——该所亦设于城内，计有保卫团一队，现役长官十九员，团丁六十人，快枪五十六枝，战马六十三匹。

（C）第二区公所——该所设于弓沟镇，计有保卫团一队，现役长官十三员，团丁九十一人，快枪九十九枝，战马三十四匹。

（D）第三区公所——该所设于贾红村，计有保卫团一队，现役长官二十七员，团丁一百零四人，快枪一百二十一枝，战马八十匹。

（E）第四区公所——该所设于卓资山，计有保卫团一队，现役长官为六员，团丁十六人，快枪二十枝，战马二十匹。

合计以上各区保卫团队，现役长官共为七十五员，团丁二百八十九名，枪械三百十六枝，战马一百九十七匹；以此薄弱之兵力，复何能保护二万数千方里之土地、六万数千人民之生活安全，实为今后当局对地方治安，应注意之事也。

三　兴和县

兴和位于绥远极东边境，北邻商都，东毗张北；境内要隘之地，西有鹿头坝，东有大青山，北有白胞包，南有三角儿沟，以及马市口、白羊口、榆林口、水磨口、镇门口等处。全县面积约为一万一千二百方里，户口约有九万二千六百八十余人；县府地方行政，共分五区，一百二十三乡，九百七十九村；其地方治安，警卫之政，爰分城内公安局与各区区公所，分任此事。兹将兴和县警卫政〔状〕况，分述于后：

（A）城内公安局——该局初名警察所，设所长一员，统辖五区，组织繁众，规模宏大。至十六年十一月间，嗣因地方公款寄〔奇〕绌，无法维持，并奉令改编，遂将组织范围一时缩小。及至十七年始奉令改名为公安局，并将五区直归县政府管理。计今局内现役长官二员，警兵三十人，枪械三十八枝，每月经费共支薪饷洋二百八十六元。

（B）第一区公所——该所设于城内，计有保卫团一队，现役长官三十六员，团丁一百五十九人，快枪二百零五枝，战马三十八匹。

（C）第二区公所——该所设于小井子，计有保卫团一队，现役长官为二十二员，团了〔丁〕八十九人，快枪八十二只，战马二十四匹。

（D）第三区公所——该所设于高庙子，计有保卫团一队，现役长官为六十六员，团丁为三百二十二人，快枪二百六十四枝，土枪一百二十四枝，然对马匹未详。

（E）第四区公所——该所设于达拉齐庙，计有保卫团一队，现役长官为三十二员，团丁二百零四人，快枪计有一百四十六枝，土枪五十七枝，战马共有六十匹。

（F）第五区公所——该所设于袭家村，计有保卫团一队，现役长官为二十员，团丁为九十人，快枪计有一百零三枝，战马十八匹。

合计以上县内警卫总额，共有长官一百七十八员，团警八百九十四人，快枪八百三十八枝，土枪一百八十枝，战马共为一百四十匹；县内警卫兵力之强，实为绥远全省冠。平时分驻各区境界以内，倘遇匪乱，则皆群起一致忾击。

（四）丰镇县

丰镇原为大同府之分防厅，迄民国以来，始设知事，改为县属。是初隶于察哈尔特别区，旋于十八年一月，复又划归绥远省府辖治。考其位置，适在省境东南，山西大同县之北，平绥铁路之左右；县内面积，东西宽一百七十里，南北长一百八十里，周约三万零六百余方里。全县地方行政，共分六区，二百二十一乡，共有村庄一千三百六十五个，人民共有四万四千三百五十余户，男女二十五万四千三百三十余人。人口繁密之众，实为全省各县冠。其地方治安，警卫之政，系为城内公安局与六区之保卫团队。兹分述于后：

   （A）城内公安局——该局设于丰镇城内，现役长官，计有三员，警士七十七名，枪械九十二枝，每月经常费为九百余元。

   （B）第一区公所——该所亦设于县城，计有保卫团一队，现役长官为九员，团丁二十六人，快枪计有二十九枝，战马三十三匹。

   （C）第二区公所——该所设于合少胡同，计有保卫团一队，现役长官十员，团丁三十人，快枪四十枝，战马三十八匹。

   （D）第三区公所——该所设于平地泉，计有保卫团一队，现役长官四员，团丁三十九人，快枪计有四十九枝，马匹未详。

   （E）第四区公所——该所设于隆盛庄，计有保卫团一队，现役长官计为七员，团丁二十六人，共有快枪二十六枝，战马三十二匹。

   （F）第五区公所——该所设于大庄科，计有保卫团一队，现役长官九员，团丁三十六人，共有快枪三十七枝，战马二十三匹。

   （G）第六区公所——该所设于张皋镇，计有保卫团一队，现役长官五员，团丁十八人，共有枪械十九枝，马四十四匹。

此外尚有保商团一队，驻于城内，专为护送行旅、商贾之用；合计以上七队，共有兵士二百八十四名，枪械二百三十八枝，子弹四万六千五十九粒，战马二百十六匹；每月经常费共为七千四百零五元。至于防卫区域，通常在各区境界以内，然遇祸乱必要事项，则亦互相调遣，共同御寇也。

《边事研究》（月刊）

南京边事研究会

1937 年 5 卷 5 期

（李红权　整理）

回光返照之察北匪伪军近况

作者不详

（张北通信）甘作某方傀儡之德王，自二月二十日，其母病故于西苏尼特旗王府后，因于残败之余，遭逢大故，精神上之伤感，及环境之逼迫，乃遽患疾病。兹闻德王除处理丧事外，对于伪组织，仍存强化之奢望，冀图最后挣扎。李逆守信所部各伪军，近中亦分头加紧训练，由表面看去，似尚火炽一时，但其实际，直不啻火之将熄，犹作刹那明朗，盖回光返照，行将见其消逝无余。兹将察北在此情形下之近情，分述于后。

德王蛮干到底

德王自其母病故之后，即由嘉卜寺赶赴西苏尼特旗王府守制，但因最近半载以来，所图均被击破，兹又以其母骤然病故，动感拂逆，现方染病，乃一方定于本月五日为其母卜葬，以作丧事之处理，一方对于强化察北伪组织之进行，仍一意蛮干。据闻其亲信吴逆鹤龄，奉德王重要之使命，由嘉卜寺飞往长春，代表德王进谒××军总司令官，作具体之陈商，图最后挣扎。

某方军事会议

察北军事，某方始终立于策动地位，最近表面上热伪军东退，军事行动，已不甚积极，但在暗之活动力亦颇不弱。二月二十八日，有××军武官多人，及前张北某特务机关长谷原、各伪军将领等，曾一度举行军事秘密会议，其内幕详情无从明晓。再，关于军火一项，某方自军事停顿，即陆续将张北县前存者，运储多伦。本月一日、二日间，计陆续由张北又复运回口内者，有步枪二百余枝，及其他机件、子弹等共三载重汽车，未详其用意。

伪军加紧训练

至于伪军最近情况，除已按照指定之防地，均已开拔完竣外，皆已开始操练，每日最少须有三小时训练时间。一日午后二时许，李逆守信部包逆子宸师约五百余人，在张北、张垣间之南儿八地方演习野战，至五时后始毕，当夜即在该处宿营，至今并未移动。此外伪军最感缺乏者，厥为煤斤等燃料，尤以商都更形恐慌。就市价言，每百斤已涨至三元五六角，即牲畜排泄之粪，每袋约五十斤，亦须三四角一袋，其情况可知云。

《边事研究》（月刊）
南京边事研究会
1937 年 5 卷 5 期
（朱宪　整理）

察北人民自卫军驱寇复土之壮举

流寓　撰

　　察北人民因不堪匪伪之压迫，约于六月一日晚在察北六县同时发难，不幸事机泄露，日伪于五月三十日在张北逮捕二百余人，各县亦范防甚严，以致各地虽纷纷同时起事，而中间失去联络。发难后之四五日内，殉难者有百余人，被捕者七百余，有全家慷慨殉难而无一言者，情状至为悲壮。兹综合半月来各报消息，述之于后。

　　最先发难者为驻在白庙滩之伪军常子义团约千余人，二十八日突然自行开往热、察边境赤峰、多伦间，谋联合热省义民揭旗抗敌，中途曾击落某方飞机一架。嗣不幸遭伪匪军之追堵，本月一日在大梁底即被伪军解决，常下落至今尚不明。常部为最先发动者，不幸亦为最先牺牲者也。

　　一日晚，崇礼县陶瀬庙村义民赵祥春集合同志百余人，占领伪警察分局，杀伪警察局长，据村独立。同日晚十一时，商都义民张仲英响应起事，计划夺取商都城。张北武装民众包围伪四师，包子宸部缴械，杀六叛逆，枭首示众，南壕堑（在察、绥边境，距绥东兴和仅五十五里）亦有同样事态，于是整个察北顿呈严重形势。

　　二日晨，乌兰哈达（在张北境东南方）伪警察分所被臂缠黑布条为标记之武装民众四十余人包围，击毙伪所长，缴枪二十余枝，占领该地。同日晚，托拉盖庙（在张家口东二十五里）李英国率领武装民众四五百人，占领该地伪警分局，杀伪警官，势甚盛。不幸同晚崇礼义民赵祥春即被伪蒙古保安队击败，发难壮举，蒙受最大打击。此盖因察北义民素乏联络组织，遂被匪伪以敏捷手段击破也。

三日，伪崇礼县府因受义军威胁，即迁往县属冲要西湾村办公，义民赵祥春家产被收没，但赵仍在暗中积极活动，以图大举。同日，李英国又受伪蒙古保安队追击。

四日晨，李英国部退往张北境，但无损失。数日来，各地纷纷响应，化德、张北、商都、尚义（在张北西一百一十里，即大青沟，察北伪方改称今名）、崇礼、康保各乡镇义军风起云涌，遍树国旗，组"驱寇复土人民自卫军"，举李庭芳为总司令，同心杀贼，各县交通断绝，各冲要地带皆有义军三五十人把守。小部匪伪多遭击散或缴械，匪伪即宣布各地戒严，顿入战时状态。同时在热省赤峰间又发现武装民众千余人。又张北伪军包子宸部卫兵一连哗变，被某军追至崇礼县北，完全残杀。

五日，有李英所部宋云峰、贾寿山两师长七百余人由托拉盖庙向崇礼进攻。李英为察西义民，率领武装民众四千余人，号称五师，自称自卫军总指挥，所部多系热、察绿林健儿，声势浩大，战斗力极强。宋、贾两师进攻崇礼，而李本人则由黑河川向沽源方面推进也。

七日，传李部曾将崇礼完全占领，该地伪军窜往沽源。

十日，李部又攻下沽源县南各村，沽源县城曾一度几被占领。

十三日，张仲英部向南壕堑移动，伪匪军当即戒备。张部曾数攻朝阳镇（在化德南二十里），与伪蒙军接战，德王亲在朝阳、化德防御。张自一日晚起事谋收复商都城未果后，即潜往绥、察边境大青山间，招集各地义民，现已有部众五百余人，战斗力颇强。连日又有邢自强以游击方式，扰乱匪伪后防，并与人民自卫军总司令李庭芳接洽，取得联络。邢原为常子义部下连长，后率领亲近数十人，携带全副武装及马匹，脱离叛逆，徜徉于崇礼、张北山林间，现已聚众百余人，枪马俱全，战斗力甚强。

同日，自卫军总司令李庭芳下令各军一致活动，分五路军进兵收复失地：

一路军李英，约二千实力，担任进攻沽源。

二路军张海丰，所部约二千余，由热西取多伦。

三路军邢自强、唐卓群两部合攻崇礼，所率自卫兵千余。

四路军张仲英率部千余攻南壕堑。

五路军蒙人拉王松爷率蒙、汉民兵二千余，由后草地取道滂江，直捣德王府及嘉普寺（化德）。

以上五路军共约万余人，一路军与二路军取得紧密联络，四路军〈与〉五路军取得紧密联络。自卫军所到各处，高揭国旗，人民乍见，均极兴奋，沿途各处粘贴各色标语，如"还我山河"、"汉蒙一家"，情形极为壮烈。而沿途各地民团、联庄会响应加入者极多。

四路军张仲英部攻南壕堑，伪警察局骑巡队廿三人投降，知伪匪已有准备，因令降军领道，改攻尚义县城。张部曾已到距南壕堑三十里之某地，规划收复尚义，嗣因实力欠强，现退抵绥边一带。但其部属郭子英部，又正在天星梁计划规复失地，仍取积极行动。

一路军李英在沽源途与蒙伪军接触，现正向沽源、崇礼挺进中，已进至距沽源百余里之某处，用游击式与匪伪相持。

二路军张海丰由热属经棚（经棚在热北，西南距多伦四百八十里）已抵多伦，与伪军相持，并与新编第三路梁品三部七百余人取得联络，切断匪伪多伦、沽源交通。

三路军邢自强、唐卓群两部骑兵进攻崇礼，与守城伪军相持数日，惟因实力欠缺，现已放弃攻崇礼计划，开至热边经棚大道，取稳健行动。

五路军蒙人拉王松爷已早到滂江百余里之东西大庙附近，现尚未移动。

察北人民自卫军现虽声势浩大，然既以实力欠缺，组织联络皆不健全，又无供给后援；加之某方调遣大批伪匪军与其正规军施行高度压迫，各村镇又行编户，严密检查，故现在仅能行普遍之游击战争，一时恐难达到"驱寇复土"之目的。愿我中央政府与地方当局，对此察北人民自动收复失地之雄壮举动，当积极与以最大之实力接济，全国人同与以精神及物质上之援助，使察北得以迅速收复。

察北民众今已不堪再受伪匪之压迫，纷纷举义，燃起驱寇复土之火炬。而一般人民，乍见国旗，兴奋如狂，尤足见其想念祖国之深，政府对此失去保护之民众，如何使其早日脱离伪匪之统治，使得常见中华民国之国旗，长为中华民国之国民！

《西北论衡》（月刊）

西安西北论衡社

1937 年 5 卷 6 期

（李红权　整理）

察、绥、晋抗战失利之教训

柳惜青　撰

自平、津失陷之后，敌人即分其兵力，一方沿平汉、津浦两路南下，一方由平绥路西进。平绥路主力战在南口居庸关山地，激烈战斗，约开始于八月十二日，相持两星期，突以张垣之陷落，忍痛于二十七日后撤。南口退下，敌人之兵力，一方则沿平绥路直向前进，一方又由蔚县向广灵、灵邱推进，我则一因李服膺天镇工事建筑之不坚固，再因刘汝明部之不待八路军之到达而先撤退，遂至又不得不放弃大同，依勾注山脉与敌决战。敌以全力进攻平型关，我亦全力抗拒死守，不图敌又以重兵攻破茹越口，以致牵动全战线事。至此我又被迫于本月一日，放弃勾注山脉之天险，撤至雁门关内，在五台、崞县、宁武等县占领弧形阵地，与敌决战，以求挽回战势。

南口山脉与勾注山脉为北国二大天险，其间相距千里，而相战不及两月，已完全被敌冲破，失利之速，殊出一般人估计之外。关于察、绥、晋一月来战事失利之经过，六日报载有阎锡山之长篇谈话，文长千数百字，分析说明，至为详尽，录其全文于后：

阎锡山于四日晚，对该战区一月来作战经过，曾作公开谈话，分析甚为详细。阎谓察、绥、晋作战之经过，可分为三段：（一）察哈尔之战役；（二）晋北、绥东之战役；（三）勾注山、恒山之战役。此三段战斗情形，虽各相异，但有一共同之点，即敌为主动，我为被动，致敌军每占优势。兹将阎氏所谈志次。

（一）察哈尔之战役，系仓卒应战。当时汤军五师、晋绥军九师、骑兵三师，原备守雁北、绥东、绥北阵地，敌攻南口，军事委员会令汤军开拔南口防守。当时汤军只有三师，其余两师一在陕北，一在新绛。其初汤军开拔察境，刘主席表示不增兵，察境可保，若增兵，察境必危，嗣经鹿瑞伯（钟麟）斡旋，汤军始到南口。南口作战，我军之得力处，一为汤军之奋勇异常，二为地形险峻，山多树木，易于隐蔽，敌之飞机、大炮，不易发挥火力。而最受损失之处，为十道梁高地之争夺，晋绥军陈长捷师，即于此受重大损失，敌人牺牲亦甚大。正面攻击不下，遂向我右翼迂回，当时有一绝好机会，即令傅、卫两部以雄厚之兵力夹击绕攻之，本可歼灭敌军有余，乃傅部仅上兵一半，张垣危急，不得已乃分一部分援张，均未收效，且遭甚大之损失。而卫部又复中途被阻，此时敌猛攻居庸，致失要地，诚为最可惜之事也。

（二）经察哈尔战后，我九个师损失过巨，晋北、绥东、绥北，约二千里之防线，不易布置，遂决定采取对战办法，一面移军固守天镇，拟与敌相持一月，一面坚固大同工事（雁北、绥东工事，以阳高、天镇为最坏，原系李服膺构筑，遂将李撤职留任，戴罪督工）。雁山本为天镇要地，下令死守，而因李部团长李声润，防守疏忽，遭敌夹袭，在失守前，并未接有战事报告，突接失守电报，是役该团除少数士兵突出外，余均作壮烈之牺牲。天镇失利，虽使大同工事不能巩固，但并不碍大同对战之计划，当时决定以三十团以上之兵力，行剧烈之决战，胜则无论矣，败则请中央派兵守雁门。此电发出后，适刘主席奉命向津浦线撤退，刘主席来电明言决俟接防部军到达后，再开始撤退，当即覆电，并电接防部队迅速开往接防。不意在第八路军未到以前，刘部突然撤退，敌人遂向我广灵、灵邱进攻，我师长奉滨受伤，在此情状之下，如果战事短期内不能解决，敌人即有截断雁门后路之虑，不得已乃决定放弃大同，破釜沉舟，在勾注山脉与敌决战。

（三）我军撤退大同之后，稍加集结，决定摆脱被动，向平型关方面采取攻势。最初将敌包围，解决一部，而敌又增加坂垣师团，我亦将预备尽数加上，正在我军聚歼敌人企图最盛之时，忽然茹越口方面，被敌攻击。此处最初我兵力并不少于敌人，当即令杨军长澄源，集合十团兵力，与敌作对战防御，初作一线防御，与敌死拼，得而复失者三四次，敌我损失，均属奇重，奈敌以大量汽车，由平绥路运来大部兵力，经过剧烈战争，遂将茹越口失守，即速据守铁角岭。敌屡攻屡增，兵力优厚，杨军长率部与敌血战两昼夜，并将预备队三团加入作战，卒因众寡不敌，被敌冲破，我梁旅长鉴堂，以身殉难，而所部三团，仅余二三百人，牺牲之烈，可以想见。铁角岭既破，雁门关后路至为危险，正拟由平型关抽兵两旅，雁门关抽兵两旅，并以刘茂恩军，前面敌人尚不甚多，拟将该军加入夹击敌人，命令已下，而当晚九时，铁角岭左翼高地，复被敌人夺去，平型关方面，亦成危局。高军桂滋，亦以刘军一撤，该军左翼暴露，绝难维持，而繁峙、代县方面，敌军又冲入甚多，战事至为激烈，损失亦重，迫不得已，始决定在五台、崞县、宁武等县占领弧形阵地，与敌决战。

阎氏谈察、绥、晋抗战失利之总因，以八字概括之，即"敌为主动，我为被动"。然何以造成如此局势，其症结又在我若干部队之将领，其昔日军人保持地盘、实力之心理，尚未消泯也。如察省之已受敌军进迫，而刘汝明犹拒绝汤恩伯军之开南口，而表示有"不增兵，察省可保；若增兵，察境必危"之语，其愚妄悖谬，亦实令人气愤也已。幸有汤军之死守南口，方得阻止敌军之不至长驱直入。然此时也，而刘仍图保全实力，以去岁敌人进攻绥远，二十九军稳坐冀、察，隔岸观火之态度，既不作防守之准备，亦不谋积极之进攻。最近察省出逃人士谈当二十〈二〉年冯玉祥氏在张垣组织同盟军构筑之工事，临时整修，遣驻劲旅，足阻敌人之由张北逼攻张垣，然刘即此亦不准备，仅以少数收编之保安队防守各要口，而调其直属部队于后。迨二十五日敌军深入，形势严重，而其部下某旅自动应战，刘睹势已无可逃避，乃临时增援部队，然前线无坚固可据之工事，后防无粮台、医院之设备，将士拼命苦战，伤者不得有医诊治，生者至于食粮断绝，支持至二十六日，牺牲甚巨。然按之形势，原仍可挽回危局，而刘卒仍以保持实力之议，于二十七日由张垣后撤矣。张垣之退，影响南口汤军十余日艰苦奋斗所获之战绩，亦不得不随之后退矣。刘氏既退洋河之南，亟应极力支撑，以使后防从容设备，而忽奉调防津浦之命，遂至不待接防军队之到达，即先行开拔，使敌又由广灵、灵邱，长驱直入，增重平型关战局之危势，虽有八路军之奋勇抗拒，亦不能挽回危局矣。

　　至敌人之由平绥线前进也，天镇本可固守，徒以李服膺工事构筑之不坚固，及李部团长李声润雁山防守之疏忽，待至天镇已失，始有电报，兵士全作壮烈牺牲，决战计划，完全破坏。天镇不守，随之大同亦放弃，而全部战局亦危急矣。

　　按阎氏所谈察、绥、晋之战事之失利，一误于刘汝明，再误于李服膺，三又误于刘汝明。而刘汝明与李服膺实为察、绥、晋战事失利之最大负责者。现中央已明令刘氏撤职留任，戴罪图功，而李氏亦已于三日在太原受军法审理后执行枪决。刘之撤职与李之枪决，固可激励一时士气，使各部将领知所警惕，再不致若刘之未战则保持地盘，既战则轻弃防地，亦不至效李之以筑工事为虚应故事，视防守要地之等于儿戏。然而尤有要者，则今后若干将领心理之必须根本改造，凡昔日军人保持地盘、保全实力之心理，须悉〔悉须〕完全消泯尽净也。

昔日军人之作战，专以投机取巧为能事，其心力所计，俱在如何保持地盘，如何扩充实力，如何保全个人之身家财产。以保持地盘为首要，设地盘不保，则次焉必求保存实力，如至实力亦不可保，则最下亦必将个人之身家财产，保全无失。至于民族国家之谓何，则其观念，至为淡薄。故如今刘汝明之抗战也，敌人将至，犹惧政府军队之增防，敌人既至，则放弃要地而求保全实力，终至地盘不可保，实力亦损失甚大矣。又若李服膺之抗战也，构筑工事，则极力曚被〔蒙蔽〕，敷衍了事，镇守要地，则敌军之来，匿而不报，图保职位而职被撤，苟全性命而亦难逃军法之治罪。今凡刘、李等二人所以贻误戎机，致陷军事于不利之根本原因，皆由其保持地盘，保全实力之昔日军人心理，未能消泯之所致。今李既已受军法之处决矣，而刘仍在前方戴罪图功，冀其今后一扫过去心理，使果能图功以赎其罪，则犹可得国人之宥谅也。

今日对外抗战，不比昔日之国内相争。昔日内战，求各人武力之扩充也，今日抗战，则求整个民族国家之生存也。必须整个民族国家可以生存，然后个人方可生存，整个民族国家如不能生存，则非但地盘不可保，实力不可存，即个人身家财产亦无所寄托也。且如刘、李部队，愈恐牺牲，而牺牲愈大，惟徒使我忠勇可爱之将士，供无谓之牺牲耳。今全国抗战将领，一以刘、李为戒欢〔劝〕，而刘、李之覆辙，实今察、绥、晋抗战失利之最大教训也。

吾草此文既毕，读五日《大公报》秋江先生通讯《大战平型关》，其中所述，晋省徒喊抗战而无准备之情形，亦可为今兹抗战失利之教训。录其一节，以殿本文：

循着公路下坡，就是关沟，向东翻过山头，即平型关。……长城顷圮不堪，大致留着一点痕迹，东西向的睡在山石里。

山势非常单薄，有山西军人在鲫鱼背式的棱式线上新构工事，目标太暴露，一炮打来是无法抵抗，对于工事构筑的地形和式样的选择，太欠研究！

更令人不解的，这样重要的地方，临时才来掘工事，由国库领来数目甚巨的国防费，究竟放到哪里去？假使说放到天镇，那么这一次天镇不守，一半因为工事不合于现代战争需要，假使说放到雁门关，雁门关本来险要，再加修大工事，那是锦上添花了。况且过去内战，都由平型关进山西，怎么会忘记呢？

《西北论衡》（月刊）

西安西北论衡社

1937 年 5 卷 7、8 期合刊

（朱宪　整理）

绥远抗战与一二八抗战

——为纪念一二八五周年而作

张健甫　撰

当绥远抗战，以收复百灵庙、大庙子，完成肃清绥北的第一个任务，眨眼快入于肃清察北的第二个任务以前，不期战事暂时转入于沉寂静止的状态。我们战士们的热血，在河冰山冻的塞外，早已喷出民族万丈的火花。他们热烈的心情，毋宁殷切地期待炮火冲寒，杀敌致果吧。

民族独立自卫的抗战，决不能半途休止的，时间似乎了解这个铁则，它特意翻出伟大的历史来鞭策我们。这是谁也不能忘记的，五年前震撼世界，血染长江的一二八淞沪抗战纪念，在绥远鼙鼓稍息的时候，它挟其过去暴雷般的威风，突破我们的沉默了。一二八抗战，是中华民国史上我们民族武装第一次和侵略帝国主义敌人鲜血的搏斗，我们十九路军和第五军以数万的偏师，和敌人整个国家的军队——海、陆、空军，血战至一月余，假令当时有后援的话，岂但我军不会退出上海，也许白川大将，不待韩人尹奉吉的炸弹，先将粉身碎骨于我们民族抗敌健儿的枪弹之下。时间不停的飞去，一二八抗战，倏忽五周年了，这是历史上的一个非常纪念，尤其在今年，绥远抗战还待开展的时候，一二八到来，有其特殊重大的意义，至少它会以过去的血的经验，指示我们今后抗战的前途。

因此，在一二八五周年纪念到来之前，我想把最近绥远抗战情形，加以说明，并和五年前一二八抗战，作一个事实的对照。

我在本志七期《现阶段的绥远抗敌战争》，曾经把绥远抗战分为三个时期，并以收复百灵庙以后，为入于第三个时期。现在距收复百灵庙的时候，将近五十天，但战争仍未离开第三个时期而前进，虽则大庙子已经于一个月以前收复了。

绥远战争所以停滞于第三个时期的原因，最主要的，不外战争限于局部化，没有使它扩大为全民族的全面抗战的缘故。从来侵略国家进攻殖民地的最理想的办法，无过于使殖民地毫不抵抗，这样它就可以不折一兵，不费一矢取得整个殖民地的统治，过去土肥原导演的华北自治运动，即是采的这一战略。墨索里尼征服阿比西尼亚，假令阿民族不发动全面的抗战，墨索里尼自然乐得传檄而定东菲洲。如果殖民地抵抗的话，侵略国又必使这抵抗，限于局部的行动，这样，它也可以极少的牺牲，获得最大的成功。去年松室孝良写给关东军的一个秘密情报，也就是这种主张。所以殖民地对于帝国主义的侵略，如果只是局部的抵抗，恰好中了敌人的奸计。绥远抗战，如果不是限于绥远一隅而爆发一个全国武装自卫的军事行动，那么目前正是开始主力搏斗的时候。惟因限于局部的行动，所以我们即收复了百灵庙，击溃了王英等伪部，也就没有再进攻的力量，不得不暂时停止了。

然而这种停止的现象，只是极暂时的。一旦伪军重行整顿以后，势必卷土重来，为大规模的进犯。七、八月间伪军第一次进犯绥东，不是被我军击溃而退集商都吗？可是曾几何时，十一月初又作第二次进犯了。现在正是第二次的败退，据连日各方消息，伪军迩来仍积极扩充，强迫征调察北民夫入伍，某方军火亦继续向张北及嘉卜寺各处运输，李守信向沽源征发的大宗米面，限一月十日以前交到嘉卜寺，伪热军张海鹏逆部也由沽源开到商都，关东军又派一大联队进驻张北；张北、商都两处，目前已成为敌伪军扰绥的根据地，闻共驻有关东军、伪满正规军及王、李等伪部二万余人。这难道还不够说明敌伪军准备第三次大举进犯吗？此外在嘉卜寺的敌人，有德王、卓世海、包悦卿等汉奸逆部，合计也不下五六千人。伪军的力量正未可轻视，一旦补充就绪，势力尤要雄厚。加以某方近大更换察北各县县长，政治势力，亦较前巩固，未来的第三次侵绥战争，一经揭幕，还〈要〉比二次侵绥战争，更来得凶吧。

有人以为伪军内部动摇，兼之自相水火，即再进犯，也不堪一击，王英伪部，不是因为多数反正投诚，几于全部消灭了吗！诚然，这是很可乐观的。但侵绥远的不是伪军，而是侵略的东洋强盗，伪军二次失败，东洋强盗，即拟亲自出马，将来三次犯绥，无论如何，它要亲自站在主演的地位。因此第三次抗战，我们必然会遭遇敌人很强大的攻击。

或者又以为敌人本身也很脆弱，红格尔图一役，我们就杀死了许多东洋赤老，百灵庙、大庙子两次搏战，被俘虏的伪军中，有百分之四十六不能说中国话的人，这当然也是东洋赤老。这样，难道我们还怕敌人亲自作战吗？过去长城抗战、一二八抗战，我们爱国健儿，曾经在疆场上杀得敌人大呼"中国老爷饶命"，如果敌人亲自侵绥的话，我们正不妨再给他们一次血的洗礼。

是的，我们不但不怕敌人亲自作战，我们正要敌人亲自作战，但如果我们只是局部抗战，那么结果是很可虑的。过去长城抗战、一二八抗战两役，我们虽然得了许多伟大的胜利，然而究竟出于悲剧的退却，则以我们为局部的抗战，敌人乃竭整个国家之力进攻。即如绥远抗战，我们不过以晋绥及中央军部分的力量作守御，而敌人除利用伪蒙军、伪满军外，关东军、华北驻屯军，亦都实质地参加战争，或为伪军的后援，或作侧面的牵制。此外，第三舰队则活动于我国沿海各省及长江沿岸各省。当绥远战争正剧的时候，青岛事件发生，第三舰队集中青岛海面的至九艘之多，同时，集中在福建厦门海面的也有十余艘，这些都是敌人在我后方的牵制政策，虽则在表面上对绥远战争，还没有显著的影响，可是实际上却不能不添加前线战士的顾虑，尤其青岛事件，几乎动摇华北的防线，使绥远战争蒙受直接的打击。在上海方面，敌军屡次操演，闸北、沪西、沪东一带，差不多成了敌人武装钢甲车、坦克车的巡逻线。这些都表示敌人对我多方面的牵制，以使其侵绥战争能够获得更有利的地位。而我们则除绥远一隅在与敌人拼命，其他各地，都过着平安（？）的日子。特别冀察当局，它能于前年放弃冀东，去春放弃察北，却不肯于绥远抗战之时出一兵而收复冀东、收复察北，甚至对绥远战事俨然采取"第三国"的立场，向敌人宣言严守中立。在这种情形之下，绥远前线将士怎能不有所顾虑，不敢运用进攻的战略呢？何况经过红格尔图、武川、卓资山、百灵庙几次的激战，我军亦不无多少损失，至少经过屡次征战之后，人疲马乏，也需要相当的休息，又何能不使战争暂时陷于停顿呢？据前线战士说，敌人的空军活动，很为厉害，几乎每天都向我们阵地掷弹；而我们的空军，还未参加战争。假令要攻的话，徒有陆军活动，而无空军掩护战争的进行，是很容易遭遇意外的损失的。在现代战争中，无论陆战、海战，空军都有决定胜负的作用，而我们绥远的抗争，却仅限于陆军的作战，这也是使绥远战争现时陷于停顿的原因。

总之，绥远抗战，不能迅速转入于收复察北的阶段，我以为战争限于局部化，是最大的原因。

但绥远战争，有一个极大的胜利，即我们的武装自卫，已经击破敌人以华制华的政策。王英伪部如金宪章、石玉山、葛子厚、安华亭、吕存义、王静修等师、旅、团长，都先后反正，收复大庙子，没有发生激烈的战争，即是由于金师、石旅、葛旅在乌兰花反正，使王英残寇不得不仓皇遁走。这又说明了只有民族的炮火，才可以毁灭汉奸阵线，才可以唤起民族的灵魂。假令我们如果扩大抗战的话，伪军部下倒戈的必更多，李守信部不是已经很摇动吗？张北各县的民众，在我军收复大庙子以后，都纷纷武装起来，单是张北一县就发现新义勇军一千余人。这个启示我们：抗战的范围愈扩大，敌人的后方愈危险，我们愈有胜利的把握。"中国人不打中国人"、"中国人不替敌人当炮灰"、"中国人不要为敌人进攻自己的祖国"，这些新鲜的标语，已由张贴于我们的前线，发现贴到敌人的后方。尽管敌人和满洲傀儡东施效颦地发起募捐助战运动，然而中国人谁肯掏出腰包帮助敌人来杀自己的兄弟？但又谁能否认敌人不在希图挽回以前的失败，为第三次大规模的进犯呢？

西安事变以后，敌人的花样更多了：第一，傀儡德王，在其外国主子授意之下，发出停战反共的通电；第二，关东军鲜明地指绥远抗战军为共产军，明白声言，决以实力援助伪蒙军讨共。不消说，敌人用反共的名义，不但要分化中国的抗日力量，并且还想使国际反共战线的德、意等国，牵制同情我国抗战的苏联以及英、美。因此，我们更需要扩大抗战的范围，以民族的武装，打破敌人的无耻宣传。

由于绥远抗战的暂时停顿，给了敌人以补充机会，又给敌人以造谣机会，我们预想得到：敌人第三次进犯的时候，将是绥远最大危机的发现。而这危机的造成，乃是局部抗战的结果。假令我们要固守绥远的话，唯一的办法，马上以全力援助绥远战争的扩大，马上以全力开展全民族的全面抗战。否则，一二八局部抗战的结果，是很值得我们认为前车之鉴的。

说到一二八抗战，有许多地方和绥远抗战很相似的，闸北、江湾、朱家浜、曹家桥、八字桥、吴淞、庙行几次阵地的争夺战，仿佛绥战中红格尔图、武川、五圙圙、百灵庙阵地的争夺战。最相类似之点，这两次抗战，我们都是取的守势，敌人取的都是攻势。因为守，所以一二八战争，我们尽管胜利，终于没有冲入租界，捣毁敌人的老巢，反而给敌人以租界为进攻我们的根据地。同样，绥远战争截至现在，我们也只限于肃清绥东、绥北，没有直捣商都，而商都也就成了敌人未来进攻绥远的大本营。一二八抗战，我们并不是没有直扑租界之力，因为过于遵守条约的尊严（其实不平等条约，应该废除，国父孙中山先生老早诏示过我们），我们就让敌人以租界为长城，终于无法使其消灭。绥远战争，我们也有力量扑攻商都，但因冀察当局表示第三国式的中立，商都也让敌人在最近期间建筑坚强的工事。第二，一二八抗战，仅是十九路军和第五军两个编〔偏〕师，后方没有接济；绥远抗战，从红格尔图搏斗到收复百灵庙和大庙子，一直也还是晋绥军在拼命。第三，一二八抗战，敌人以全国的海、陆、空军，向我军作无情的攻击，而我军仅是陆军的抵抗，目前绥远的情形也差不多。第四，一二八抗战，敌人为不宣而战，并且在抗战中，敌我未宣布绝交；同样绥远抗战，敌人也是不宣而战，也未宣布绝交。

记得一二八战争的发生，是在我们完全接受敌人的无理条件之后，而绥远战争的爆发，亦恰在冀察当局签订《华北航空协定》之时。一二八抗战，我们全国民气火一般的燃烧起来，募捐、参战、慰劳、救护等等工作，无一不是由全国民众自动的热烈的在执行，绥远战争发生，我们全国民气，又作第二次的空前大燃烧。一二八抗战，我们支持了三十三天未吃败仗，绥远战争，从去年七月起，我们支持了半年，总是大捷。

所不同的，一二八战争，敌人亲自出马，而绥远战争，敌人乃以伪蒙军当先。因为敌人亲自出马，所以一二八战争，敌人丢丑更大，整千大队被我消灭，不知有若干次。至今朱家浜、曹家桥、八字桥、庙行、吴淞等战场，还不知有若干大和族的忠魂，在日夜号哭。盐泽司令、野村司令、植田中将，先后弃甲曳兵，大损"皇军"的威风。白川大将虽得苟全颜面，但三月二日我军的撤退，并不是白川打了胜仗。敌人因为一二八战败，以后便惯用傀儡作先锋，王英、李守信屡次抱头鼠窜，毋宁是一二八战役盐泽、野村等人的代表，换言之，是现在关东军司令植田的代表。一二八战争，敌人每次战败，向中国兵高呼"老爷饶命"，可是绥远战争中某国乔装伪蒙军的兵士，连中国话也不会说。一二八战争我军所以退却，由于浏河、杨林口一带防守太薄，绥远战争最可虑的，便是平、津、丰台一带，已经做了绥远的浏河。

　　一二八抗战，在中国民族历史上，呈射出异样伟大的光彩，然而因为战争没有展开为全民族的全面抗战，结果，反缔结可耻的《淞沪停战协定》，成立上海非武装区域，至今长江的门户，反由敌人管钥。绥远抗战，如果始终局促一隅的话，谁能保证不发生意外的危险呢？就令以绥远当局的力量，足以固守百灵庙、大庙子和红格尔图诸役的光荣，然而我们是否让敌人永久占领察北，占领冀东，占领东四省呢？绥远抗战的目的，当然不能以固守绥远一省为满足，至少在现阶段中，我们要收复商都、张北、宝昌、康保、沽源、多伦六县，才可以保证绥省的安全。卧榻之侧，不容他人鼾睡，敌人以双手打我们，拳足交加，我们决不能以一手打敌人，也必须以双拳回敬。绥远抗战，我们应该使它扩大，就是这个道理。

　　因绥远抗战，使我们联想到一二八抗战，又因一二八抗战，使我们对现时绥远战争的停顿，抱着无穷的忧虑。尤其当一二八五周年快要到来的今日，它所启示我们的是：扩大抗战，才可以保证抗战的胜利。让我们在一二八五周年纪念，祝绥远前线将士：

打到察北去！

《世界知识》（半月刊）

上海生活书店

1937 年 5 卷 9 期

（李红权　整理）

刘桂堂匪在察北活跃

作者不详

（张北通讯）久稽显戮之华北土匪渠魁刘桂棠，忽于察北叛逆准备再度西犯声中，乘机崛起，参加叛逆集团，为虎作伥，竟在察北活动，收编热境丰、嘉一带之散匪，及其遗留边塞之旧党，达一千七百余众，分组向南壕堑集中，其先头部队业已到达，余匪正在续进中，在此期内，刘匪羽党乃在边疆开始活跃。

刘匪有窥旧县城说

据关系方面所得探报，本月十七日，刘桂棠匪部约二十余名，进扰延庆县属之刘斌堡。经当地驻防军队得讯，即派队出击，该匪即行溃散。旋于十八日，刘桂棠匪复遣大股匪众二百余人，卷土重来，幸驻军早加防范，迎头痛剿，匪众亦未得逞，纷纷退败，并有刘匪将拟进窥旧县城说。现在驻军已严戒备，决可无虞，并已派有某团剿除，日内即可肃清。至刘部匪徒，此次进扰该堡，大约系其徒众，在赴南壕堑集中途中，忽动旧日打劫观念，见该堡富丽，不禁技痒，迨一举未能如愿，因而大愤，乃啸聚同党，再行进扰，原系一种无目的的土匪行径，日内当能肃清。

日方截留商贩马匹

内地马贩商人，向于秋后出口，收买马匹，至来年春后，即络续贩运入口。现有许多马贩商人，贩运大宗马匹南返，行抵热河西北部之百子庙地方，为某方所瞥见，恐卖给军队作为战马，并利此大批马匹，乃借口禁马出境，将商贩及马匹全行扣截，不准通行，只准在境内脱售，一匹不准运出。一般马贩商人，携资远行，冒险离〈家〉，图[家]获蝇头微利，赡养妻孥，今经此苛刻打击，莫不冲天叫苦。惟在敌人铁蹄下，只可任人蹂躏，殊无可奈何也。

《边事研究》（月刊）

南京边事研究会

1937 年 6 卷 1 期

（丁冉　整理）

全国妇女对于绥远抗战应有的认识和任务

采薇　撰

自我们的"友邦"嗾使伪匪军进犯绥东以来，不仅我们当地的守土卫国的将士，奋勇抵抗，而全国的同胞及妇女团体，都起来募捐，非常热烈而积极的来援助前方将士，无论在报章上，在杂志上，都大声疾呼的要求"以全国的力量守绥远"，并且有人提议"应该全面的来研究绥远抗战"。的确，为了保卫绥远以及整个中华民国领土的完整，我们每个妇女及全国的同胞对于绥远的抗战，非作全面的研究不能达到最后的胜利的目的；然而要全面的研究绥远的抗战，又非对于绥远抗战给以正确的认识不可。

一、应有的认识

第一，最近前方的军事，由于前线将士们的奋勇抗战，及军事当局指挥的得当，已经节节胜利。尤其是我军攻下绥北的军事根据地——百灵庙，及最近大庙的克复，这些捷报传来，举国一致欢腾，可是我们要知道，这种胜利，不但不能视为绥远抗战的"结束"或"告一段落"，面〔而〕且要当它是未来更大的决斗——收复失地——的起点，还要继续抗争，以保持最后光荣的胜利，那末才有伟大的意义呢！

第二，绥远抗战，不仅表现在由于全国的热情，使全国同胞都在"一致对外"的目的下团结起来，干起来的伟大的力量，和证明中华民族唯一的出路，只有在抗战中才能获得，中华民国的自主独立，只有抗×才能保障，而且更粉碎了"唯武器论"的错误。自绥军抗战以来，××帝国主义尽管以飞机、大炮助战，尽管以大队人马增援，然而我军不仅阵地未击破，反而一向作为××帝国主义利用进攻我华北、西北大本营的百灵庙和大庙，在抗战中都被夺回来了。难道这还不是证明"唯武器论战"的错误吗？然而这些错误的理论，都被这次绥远的抗战击成粉碎。

第三，绥远抗战，不仅使我们内部更加紧了团结，全国的将士一再的表示"与国共存亡"，举国同胞不惜节衣缩食愿为后援，这样军民积极的结成了一条抗日战线，而且使敌人内部，也起了严重的分化。第一，我们在报章上看到的消息，已经知道××财阀与政党对于军阀侵略中国的步骤上，一再的责其过急，同时××军阀企图造成法西斯政权以消灭政党政治，因而又激起政党的反对。假如要能以抗战给××帝国主义以严重的打击，不仅能加速的促成统治阶级的分化，而且更能激起××大众一向反对侵略的革命斗争。第二，我们又从最近的报纸上看到在××帝国主义卵翼之下的傀儡政府内部的分化，例如冀东伪警在昌黎的哗变，赵雷、李大海同作反殷行动，又有李守信之一部在嘉卜寺的反正，而且王英部下几乎整个投诚了。这些报告足证中国的抗战，无论在客观上和主观上都具〈备〉有利的条件和有利的地位。

第四，在目前还流行着一种错误的见解，就是把绥远抗战，仍然当作局部的问题看待，仍然当地方的问题处理，这种见解是多么可怕呀！事实明白的告诉我们，伪匪军侵绥的背影，有着狰狞可怕的××帝国主义在牵线着。这在日本驻沪武官喜多的谈话中，公开承认，绥东伪匪军，日本确曾参加协助与指挥，并宣布日本分化内蒙之计划，这还有什么可说的，××帝国主义的进攻，是多么清楚的事实啊！

日本积极的向察、绥的调动，以大批军械供给匪伪，甚至运到化学战品，同时华北日驻屯军与关东军紧急会议的忙碌，对于侵绥的战略与计划已趋一致，并驻伪满之日军第一、四、七等师团，业已奉令开至察北及绥东一带，以实行大规模的进攻。绥远的事件，既证明××帝国主义正在实行全面的进攻；那么，我们对绥远的抗战还能认为是局部的或地方的遭遇战争吗？过去局部抗战的血的经验昭示我们，一二八以及喜峰口一役都是因孤军而失败的，难道我们还能重踏〔蹈〕其覆辙吗？并且××帝国主义目下所朝夕盼望的就是使绥远事件局部化，而它自己则以全力的支持，并以×伪军实行全面的进攻。我们对绥远抗战若再认为是局部的或地方的战争处理，岂不又中了敌人的奸计了吗？这种谬误的见解是何等的危险呀！

第五，绥远失陷后的严重的影响。××帝国主义为了实现内蒙计划（即将察、绥、宁、甘肃、新疆与东北四省打成一片）以便包围苏联，对绥北的觊觎是长远的了。要包围苏联，若不把绥远攻下，西取宁夏、甘肃与新疆，是极其不便的，因而东方反苏联的长城也就不易完成。所以××帝国主义誓死要夺取绥远。

至于绥远失陷后的影响，当然不仅西北千万方里领土沦为××帝国主义的属地和进攻苏联的战场，就是整个华北乃至全中国亦将不保（〔据〕十一月廿一日南京《新民报》社论）。〈据〉某军事家的推测，××帝国主义占领绥远以后，沿同蒲路南下以取太原，真是易如反掌，山西被并后，它以"一万兵力渡黄河，扰陕西，则陕、宁、青之兵概受牵制矣；以一万兵出潼关，取洛阳，则两湖、两广之兵概受牵制矣；以一万兵力取陇海，攻皖、豫，则江、浙、皖、豫之兵概受牵制矣，再以一万兵力取河北、山东，冀、鲁则自顾不遑"。所以绥远被占后，敌人即可以寡制众，我们就以百万大军退守亦不易易。绥远失陷后的影响是如此严重，所以我们不能小视绥远的抗战，应该急速以全国的抗战来抗敌这全面的进攻，动员全国的力量来援助绥远将士抗战，而且只有以全国的抗战，才能保证绥远抗战有胜利的希望。

二、应有的任务

以上我们对于绥远抗战的严重性，既然有了正确的认识，就应该进一步来研究我们应有的工作。

我们妇女是国民的一分子，是民族生存的母亲，在全国一致抗战声中，我们应该坚苦的作后援，一致杀敌救亡。

我们检讨过去，多数的妇女，几乎不关心国事，一般家庭妇女全副精神都用在厨房和孩子身上，昏迷不醒，简直不懂什么国家，什么民族危亡。一般太太小姐擦脂抹粉，终日享乐，谁还去管国家大事呢？前者是不知道救国，这种人却占全国的大数。所以对这种妇女，我们不能认为是全无希望而就此抛弃了他们，反而要积极唤醒他们，领导他们，设种种方法把他们从厨房里、闺阁里拖出来，卷入救亡运动的浪潮里！

此外有少数的觉悟的、知识的妇女，虽然是留心国事，知道国家民族到了危急的时候，应当起来拯救，但是"因为家庭的累赘，生理上的缺陷，恐怕不能到前线上去，留在后方又有什么用处呢"？这种苦闷的疑难，第一，由于对妇女解放运动认识的不够而来，认为妇女本身的缺陷，和家庭的拘缚是永远脱离不掉的，永远不能担负向来未作过的繁重的工作。其实不然，试看在西班牙的内战中，全体的妇女几乎都卷入反法西斯的斗争中，他骤然英勇的当了义勇兵、救护员、电信队……再看在苏联的五年计划中，几乎百分之八十的妇女都从家庭里解脱出来，参加各种产业部门，不仅轻工业甚至矿山里、煤坑里都有很多的女英雄参加工作，当了红军的更不在少数，现在正在编练妇女补助团，竟有千数红军军官之妻参加工作。日本也正编练妇女义勇队。这样看来，所谓"生理缺陷，家庭累赘"，并不是永不可破除的，是可以有方法解除的，关键就在你有没有救亡的决心与勇气。

第二，是由于对救亡工作没有多方面的把握，以致认为只有到战场上去才是救亡抗敌。其实这仅看到战争的一方面——前方，而没有看到另一方面——后方，一百战争，如果仅有前方将士，而无后方的援助，即使有一百万个"赵子龙"也不会胜利的。所以后方的工作，是前方抗战的基础，前方的将士是后方的先锋，前后两方互相呼应，才能获得战争的胜利。这样说来，我们妇女即使暂时不能到前线去，后盾的工作也是刻不容缓呀！

其次有一个流行的难题"我们晓得应当去救亡，也明白纵令不能上战场，后盾的工作是应该担负的。但不知怎样去作？作些什〔有〕么"？这个疑难正是要讨论的中心问题。老实说救亡之工作很简单，并且多得很，只要你抱定救亡牺牲的决心，你就会晓得到处都有工作，什么都可以去作了。这是怎么说呢？试看我们的勇敢的将士们，不是正在冰天雪地里，在敌人的飞机、大炮轰炸之下，与敌人肉搏血战吗？他们需要温暖的棉衣、手套、毡靴和棉袜，同时缺乏饮料、咸菜和面包；他们需洗濯缝补，烧饭烹调，同时无人安慰和写信，他们需要疗伤的医药，更需要御弹的钢盔与铁甲……

这样看来我们不论到前方去也好，留在后方也好，应该援助的工作太多了。最风起云涌的"贡献一日所得运动"，固然应该积极的推行和扩大，但仅这一点是不够的。应该针对战地的需要，和各人或团体环境所能作到的事情，普遍的各方面进行援救工作。

我们妇女界应该立即发起并推行以下各种工作运动：

（一）募集棉衣、毛衣、手套、棉鞋、毡靴等运动——这可以挨家按户征募，不管新的也好、旧的也好、肥的也好、瘦的也好，只要清洁不妨碍卫生，就可以无限的募集。

（二）募集饮料、罐头、面包、食粮、医药等运动——也以按各商店募集，品质良好也好，劣的也好，只要不碍卫生就可以广泛的募集。

（三）募集钢盔、铁甲、防毒器具等运动——这应该普遍的向大小钢铁工场、大小商店以及各公共机关募集。

（四）组织妇女战地服务团——该团分救护队、烧食队、洗缝队、书信队、慰劳队等，应该挨家按户征求队员，不管太太、小姐也好，学生、店员也好，老妈子、使用丫头也好，甚至游女也好，只要她有参加救亡运动的决心，就其所有的技能分担工作，均所欢迎。在这些团员中，有的愿往前方者，当然立即分别组织成队，稍事训练即派往前方。有的不能立即前往者，也可以分别组织成队，在当地征聘各种技术人材，实行训练，以资后补前方队伍。

（五）组织妇女后方服务团——这是在后方替已经派往前方的团员和将士们的家属服务的。因为到前方去的团员和将士们，家里的事务和儿童无人照顾，即派本团团员代为料理。这种服务团的分子，不管小姐也好，佣妇也好，只要他忠实勤朴，加以相当训练，都可以代人服务的，且可以作为前方的后备军。

在执行这些工作时，应该有一个统一而有力的领导机关，如妇女援助前方抗敌将士总会，或妇女救亡总会之类，以严密的纪律和纲领，来统率这个庞大的后援工作，才能收到实际的效果。

以上这个妇女救亡工作的意见，当然是非常简陋而不能无遗的，不过，我觉得这些工作的意义，非常重大，它不仅为的目前应急，而且为的长期抗战，不是部分的，而是动员整个同胞参加救亡工作的计划。希望海内女界同胞，以及凡不愿做亡国奴的人们热烈地讨论这一救亡工作的方案，并加速促其实现，以保障中华民族解放运动之最后胜利！

《妇女共鸣》（月刊）

重庆妇女共鸣社

1937 年 6 卷 1 期

（刘哲　整理）

绥远抗战的意义

张固　撰

一

近来绥远的战事，似乎是沉寂下去了，各报上都揭载着"绥前线平静无事"这一类醒目的标题。国内人士的注意力，似乎也撇开了绥远，而集中视线于陕、甘政局前途的演变问题上去。真的，绥远的抗战，便将如此的结束了吗？不！不！继着而来的，将是更大规模的战争的开始，不信，且看事实的证明吧！

敌人对绥远的侵略，早已处心积虑，无时或已，岂会因这不关痛痒的些微搓拆〔挫折〕，便放弃她帝国的伟大的雄图计划。至于敌人为什么要处心积虑的图谋绥远，提到这个问题，便须要略举一些过去的历史事迹，来加以说明。

大家都知道，我们的东邻"友邦"，有个根本的国策——"大陆政策"。"大陆政策"，是以我们中国作为唯一的牺牲对象的，"大陆政策"的实现，便是我中国的灭亡，所以"友邦"的根本国策，与我们中华民族的生存，是势不两立的。因为我们"友邦"，是帝国主义的后起之秀，先天的不足，天赋的鄙薄，都给她帝国前途的发展以莫大的限制，资本帝国主义所必需具备的重要条件，如煤矿、铁矿以及石油矿等，正是她所感到最为贫乏的。于是，为帝国前途计，她不能不向外寻求发展，像其他老牌帝国主义一样，争取殖民地。然而她是后起之秀呀，一切都落了人后，当她把贪婪而凶横的目光，投向世界时，世界上已无一片干净土，那时，除了懊丧、悔恨"何不早生数年"之外，她却暗暗地睹上了我们中国了。中国虽然早经印上欧洲帝国主义的足迹，但她认为并不是不可以再来插一个足的，她决定向我们中国再行插足的政策之后，便把势力向满洲伸张。那时满洲，已成为帝俄的禁脔，日本势力的滋长，势必与帝俄发生抗衡，于是无可避免的日俄战争，便于一九○四年爆发了。

日俄战争的结果，满洲换了一个主人，帝俄退出了角逐之场，转让其地位给日本，于是日本独霸了满洲，对我们中国的侵略，得到了第一步的成功。接着就确定了撼震世界的"大陆政策"，当她的"大陆政策"确立之后，对我们中国的进逼，便步步加紧，好似恨不得把我们中国，一口气吞下去，就使她美满的梦，实现起来。进逼的事实，那是过去的一笔旧账，我们不必去细细地算它，现在我们来一按"大陆政策"的步骤如何。田中有名的奏折上有一段说："……惟在〔欲〕征服支那，必先征服满蒙，如欲征服世界，必先征服支那。倘支那完全被我国征服，其他如小中亚细亚及印度、南洋等异服之民族，必畏我敬我而降于我。使世界知东亚为我之东亚，永不敢向我侵犯。……我大和民族之欲步武于亚洲大陆者，握执满蒙利权，乃其第一关键。"这把"大陆政策"的步骤，描画得淋漓尽致，对于满蒙的夺取，是说得如何的急迫而切要。我们的"友邦"，她是完全按照着预定的计划，逐步迈进的。自一九三一年"九一八"沈阳事变之后，满洲是完全致〔置〕之于她的铁蹄之下，"大陆政策"的第三步，又获得一半的成功了，现在所差只有蒙古政策的一部分，尚未完全实现，积极侵绥，便是实现梦〔蒙〕古政策不可少的一个步骤。因为绥远的地理关系，东邻冀、察，西联宁夏，南临晋、陕，北接蒙古，若不占领绥远，则不能使满蒙很顺便的联在一起，且无法打通其西进南侵之路，以实现其囊括支那全土，征服世界的迷梦。

故敌人的侵略绥远，是有其历史背景的，非取得该地不可，决不会因这些无关重要的打击，遽然中止她历史的阴谋。然目前绥远平静是事实，这将作何解释？

我以为目前绥远的平静，并不是敌人放弃侵略的行动，而是更加积极的准备，预备"卷土重来"时，达到胜利的目的。另外一个原因，也许是为着中国的内部问题，敌人想等待时机，施以出其不意的袭击。

总之，决不是绥战便将如此结束了。

二

绥远抗战，是我中华民族第一声的怒吼！给无厌〔餍〕的敌人，以一个迎头的痛击，其意义是非常重大的！敌人侵绥的目的，简单的说一句，即如上段所述为实现其"大陆政策"的第三步，详细的分析起来，即具有如下的几个用意：

（1）威胁南京谈判　以枪杆作外交的后盾，这是我们"友邦"惯取的方式，借口所谓成都、北海、汉口、上海等事件的连续发生，而进行南京谈判。向我们提出四项狂悖的要求，四项之中的第一项，即为创立冀、察、绥、晋、鲁五省的缓冲区域，并要将这五省的一切权利，如官史〔吏〕之任免，赋税之征收，以及军事之管理等等，都须交给所谓"华北自治政府"，换句话说，便是要我们直截了当的承认华北五省脱离中国，划给××统治。虽然，冀察政权成立了，冀东二十二县占有了，察北六县夺取了，增强华北驻军实现了，不久之前《华北中日通航协定》签订了，而且开始通航了，又冀察政会照着"友邦"的意思改组了，任齐燮元、曹汝霖、李思浩、章士钊等历史上有名的……人物为委员，甚至石友三也被委为冀北的保安司令，冀察政权是完全如她们所期望的"明朗化"了。但这些尚不能使"友邦"感到满足，因为这些都只限于冀、察两省，而不能普遍的通行所谓整个的华北——冀、察、绥、晋、鲁五省，且与中央有"藕断丝联"的关系，这使"友邦"的心目中，常常感到一种不快人意的感觉，所以进行南京谈判时，第一个便提出这个问题来，欲压迫我当局承认，借以收得不战而胜之效。但这次她却未料到完全碰壁了，现在的中国，不是过去的中国，"吃耳光不赔笑脸"了，说一句老实话，中国是退无可再退，让无可再让了，故对"友邦"这次所提出的要求都一律予以无情的拒绝！进一步不客气的向她提出五项反要求，弄得川越啼笑皆非。谈判至七八次之多，毫无结果，这当然使"光荣"的帝国，面子难堪，所以她便发动绥远的这次战争，来作威胁，欲使南京谈判在飞机大炮之下屈服，签订城下之盟。

（2）促成华北五省独立　"友邦"为欲实现步武亚洲，完成大陆帝国的梦起见，对华政策，是一贯取着领土侵占政策的。对领土侵占政策的执行，是一贯采用"分离"的方式，以达其"各个击破"的目的的。如先将满蒙造成种种的特殊环境，然后借口环境特殊，使与中国逐渐分离，一鼓而占领之，现在满洲是已被其并吞了，所以她工作的对象，转移到华北来。华北"分离"工作的进行，先是由有名的浪人土肥原负责导演的，土肥原的预定计划，是想仿照制造满洲伪国的手法，如法炮制一个"华北国"，使华北五省在自治运动的烟幕之下，又踏着满洲的前辙，逐渐脱离了中国。但是"好事多磨"，"美梦难再"，她梦想着的昙花，未曾实现便消散了。为遮羞起见，为欺骗自己方面的观众起见，只好将殷逆汝耕，勉强打扮出台，演一出冀东二十二县"防共自治"的独幕丑戏。虽然原来的计划，不能如所希望的顺利实现，但她们却认为并不是不可以实现的，因此，虽遭失败，并不灰心，对原来计划，不特不肯放松，而且经过一番所谓"人员调动"、"政策刷新"、"工作检讨"之后，更加积极进行，并由关东军自己出手，于是察北六县继着冀东二十二县而沦亡，德王傀儡倍〔陪〕着殷逆汝耕而登台，"大元帝国"与"冀东防共自治政府"，遥遥而相对矣。关东军这种杰作，用意即在警告华北五省当局说："你们听着，若再不依照我的计划行事，脱离中央独立，成立'华北国'，那我将不管你们了，而另行请出德王来，以察北为根据，进窥绥远，由绥远而山西而陕西，而青海而宁夏，努力制造一偌个大的'大元帝国'来给你们看看！"但是五省当局，如聋如聩，仍是不动声色的保持着旧有沉默，这使"友邦"大为不满，便毅然的嗾使其豢养的几条走狗，向绥远进攻，欲借以造成既成事实，促使华北五省独立，以达其侵占的目的。

（3）打击华北反×实力　　华北虽然处于敌人直接的镇压之下，然反抗的情绪，是如火般的热烈，无论是官方或民众，除了少数的汉奸之外，对敌人的高压政策，都怀着非常的愤慨！如丰台的两次事变，完全说明了二十九军的爱国士兵，抗×情绪的高涨。事件的解决，虽然是我方忍辱退让了，但反×的气氛，却因此而更加迷漫着。这使敌人惴惴危惧，关东军华北大演习，便是向我们作武装的大示威，欲扫荡这种于她不利的气氛，却又不料到我们的二十九军、五十三军也来一个空前的大演习，给她一个"来而不往，非礼也"的武装答覆，这当然又使"友邦"心中非常不满了。再加上鲁之韩复渠〔榘〕、晋之徐永昌的双双南下，绥之傅作仪〔义〕强硬的声明"不惹事，但亦不怕事"，更使她认为楚歌四面，环境日非，若再不择个开刀，给点利害他们看，那真如松室少将近对关东军的秘密情报中说"……中华官民反我情绪之激昂，帝国之胜利，殊有大量危险"了。为巩固帝国在华北的特殊地位计，因此，就发动侵绥的战争，欲以"秋风扫败叶"之势，一鼓攻下绥远，消灭华北方面一部分实力，使其他各部分看了震惊，而不敢有反×的企图，借以打击华北的抗×实力，这也是敌人侵绥的一个重要用意。除此之外，如剪断中苏的联络，阻止中央实力的北移，造成苏联的包围线等，均为这次敌人侵绥的重要目的。故我们的英勇抗战，粉碎了敌人的五光十色的幻想之灯，其意义是丝毫不容忽视的！

三

绥远抗战的意义，既如上述，其性质之重要，不言可知了。

要知道，时至今日，我们中华民族的生路，惟有求诸抗战，冯玉祥将军于今年新年特大号的《东方杂志》上也告诉我们说："什么是复兴中华民族的基本方策？答覆是第一个是抗战，第二个是抗战，第三个还是抗战！"于此可知，抗战，对于我中华民族的生存，是如何［如］重要！

这次绥远抗战，已揭开了中华民族抗战的血幕，燃烧着民族解放的野火，今后局势的展开，无疑的将是一幕更悲壮的整个中华民族与×帝国主义者无情的大搏斗！在这场搏斗当中，便将决定了立国于世界有数千年历史的我中华民族的命运，故绥远抗战，关系着整个的民族存亡问题，不要等闲视之为地方性或区域性的战争，无关大局，更不要错认为是"剿匪"的战争，自隳民族抗敌的意志！我们如欲在行将到来的大决斗中，粉碎敌人的魔冠，把握着最后的胜利，以免民族陷于悲惨的前途计，我们便要更加积极的准备，不要徒托空言！对绥远的抗战，也便应有更深切的认识与关心！切不要以为那是在老远的塞外烽烟，不会波及到我们南方来的。相反的，敌人之所以积极的侵略绥远，前面已曾说过，是为着实现其"大陆政策"，即是灭亡中国，并吞华南的准备，绥省若再继着察北而丧失，则北方藩屏尽破，无厌之狼，便可毫无障碍的长驱直入，黄河以北之地，决不能再为我有，当此之时，大好的河山，仅剩半壁，即欲偏安苟活，亦不可得。试问现在的塞外烽烟，不是我们将来的燃眉之火吗？

故集中全国的力量，来保卫绥省的安全，是无比的重要。调兵遣将，是政府方面的事，不必我们过问（因为现在的政府，已具救亡的决心），增强抗战的力量，却是我们的责任，实行"一日运动"，捐各人一日所得之微，来贡献给冰天雪地为民族生存而奋斗的前方斗士，我觉得还是不够。除此之外，我以为要各尽所能的来〈从事〉御侮救亡的工作，以整个的生命贡献给国家，为民族的生存，不惜任何牺牲！惟有这样，才能摧毁当前的大敌，才能使民族复兴！

最后，笔者郑重的告诉大家，我们中华民族的前途，已透露着曙光，绥远战士的碧血，已写下历史光荣的胜利，百灵庙、大庙的相继克复，便是最有力的一笔。这并不是寻常的军事胜利，而是具有伟大的意义的！蒋委员长前在洛阳军分校总理纪念周上，不是对我们说："……前者足使全国人心振作，士气发扬，并使全国军民，确知吾人只需全国统一，共同一致，决心奋斗到底，必无丧失土地之理，故百灵庙之收复，实为吾民族复兴之起点，亦即为我国家安危最大之关键！"可以证明绥省抗战之意义与重要了。

全国的青年学生们，起来吧！拿着时代给予我们的钢刀杀向前去，使敌人认清我中华民族还是狮子，不是绵羊！使我们青天白日满地红的国旗，永远在世界宁静的晨风中飘扬！飘扬！！

　　　　　　　　一九三七，一，一九写于东方大港之滨

《晨光》（周刊）

杭州晨光社

1937 年 6 卷 4 期

（朱宪　整理）

察北匪伪军抢掠蒙人牲畜

作者不详

自察北六县为匪伪军占据后，往年由北平等处前往贩马之商人等多裹足不前。蒙人多赖畜牧业为生，因之一般蒙民生计，顿感恐慌，且自匪伪军增兵犯绥以来，附近各蒙旗马匹、牲畜等，多被抢掠，蒙民无不恨入骨髓云。又察北左翼四旗迤北，原有数盐池，产盐极丰，盐质为大青盐，该数盐池每年产量，足供蒙旗之用，余则运销内地。过去每斤盐价约四五分，近已涨至每斤一角左右，其原因为匪伪军盘据，运贩困难，且盐车经过匪伪军驻地，任意苛索所致云。

《蒙藏月报》
南京蒙藏委员会
1937 年 6 卷 4 期
（丁冉　整理）

慰劳傅主席暨绥远全体将士胜利书

蓝耀枢　撰

傅主席、各位英勇将士：

　　我开始庆祝你们胜利了。我英勇的救国剿匪绥战将士呀，你这种坚苦卓绝，为国牺牲的精神，真正值得我们敬仰和犒劳哦。你们淬励奋发的，干那保全领土完整的工作，同心协力的，拼命奋勇前进，连那肚子里，饿得雷鸣似的也不顾得吃，整天整夜的，站在狂风大雪的阵地，也不晓得冷，并且一个个，都还是雄纠纠，气昂昂的，浴血苦战啊，这已经使我心坎中十分的同情了。我最敬仰的，是你们忘身殉国忠勇壮烈的精神，这真是我国全民族的模范。你们身体锻炼得钢一般的强健，你们主义认识得镜一般的清楚，你们团体行动训练得壁垒般的森严，你们个人信念养成得钻石般的坚决。俗语说的好：人定胜天。天尚可胜他，别的还算什么呢？而且现在复兴中国，复兴民族，确实十分有把握了，你看全世界的眼光儿，不是在那里渐渐的转换过来吗？我相信各位英勇将士，这种舍身卫国的精神，不但是可以激起全国抗敌的情绪，不但是可以纠正汉奸的错误心理，连那敌人侵略的野心也粉碎了，制造伪国的迷梦也惊醒了，中日交涉的僵局也无形的打开了，以华制华的伎俩也没有法儿施展了，国际的地位也自然而然的增高起来。现在江西各界，援绥情绪的热烈，确是已经到了沸点，全省的大小老幼，不分男女贵贱，一个个都感觉得这次的战争，是国家和民族兴衰强弱的大关头。栋要折了，桄〔梁〕就崩的，巢要倾了，卵也坏的，这种立体方式，并不能分出什么前方后方。所以空空的说一句不紧张的唇亡齿寒、兔死狐悲的旧话，何补事实，一定要个个热血奔腾，满腔愤慨，毁家输财，节衣缩食，把零星的法币或用物，一点一滴集中起来寄到绥远去，必使这种争先恐后，踊跃输将的情形，变为万目一的，万众一心了。我是一个失业一年多刚才到差的芝麻小职员，莫说沈颢的二日一餐，连那孔伋的三旬九食，都还有时够不上的。我下了办公室，回到家里来，正打算开个家庭会议，我的小孩子，恰在嚷着饿了三天，吵他妈妈要吃馍馍。我的妻子咧，看见我也怒目相向。我说我们虽然苦，但比起那雪地冰天的绥战将士却胜万分，我们无论如何，总要汇些款项去慰劳他们，才配做中华民国的国民。我的妻子转悲为喜似的，匆匆跑到屋子里脱了鹑衣百结的小绵袄，笑迷迷催我送入长生库。说也奇怪，我那小孩儿，还不到三岁，平日闹起来，是难住口的，今日哩，不但突然不闹，且欢容笑脸的，将他妈分给他一个馍馍，没命的叫我卖出钱来，奉献英勇将士。我问他饿否，他说不饿，他妈看见了又好气，又好笑，却是那眼眶里的眼泪儿要向外边流出的样子。我几个大点的儿女咧，眼都觑着他像要哭的神气，我也不知不觉的泪儿想要滚下。我没法不拿这个馍馍，只得懔遵三分爱家七分爱国的训示，一箍脑儿忍痛拿出去，才换得这一点子国币，表表我的意思。唉！我现在羁身公务，没有机会，拼我这血肉，同敌人杀个你死我活，仅仅这一点贡献，实在万分惭愧了。喂！喂！可恶可恨的矮人儿眼睛睁开些，不要胡捣乱罢，我们中国睡狮已醒，我劝你们明白些好，不然几个有土无人的小岛，全凭武器来挣扎，死一个少一个，若是激起了我们四万万五千万同胞的恼怒，一齐来把这几个小岛儿踏平，这时我们实在有伤上帝好生之德了。

　　敬祝我们英勇的绥战将士，复兴中国，复兴民族，保障领土完整！

《县训》（周刊）

南昌江西省县政人员训练所

1937 年 6 卷 7 期

（侯超　整理）

察北民众武装抗战的现势

君苇　撰

在日伪准备西进，再度犯绥，平、津形势紧急，重遭侵略的时候，察北民众，踏着过去察哈尔抗日同盟军的血迹起来了，他们高举抗战的大纛，在各地跟日伪相对抗。一九三三年五月二十六日察哈尔当地民众和士兵联合组织成的抗日同盟军，于察北不保，张家口危急的当儿，曾经喊出抗日的怒吼，在抗战史上建立光荣的战迹〔绩〕。四年后的今日，察北民众的抗战，其意义正不减于四年前抗日同盟军的苦斗。

察北民众的抗战，首先给日伪进犯绥远的企图一个极大的打击。伪匪自百灵庙被我军收复后，即退至察北，在日本的积极指挥之下，调整内部，补充实力，布置进攻。察北民众起来后，日伪的计划大受挫折，再度犯绥已失掉可能，至少可以说它的进攻力量已被削弱了。

整个的察北伪组织摇动了，有破裂的趋势。兵士的反抗情绪在增长，有许多的兵士反正，团集在抗战的旗下，跟日伪做死活的斗争。伟大的奔放的民族解放战争的怒火，在察北的草原上燃烧了起来。

察北的抗战队伍，是由义勇军、当地民众和不满日伪的士兵汇合而成的。他们转战各地，攻打商都、沽源等地，两次击落日伪飞机，充满了许多史诗上的可歌可泣的故事。

以白庙滩常子义团五月二十八日的义举为开端，抗战的火焰，立刻爆发，察北民众纷起响应。第一个起来响应抗战的是崇礼县陶嘣村的民众。陶嘣村民众由赵祥春率领，于六月一日出动，杀死伪公安局长王耀光，收缴枪械二十余枝，将全村占领。同时张北南壕堑民众也起来，缴伪军第四师包子宸部的枪械，杀死汉奸六个，悬首城门上示威。这个运动更波及到热河一带。热河赤峰县西北苏洽尔地方，有民众代表团千余人，于六月二日将当地警察及保安队包围缴械，并高呼"收复热河失地"口号，准备东进，和日伪对抗。

在察北民众的热烈支持之下，一个担负收土自卫的武装组织人民自卫军，组织成功了。人民自卫军督促察北民众取一致行动，进行抗战工作。沽源、察北六县，无处不有自卫的〔的〕踪迹。自卫军神出鬼没，飘忽无定，出现在各地。

人民自卫军以李庭芳为总司令，李英为第一路总指挥，张仲英为第二路总指挥，梁品三为第三路总指挥，拉王松爷为第四路总指挥，分头率领所部在各地活动。李英所部有四千武装民众，分为四个师，战斗力极强，声势浩大，活动的目标是多伦和沽源一带。他的部队原本在热河境内，于六月十三日才开始由热河黑河川向沽源方面挺进，曾占领沽源南部，故〔攻〕打沽源。同时有人民自卫军支队司令张海丰，率领枪马整齐的武装民众千余人为接应。李英所属的骑兵一部七百余人，并于六月二十六日，由围场县别喇沟向多伦推进，计划攻多伦县城。李英拟于最近亲率所部，向多伦出发。陈秉钧为李英募集九百余人，补充实力。李英所部游击师师长宋云峰和贾寿山的部队七百余人，于六月五日由托拉庙向崇礼县进攻，曾一度将崇礼县占领。

第二路总指挥张仲英，在绥、察边境一带活动。张仲英于六月一日号召民众，响应陶嘣庙起义，但在收复商都的计划失败后，即潜匿绥察边境大青山一带，集合同志，不久即达五百余人，每人均有枪马，有的更有短枪及砍刀，团结极坚固。张仲英的部队不断在扩大，转战于商都与尚义间。六月二十四日张仲英所部在天成梁和成营子集众一千五百人，向商都挺进，并有一部分取尚义县。

张仲英部在六月十三日期间，与第四路人民自卫军取得联络。第四路人民自卫军是骑兵，由蒙汉民众组织而成，又称蒙汉人民自卫军，于拉王松爷率领下，从后草地趋滂江，直捣苏尼特德王府及伪汇〔匪〕老巢嘉普寺，震惊了伪匪。

人民自卫军总司令李庭芳，于七月六日亲率四百余人攻张北，与伪军包子宸师奋战。第三路人民自卫军梁品三部在沽源已与张海丰部联成一气。在崇礼与张北间游击的邢自强，接受人民自卫军第三路游击司令职，与第三支队司令唐卓群合作，进攻崇礼。南路招抚使兼后备军司令陈秉钧在各地活动，集合各地民众，以为后援。

自卫军的实力与时俱增，在战斗中，随时随地得到补充。张仲英向尚义推进的时候，沿途有许多民团及联庄会加入，曾充县公安局局长的张英，纠合了二百余武装同志加入。十八盘地有许多武装民众，由李英派员验点，编入第一路人民自卫军部内。零批加入的，则无从计算。

伪匪要求加入自卫军的，也不在少数。伪军部参议同情于察北民众，因为与常子义团反正有关系，在嘉普寺被扣。据传王英已悔过，密派雷中田等携款一万二千圆，援助黑河川自卫军。伪军第六师副师长李鸣远派亲信张自栋，向自卫军接洽，准备反正，为自卫军的内应，不幸为日本特务机关探知，被软禁起来。

在抗战中，各地的抗战部队很有收获。常子义团的部队，于五月二十八日在赤峰与多伦间击落飞机一架，将司机及乘机的指导官二人杀死。李英部于多伦与经棚间的大道上，截获某方接济伪军的军火十余汽车，机关枪两挺，大炮二尊，并射落飞机一架。

拉王松爷在涝江附近截获汽油十余车。张仲英部于六月二十八日向商都西北大陆公司地方附近的伪军进攻时，先后获得战马一百二十余匹。

义勇军和远在热河、冀东的民众，最近更奋起援助察北民众的壮举。前东北军骑兵师师长张诚德，在崇礼登赖庙一带组织有义军甚多，势力极大，待机发动，准备收复失地。义勇军领袖李海青近已就自卫军东路总指挥职，从冀东战区内募集数千人（多为民团与火会），向黑河川、多伦一带出发，准备于联络成熟后，即大举进攻。

人民自卫军的活跃，使日伪军疲于奔命。这自发的自觉运动，已成为伟大的抗敌的力量，收复失地的先锋。自卫军有时攻城，有时游击，避虚就实，一般地说来，在作战时很能灵活地运用游击战术。

察北抗敌力量的伸张，引起了日伪的恐布〔怖〕，将采取毒辣的手段，对付察北的民众，伪匪近来严防匪军的动摇，检举各地有嫌疑的民众，并节制各县私存的民枪，在商都嘉普寺等地布有重兵，防御自卫军。同时，日驻热河的佐藤师团一部也调驻多伦，进击自卫军，日本还有在嘉普寺设蒙古驻屯军司令部的计划。伪匪的侦探遍布各地，监视各地民众，最近伪匪并调刘桂堂等汉奸至察北，组织所谓防共军、游击自卫军。

伪匪的计划，无疑地，将给察北的武装民众以很大的打击。但我们也可以看到，在华北大战发动的当儿，察北的人民自卫军，正是牵制敌人后方的重要力量。我们应当设法加强这些抗敌的先锋队，以捣毁日伪的后方根据地！

《世界知识》（半月刊）

上海生活书店

1937 年 6 卷 10 期

（李红权　整理）

收复察北问题

——转载本年四月五日《申报周刊》

叔棣　撰

"收复察北"这个问题，在日前已成为一件举世瞩目之事了。记者这回在察南、察北一带，逗留了许多时候，曾经研究各方面的实际情况，深知道：无论从哪一点看来，"收复察北"并非难事，现在在这里把这些情况约略地披露一点。

第一，先述到对方在察北的占据势力。首先要报告的，就是：自从民国二十四年底，沽源失守起，经过二十五年春天的所谓"察北六县"全部被占，一直到最近的伪军撤退止，自始至终，日方在这方面的军队，没有超过五百人以上。当沽源失守的时候，曾有三百多辆军用汽车，满插着日方丈余见方的大旗（有的汽车上面，甚至插着两三面），在塞外黄沙滚滚的荒野里，开来开去，但事后，由对方泄出消息，那些汽车上，实际是除了开车的以外，每辆还有几个日本兵。沽源的失守，完全是伪军李守信部的"功绩"，而李守信的实际数目呢，虽然外面曾有夸大宣传，但据可靠消息，它自始至终，也总在二三千人左右。接着而来的其余各县失守，在对方，也并没有费去一兵一卒。所以总括一句，察北六县的失陷，完全由于：其一，日方浪人以及浪人化的军人底恐吓；其二，是伪军李守信部下二三千人，再加上德王的蒙古军队千余人（这是当时的数目）的进占。现在呢，李守信的部下，绥战中损失了一部分，又反正了一部分，剩下的千余人，大部向多伦一带后方撤去，德王的蒙古军队，除有少数在沽〔沽〕源外，其余千余人，也全集中在德化（即是著名的嘉卜寺，先改化德，后又改为德化）一带。

日方对于这一带被占地域的统治，是通过了汉奸、浪人之手，而间接地达到人民的身上的。每一县里，他们有一二所谓"顾问"驻守着，各部分伪军里，他们也有所谓"顾问"、"代表"等类的人物，参在里面。在绥远抗战的时候，这一类人物都非常活跃，他们企图以察北为侵绥大本营，驱使蒙伪匪军，一举而侵入绥远，实现所谓"大元帝国"的野心计划。绥远抗战后，日方这一个计划失败了，接着，在察北表现出来的现象，就是日方人员的纷纷撤退。有一部分甚至改了业，跑到张家口去开店，专卖走私货物了。记者这回就曾经遇到好几个原先在察北"任职"，现在在张垣做生意的友邦人士。他们慨然地向记者说过："那样干不行了，没有什么好处，还是只好做生意。"但是，他们的改行，离开察北，确确实实的是为了怕被反正空气浓厚的匪伪军所害，因为从可靠来源，我同时确实知道，匪伪军向我方投诚的自允条件之一，就是"除掉"了部队里所有的这一班"顾问"和"代表"。至于少数在各县驻守还未撤去的呢，自绥远抗战告一段落以来，在自己身边，就每人经常准备了一辆汽车。这汽车，防守得非常严密，从来不准拿它别用，一遇时机紧急，他们就想指望这个送他们逃跑。察北几县中，有一县里有个所谓"顾问"的人物，近一两个月以来，因为上司不允去职，甚至是终日酗酒，到了饮醉的时候，就喃喃呐呐地向人们说："不能回家了！这条命终久要丢在这里的！"友邦人士在察北的统治，现在是根本上起了动摇！

那末，受着日方利用，占领了察北，企图成立伪组织的蒙伪军，现在情形怎样呢？第一，我们先述德王率领下的蒙军。这一些蒙军，除掉一部分是德王以前的卫队外，那大部，都是侵绥战中临时强迫征来的。他们过惯了游牧生活，性情也很疏懒，一下子被强迫穿上制服，拿起枪枝，而且，被迫着骑了自己家里的马，当做"蒙军"去替王爷充炮灰，那内心，当然是非常涣散，非常动摇。去年侵绥战中，每一接触我方炮火，他们就立刻弃枪跃马而逃。逃的目的地，不是敌方，也不是我方，而是他们自己的家。目前，他们军心的动摇，已经超过从前许多倍。这样的军队，只能放在那里充充幌子，一碰到实力的打击，就会像苍蝇似的，嗡的一声，完全散去。德王近来的所以"意懒心灰"最大原因，就在于此。

其次，再述到李守信部的伪军。据李守信自己向人解释，他起始投降日方的时候，就已经蓄着了一个反正的念头，这种话是不是可信，始终是一个谜。记者这回在察哈尔一带逗留的时候，曾经设法会到许多与李守信私人间有直接关系或间接关系，因李逆投伪，而与他处在敌对地位的人物，但他们的一致的论调呢，倒是说李逆这句话是相当可信的。记者这回也曾经最可靠方面，证实了他几次曾经接洽过反正的事实以及明白表示的决心，所以在这里，敢断定一句，他目前的急欲反正，是毫无疑问的。这断定根据的详细内容，在〈这〉里披露有些不便。我们且拿一件最明显周知的事实来映〔印〕证，这就是，李逆部下的纷纷被日方撤到后方的多伦一带，而表示了十分怀疑的态度。我们再进一步说，李逆个人的态度，我们可以不问，而他的部下反正空气的浓厚，不独令日方头痛，甚至连李逆自己，也为之寝食不安起来。这一点，确是毫无疑问的事。我们又确实知道，他们并且希望反正后，替国家做一两件争气的事，然后，就或由国家收编，万一不成，他们希望国家能宽宥他们，让他们归故里，因为这一斑〔班〕人的出生地，大率是山东和河北两省。

第二，再述到"收复察北"声中我方的可靠力量。如果说到用我方正规军去收复"察北"这一点，有关外交国策的决定，以及国防计划的秘密，记者虽然知道一点，但也不便披露。在这里，我们单单拿当地的各方面力量来说，是动手"收复察北"的话，实在也是绰有余裕的。

察北的民间武力，比起察南来，要强得多。这是因为后者受过好几次刘桂堂、汤玉麟等部败兵的收激〔缴〕，前者除没有被溃兵收激〔缴〕外，在十五年到二十三年之间，反趁着败兵的来往窜逃，陆陆续续地，收缴了他们枪械，而增强了本身的武力。察北的大地主们，往往有地在千顷以上，家藏枪械数百枝的，这在贫乏的察南也是不常看见的事。二十四年年底到二十五年春天，这一时期，是蒙伪军侵占察北的时期，当时，除了沽源抵抗了四天四夜外，其余各县，全是原封未动，拱手让人。正因为如此，当时民间武力的损失，也就不很重大。这一些民间武力，除有小部分退到张家口或独石口之南，其余大部，就仍旧存留在当地。其后，日伪各方，也曾进行过收缴，但收效很小，而堡子、天主教堂等等，就做了这些武力集中和遮蔽的地方，他们和日伪对峙，势力庞大，对方也无可如何。这一种集中的处所，每县都有。在某县的一个大堡子里，直到现在，还有枪械好几百枝。假如去年绥战我们失败，那末，这些残留的民间武力，恐怕也要步东四省义勇军的后尘，逐渐被敌人削弱，但是自从绥战获胜，匪伪大批反正以来，日伪收缴的工作，已经停顿，直到目前，还屹立在伪政权之下，成为我们收复失地最可靠的武力。

察北失守时，退进"口"来的民间武力，有大部被当局收容，编进军队，但也有一部分，仍由官家允许其独立存在，加以改编，给以番号饷秣。这一些离背乡井的人们，无时无刻地不在渴望发动一次收复失地的抗战，而光荣壮烈地回到他们的故乡。记者这回在察的时候，也曾经许多次，和他们的领袖长官见面，深深地知道，他们连睡觉做梦的时候，也都是在做着收复失地的事。这些领袖们，并且很详细地告诉我，好久以前，他们就曾经怀抱着而且计议着一种计划，那就是用他自己的力量，去完成收复失地的工作。他们很坚决地说，只要我们国家，对日方外交上，有了整个的步骤，那末，单单的他们去对付蒙伪军，那胜利，是有着十分把握的。

"收复察北"，这，已经成了我们举国一致的要求，为我们政府当前的最大工作了。它的实现，照目前各方面所筹思讨论着的，似乎还不外对方"自动交还"，与我方"自力收复"的两条路。然而，看看近来的事实，日方对于"自动交还"这一条路，还没有无条件履行的诚意，她的希望代价，自然是另在更远更大的处所。所以最后的路，恐怕只有"自力收复"的一条，希望政府和国民格外注意，设法向这一条路努力迈进。

三月十八日于归绥

《进修半月刊》

浙江省教育厅师资进修通讯研究部

1937 年 6 卷 13 期

（朱宪　整理）

绥远抗敌与青岛事件

作者不详

百灵庙之役虽然挫折了伪匪的气焰，可是绥远的危机，仍未消除，在敌人阴谋策动之下，一切走狗鹰犬，又开始进行其所谓反攻的计划了。

反攻计划是以锡拉木楞庙（大庙）为根据地，兵力除匪伪部队之外，且有空军助战。可是经我军奋勇杀敌，不出一周，又进占该处；大庙收复后，绥北匪军，狼狈异常，已是不复成军；于是战事的焦点又转移于绥东。匪首德王、张海鹏等部纷纷集中商都一带，并有大批化学器机〔机器〕，载赴前线，德王等又叠在长春、嘉卜寺协议，以图最后挣扎。然而在敌人的"苦心孤诣"之下，有心肝的一部分匪军，却揭竿反正，如王英部的旅长金宪章、石玉山，以及张万庆部三团，都已揭发天良，衷心悔悟，匪伪军的自相残杀，更是时有所闻。可见民族意识的高涨，不待抗战，而敌人所利用的工具，已经很快的解体了。则敌人纵多阴谋，也徒见其心劳日拙而已！

在绥远战争中，青岛的事变也是我们不能忽视的。本月二日深夜，日本驻在青岛的海军陆战队，突然登陆，人数约有千余，分布全市内外，并且包范〔围〕党部，逮捕机关职员，将重要文件搜查携去，后被先〔先后被〕捕者共计九人，其他幸而得讯较早，免受重捕。在盛唱调整邦交声中，这是多么严重而矛盾的怪剧啊！

　　据闻事变动因，是由日厂的工潮。不错，青岛从上月中旬起，工潮起伏不息，罢工者已有三万左右，但是我国当局对于工潮的消弭是用了很大力量的，日军当局此种妨碍主权的行动，我们实在找不出任何可以诿责的理由。因此，我国外长张群，提出严重抗议，并令驻日大使许世英，提出撤退军队、释放被捕人员及归还抄没之国人财产等条件，要求对方履行。此外青岛市长沈鸿烈、第三舰队司令谢刚哲，复与日领西春彦、司令及川先后晤商交涉，新任日军舰队司令长谷川到任后，日万□人又一度集议，到十号，提出取缔不良工人、援助日厂复工等七项条件，经市府允许，事态遂告收束。十四日，各工厂一律复工，侵入青岛市的陆战队，也方才逐渐撤退。

　　当事变之初，我们好像又到了一二八的前夕，虽然因为我国当局缜密戒备，应付得宜，未至酿成大乱，可是存在于滨海各重要口岸的威胁和隐忧，以及侵略者多方面进攻的计划，却因此得到了更显著的证明，这是我们值得注意的一点。

《黄埔月刊》

南京中央陆军军官学校黄埔月刊社

1937 年 7 卷 1 期

（朱宪　整理）

绥东前线一瞥

方元妃　撰

一

绥远的御侮战争，匪伪侵扰的方向，原为绥北与绥东，在绥北已经完全被粉碎了，他们本来也只是一种牵制的性质，现在是完全集中于绥东的了。为明白前线抗敌的壮烈起见，我们来介绍这类前线视察的文章是很有意义的。

从北平到集宁，大概总须一晚的时间，今晚动身，明早就可以到达了。集宁县是绥东的军事重镇，关系绥东一带及全绥远的安危。

集宁县车站，从前叫做平地泉，因为县城东南的三十里路，有个地方，名叫平地泉。当年平绥铁路测定路线的时候，本来是预备在平地泉设站的，为沿用原本计划的意思，所以虽后来改在集宁设站，仍旧还是依着旧名称。直到去年七月一号，才名副其实地，改为集宁县车站。

县城系以土墙围成，火车站即在城内的中央，火车从南门开入，再由西门穿出，把整个的内城区域，横分为两部分，西半块地方名为桥西，东半块名为桥东。无论是去红格尔图或兴和县，均须经过桥东出东门，因之在东门外，便布满着伟大的防御之

〔工〕事。

前线离集宁站还约有两百里路，第四师的军队是经过集宁开到前方去的。他〈们〉远自陕北徒步抵此，虽经过了一个多月的风霜，他们还是满高兴地，因为越距离前线是越近了。当他们所〔知〕到敌对的是匪伪军，他们反感觉得不惬意，似乎那是没有打仗的资格，不够一打便塌下去的，士兵们高兴的是外国军队啦。

二

从集宁到红格尔图去，要经过五个主要的村庄，这五个村庄的名字及其和集宁的距离如下：第一，黄家村——三十里；第二，大六号——六十里；第三，贲红——八十里；第四，高家地——一百二十里；第五，十二苏木——一百六十五里。从十二苏木再走十五里便是红格尔图了。

当去年十一月十五——十八日红格尔图之役，国军既把攻围红镇的匪伪打退之后，又继续追至十五里路以外的大拉村地方，那里是王英伪司令部的所在地。国军追剿至此，至〔正〕值深夜，王匪和伪军长官们有的连裤子都来不及穿上，便仓惶中乘汽车逃走，这是当地老百姓所亲眼见到的情形。

在这次的战役，王匪是倾巢来犯，约有七千余众，并经详密的计划的，而守卫红格尔图的我方守军只有两百名。王匪原以为三小时内就可以攻打下来的，当然想不到会遭遇这样的惨败，竟闹了裸体逃走的大笑话，也是古今战场上的趣闻。我军之能以少胜多，沉着应战以待援，也是太难能的。

在这次的战役中，以物质来说，我军算是得到不少的贵重收获，例如无线电两架，文件、军火等，不只是敌方的损失，在我军都是很有实用的东西。特别要提到的王匪伪司令部内所挂的日

文《北支那地图》，还是最近才由南满洲铁道株式会社出版的，其详细周密，为我国任何地图所不及，这在军用上是一件珍宝。所以我军的高级指挥长官说："我们欢迎他们再来一次，好给我们一点补充。"

高家地距红格尔图六十里，商都（伪匪的巢穴）则在高家地与红格尔图之东，彼此距离亦各六十里。所以这三个地方，恰恰成为等边三角形。因之，高家地与红格尔图在绥东前线上，都处在同一重要地位。这两个军事重地，在前次的战役，合共只有四百多名骑兵驻守着，属于骑一师的第二团，团长张倍动住在高家地，副团长张著则住在红格尔图。曾以四百人击败敌匪七千人的进攻与十余架飞机的轰炸，就是这一团人。这是值得大书特书的荣誉。

张团长是住在一个狭小的土房子里，平常吃的"美食"就是盐水煮土豆，白面是稀罕有的，经常是油面或黑面的大馒头。最高指挥官是如此，士兵生活的艰苦，更可想而知了。据说士兵们是不愿意吃白面的，这并非白面不好吃，而是白面的价钱较贵，因为他们都是吃自己的伙食。本来晋绥军的规矩，在作战时，应该由官家供给伙食，但现在并不是这样了。

三

这骑一师二团的全团士兵弟兄，自八月四日开到高家地、红格尔图两镇以来，日间作工事，夜间睡在火线上，四个月来如一日，其间还经过两次主力战，从前天气温暖的时候，在火线上睡还不觉如何难耐，但现在就太可怜了。因为商都距离这两次〔镇〕很近，敌人如在黄昏时自商都起程，即使是最慢的步队，至迟午夜亦可到达，这正是夺营的最好时候，所以士兵兄弟们不得不每夜都睡在火线上，以便应付紧急的事变。弟兄们的这种苦况，只有直接指挥官才能知道的。

前线的防御工事是非常坚固的，以高家地现在的火线防御力说，如果敌方来一万八千的队伍，仅以骑二团的兵力，也是有把握抵抗的。至于敌方的飞机，虽然是利害，但据说是像以往几次的情形，只来十架八架就是轰炸，也并不能影响我们的阵地，现在只怕他来得再多一些，比如九十架一来，施行密集轰炸，那就难办了。所以为着更有把握计，前线的将官和一切士兵弟兄都希望我们必须有飞机出来助战，才能抵抗敌人更大规模的进攻。

从高家地到红格尔图是一片六十里荒远的草原，汽车可以畅行无阻，没有任何天险可守，也没有一棵树木，在这种地方作战，直是不易。这广漠无际的荒原地带，一向是土匪们出没无常的。但自王英把这些地方都收编了之后，如今总算少得多了，不过还不是绝对的平静。

距红格尔图十五里地的十二苏木，是正黄旗蒙民总管——新任东四旗剿匪司令达密苏龙氏的驻扎地。

前线的将士相信自己是有抗敌获胜的把握，也相信晋绥的高级将领都有守土卫国的决心。据说在晋省防御工事完成以后，太原全市可于战争期中移入山中地窖内，照常维持日常繁荣的营业，千万飞机的轰炸，也无如之何。

四

红格尔图的村镇，比高家地大得多，街里的商店也有十几家，现因军事关系都停业了，只剩下一间小杂货铺，且兼为邮政代办所，还在半开着市面，像是在度着阴历年节一样，现着分外的寂静与荒凉。在墙壁上，遍布着枪弹打中的弹眼，有的密如烧饼上的芝麻。此外还可看见不少的标语，例如"东三省是我们的"、"还我河山"、"收复失地"等等。

"红格尔图"四字，原是译的蒙古音，也可以写作"红根图"或"红格图"，乃是绥东陶林县属极东的一个重镇，恰当绥、察交界之处。这一带的地形，没有什么高山峻岭，只是些起伏的丘陵。小小的红格尔图，即在一块丘陵的洼处，东、南、北三面环山，只有西面是较平的，直通陶林县的大道，故此地是从商都通绥北的咽喉。敌人如果不能把这个地方占领，那末他在绥北的一切军事布置，就都不能得到稳固的保障，而时时有被国军截断归路的危险。同时，在交通运输方面，如果得不到这个地方，就不得不远绕西苏尼特王府（德王的老巢）一带数百里无人烟的草地。所以这次匪伪犯绥的第一个目标，也就是要把红格尔图先弄到手。可是现在他们这第一个计划的失败，也就决定了匪军的命运。而国军之接连着克复百灵庙及锡拉穆林庙（即大庙子），实在是全仗着骑二团得以固守红格尔图之功。同时，匪伪的瓦解，并不是失败在绥北的军事上，而是由于他未能得到红格尔图。

这里的一般情形，也与高家地相仿佛，兵士们有的在大外壕里清除积雪，有的在野外放马，有的执行其哨兵勤务。

另外，还要说到的是天主教堂与这次红格尔图战役的关系。

察、绥一带的天主教势力很大，在这小小的红格尔图镇内，也有一所教堂，建筑很大，在全镇中，算是手屈一指的，看去俨然是一座封建诸侯的宫殿。这里的居民，百分之九十五都是属于教徒，教堂恰似全镇的统治者，所以这里的教徒，通常是称为"教民"，作了"教民"，就可以受到教皇的保护，得到相当的职业，可以过着安适的日子。

本来在这样荒凉满目的塞北之区，人民的生活是很艰难的，兼以又复加上土匪遍地，简直是无法安居。但在教区里面，因为它有自卫的武器，更拥着丰广的土地，并且主持人亦具相当的学识，又复善于经营，所以多数的人民都投到教区来，为教堂服务，接受它的温和的统治。

查天主教经营中国的内蒙，是有详密的计划与统一的组织的。首先是把内蒙分为若干教区，每一教区又划为若干分区，分区之下又管辖若干村镇的教堂。比如以集宁来说，这就算是一个教区，包管集宁、陶林、兴和三县的地方，统辖着二十五个教堂，三万个"教民"。这三万人的数字虽并不多，但在这一区里，因为本是一个荒凉的地带，人口密度极其稀微，那是最可观的势力了。而红格尔图还算是一个大镇，所以作为集宁教区北分区的总教堂，各地方的每个教堂都设一位司铎管辖一切，恰当于基督教的牧师，在红格尔图则设一位北分区的总司铎。

当红格尔图战役发生的时候，教民都先护送到邻近的一处教堂去避难，只留下八十余名壮丁在镇里帮助军队抗战。这些壮丁都是很有经验的战斗员，把教堂里的二十几尊土炮都搬到火线上去，由他们担任开放。最有趣味的是他们用晋军的手溜弹，把弹柄去掉，装在土炮里，当作炮弹打出去。敌方受到这样的"改良炮弹"的损失很大，他们还不知道究竟是什么东西，全世界上根本也就没有这种军火的名词，简直弄得敌方莫明其妙，这也算是红格尔图战役的趣闻。

红格尔图总教堂的总司铎是易世芳君，他是一位和善的老者，在战争最激烈的那几天里，这位老司铎虽然把"教民"都送走了，他本人则仍旧留在战区内，并积极帮助国军的抗战工作。他说过这样的话："敌人最恨我们这个教堂了，因为'教民'帮助国军作战都很卖力气，所以大炮、炸弹落在教堂里的很多，教堂的屋脊、大门、所有的玻璃窗都被炸毁了，只留下一座孤立着的三间正厅。"

教堂的本身，我们且不必论其是非，只就他们这般英勇地参加守卫国土的工作来说，实在值得我们宣扬了。

五

红格尔图之役，为什么我军只以一团骑兵，在敌人七千名的围攻之下，能够获得大胜利呢？这我们殊有特别叙述的必要。这在民族抗战史上，实在值得把它作为一个永久的记录，应与红格尔图镇并垂不朽。

那是在十一月十四日夜间，王英匪部的步、骑、炮队都已开到红格尔图东路道口，随后又把南、北两面的山头占据，距离我军防地只有一里多路。在东门外有一座小山，离东门才二三百米达，如果敌人把这山头占领，就可以居高临下，我们的阵地必致动摇。但因为这时候我们驻守红格尔图的军队只有两连人，再加上本地的"教民"，合共也不到三百人，以致感觉不够分配，所以不得不忍痛放弃了这座东山坡，而专力于固守红格尔图镇四周的大外壕。

匪部当夜既把包围的阵势完成，即于十五日早晨下令总攻，首先是七八架飞机和大炮的轰炸，结果把东北角的碉堡炸毁，我们的守军阵亡，其他阵地则均无变化。当飞机来时，我军都避在战壕中的窖洞里，只留几个哨兵在外，等到飞机去后，就是大炮轰击，继之以攻兵的密集冲锋，这时匪方已将东山坡占据，可以很清楚的看见我们的阵地，红格尔图全镇，均在贼眼的视线之下了。我们要是同样的站在东山坡上，可以俯瞰红格尔图的全景，并可以听到战壕里的说话声音。

我军因为人少势单，所以枪弹也舍不得乱发，尽管他们如何轰击，也不还手，可是当他们的冲锋队只有爬到离我们五十米达时，才由哨兵发个号令，大家群起射击，机关枪这时发挥了很大的威力，敌人既已到了我们跟前，退不得也进不得，差不多全部死在外壕的附近和东山坡上。他们不断的密集冲锋，就是不断的死亡了。

这样战了一整天之后，已在天黑的时候，驻在高家地的张团长就领着他那部分的两连兵，于夜间出发来援。因为彼时从高家地至红格尔图的大道，已被敌军截断，所以这部援兵只得远绕西面的路线，由通陶林的大道，开进红格尔图的西门，他们到达时已是十六日上午的两点钟了。在夜色朦胧中，我军由西而东开进目的地时，南北两面包围的敌军，当然是看的清清楚楚，知道这是援军到了。我们的骑队时时刻刻都在准备着敌人的冲锋，但他们并未动作。

天明后，敌人又作更猛烈的攻击，但此时我军自然是更有把握了。两位英勇的正副团长坐镇火线，这时他下令把所有的马匹都交给几个马夫看管，骑兵的马本来和手中的枪是同样重要的，但现在只得放弃了宝贵的马，以示死守不逃的决心，于是军心乃更稳固了。

张团长说过的一句话是正确的，他说："作战全凭的是将士们的一股气，作团长的如果不着慌，连长自然不敢慌，下至排长、士兵们也就绝不动摇了，所以，即或牺牲到最后一个人，也不会退却。"我们在这次的红格尔图战役，从长官至士兵，确实是有了勇进无退的誓死决心，堪称国军的模范军人。

剧烈的攻击战，又已继续了两天，在十七号早晨，我们的步兵援军又赶到了三团人，于是反守为攻，直追剿到伪军的司令部。

我军在伪总司令部抄获的文件中，还得到王匪的总攻击令，命令的内容，可以说非常的周密，举凡行军、地理、指挥等一切的军事布置，都作得有条有理，这可以推断出，他那方面一定有很高明的军事家在充分的准备与动员之下，才毅然的倾巢来犯。老实说，他们的准备是比我们强得多了，但只有一点不如我们，就是我们的军民是有着密切的团结，有着坚固的信仰，有勇敢的毅力与伟大的热诚，我们在前方保卫国土的将士们，是受了全民族的委托，全民族的拥护与爱戴的。

这次战役结果之后，伪匪的部队逃回商都集合时，已由七千人减到了四千人，除一部分是阵亡而外，大半都是弃甲逃亡。这时，匪伪内中起了地盘的争执，即李守信已把很多队伍开到了商都，阻止王英的停留，他说："商都是我察北的，绥远才是你的呢，对不起！"因之王匪就不得不率部绕后草地，向绥北推进。不幸这个计划已随到〔着〕国军的克复百灵庙与大庙子，而遭到重大的打击，以致王英匪部的全体多为之瓦解。然而王英的瓦解，并不是说绥局可以从此大定，他们还是有新的进攻计划。

战争是惨酷的，但为保卫民族的战争是光荣的。可怜的家伙是那般受侵略者利用以制造战争的死尸，现在还正在绥东的前线上，臭气漫天哩。

《大道》（月刊）

南京大道月刊社

1937 年 7 卷 3 期

（李红权　整理）

西安事变与绥远抗战的前途

荷英　撰

吞并绥远是敌人"大陆政策"的一部分，田中首相在他有名的奏折里，充分解释了"要征服世界，必须先征服支那，要征服支那，必须先征服满蒙"的理由。关于怎样进行秘密活动，怎样侵占土地，以至怎样成立满蒙帝国等等，他在那奏折中都有着详细的计划。所以此五年来，中国领土的沦陷，由东北四省被侵占，再由冀东易帜到察北六县划入伪国版图，以及最近进攻绥远，都是田中奏折的预定，而由事件发展中必有的途径。

这个战争，不管从敌人奴化中国的计划上说，或者从中国民族生死存亡的关键上说，都有万分严重的意义。

绥远在地理上与外蒙相衔接，敌人要侵占绥远，即是要完成对苏、蒙的大包围，因为敌人企图由朝鲜起，经过辽宁、热河、察哈尔、绥远、宁夏、甘肃，直达新疆，建立万里多长的进攻苏联的包围线，绥远正是这条包围线中的中站。绥远以东的三省——辽宁、热河、察哈尔——已入敌人掌握，所以要继续向西推进，绥远就是第一个关口，倘绥远一丧失，敌人北可以攻苏联，而向南可以蚕食中国本部，因为敌人取得绥远后，不但在经济上可以支配晋、陕，而且平绥、同蒲、正太诸铁路，必然也要入其掌握，那末，山西的太原和大同，要想不受敌人控制，是绝对不可能的，等到冀、察、绥、晋都受敌骑残〔践〕踏的时候，山东、陕西和甘肃，就绝对保守不住了。因此，绥远的丧失，就会招致黄河以北全部中国领土的支解，且进而可以沦亡整个的中国。

所以绥远是万万不能放弃的，我们不但要动员晋、绥的军力和财力，还要动员全国的一切来保卫绥远。

然而不幸得很！正在举国一致准备抗战的时候，正当绥远抗战步步胜利摧毁敌人攫取察、绥以谋西北的时候，张学良忽然在西安称兵作乱，劫持国家领袖，酿成内乱，此举实有利于敌军的侵略，而为"仇者所快"。由于此举分散并削弱抗战团结所造成之恶果，实无异为敌内应，因此自西安事变发生后，我们的敌人便幸灾乐祸，一再宣称采取所谓"静观"态度，而暗中却狞笑着，祈祷西安事变的扩大，以便从中取利。"九一八"以来，敌人固无日不在利用我们的弱点，把中国划成各不相属的碎块，以施行其步步宰割的阴谋，这次西安事变，稍有政治常识的人，何常〔尝〕不知到〔道〕是敌人对我一种新的阴谋，此种新的阴谋的目的，乃在于阻碍中国的统一，乃破坏日益普遍发展的抗战运动，敌人虽千方百计嫁祸于他人，伪称张学良叛变乃"莫斯科魔手"的伎俩，然已被全世界舆论界所揭破，我国朝野上下，亦洞悉敌人的奸计，是在于破坏我民族争取解放之坚定不移的方略。

苏联各报认为"张学良的叛变为《日德协定》之直接结果，其目的与任务为煽动战争，而这种新的阴谋正系该协定所提供方法的明例，此种卑劣而周密的挑衅阴谋，不但将行于亚洲，并将施于欧陆以至全世界。日本近来对英阴谋手段之发展，便为《日德协定》内容之步步表露"，《日德协定》乃助长敌人向绥远不断的进攻是一明证。同时它在南京还在进行"共同防共"与"华北特殊化"的交涉，因为当这全国人民的救亡运动达到最高峰的现在，而奉命"剿共"的东北军全体将士一面鉴于自身的亡国又亡家，一面受到全国人士特别是绥远的将士的激动，于是他们要求参加抗战立刻打回老家去的情绪最近格外激昂，西安事变，就在这样情形之下爆发了。

我们要记着，这次西安事变正是在《日德防共协定》刚缔结之后发生的，所以事变一经发作，敌人连忙指出张学良是和苏联共产党有关，接着就运用所谓双重外交，唆使德王通电反正，惟恐不因张之叛乱而造成中国内部之纷乱，故苏联新闻报之评断，实不无注意的价值：

> 已被中国军队击败之德王，因欲挑拨南京实行战争，乃表示渠暂缓进攻绥远，其意盖以为候至中国发生内战时，则占领绥远当较容易，德王之通电，已显明揭露中国外敌之真正阴谋，而此阴谋实足以威胁中国民族的生存。

同时要求南京共同进行反共工作，十二月二十日所谓蒙古军司令部又发表："中国今已分为容共、排共二大分野"，硬把中国统一民族抗敌阵线分划为两条相互斗争的阵线，而陷中国为西班牙第二；另一方面东京又令川樾大使仓卒的入京，满想抓住机会和我谈判同共〔共同〕防共问题，鼓动我方内战，反对与张学良和平解决。有田在东京又正式向我驻日大使许世英表示，反对南京与张学良妥协，并反对英美方面对于此事出来调停。

敌人侵略我们的基本策略，是以防共为名，挑拨我们的内争和内战，削弱我们抗敌的实力，而他们自己就来收渔人之利。特别是在今天，当我们全国统一抗敌局面已经逐渐形成，绥远方面的抗敌军事已经节节胜利，而敌人国内的民众与各政党反对军阀政策的声浪，又在一天天高涨起来的时候，我们民族敌人更需要运用种种方法和机会，促成我们自相残杀的内战。

然而敌人的阴谋是失败了，敌人的期待是落空了。张学良觉悟到此次事变之严重错误，于十二月二十五日护送蒋委员长返抵洛阳，并于二十六日随侍来京，向政府和全国民众请罪，同时中央处理此事的善后，也十分完善，这一转机不仅给予在焦虑中的人民以最大的安慰，也进一步说明目前抗敌力量之不容任何人分裂与损害。

经过此次西安事变，在敌人无异为阴谋破坏我国抗敌战线之最大失败，而在中国自身，则无异昭示反侵略的民族革命战争前途之必然胜利。目前中国的统一已决不是敌人阴谋所能破坏，只见其心劳日拙而已。

不过敌人对西安事变失望之余，决不会因此而停止其侵略的"魔手"，反之，更会老羞成怒，将计划着以更大更凶的危害来加害于我们民族的生命。据前方消息，某特务机关长闻蒋委员长脱险后，即于二十六日晚在嘉卜寺召集李守信、王英、德王及热军各将领开紧急会议，商进扰绥远事宜，并闻伪满当局及关东军部，近来积极从事所谓"反共运动"，除勒令全满各地人民捐资援助蒙匪军外，复作种种荒谬宣传，指绥远华军为共产党军队，认绥远华军之剿匪军事行动有威胁日本及"满洲"之和平及治安，声言应立即予"内蒙古"军以实力之援助。元月一日晚又由关东军在嘉卜寺召集察北匪军首领举行重要会议，讨论侵绥机宜，且决定于本月十五日左右，由德王及李守信等部作前驱，日伪正规军后援，再度侵绥。因此，我们应如何加强并扩大前线抗敌将士的力量，应如何再进一步激励全国落后民众的抗敌救亡的热情，应如何动员全国的人力、物力与财力，以争取抗敌救亡的神圣战争之最后胜利。

由这次西安事变的事实结果告诉我们，这种胜利是必然取得的，因为民族的团结当能从此更臻巩固，抗敌的前途也可以更有希望。且这次事变，更给予了我们几种教训：（一）这件事证明了在西安事变尚未发生以前，所谓"统一"，尚非真正的，虽然绥远抗战爆发，大大地促进了民族的统一，但绥远抗战究竟是局部的，而不是全部的，由于全部的抗战未爆发，才给了部分的军人以要求参加抗敌为借口，而施其强暴，此益足使我们深信惟全国的抗战爆发，才能促成全国真正的统一。（二）当中央决定对西安事变主动者加以讨伐时，全国一致电请张学良护送蒋委员长回京，以免再见内战之惨，足见人民厌恶内战之心。（三）尤其是此次事变解决以后，我们政府首领均声言："只愿意看到中国上下的真正团结一致抗敌。"这是数年来未有的好现象。末了，我们希望我们的政府今后以抗敌政策为中心，领导全国抗战，以挽救国家的危亡，完成民族的独立与解放。

《大道》（月刊）

南京大道月刊社

1937 年 7 卷 3 期

（李红权　整理）

绥战与"剿匪"

从国家的立场说，御侮与"剿共"只是同质异形的一件事，中央已经再三的解释，并明定为立国、建国之国策了。

国家的强盛，大体是必须经过两个不可避免的步骤：第一〈步〉是削除内忧与外患，使国家具统一的雏形，确立坚固的中央权力；第二步在内忧外患既已消灭，国权圆整，四境升平，乃可致力于建设，凡一切政治的、经济的、文化的都必须改头换面，而后乃进到光辉灿烂的领域。

依这个原则以观察我国目前的地位，我们可以说还是停滞于第一步的时期，正在这个阶级上积极的迈进，并且已有突过的充分自信。现实所昭示给我们的，无疑地，我们是已经统一了，我们的中央政权，也已经是强固无比了。但就国内环境而言，军阀的残余，封建势力的割据，虽已经完全肃清，地方政权虽已经真正地和中央权力合为一体，但并不是说内忧已经完全没有，以相异的政党组织，标明相异的主义政策，还拥着武装的"赤匪"，还是没有完全消灭；另方面，外侮之侵陵〔凌〕，尚是有加无已，绥远战事，正是大战前夜的暂时沉寂，冀东伪组织复正拟扩大，冀、察的危机亦不可漠视，青岛、闽侯、厦门的前途，尤在在堪虞。这样的内忧外患，需要我们朝野一致的劳力，才能渡过这最后的难关。超过了这个最后的难关，我们便可进入和平建设的阶段了。

所以在全国视线，集中于紧张的绥远战争之时，我们仍不能忘记“剿匪”的工作。

敌人之不断的侵略，以贯彻其大陆政策为宗旨，步步减削我国的主权，得寸进尺，得陇望蜀，企图并吞我们的版图，危机所至，将使我们国亡种绝，固不待论，而“赤匪”之崇奉布尔塞维克主义，以一党专政为号召，实行无产阶级之独裁，胆敢摧翻我国民党政权为标榜，欲以斧头、镰刀的第三国际旗帜，代替我青天白日旗，又欲以舶来之共产政策，代替我伟大之三民主义。此其危害之烈，亦不下于敌人之外侮。是以御侮、“剿匪”必须并提，我领袖、我中央的极力唱导，便是抱存着这样的中心观念。不仅唱导便罢，又为我中央、我领袖历年一贯行动的指针。

当两个月前，绥远御侮战争，正将爆发的时候，我领袖在其布置绥战军事之后，即转旗西安，便是要加紧西北边省“残余匪患”的“清剿”。这种仆仆风尘的劳苦，就是要求我们国人，应该同样并重绥战与“剿匪”的问题，还须在以极短的时期内，完全解决这两件国家复兴的阻碍。我们的国家危机是不能再复拖延下去的，解放的迫切，一刹那的缓慢也是不容允的。敌人外侮的技术与“赤匪”内乱的手段，都已经转变为非常的巧妙，我们应付的方针，也必须十分表现“快干，苦干，硬干”的精神。

为着事半功倍，也是为着掩饰国际的视听吧，敌人在扰绥的经过，不是自己“天真”的出现，只是站在幕后拉线，采取了以华制华的政策。幸而成功，在它便是不费一枪一弹，好轻易地又得到了庞大的领土、利权，循此便捷的道路，它真可说是坐以灭亡我们中国了。不幸而举事失败的话，在我们多少是疲惫了，在它则正当新锐之兵，那时再出面亦未迟。还可以得到许多借口，说那是我们的内战，内战的国家就是无组织的、无秩序的表征，没有资格生存在万国之林；它是东亚文明的主人，负有戡乱以实现

"王道乐土"的天职——或者说，我们的战胜"匪伪"，足以防害它的"国防"安全，防害东亚的和平，所以它不能坐视，它是为着自卫。如果嫌这些借口太旧套了，那还有一个新鲜的名词——反共。总之，无论哪样的借口，于是乎"师出有名"了。

不是吗，绥战的胜利是归于我们了，"以华制华"的政策是被我们的口号"中国人不打中国人"所粉碎了。现在，敌人们正在制造着各种各样的借口，企图怂恿傀儡的再举，或是"真主"自己出场。

"赤匪"的技俩，也叫着停止"围剿"、绝灭内战、团结各党各派、开放政权、组织国防政府、组织人民阵线。这是完全不值一笑的，也正可以看出它的计穷力竭的哀号。我们的党政统一已经完成，在今日的状况，老实说只有两条路任令选择，服从中央的是良民，是同志，是袍泽，不服从的便是匪与奸，只有国民党，没有什么各党各派，只有民族阵线，没有什么人民阵线。彼此间绝没有妥协的余地，只有武力消灭武力，才能真正的和平。

绥战的胜利，宣告了外患已不能再逞，还我河山的实现，也只是在明天；"剿匪"的胜利，宣告了行政领土的完整、统一的形成，我们的国家要飞快地走上光辉的大道了。

《大道》（月刊）
南京大道月刊社
1937 年 7 卷 3 期
（萨茹拉　整理）

肃清匪伪与今后政局之动态

李拔 撰

一

自匪伪扰绥以来已经两个月多了，前线国军的忠勇，已给予匪伪严重的打击，这在敌方是完全想不到的。在起先，他是以为绥远当局将不会抵抗吧，即便抵抗也不能有效吧，殊不知我们不但是抵抗，还能发挥威力，终使它大大的吃亏，不但绥远当局是为国心切，且有中央之助，且有全国人民同仇敌忾的声援。在绥战吃了几次败仗以后，匪伪及其幕后人是应该得着很大的教训了。请你看看，你们所讥笑所高兴的不抵抗主义，早已烟消云散了。请你看看，在你们以为是不堪一击的军队，在这次却骤然变成了劲旅，个个士兵像活龙活虎。

理由是很简单，"困兽犹斗"的涵意，就可以解释一切了。五六年来我们被欺侮的像一个可怜的童养媳，我们成为世界上最无用的人种，但是朝野上下的愤怒之情，却是跟着每一次的被欺凌、被侵略越发提高，从最高的军政长官以至最庸愚的俗子，都已切肤感到民族存亡的危急，绥远是我们神州大陆最后的国防线，不能再容敌人的猪鼻，伸进我们的神州花园了。军队的士兵和武装的人民，五六年来的愤恨，在一旦爆燃出来，任何最新式的最尖锐的科学利器都不能够抵当了。

战线的推进，尤是匪伪所不能预料的，我们不只是保有了原先的阵线，不只是防守而已，还占领了敌方的大本营——百灵庙，进一步又复得了大庙子。前例是不可援引的，满洲之役，热河之役，我们连防守的阵线，都是望风披靡，可是在这次的绥战，我们是采行了进攻的姿势，这种进攻，还仅仅只是开始，收复失地的开始。长驱直进，横扫胡窟，才是我们真正的期待。

更奇的——在敌方认为奇怪的——进攻战也并非一时战略的偶然，乃是最高军事当局所预先订下的计划。若谓暂时的战略上之便宜，那还不能看出我们为民族决战的决心，也不能急速提高了我们的国际地位；的确因为是预定的计划，才表现了我们民族生命力的伟大。这种坚强态度的转变，证明了我们是长期准备，证明了我们是卧薪尝胆。

其实，我们的民族历史既有了四千多年的悠久，光荣的历史功绩，就已显出我们是永远求生的民族，我们是有绝对不能灭亡的把握，国家在近年来的多难，正是我们复兴的契机。过去既有了光荣的历史，这就是表现民族优秀的征象。一个优秀的民族，焉能常常忍受压迫与侵凌的痛苦。企图压迫优秀的民族，在历史上有灿烂文化结晶的民族，那只是存在于脑子里的梦想！

二

从近因的说，中国政治自两广和平统一以后，已凝成对外的整体性，中央政府已经空前无比的强固，有了统一国家，有了强固的中央集权，边防就不能如前此之任人蹂躏了。我们也不能不好笑，自以为是邻邦而深刻了解中国政治动态的人，还会在老虎头上摸虱子。等到匪伪的一败涂地，才手足无措，大叫对华认识的更新。

时代总是进化的，中国的政治是日日的进展的，以前那种蔑视我们为无组织，无法纪的国家，现在是再也不能适用了。以前像对北京政府时期那种虚声恫吓，是不能再有效力的了，不，就使不顾条约，不顾公理而肆行军事的侵略，也是要遭到失败。

邻邦的明眼人，最近也有已经觉悟了，看到和平统一竟能如期的实现，不费一弹一枪，竟能降服最顽固的实力派，看到了政府人员埋头苦干的精神，看到了一般民气的蓬勃，这就是号为最文明的近代国家，也是不能超过我们多少。对华再检讨，的确是必要了。我们也不欲过于夸张自己，只请了解我们的军队，在前此还遗留着浓厚封建的色彩，军队占为私有，成为封建割据的武装。现在则不论谁的军队，只要听到中央的命令，便可以立刻开上前线，只要说是为御侮救亡，谁都争先恐后，愿上前线去为国牺牲，无组织的，无纪律的国家，能够有这样的成绩吗。我们谨以至诚告诉友邦，这种无理的讥笑，既是不合现实，反会耽误了你们自己的国家前程。

政治就是一种权力，强固的政治，就是强固的权力，今日之中央政府已有最强固的权力以为保障，这种权力不是为任何私派所占有，乃国家全体的结晶，人民总意的代表。所以它已能够登高一呼，众山皆应。前此之分裂状态，是完全成为历史过去的陈迹。于是四周的国防事业，在此有权能又强固的中央政府统率之下，将如臂使指之灵活。防御外侮的军机，因为真正中央集权的存在，已再不是各自为战的方式。所以绥远战事的胜利，决不是一时的侥幸。匪伪的崩溃是在政府极有计划的活动，才被宣告的。我们还可以绝对有把握的预言，如果匪伪还想死灰复燃，结果还是同一失败的命运，以至完全的灭亡。

三

然而据这几天报章的喧载，匪伪及其拉线人，显明是还没有觉悟，听说正在啸聚残众，重图大举进扰，暂以收回百灵庙及大庙子为第一目标。当本文发表之时，恐怕所谓大举进扰，已是尝试过了吧——失败的尝试。

对于这样蛮干到底的敌方，我们也显然不能以天良发现的心理观去要求其觉悟，也无须以中国政治的新景象，劝诱他们的认识而悔祸，只有以武力消灭武力，以战争消灭战争，才是我们最得当的方针。因为我们不是不知道，拉线人的主旨是在使匪伪建立其所谓"大元帝国"，他们现在自己叫嚣着的口号标语，还说是为光复大元的国土。要使他们无从实现这种傀儡般的溥仪第二，只有运用我们全国最强硬的武力，最无容情的猛烈战争。

那末，我们究竟能否有肃清匪伪的把握吗〔呢〕？

为免主观的过于乐观，请把问题先来仔细的分析。匪伪的组成是什么东西呢？它是否值得血战的劲旅吗〔呢〕？在其武装上，我们大体上是不能忽视的，在有力者的后援下，凡新式科学战器，应该是相当具备的。弹药的供给，也应该是相当充足的。不过，军事的决胜，武器的精利，固属主要原素之一，军心之能否归一与奋发，尤为决定的因子。在这一层，我们是看出匪伪的弱点的。哪怕他们只是一支乌合之众，或是一支铜臭的队伍。无论怎样，尽管匪伪首领如何的欺骗，尽管什么王道乐土，拼命的武断宣传，他们的祖国观念，还是很浓厚的。"中国人不打中国人"的口号，已经是深刻浸透了，动摇了他们的军心。军队既无斗志，焉能从事激烈的战争呢，历来匪伪几次侵扰的失败，也正是吃亏这一点。反正的队伍，不正是像潮水般的滚过来吗。

关于蒙匪的方面，应该特别提出来说一说。他们以生长蒙境，一则以成吉思汗的大元祖先为号召，二则利用绥、察汉蒙相争的材料，我们不否认，他们是比较要有一种中心主义团结起来的。但是事实上，这也只是一部分。深明大义的蒙古王公为云王、潘王等，还是不为敌人所引诱的。仅在德王的指导下，蒙古的牧民们，厌恶着战争，羡慕着和平的安适生活，对于德王之谬行，已渐表不满，所以蒙匪的实力，也还属有限。

更不能忽视的是匪伪军中，还藏着无数的民族志士，这般人迫于环境的不得已，或出于爱国至诚，不择手段，表面装着汉奸的脸孔，实质是在准备实力，以为内应。这般分子，在匪伪军中，实为腹心的大患，逢着一个战争的紧急关头，他们是可以乘势倒戈，以求里应外合夹攻的。

总之，这样一种散漫的队伍，以当敌气旺盛的国军，是无不失败的。我们的国军，即或因交通的不便，给养困难，而观其以不上前线为耻，能上前线为荣的死战决心，胜利的把握是绝对无疑义的。

四

如上述，肃清匪伪的计划，在主观客观上既是具有绝大的可能，我们当然应该圆满的做到。肃清匪伪而后，在绥远的边防，既可消除随时扣关的惶虑，且可在军事告一段落之时，为更大规模的准备，进以洗雪五六年来的奇耻大辱，从国内政局的推移说，匪伪之肃清，为御侮功绩最有力的表现。中央政权可以更形强固，民心更可以奋发，民族复兴的基础，于焉大定。一切小丑跳梁之辈，必将消灭于无形。社会治安，亦可转为升平和乐之千古奇观。虽有少数不服的分子，亦决不敢再弹其不负责任的高调闲腔。

　　国策贵在一贯性，国防贵在完整性。越是让步，越将遭受无端的欺压；越是强硬，则越可以保障民族的安全。我们要是读一下前此日本驻平武官松室少将的一篇宣言书，他指出了中国军政当局之强硬态度，将为最大的惶虑，因而提出"彼进我退，彼退我进"的原则，我们则更当猛醒，原来不彻底的，软弱的态度，恰恰是招承外侮的日益迫紧。那末欲外侮的祛除，我们谨从松室的观察，处处以主权为重，誓以最后的决心，这便是真正的自救之道了。

　　国内政局的进展与国外的御侮是互相促成，互为因果的。我们为着国内政治的更加巩固、发展，只有更加肃清匪伪，则今后中国政局必日趋康庄大道了。我们也寄以最高的相信以谋国忠勇的党国领袖蒋委员长，他于万民热切欢迎声中，必能引导国家与世界列强相驰骋。区区匪伪，眼将昙花一现，消灭于英勇无比之国军前面的。

《大道》（月刊）

南京大道月刊社

1937 年 7 卷 3 期

（李红权　整理）

绥远剿匪观感录

李健　撰

弁　言

　　绥远，在今日中国版图上，固然还是一个边小省份，但是他的重要性，竟要超越其他各地。中国治乱兴衰，关系绥远问题，历史是班班可考，晋朝失去绥远，中原即便大乱。宋代未得绥远，终于南北播迁。主要原因，是因为绥远，形势上实为中国西北的屏藩，也就是绾毂边疆的一个要塞，如果失去这个国防重地，外力便长驱而入，不要说黄河流域安枕不成，就是长江天堑，也要掀起风浪了！现在绥远已经是国防的最前线，又还是东北与西北的交叉点，绥防不固，东北固然无有收复希望，便是西北也怕开发不成。我人只看去年十一月九日，华联社所发表的长春电讯——敌人侵绥的锦囊三策，便知匪伪的举动，是有计划、有组织的一个亡华发端点，幸而我政府决策已定，以是阎主任、傅主席尽瘁于先，前线各将领、各战士奋勇于后，红格尔图、大青山之捷，百灵庙、锡拉木楞之复，经过了几次血战，方才将匪伪击溃，绥东、绥北，始庆无虞。但敌人所以亟亟图绥，不单是仅涎绥省一地，盖其中实有大欲存焉。因为获得绥远土地，东北既可以巩固无忧，西北又可以逐渐推进，山西、宁夏、陕西、甘肃，皆不难

囊括而去，如是则大包围之阵线成，操中国存亡于掌握矣。今
"大元帝国"之好梦未成，而匪伪乌合之众，又不堪一击，所以不
得不暂事休息。然敌人北既视俄为劲敌之国，南又视华为俎上之
肉，势非遮断中俄，不能完成田中满蒙政策，然则攫取平绥线，
开拓到新疆之念，固仍无日忘之。所以我人此时先要明了绥远一
地，实为我国边防要隘，得失是关乎中国存亡的，同时又要体会
到敌人是不达目的不会中止的，现时匪伪虽经创败，但是有人补
充军实，接济战具，作鹰犬，供爪牙，侵犯祖国，是终于不免的。
国人假使不甘就亡，惟有同心合力，急起直追，彻底剿灭匪伪，
经营一个充实完固的边防区域，则复兴希望，其庶几乎。兹将绥
省沿革历史，民情产物，以及名胜古迹，叙述于后，俾关心绥事
的国人，发起一点萦恋心情，如视作茶余酒后的消遣，则负作者
苦心矣。

绥远的沿革

绥远地方，开发最早，在中国已有二千余年历史。始为书籍所
记，远在战国之时，现在的归绥、托克托、和林格尔、清水河等
处，即赵之北方辖地，时称为云中、原阳，赵人曾在其处筑城戍
兵，开始垦殖，当时已成为中国一个农产区。其后经过秦皇、汉
武数次的移民，人口遂渐渐蕃衍，乃自东起代郡（即现在绥东丰
镇、凉城等县），西至朔方（即现在临河县境），南抵阴山，北达
雁门，定襄、云中、五原三郡，位于其中，五郡共领四十余县。
武帝时，并曾在朔方、河西、西河，设开田官，发戍卒六十万垦
田绥地，地方已渐就繁盛。惜汉末建安年代，天下大乱，五郡因
距离窎远，乱离尤甚，已兴之区，复成荒废。直到北魏时代，因
绥省为其发祥地，故建都于和林境，名盛乐郡，后虽移都代郡，

而称绥地为畿内，沿边六镇，四属于绥，云中、沃野等处，尚不在内，此为绥远历史复兴时代。肃宗正光五年，沃蛮镇民破六韩拔陵倡乱，各县同时纷起，干戈不息，州镇遂悉被残破，千里平畴，又归荒芜。迨至隋文帝统一寰宇，乃在绥地中部，略事经营，然不久即为突厥占据。唐太宗讨平突厥之乱，设单于都护府，后改振武军，镇守北疆。节度使张仁愿，又在河北筑东、中、西三受降城，从事大规模屯田，农场广辟，水利大兴，又恢复汉时局面。自五代混乱，再经荒废，以后遂无汉唐之盛了！宋代始终未曾收入版图，然辽、金、元三朝，仍就其地设州置县，所苦未有安定之日，故地方殊不能有何发展，但运粮接济内地灾荒，依然常见史书，产粮丰富，概可想见。绥远在明朝，属大同管辖，有丰州、云内州，又设东胜卫、宣德卫、云川卫、玉林卫，这是洪武初〔的〕年所设。到了正统年间，又都废弃，连同设兵卫所，也都迁入内地。绥西方面，亦在洪武初年，李文忠率兵入河套，就胜州城故址，筑城驻兵，以为屯田久守之计。永乐年间，弃河不守，卫所悉移陕西，此后遂得将绥远划为大同边外地。惟后套的有晋、陕贫民，追往耕种，每年春出秋归，当时谓之雁行，又谓跑青。绥远既未得到不断的经营，所以一个可耕可牧、可战可守的地方，至今仍不能与内地省份并驾齐驱，就是遭了时作时辍的打击、一直经过满清一代，以迄民国，方才慢慢的开发起来。

绥远的变迁

绥省自明代划为大同边外地后，留给内省人的印象，只有归化城三字。说到归化城，不妨把这城的来由，大略说说：当明朝嘉靖年间，有阿尔坦者，就是史书上所说的俺达，初由河套东移丰州滩，就是如今归绥县城一带，仿照汉人办法，筑起一城，盖起房屋居住，名曰拜牲。又因此地水草丰美，开田种谷，引水灌溉，内地人民来此地者，亦陆续不绝，所以当时土默特部很是富足，彼时此城蒙语为库库和屯，译成汉语，就是青色之城的意思。到隆庆初年，与明廷通好，封俺达为顺义王。万历十五年，又封俺达的妻三娘子为忠顺夫人，赐名其城为归化，所以后来汉人亦有呼为三娘子城的，这就是归化城的来历。由明朝一直到清朝雍正年间，此地在土默特游牧地界内，统名之曰归化城，亦就是如今归、萨、和、托、清五县，和包头、武川一部分的地方。雍正元年，因汉人来口外种地的渐多，蒙汉交涉的事情也渐繁，才设立归化城同知衙门管理蒙民事件。后因地面宽阔，仅一同知厅官，兼顾不到，又在归化附近，及萨拉齐、托城、二十家子、清水河、善岱、昆独仑七处，各设一协理通判。乾隆初年，又裁并一次，改为归化同知，萨、和、托、清四通判。到了道光年间，萨拉齐的厅官也改为同知，口外所设的五厅都是在土默特境内。

至于绥西后套，绥东察哈尔西四旗，清初对于蒙地有禁垦的功令，所以在那时后套垦务不能开发。至乾隆年间，禁垦的功令废除后，汉人陆续往套地开垦。察哈尔四旗厂地，也逐渐开放。但本省开地，却不始于乾隆年间，如今归绥东乡所谓四村水地，在康熙年间已经开垦，各厅粮地，在雍正年间已由土默特都统丹津奏准开放，征收军米，归化庄头地，也在雍正年招垦，这是绥省开垦最早的地。至于口外牧厂地，多在嘉庆以后招民垦种，按年征租，当地农民，称征米官地为大粮地，征租厂地为小粮地。当时五厅，除少数官粮地，及察哈尔四旗境内的丰镇、宁远二厅王公马厂地，由官招垦征赋外，此外大部分土地，概由汉人直接向蒙户商得同意，立约承种，蒙利民租，汉利蒙地，自行交易，官厅概取放任主义，不加干涉。所以前清种地，每年只交蒙古地租，在官厅并无任何负担。入民国后，因清理官地，始征官租。上面曾说过：后套在明清之际，陕西、山西两省边境，农民入套租地耕种，始终概未间断，不过就河引水，没有大规模渠道，春出秋回，也没有聚成村落。又据父老传言，康熙年间大军西征噶尔丹，内地人民随同大队沿兵站大路西入河套，从此套内地户较前增多，缠金渠附近，大概在那时已经开地很多，现在的永济渠，就是从前的缠金渠，为后套八大渠中最先有的一个渠。至道光、咸丰年间，后套因经过多年经营，地方很是繁盛。同、光之间，军队剿平回匪后，长期驻扎套地，人民负担过重，地户多有逃亡，因而地荒渠废，渐见衰败，经地商郭敏修、王同春等努力开渠，到光绪中年，套地又已复兴起来。在光绪末年，垦务局未设以前，后套能不断的经营，未至闭歇，完全是人民自垦的结果，国家并没有加以提倡。

绥远的文化民情

乾隆一朝，为本省开发最盛的时期，城市的商业发展，乡村的户口聚集，如今还可〔刻〕在庙宇的碑记上，证明多半在乾隆年间开始繁盛的。所以绥远城的驻防将军，管辖各厅的归绥道，也都在乾隆初年设置的。当年本省的开发，其主因为蒙汉贸易集中之地，外藩货物汇聚之区，历来以藩商事业见称内地，而文化每致落后。那时来口外的人，多是务农经商，读书人极居少数，偶然有游学来此地的，也都是来去无定，农商大户想为子弟聘请良师，很是一件难事，遇到考试童生之年，还得回原籍投考，寒士就不易凑办，因此读书人不能增多。同治年间，朔州王赓荣曾游学此地，深知口外不立学校，文教难以大兴的情况，他在光绪初年作御史时，特为此事，奏请立学，部议迁延，未能实行。到光绪十年，张之洞在山西巡抚任内，奏准口外改制，把向归朔平府管辖的宁远厅，大同府管辖的丰镇厅，划入归绥道管辖，连原有归、萨、和、托、清共为七厅，同时奏准归绥一道，设置儒学教谕一员，管理七厅学务，童生三年应试之期，由道台就近代考，考卷交至大同，由学台阅定榜示。从光绪十三年起，每三年一次，至三十一年停考，前后共有七次，名额每次增加。自从立学以后，各厅人民读书风气大开，内地耆宿，来此地设帐授徒的，比以前增多，本省的文化，可以说从此时才算有了根基，以后地方士绅，都是从此发源的。

　　本省前清，因为是个商业区，当时所谓绅耆，在商而不在士，各厅官对地方兴革大事，多与乡耆议商而行。乡耆是由商界公举，任期一年，期满另举。直全光绪末年，学界人士众多，已大非昔比，又值举办自治，这时各厅士绅，热心参与，组织会所，办理地方公益。自此以后，地方遇有兴利除弊的事，官、绅、商才算联为一体，共同负责办理。至于乡村的情形，各厅民户，都是由客民寄居而来，边厅的户口，当初编造，也很简单。在雍正年间，初定有编甲的办法，就是合十户为一牌，设一牌长，合十牌为一甲，设一甲长，因村户零散，必须联合数小村庄，才能编成一甲。按当时乡村住户无多，设立甲长，管辖百户，就可以稽查匪类，不至于发生烦难，这可以说是本省举办保甲之始。到后经二百余年亦没有多大变更，当然奉行日久，成了具文，每年不过由厅官照旧册造送，总口数不及二百万。光绪十年，张之洞因口外改制，奏准编立户籍，引起一次纠纷，张抚的意思，因为寄民已成土著，住户历年增多，如照雍正年设立牌甲的办法，户没有一定的籍贯，人没有一定的姓名，土客混淆，良莠难分，于行政上有种种的困难，他议定各厅所管境地，按三等办法，将种地纳粮的，编为粮户，置有房产种有田地的，编为业户，带有家眷并无房产不常居住的，编为寄户，如有只身佣工，无户可编的，附入三等户籍之内，如三等户中，都不肯具保容留，就驱逐出境，或递解原籍管束。蒙古仍隶属本旗，回民与汉民一律编户。这个办法，正预备实行，蒙汉官厅，因此起了争议，将军、副都统说是编立民籍后恐障碍游牧，巡抚道台说是编立民籍，正为除莠安良，蒙民相安，两方互奏，结果奉旨覆查，此事就此拖延下去，表面上虽照原奏定案，但事实上始终没有做到。那时，门牌册子，虽是载明某村甲长、牌长的姓名，每牌的十户男女大小口数，但不是确实的数目。口外各村庄，因为有编甲的习惯，后来都有甲头名目，办理一村公务，就是这个来由呀！这是绥省在从前编审户口经过的一件事。

概括的说来，绥省在前清一代，虽是因商业关系，地方很发达的快，但因前百余年多是寄民，后百余年才渐多土著，尤其清末至民国新设的县治，坐落年浅，村庄稀零，不及内地便于联络，所以民情容易流于涣散，如内地的村规社约，有组织、有规律的习惯，历来没有养成，这是口外各厅以往的一种缺陷。不过近来情形，可就大大改变了：第一，绥地人民，最初全是从晋、绥两省而来，多属边境贫民，世世相传，风俗极其俭朴，人民最讲服从，本质纯实，概没有浮伪气习。第二，各县乡村，入民国以后，饱经天灾人祸，防灾虑患的心，比较以前十分迫切。举一二个例子来说：民国初年，创办民警，乡民很不愿意，后来因受土匪的害甚大，差不多都是自动起来办保卫团，很著成效。从前种地，有山泉河流的地方，也不注意水利，自经十七八年［年］大旱灾后，不经几年，开渠种树的地方很多很多，现在人民一般的心理，都知道所处的环境，安常守旧，不容易支持下去，可说心理已经有了相当改造了。对于官厅训练，自卫的一切事体，当然心悦诚服的接受，与从前遇事敷衍官厅，截然不同了。

绥远的区域形势

　　绥远昔时为蒙古部落，居中华十八省之北，为蒙古高原尾闾，即大漠以南之地，面积约八十二万方里，人口近三百万，首邑曰归绥，省内平绥铁路，贯通冀、晋二省，现为西北与东北之绾毂，实中国北方之要塞。归绥位于阴山之南麓，大黑河之右岸，原名归化城，蒙人称之曰库库和屯，民国二年，与相距东北五里之绥远城相并，始改今名。东通张垣，南凭长城，西包河套，北阻大漠，又当平绥、包绥二铁路交点，贯串北区诸省，形势极为扼要。附近地势开敞，土脉肥沃，物产丰盛，称为塞外上腴。民国三年，自行开放为商埠，凡蒙古之牲畜、皮货输出外埠，或南部之布匹、茶叶运往口外者，大都以此为转运中枢，故商业繁盛，人烟稠密，漠南之大都会也。包头，据绥包铁路之终点，倚山面河，形势亦殊扼要，以地当水陆要冲，铁路东达北平，民船西通宁夏，并有长途汽车直抵皋兰，实扼东〔西〕北交通枢纽，论其形势，不特本省倚之为重险，亦秦、晋诸省之保障也。论其商业，又为西北著名市场，凡黄河上流及内外蒙古之货物，咸来萃集，平、津及西北诸地客商，多设行栈于此，专收牲畜、皮货，市况之盛，有凌驾归绥之势，俨然为内外蒙古之第一市场。五原，土名兴旺盛，本内蒙古乌喇特牧地，县境跨据后套，遥与甘肃之宁夏，陕西之榆林，成一鼎足之势，又当塞外往来孔道，西北一重镇也。附近一带，赖黄河之灌溉，土脉肥沃，水草丰富，本为游牧之场，今则秦、晋贫民，负〔复〕来到此披荆斩棘，广辟田畴，人烟日稠，已臻繁盛之境。其东南之兴隆场，为全邑货物总汇处，贸易之盛，超过五原，附郭之大市也。绥远河流，有甘肃北流入境之黄河，至吉尔召岐为二派，北流曰北河，南流曰南河，二河并行东流，相距约百余里，其中河渠交错，田畴相望，称曰后套。南河东流至托克托县，会大黑河，折向南流，至河曲入塞，成一大湾曲，谓之河套，两旁土肥水便，黄河沿岸诸地，均无出其右，故有黄河百害，惟富一套之谚。

绥远的胜迹

绥远地跨河套，古迹甚多，现在又加上红格尔图、大青山、百灵庙、锡拉木椤（即大庙）等名称，深印在人们脑筋里，所以益发觉得绥远的可爱了。于今先把几〔个〕新出名地方，纪出一个大概，好让读者一目了然。

（红格尔图）在陶林境内的北面，是一个军事必争地点。去年十一月十四日上午，匪伪军有三千余人，更有敌机七架相助，六次猛犯红格尔图，均经我军沉着应战。最后一次，肉搏四小时之久，卒将匪军击退。策动匪军的幕后者，见绥东不能得手，乃改变战略，转扰绥北，红格尔图的名称，就深印在国人脑海中。

（大青山）在绥东方面，匪军扰绥北，我军冒大风雪，越大青山，进击匪军，杀伤过半，积雪齐腰，我将士之忠勇可见。大青山是彼处俗称，所以写到字上，不大一律，大秦山、大斤山，都有人写，其实那里的山，就是著名的阴山山脉，唐人诗中常提到的就是此山。古时称作狼居胥山，汉代名将霍去病，战胜匈奴，纪功勒石，就是这个地方。此次我军重光汉族，大青山是值得记忆的。

（百灵庙）在绥北，距离归绥四百余里，庙址建筑在山凹之内，四面都有锦障般的山峰，出入有九个山口，就是称作九龙口的。我军进攻九龙口的时候，真是舍死忘生，前仆后继，方才攻入山口，收复百灵庙。该庙的风景，是非常美丽。全庙周围的面积，约有四里来往。庙前有环绕三面的一道清流，建筑是因山地的高下，绀碧琳宫，层叠而上，还有白色的喇嘛塔，点缀其间，再加上塞外的皑皑白雪，真同了粉装玉琢一般。因为德王受了蛊惑，生了异志，就将百灵庙做蒙匪的根据地，我军攻下之后，庙中积聚的军用品很多很多，这真是我国光荣史中的一页。百灵庙，无疑的是不会被人遗忘了。

（锡拉木楞）即大庙，地方已在察、绥交界处。我军攻下百灵庙之后，匪伪军就集中在大庙，尚欲企图反攻，我军不辞辛苦，不避寒威，冒雪进攻，又将大庙收复，绥东、绥北，方始不被扰乱。但是匪伪现又云集，听取幕后者发综〔纵〕指示。大概我不去扫穴犁庭，匪伪仍旧要被人驱来滋扰的。可惜剿匪势如破竹的时候，国中忽然发生变故，以致为山九仞，功亏一篑，有了攻下大庙的乘胜机会，轻轻耽悟〔误〕了，可惜啊可惜。

至于古时留下的胜迹，尚有许多，择尤的录出几个，也可以增一点怀古之思。

（昭君青冢）在归绥城南二十里。塞草早枯，昭君冢上独青，故有青冢之名。

（焦赞墓）在归绥城北三十里阴山下，俗传洪羊洞盗骨时，被孟良误砍毙于此。

（白塔）在归绥城东四十里，相传为宋杨宗保建。宗保之名，不见正史，殆世俗之流传耳。

（统万故城）赫连夏之故都，在远〔远在〕伊盟，城址毗连陕西边境，惟已荒圮，仅一钟楼依稀可认耳。

（铁木真葬地）在伊盟伊金霍洛。蒙俗葬不封树，铁木真葬地，据传当时驰万马踏平之，杀驼子沥血于其地，明年春草发生，蒙茸一片，失去埋痕，乃驱母驼觅迹，见其踟蹰哀鸣，即知其处，诸蒙王乃聚而唪经追祭。

（受降城）唐节度张仁愿，在河北筑东、中、西三受降城，戍兵屯田，即今之包头、托克托地也。

（盛乐宫）北魏拓跋氏所建，去归绥仅数里，魏以绥为发祥地，曾建都于陶林，称盛乐郡，宫迨此时所建。

此外尚有苏武庙、李陵碑、杨忠故宅、宇文陵等，皆有历史兴味，游绥者大可一凭吊也。

《大道》（月刊）

南京大道月刊社

1937 年 7 卷 3 期

（李红权　整理）

吾人对于绥远剿匪应有之认识

廖兆骏　撰

一　绪言

甲、剿匪为复兴我国民族之基础

绥远为我国西北之门户，居国防前线之重要地位。自蒙伪匪军盘踞绥北，进犯绥东以来，更蓄意图谋绥、宁二省，以遂其建立所谓"大元帝国"之迷梦，破碎我国整个疆土，孰甚于此？幸我傅将军抱着沉毅态度和抗敌之决心，捍卫前方，歼此丑类，一举而收复百灵庙，伪匪之西进途径，从此断绝矣。如能再进而恢复察北以及所有失地，复兴民族之基础，将唯此一线曙光而开展乎？

乙、剿匪为解除我国民族之急难

然伪匪虽经我军痛击，受创甚深，纷纷溃退，惟谍报传来，匪军犹在积极准备反攻，绥事现状，未可视为定局。且也，匪军之后，有日人为之指使操纵，东北伪政府一日不能取消，即察、绥一日不能安宁，亦即吾民族之急难，一日不能解除。

丙、剿匪应须有坚强不屈之决心

自绥远战事发生以来，眼看西北又将继东北而成为国防第一线，以西北之形势地位，及敌人之阴谋，此时若不赶紧设法，则将来变局已成，那时欲加布置，而势亦不可能。吾人尝读我国各代历史，觉历代兴亡之际，其机微之点，全在若干有力有识之士，对当时若干重要问题之认识是否真确，与能否将其中真确认识付诸实行以为断。明珠以察之，果毅以行之，往往能打开阴霾之时局。若失其时机，而一代之安危大计，动与国家民族存亡有关。今绥事以〔已〕起，则我西北骨干之甘、宁、青等省直接间接将受制于敌人势力控制之下。此时吾人认为绥远之藩篱，绝对不可再退，必须继续武装守土与敌人相周旋。吾人为西北国防前途与夫整个国家及民族复兴之关系计，有急待提出讨论注意之点，俾国内人士有所认识也。

二　绥远在国防上之重要

甲、在交通上之地位

绥远为中国由东北通达西北之门户。其所处之地位、形势十分重要，北界蒙古，东界察省，西界宁夏，南界晋、陕。其交通路线，北经库伦，可通西伯利亚；东经察北，可通热河、辽宁；西经宁夏，可通新疆；西南溯河而上，可达甘肃、青海；南由平绥路，可通山西、河北，交通四达，形势险要。绥远如为日本伪军所得，则南下晋、陕，西侵宁、新，任其所至，无可遏阻。数年以来，国人急盼开发之西北，将与东北同其命运。言念及此，不寒而栗！

乙、在军事上之地位

伪匪侵略绥远，已成事实，战事发生，业已月余，我中华民族之前途，已至生死存亡之最后关头，决无再退之理。然战争结果，究竟如何，吾人不能无所预测。以目前情势，只以乌合之匪徒，图谋所得，实属不可能之事，我国军力充实，歼灭此等丑类，自有余力，相信在最短期内，不难荡平。若日本假援匪为名而与我方正面冲突，则全盘成局实有考量之必要。查绥境以阴山山脉分为南北两部，北部已为匪徒活动之区，南部平原为我军根据之地，今敌人蹯〔蟠〕踞阴山北部，地势优越，居高临下，其势易攻难守（按今绥北之匪军根据地百灵庙已收复）。若敌人越过阴山，则南部平原无险可守，所可恃者只有里长城耳。是以吾人认为除维持现有军事根据地之外，对里长城之军事设备，不可忽视。一旦日军挟新式武器，大举犯绥，我军为长期抵抗及减少损失计，不得不放弃里长城以北之地，而以里长城为最巩固之防线，与敌人持永久抵抗，此消极的防御战之策略形势也。惟局面果演至此步，日本之西进更为便利，而整个之西北直接在敌人控制之下，则将来战局重心，必移至贺兰山左右与祁连山之南北也。

丙、在经济上之地位

西北各省经济地位，绥远亦颇重要。平绥路为我国北部之外廓铁路，该路现在之终点为包头，乃形成西北物产总汇之区，凡华北各省之货物向内输入，或西北各省货物向外输出，必经此路。长城内之陇海路在未达陇境以前，故〔固〕不能担当西北及华北大量货物输运之责。按总理《建国方略》铁路计划中，有一条铁路由北方大港起至北平，沿平绥铁路，横度内外蒙古之平原及内漠，以至哈密与东方大港塔城线相联络，直通新疆省府迪化，其中大部走于可耕地上，完成以后，其价值当可想见。现在未建筑铁路，只有绥新公路，负沟通内地到新疆唯一之大道，除绕道西北利亚外，别无简便公路可通，其余公路如绥远至百灵庙；包头至乌拉河；集宁至陶林；丰镇至兴和；清〔归〕绥至和林；托克托至归绥等路，对于西北各省连系之关系，至为重大。因有上述之铁路及公路之关系，绥远已成为西北各省枢纽。平绥路之终点，绥新公路之起点，均在包头，值此开发西北之际，一切需要，须包头供给，将来出产，亦赖包头输出。若该省现有交通阻断，在陇海线建筑未展至兰州以前，不独西北商业出口问题发生困难，即西北各地连系之关系，亦因之而中断。

绥远占黄河上游，俗语"黄河惟富一套"，又说"南京北京都不收，黄河两岸报春秋"，由此可见该地适宜农垦，故近来屯垦事业进展颇速，将来可为寓兵于农最妙之地方，可负捍卫西北国防重责。现在由官办之大干渠有十，长约百五十里，工程均甚伟大。由内地移去人民甚多，然至今全套之人口不及十万人，平均每人可得地两顷，若与世界任何地方比较，其比例无有超出此数。牧畜事业亦甚发达，丰镇县以北，归化城、包头为羊毛之名产地，由归化城输出额年有七千余万斤，皮革五百余张①，包头输出额，羊毛约二千万斤，皮革约四十万张，家畜约十万头，故包头亦为西〈北〉皮毛集中地。

绥远所产之马，体高大，可供战时运输及作战之用，若能再加以科学方法来畜牧，其前途之发展当可想见。

在今各国竞争军备状态之下，铁与煤几成为利器，盖煤为主要燃料，铁乃重工业及军器之基础。依《实业部地质调查所第四次矿业纪要》所载，绥省煤之蕴藏量为四一七百万吨，固阳铁矿藏

---

① 原文如此，似应为"五十余万张"。——整理者注

约数百万吨，此数与全国总蕴藏量比较，为数虽不多，但对于开发西北之工业工用上均有相当之补助。

总之，绥远交通、农牧、商务、矿产等富源与西北各省，均有密切之关系焉。

丁、在国防上之地位

绥远北为外蒙古，东为东北四省，均已先后携贰，在未收复之前，绥远实为边防之要镇。而苏联于新疆边地之外，有土西铁路之建筑，其在今日，陇海路尚未向西展筑，西北之交通，自以经行绥远为较便利。且此为山地，与外蒙为天然之分野，为其南部山西、陕西之屏障，亦为其西南部宁夏、甘肃出入之孔道。我守之则内辅平、津，南通晋、陕，西北尚可保持，以谋开发；若我不能守，则平、津无险可守，晋、豫、鲁、陕且危殆不可久恃。而西北之交通既断，不失而必失，譬之肺本无病，若气管闭塞，则肺自病。今绥远西北之气管，晋、冀、鲁、豫、陕之唇辅，气管塞则病，唇辅亡则齿寒，我守之尚可收复失土，还我河山；寇得之则开发富源，坐而强大，黄河两岸之纷扰将无宁日矣。其于国防上之重要，颇足震撼全局，而为国家兴亡、民族存灭之前因，宁可忽乎？

三　伪匪侵略绥远之意义

甲、因固定之大陆政策

自伪匪侵占察北六县后，内蒙德王独立，改元宣布自治，绥远已为其急需之地，无如绥、晋将领守土有责，虽施其威吓利诱之政策，但亦无法实施其技俩，故改变其原来之手段，用实力侵略之，但亦不愿作过大之牺牲，以积极援助一般爪牙，供其驱使。数月以来，不断招幕〔募〕土匪，并在绥东、绥北，建筑飞机场，设无线电台，成立特务机关，作种种之军事准备。此种活动，深入包头、宁夏及新疆之边境。及至本月初，匪首李守信、王英暨德王等之代表包悦卿公然至北平转天津，向田代详商发动战事问题，及其回后，进攻绥远之〔爆〕战事已爆发矣。

然究其于此次发动之原因，绝非最近之事，乃为日本固定之计划，而此计划之造因，可溯至田中时代，完全本着所谓大陆政策第一阶段之第二步骤耳！但受俄之影响，加强其行动，故不得不先图绥远也。

乙、突破俄之战略计划

伪匪进攻绥远，在包围外蒙，如获得绥远、宁夏，加以人工之设备，如修筑铁路、公路，普筑飞机场、兵营，以及种种军事上之布置，由黑龙江起经热河、察哈尔、绥远而至宁夏，可形成一包围外蒙之形势，使现在苏俄所布置之包围东北四省、高丽及其本土之一层马蹄阵线可为突破，故在对俄战略上之计划，实负有重要之使命及其用意也。

丙、欲完成东亚大帝国

日本欲完成其东亚大帝国，首在进攻新疆。因新疆土地肥沃，蕴藏丰富，居民甚为稀少，其价值可等于第二之东北四省，日人唾〔垂〕涎已久，无如路途太远，无法进取，倘绥、宁为其夺取，其势力随即可以达到新疆，图新之希望，即可实现也。新疆一旦为日人所得，即可突出俄属中亚细亚土地，以其理想按照前预定之计划，可侵吞西伯利亚，并可进攻俄在亚细亚洲全部之土地，苏俄势力可完全退出亚洲乌拉岭之西，预期之东亚大帝国之幻梦，亦可实现也。

丁、形成华北之冀察化

绥远为晋、陕之屏障，人所共知。绥远如不能保，则山西即失其屏障，陕西亦频〔濒〕于危境，晋、陕二省联系之关系，乃为地势必有之结果。日本人最近感于晋省不易就范，因此，大唱其完成"华北冀察化"，以及所谓"特殊化"、缓冲区等圈套，故不得不以武力来〔为〕威胁恐吓之手段，侵吞〔其〕绥远，使晋省不能自存，以达其〈使中国〉就范之梦想。

戊、实现并吞全华计划

伪匪受日人之嗾使，进攻绥远，威胁中原。在其理想中，以为中国抗敌前线在河南，最后之根据地四川，若山西及甘、青等省在其掌握中，即可捣毁中国之堪察加，使我国军事力量，不能发挥。如此，可以从容完成并吞全华预期之计划矣。

四　绥远剿匪与中华民族

甲、绥远与中华民族之关系

中华民族由汉、满、蒙、回、藏、苗六族而合成，迩来常有野心家用民族自决之口号，以分化我整个民族之阵线，淆乱世界各国之听闻，如所谓"大蒙古帝国"、"大元帝国"之组织，即根据此错误之解释而来。更有所谓蒙古通者，在内蒙各地，专任此种工作，并派一般无聊之浪人至各盟旗挑拨离间，捏造事实，以挑拨蒙、汉之感情，提倡所谓新蒙古思潮，麻醉一般青年，使其发生独立运动，并在内蒙设施诊所，为蒙人医病，唱救济蒙民之口号，对蒙民贷以少数之款，以期得一般蒙民之欢心，而对于各旗总管、王公进一步予以物质及军实之援助，希其独立。

此种运动，已超出绥境，西向宁夏阿拉善旗及额济纳旗方面活动，甚至在青海亦可寻得其踪迹。

边疆人民，过去对于此种活动，向少注意，故中其计者为数甚夥。而蒙民因受交通阻隔之关系，被其诱惑者当然难免。然而对于我国西陲疆土及整个民族阵线关系匪浅。

不仅如此，并挑拨宁夏境内蒙民对回民加强敌视之态度，在西北各省，各种民族向混合住在一处，平时屡有相互纠纷之事发生，立在中华民族整一性的立场上视察，本为不幸之事，但绝不能再有意外事件发生，而分化御侮之力量。最近宁夏省额济纳旗土著之土尔扈特人及邻近甘省回民感情不睦，处处埋伏着危机，深为可虑。

绥远一失，西北屏障除去，汉回、蒙回及汉蒙间之纷争，即能不断发生，从事于此种挑拨之工作人员，大可施其技俩，破坏我整个民族之阵线也。

乙、复兴我民族基础之启端

此次匪伪侵绥，其主力军集中商都，以绥东为目标，绥东得则平绥路断，绥西可不劳而获矣。惟同时匪军以百灵庙为根据，一方遣别动队，扰乱绥北、绥西，一方即出动向宁夏进取。今百灵庙既为我军所得，则敌人西进之路已断，我平绥路后顾之忧亦除，以后再有战事，将完全限于绥远东境，此中关键得失，甚为重大，于此不能不佩我塞北将士之智勇兼备，同时亦见匪伪乌合之众，实亦不值一击。总之我军一举而收复百灵庙，伪匪之西进途径，从此断绝矣，而复兴我民族之基础，亦从此而启端矣。

五、结论

甲、侵绥匪乱决示〔不〕可视为地方事件

此次伪匪侵绥，又谓系少数蒙伪军之举动，日本既未公然出面，我方自亦不妨视为地方事件，由本省军队解决之，不必过分宣张，反启日人之借口。此种主张，实大谬不然。要知伪满政府之设立，既完全出于日人之摆布，今兹匪伪军之侵绥，亦无一不属日本人之策划与资给。日人在宁夏蒙旗境内，久已设立特务机关，准备西图新疆，南下甘、青，徒以绥远位于中途要害，未敢贸然轻进。日本之图绥，非仅垂涎绥远本省之富源，实因其位于西进南下之要道，不可不先取之也。吾人观于百灵庙克复以后，所获敌人积存粮秣之富，军械之多，即可知其计划之远大，与夫准备之充分。又见报载：百灵庙光复以后，日人在宁夏所设之特务，因其后路被截，亦即全部撤回。凡此种种，均见敌人对于绥远之重视，并可证明绥远对于西北大局关系之重要。

乙、侵绥匪乱全国民众应有之觉悟

昔刘知远〔石敬瑭〕割幽蓟十六州以贻契丹，而自宋以降，为祸汉族，先后迄数百年。今则河套之农田水利，远过于幽、蓟，而寇盗之后，大有人在，其智力高出于契丹者万万倍。守绥远，则所以守西北，保平、津，安晋、绥。若亟图开发，则农牧、林矿、工商、交通均可长足发展，以纾内地人满之患，而充实西北之民生经济。否则绥远一失，则可利我者，皆为寇资，来日之祸患，其有穷乎？愿守土为民族国家争生存，愿全国民众为将士广募捐输，鼓励士气，切不可忽视也。

丙、侵绥匪乱中央应确定整个计划

连日以来，报载察北匪伪，积极筹备反攻，其前线重心，南为商都，北为滂江，战线西北、东南延长，当约四五百里。我军不习严寒，又加后方给运困难，敌人倾国而来，我力仅以局部应战，将来胜负谁属，亦殊难以逆料。窃意中日战争，迟早必须破裂，今兹之事，决不可以视为绥境一省之事，而冀察可以袖手旁观。敌人狡计多端，又惯使其各个击破政策，我国人如再不认清此点，集中全国力量，以坚守我全国人民所共有之土地，则敌人之野心无穷，我国之疆土有限，长此蚕食不已，非致我于亡国灭种、万劫不复之境，将永无休止之日。愿我国人，其速醒；更希我中央从速确定整个计划，以应付之。

丁、结论之结论

综上所述，吾人对于侵绥匪乱，已有相当之认识。但抑有言者，近来日方之态度，日趋尖锐，察北、绥东已有大队日军羼杂匪军之内，值此蒙伪匪军失败以后，大有与我立见疆场之趋势。日方之所以敢于毫无顾忌，因已在欧西拉拢各国，订立同盟协定，将来直接冲突，恐为事实所难免。但我国目前在统一局面之下，国内少数"赤匪"已不足为虑，全国上下正团结准备抗战，一切恶势力之逼近，我国均将以正当防卫而出击之。吾人今日认定中国民族之救亡复兴，应以援绥为起点，不容再有迟疑。吾人之气势浩壮，吾人之胜利即在目前。每国民应尽其所有之能力，以为前线作战之将士援助，而使我领土重归完整，达到中华民族之解放，奠定东亚和平之基础。至于日方外务机关，其初亦有人正式发言，谓"中国在其本国领土内，对于侵犯者，无论如何痛击，日本均无理加以干涉"，吾人甚期此种言论，真能实践，中国能于自国领土荡平匪患，不受阻碍，则可谓东亚各民族共存共荣之幸福也。

《大道》（月刊）

南京大道月刊社

1937 年 7 卷 3 期

（朱宪　整理）

绥远战事与中华民族的前途

罗星光　撰

一

自九一八事变至现在整整五年间，侵略者对我国的领土、主权是步步进侵地，不断的蹂躏。俗云"软土深掘"，我们越是软弱，则对方便越发横行无忌了。这次绥远战事的爆发，抵抗的坚强、军队的忠勇，在对方的眼里，真是太意外的一件事。

在事实的面前，自然只有承认，这几年来的事实，领土、主权的丧失是婴孩也知道的。依据这些事实，各国舆论常以谴责我国军事、外交之失败，我们也是不得不承认的，如果不是失败，难道谁高兴恭恭敬敬的把领土主权奉送给敌人吗。请研究一下它的原因，当明白了这些原因以后，我想谁也可以了解这些悲惨的失败，原来是无法避免的。

第一，我以为失败的主要原因是自己国家统一尚未完成。几年以前，不但说不到什么统一，几次的内战危机，有的是既经爆发，有的是差不多要爆发。这种散漫的、无组织的状态，力量消耗于自己国家之内，哪能谈得到什么御侮呢！对方恰是看穿我们国家的无组织，也就更加大胆的步步侵入了。

第二，"剿匪"工作亦未结束。按我三民主义之信徒，系以党治国为手段，建设三民主义之国家，此与崇奉布尔塞维克主义之"赤匪"，为誓不两立，当其负隅江西之时，国府集全部军事、财政之力量，在欲灭此朝食。几年来"剿匪"军事之紧张，亦正当外侮逼迫之时，遂无暇兼顾，然中央固亦早已标明，安内则所以攘外，"剿匪"亦即御侮。埋头苦干之"剿匪"军事工作，其胜利之发展，也就是御侮准备的渐次成熟。实在说，当内尚未可安之时，在主观上虽欲谈攘外御侮，客观上是有所不允许不可能的，此亦中央历年着重"剿匪"工作所根据的原则。当知安内工作苟未完成，亦则国力未备的象征，直接的御侮工作是不可能的。

第三，中央政权也未臻十分巩固，人民拥护中央的热诚，还未至百分百的程度。盖我国人民百分九十均未受过教育，知识浅薄，兼以各种邪说之流行，不免为所诱惑。这也是由上面说过的两个原因——未统一、未安内的直接结果。统一未成，"剿匪"未举，中央的威信，未至十分发挥，人民未能真在中央的领导之下，齐一步伐，舆论亦未能纳入正轨，仰体中央意旨以善导人民。在人民本身也欠缺组织，例如公民训练，还是最近才实行的。以全国四百兆人民之众，苟在中央整个的领导，有什么不能摧毁的呢。

第四，国际形势的恶劣。一国外交、军事之能获得胜利，固然要以本身的准备力量为主，但其被决定于国际形势，也是相当重要的。这几年来，欧美诸友邦对于远东政局之举措，由于它们自己问题的复什〔杂〕，慌乱不堪，不单没有出而维持世界公道与正义，有时且是无形中为侵略者开方便之门。我们一方面既陷入孤立无援，另则侵略者利用国际形势的复什〔杂〕，也单刀直入地加紧的进攻了。几年来，所谓主持公理的国际机关——国际联盟，不是给我们太失望了吗？这种失望的结果，在侵略者的气焰，却是愈益增长的。

总此四种原因，我们在悲痛的忍耐中，便看着领土、主权的被蹂躏，徒呼奈何了。

<h1 style="text-align:center">二</h1>

不待说这种情形，既然是忍耐而不是忍辱，既然是准备而不是放弃，在时间上也就是暂时的了。不是么，在这次绥远战事中，我们所表现的御侮力量，不断的给予敌人以重创，且乘胜直追，恢复了许多失地，不就是几年来积愤，一朝的总爆发吗。

一班有意诬蔑的分子，在以往常常总是责备中央的畏外，不敢抵抗，不敢收复失地，那末请你看看这一次的铁的事实。中央开始了大规模的军事工作，不仅给地方军政当局——绥、晋两省，以一切财政经济的后盾，还由中央派出了直属的部队，担任最前线的沐血战斗，中央的飞机，也翱翔于敌人的营寨之上。我们的最高帅统〔统帅〕——党国领袖蒋委员长，在事前的布置周密，指挥若定，曾亲自到了山西省府的太原，也到过了山东的济南。陈诚且曾奉命到了绥远前线去观察，数度与国防前线的将领举行会议，这不都是表现中央御侮抗敌的积极性吗。有意造谣的害群之马，他们是故意不愿了解中央在此几年中，苦心的准备的。一种事件能够做到表面化之以前，是必须相当时期的计划工作的。几年来，中央的储存国力，聚积财力，例如货币之国有化、军事之科学的武装，何一不是整个国防总动员的目标去做。这些计划，要故意闭着眼睛说瞎话，是不应该的。现在，在绥远战线所表现的御侮工作，难道也要闭着眼睛么。我们可以相信，要不是在中途忽然发生痛心的西安事变，恐怕绥远战线的国军，早已进而完全收复了察北六县的失地了。总之，中央是一贯地有计划、有决心的，一切造谣，一切诬蔑，在事实的面前是完全被粉碎了。

我们必须痛斥这些谣言惑众之徒，在他们的本身，实则是别有用心，借口攻击中央的，谁能相信那些谣言呢。一方面是极力阻挠中央的御侮工作，甚至加以破坏，另方面却反转来诬蔑中央之不抵抗。其实，高调着抵抗、御侮的，还是在后方说风凉话，而被诬蔑的，却是亲冒枪林弹雨，在前线誓死战斗。现在经过这一次绥远战事的证明，我想喜欢造谣中伤之徒，是再不能肆其欺骗的技俩了，明眼的人民是再不能受他们遮蔽了。

中山先生在其遗教中，已再三恳切地辨明了"权与能"的意义，人民固然是有最高的权限，政府却是"能"的机关，我们应该要相信政府的"能"，一切的防御大计，才能畅行无阻，不相信而抱着怀疑的态度，结果政府的一切计划受了阻害，那就正为造谣者们，不幸言中了。

三

绥远的战争，绝不是地方的、局部的问题，它是整个中华民族存亡的严重关头。在以前，每一次战事的爆发，常常看作是地方局部的性质，遂使侵略者能行其蚕食的手段。这次，我们再不是这样的看法了。所以我们也动员了整个民族的力量，以巩固我们的国防。单从地理上说，全部的中华民族领土，在国防上都是有着相关的意义。尤其是绥远，如果我们失掉了这块领土，华北固已无险可守（这是华北最后的一个关隘），即西北各省连新疆包括在内，亦已门户洞开，就是长江流域诸省，它亦可居高临下，岌岌可危。故绥远战局，乃关系整个中国领土的安危。

一个民族的生机，必定要表现在其对外御侮的军事工作。阿比西尼亚黑人种，虽大半已为意大利所征服，但其英勇抗战的精神，是世界各民族无不肃然起敬。绥远战事的抵抗精神，亦为中华民族在世界舞台大显身手的表演。继续的抗战，继续的胜利，中华民族的前途是光明一片的。这是中华民族真正独立自主的开端。

在作者执笔论文的时候，绥远战线的敌方，经过半个多月的准备，又将开始大规模的进攻了，我们已经相信前线国军的抵抗力，我们一定可以预期胜利消息的到临。虽然在这半个多月以来，我们痛心着西安事变的爆发，致前战线跃跃欲试的将士们，未能乘胜猛追，使彼方无从容整阵之机。但只要在今后，全国上下能一心一德，未来的机会还多，我们的将士们，必能如拉枯摧朽地给敌人以最后的消灭。现在在国防最前线的将士们，已毫无后顾之忧，财政、军粮的接济，在中央与地方军政当局有计划的决定，还有各地民众异口同声的慕〔募〕捐救助。最高统帅，亦已如前此一样的为御侮工作的主宰，全国已统一在中央的指导下，民众亦已归趋于政府的号召。除了几百万的国军在后方枕戈待发，还有全体四万万的民众以为后盾，这是最坚强的后盾。

四

今后绥远战局的发展，我们愿意贡献一点意见。在过去这两个多月的期间，我们多已经认出了敌方的野心，势不在小，它的军事侵略，既不是如一般乐观者谓为一种试探的性质，也不是在一个乡村、市镇便算数。它们的目标是在于绥远全省，至少是在于绥远的国防线上所必争的许多领域，在未达到这种目的以前，敌方是决不轻易放手的，要它们放手，只有完全消灭它们的实力，使其永远的溃不成军。因此我们的御侮工作，当然就不能站在被动的地位，仅仅是一种防御战是不够的，反而可以让敌人有了整顿、补充的机会，余患无底止，在军略上是讲不通，在国力上是多所消耗。所以我们还当采取主动的、进攻的地位。这在我们的军政当局，自然也是了解，并且也是已经做过了的事实，否则百灵庙和大庙子就不能收复，前线就不会推展了。我们所希望的是战线还要更往前面推进，失地还当继续的收复。直到匪伪走头〔投〕无路，才能停止。

这个也仅仅是舆论界的一种希望，这是属于军事的战略，我们的军政当局一定比我们更其热切的期待。在战略上的计划，怎样须采取进攻的姿势，怎样又须以退为进，充分的准备实力，我们深信军政当局是必能循此原则作最积极的国防设计。所以一个多月来，战线上虽以匪伪的疲弊尚未敢再行侵扰，而我们在沉寂中，亦必在准备转变攻势的吧！

进攻与防守，原也不能显然的划出界限，只要我们是抱着一直进攻的决心，那末暂时的沉寂，是当为准备解释的话，这在战略上是正确，在保卫民族的生存上也是必须的。

虚心的求胜，不能操之过切，在军事上尤须如此。只是我们要记念着，民族的兴亡是在于绥远的战事，我们只能〔有〕求胜的一条路，失败是不可想像的，整个民族的前途，在疏忽的战略，便会注下了不可救药的危险。我们要虚心，我们必须胜利，并且能够胜利。

《大道》（月刊）

南京大道月刊社

1937 年 7 卷 3 期

（李红权　整理）

从战略上观察绥远抗敌战事

萍影　撰

在不久以前，冯玉祥将军从战略上曾这样说过："目前和伪匪军冲突的防线，是沿着大青山和察、绥边境的五百里阵地，假若绥远一旦失守，防线要由五百里延到七千里，国土便处处有被匪类侵略的可能。"还有过去许多人从地势上、军略上，慷慨号呼的目的，是告诉我们要"守住绥远"！的确，绥远是燕、冀的锁钥，秦、晋、甘、新的屏藩，绥远若被敌人占据，整个的华北和西北，势必在敌骑控制之下，中华民族将陷于万劫不复之境地了。绥远之地位如此的重要，而敌人对绥远的战略又怎样？这是我们万不可忽略的事情。

据华联社长春电讯：关东军对绥战略，决定采取如下的步骤：（一）中国冀察军与绥晋军同时迎击场合，则华北日驻屯军即为作战之主力，以伪匪军为辅，则战事中心在察、冀、平、津成为决死场。（二）若仅有绥晋军迎战之场合，则华北驻屯军坐镇冀、察，取监视宋哲元之态度，以伪匪军攻绥北，绥东取包围之游击式作战方略，晋绥军疲于应付，兵力散开，再集中猛攻。（三）目前作战，以不引起冀、察战事为主，候两月后形势顺利，再图发动。但目前绥远之进击，仍为侦察性质，伪匪军作战，以严冬为得占时利，以充厚之给养，伪匪军之北方耐寒性，取得军事供给上之优势。

　　这就是说，某方这次指使伪蒙军侵犯绥远，要使宋哲元的二十九军只能坐视，不能应援。若二十九军开赴前方去应援参加作战的话，那华北驻屯军就兜后方与以攻击，那时候二十九军自然不能不掉转头来反攻，于是华北驻屯军和二十九军就战争起来了，作战的地点当然是在冀、察两省和平、津一带了。从这里我们就想起了今年五月间，某方增兵华北的作用，以及最近某军不久以前在平、津一带大演习的意义，这两件事早就替今日进攻绥远安下一支伏笔——原来是在阻止我二十九军卫国抗战，便于侵绥。但是从这里又可看出，某方目前还不想到引起冀、察战事的意思来。这就是说，某方在目前至少还不希望战事扩大了，侵绥反而不利。虽然如此，然而却不能因为他不愿意扩大，就说他没有扩大的准备。他是充分地准备了的，目前只不过以蒙伪军打前锋，尚系侦察性质，以游击式作战方略，使我军疲于应付，然后再大举进攻，期能一鼓而下。假使伪蒙军不顺利，不得手的话，那时他再亲自出马。万一二十九军对绥战加以应援，而引起了冀、察、平、津一带的战事，他断定河北和山东连接，两省关系至为密切，河北一失，则山东省便感唇亡齿寒，那时山东的韩复榘决不能坐视不救，假若韩复榘一出马应援，华北驻屯军就受到南北的夹攻了。因为这原故，所以某方还有牵制韩复榘的一个办法，这办法就是×海军陆战队的登岸，不久过去"青岛事件"就是一个铁证。现在虽然是解决了，然而将来于必要时又谁能保证不再发生呢！据说×军不仅是要占领青岛，还要进据全部胶济路呢！倘若胶济路被占，那山东全省就要完全为他所控制，而韩复榘军也将一动也不能动。

　　至于敌人在当时所料中央军是决计不会应援的。

　　然而敌人是失算了，以蒙伪军作侦察，已迭次遭受惨败，蒙伪军反正的反正，其余大部分是军心涣散，不堪再战，中央军已有汤恩伯、门炳岳等部开赴前线，并曾有空军飞机七架，在前线空中助战，这都是出于敌人意料之外的事。

这样说来，敌人的战略是失败了，我们可以稳操胜算。然而又不然，敌人正在毫不畏缩地深谋远虑，敌人见蒙伪军屡犯不利，已有恼羞成怒，甚至大有亲自出马之势。这经我军收复百灵庙后，关东军与伪满，曾会同发表了一个公告上可以看得明白。该公告称："如绥远局势危及'满洲国'安宁秩序，则××与'满洲国'当局不得不取适当办法，以防患于未然。"同时，某方军队出动的消息也已频传。最近张北电：某方军队开抵张北六县者甚多，占用民房，驱逐居民，并闻某方热驻军第×师团之一部，已下动员令，以载重汽车及雪车联络向百灵庙方面输送。北平三日电：察北伪匪军首领，一日晚由关东军某参谋长召集在嘉卜寺举行重要会议，讨论侵绥事宜，决在本月十五日左右，由德王、李守信部作前驱，日伪正规军后援，再度侵绥。日来某军工兵，在察、热边境，赶作工事，日伪正规军络续向察北一带输送。商都、嘉卜寺及滂江飞机场均已扩大，并筑有坚固防御工事。又据长春六日电称：伪满当局及关东军部指绥远华军为共产党军队，五日伪满副外长大桥氏在"反共示威运动大会"宣称，内蒙古乃满洲之屏障，倘内蒙古遭受共产军之威胁，则"满洲国"和平及治安，即发生极大危险。今内蒙古已遭遇绥远共军之威胁，吾人应立即予"内蒙古"军以实力之援助云云……这就是说，今后之战，恐将与敌人正面冲突。

根据敌方的这一战略，及其未来的远大企图，我们的战略该是怎样？

一、对绥远战略方面——敌人明以蒙伪军作侦察，大举进攻还在后面，故今日之战还不过是前哨战而已，主力战还在后面。因此，我们不能以今日之胜利为满足，应该更集中火力在主力战上。我们必须以此次的战争为抗敌之战，也就是民族解放战争的前哨战，不能视为在通常的"剿匪"，倘若视为"剿匪"，那就正中敌人之计。我们必须有与敌直接冲突的觉悟，倘使欲避免与敌直接冲突，则强敌大举进犯之际，我将无所措手足。最重要的，是以进攻来保障防御的胜利，否则，胜利是难以保证的，正像以收复百灵庙和大庙来保证绥北胜利一样。在绥东方面，也应以进攻商都，尤以收复察北为主要的保障，因为敌人的根据地是在察北，倘使不能收复察北，那敌人的进攻是难期阻止的，而商都又为匪军攻绥的根据地，假使我军能从张家口进攻张北、商都，则匪军之绥东阵线立即瓦解，绥北匪军受两面夹攻，而绝不能支持，匪伪军即不能完全消灭，亦必非退出察省不可。

然而一说到收复察北，非二十九军出动不可。按照关东军所定的战略计划，一旦二十九军发动，华北驻屯军就会蹑攻其后，平、津、河北就危险了。在这里就必定要令韩复榘自山东北上，二十九军再拨一部分军力，连同韩复榘军与华北驻军以会攻，同时再防止×军企图进占胶济路，以牵制韩军起见，便应该留一部分韩军与苏北、河南、安徽方数〔数方〕援军担负这种责任。然而进兵张家口，也不必定由二十九军担任，也可以从后方征调北上。这样说起来，那不是酿成全国抗战的局面了么？这是自然的，不发生全国抗战，休谈整个民族解放。要说到整个民族解放，不仅是收复察北，东北四省当然也须收复，××帝国主义在华北所有的驻军，也都须驱逐出境，这样不发动全国力量可能么？

二、在民众方面——我们为保障察、绥"剿匪"的胜利，为反抗敌人干涉而应举国一致应战，我们全国民众现在应立即开始加紧准备，全国不愿意做奴隶的人们，应该组织起来，供献中央，供献前敌将士以强大的后盾。我们可以多多组织义勇军游击队，牵制侵入的敌人的阵脚，扰乱敌人的周围，消耗敌人的战斗力，阻挠敌人的行动力，同时我们应当及时发动各地军队请缨抗敌，我们更应该要求政府让全国的军队开赴前线增援。

《大道》（月刊）

南京大道月刊社

1937 年 7 卷 3 期

（李红权　整理）

从国际危机说到绥远御侮抗战

魏谷声　撰

第二次世界惨酷大战的危机，已经一天天的迫近了，整个地球的任何角落，差不多已是为熏人的火药气味所弥漫而窒息了。在以前，只是我们人民自身和我们的舆论，恐惧着大战的危机，大叫着未雨绸缪的弭战之道，现在即连各国当政的最高领袖们，也承认世界大战的危机，的确是太迫近了。各国的竞争军备大扩展，巩固边防计划，拼命军事演习，力求周密，还缔结国际间的同盟协定，勾心斗角，恍惚不是大战前夜的可怕现象吗？各国的国内经济，不是也已经战时化了吗？在这样的时机，绥远战事爆发了！

国际关系极其紧密的今日，某个地带发生的事件，立刻就要影响到其他地带的。特别在战争气氛弥漫的今日，风声鹤唳，更是要严重的冲击。所以绥远战事的意义，不仅是中华民族自身感受着威胁，且是具有国际上之严重的意义。换句话说，绥远抗战不单是中华民族的生死关头，其未来演变的程度如何，还将成为国际和平危机的决定力吧！

一、国际玷〔坫〕坛上的绥远问题

数年以来，国际间的险恶风云，时雨时晴，和平与战争两大阵线的对立，或紧或弛，在某种程度说，和平阵线的威力还是超过战争阵线的威迫的。但最近，和平阵线派像是处于停滞的状态，而战争阵线派则趾高气扬。去年底，日、德、意三国同盟的实现，已使不堪收拾的国际紧张局面，更趋入最危险的新阶段，更使国际间错丛对立的冲突矛盾，推到战争爆发的最后时期。也就是世界和平阵线与侵略阵线，进入了最尖锐的冲突。于是在这两大势力的对垒之中，还没有表示态度的国家，就处于急需选择的阶段。中立和袖手旁观是绝对不可能的，只有参加和平或参加战争阵线的两条路，第三条路线是不会有的。

　　战争之必将爆发的基本原因，是资本主义政治、经济发展不平衡律之极端尖锐化，国内危机与国外危机互相演变的结果。而促其早日实现的近因，则是由于一小部分国家，不满现状，急图侵略发展的军事冒险政策。推进这种军事冒险政策的国家，一个是黑衣宰相莫索里尼的意大利，一个是野心勃勃，希特勒登台后的德国，一个是我们邻邦的日本。数年来，这三个国家在欧、亚两洲的横行无忌，既使国际局面处于扰攘不安还不够，进一步还组织了世界大战的中心。

绥远战事形势图

　　原来大战后，资本主义之恢复与再造，经过了战后一度的经济繁荣，一九二九年开始发生空前未有的全面危机（由产业的至金融的，由工业的至农业的），它的延续性及扩展性，不得不步入了特种萧条的局面。于是在西方由《凡尔塞和约》所造成的国际间均衡势力，固失去其固有的经济基础，在东方由《华盛顿条约》所缔造的均衡形势，也完全失其凭依的存在。一方面深刻而尖锐的经济危机，在加强帝国主义对市场的争夺战，更基于资本主义发展的不平衡律，由危机而萧条而复兴的不匀调之结果，势力均衡之固有的经济基础，逐渐丧失，致由关税壁垒、殖民地封锁、货币贬值，以图倾销的和平斗争，而趋于不满现状，要求武装的世界再分割，从而便有以军需工业之勃兴而有经济复兴趋势的日本，在东方竟揭出直接军事行动再造世界的旗帜。另方面处于《凡尔塞和约》之下的德国，因为帝国主义者们自身（即《凡尔赛和约》的支持者们）对德问题的不能一致，以及数年来英、法两国互争欧洲霸权的结果，乘着这种矛盾冲突的空隙，在政治的、经济的便给予了德国一个翻身的机会。他既已深切感到《凡尔赛和约》的拘束，不满于大战所造成的固有均势，便只有用暴力来撕破一切条约的束缚，并进而实行侵略主义，以冀解脱一切政治、经济之危机。这一个原则，从希特勒登台以后所做到的事实，都可以得到证明。始之武装撕破《凡尔塞和约》，退出国联，扩张军备，继之有法德边境问题、美米尔问题、莱茵问题以及奥国的政治阴谋等等，层出不穷，彼之气焰冲天，闹得欧洲寝食不安，永未终熄。同时，远东的日本，亦在发动着侵夺我国领土的九一八战、一二八的淞沪之役，终亦弄到退出国际联盟，实行其进一步的并吞华北，及至全中国的计划，俾田中首相的奏折，成为事实化。

　　这样，欧、亚两洲有了这两个军事冒险的国家，横行无忌的野心行动，便使全球震惊，鸡犬不宁，日夜惶惑，资本主义各国都手忙足乱了。在欧洲的政治冲突，最感到严重冲突的是法兰西，除了赶快完成伟大的国防军事计划，加强自身的抵抗力以外，重新巩固小协约国的同盟关系，还是嫌不足，于是便只有联俄以拒德之侵略，所谓军事同盟性质的《法苏互助公约》便出现了。而整个欧洲的集体安全保障条约，也在竭力的进行了。在东方的情形，我们是弱小无能的国家，便只有在痛苦中呻吟，日夕惶恐。原先英国的态度，对于希特勒的暴行是尽了相当的怂恿之力的，但是德国的气焰，却是愈来愈高，贪求无厌，不惟未有抑止之势，甚且欧洲的整个和平局面，都感到可怕的威胁，连他本身的欧洲霸权，也已岌岌不保，何况日本对中国的武装侵略，已经根本动摇其在东方之政治、经济的基础，于是情势至此，素以反俄反赤的老大哥自居的英国，亦不得不掉头来欢迎苏联之加入国际联盟（这时，国际联盟因德、日的退出是毫无生气的了），以支持这个垂危的国际和平局面。从而苏联在数年来所强调的和平外，便更加活跃起来，许多双方的，多角的和平条约都成立了。

国际形势经过这样的剧变，素以专为列强宰割弱小民族的分赃机关——国际联盟，经过这次的变革、改造，也发生了本质上的相当转化，即它是以抑制强暴行为，或为野心家进出相当阻碍的和平栏栅了。在这时期以后，和平空气，可说是一时的弥漫，并不逊于武装侵略者的气势凌人，国际局面，似乎已迈进了一个新的阶段。

然而事实上，军事冒险者的侵略行为，既不曾丝毫的放松，即以和平为目标，在欧洲所表演的那种种公家协定，以及大小国家间之交欢与谈判，这一切情况，亦无一不是在组织大战之军事集团工作。尤其是意阿战争的爆发与结束，侵略者大声宣告它的光荣胜利，更把这形似和平的半壁江山，完全推翻了，欧洲乃至全世界又是被战争的毒气所弥漫的了。国联因意大利的公开反对，效用是根本消失，它又像前此一样地，又陷入支离灭裂的惨状了。这时，不落日国家的英国，因为意、英对于阿比西尼亚及地中海上的冲突，为欲有援手以声张威势，与法、苏的关系，乃益表示密切。在意大利自身，既以反赤反俄的问题，失掉法、苏的同情，复经对阿比西尼亚的侵略战争，引起各国一致的不满，感情全失，亦如日、德一样地，陷入国际孤立了。而这也就更加促进其军事冒险的政策，尤其是在环绕着西班牙内战，列国的冲突，更趋表面化，世界大战营垒的分裂，日趋明显，遂使其亦不得不外求援力。

日、德、意的三角同盟，便是在这样的紧张局面之下出现了。这完全不是偶然的，他们至少有三个共同点，才产生了它们的同盟关系。

第一，这三个国家都是独裁的政制，日本现内阁的行政改革（亦近于军事专政的建立），以反赤反俄为其国家政策的重心，同样地叫着打破现状，拓展国威的向外侵略，要求现实世界之重新分割，希望新的殖民地与新的势力范围之获得，以解脱国内经济及政治的尖端危机。

第二，都是勇于军事冒险，而又陷于国际孤立的国家。这两个现象，又是互为因果的。即因为它是侵略主义者，极力的实行对外军事行动，所以不为世界的和平阵线国家所欢迎，便不得不陷入孤立，同时又以国际孤立的结果，更行军事冒险政策，蛮干、硬干想打开国际的危机。

第三，依帝国主义者自身绝对的矛盾冲突这个原则，在日、德、意之间，当然也有不能调和妥协的地方，但为着更大的争取目标，却不是就没有相依为命之处，即连环式的三角协定的成立（虽然只是日德、日意、意德的各自协定，但其间的本质是相通的），一方面是可使彼此间的矛盾，变为有利的帮助，例如日本对意、阿贸易上的矛盾，可以变为意大利对于日本的借助，而德、意对于奥匈问题的冲突，亦可变成对于事件顺利发展的特质。另方面是彼此承认非法得来的已有权益，例如德、"满"通商，设立领署，意、日经济协定，恢复在"满"的代表机关，以及日、德之承认意、阿合并等等。同时，狼狈相依的结果，各自继续的军事冒险，可以互相呼应，更加胆大妄为的了。

不待说这一个三角阵线的形成，只不过是一个雏形，其未来的命运怎样，一方面要看事实的发展，被侵犯和被威迫的国家，能否给以迎头痛击，挫折其疯狂的锐气；另方面还要看全世界各国在此大难将临的当头，能否一致的在以法、苏为中心的集体安全制度下，给以强力的压迫。

然而无论如何，阵线的对垒，已经是很明显了，各国间的分化，也已经开始了。历来各国之攻击军事侵略同盟的呼声，及其主张维持和平的言论与行动，虽说是相当的热烈，而对于侵略者同盟之有利的变化，在每个国家内，或是在国际间，亦复时有所闻。例如各国内部侵略者分子的结成集团之活动，英国保守党右派的活跃，法国人民阵线中右派之动摇，以及比利时之宣布绝对的中立政策，都是有形无形地给予这种侵略阵线以帮助的。

绥远战争之紧张，恰巧逢此暴风雨的前夜，而从这一事件的解决，亦便具着重大的国际意义。在直接侵夺下的中国与直接威胁下的苏联，其生死关键的斗争，自不必说。假如此次我们中国的抗敌御侮，能给予敌人以严重的打击，且能进而收复过去的失地，虽不能即刻打消日本的对华侵略野心，虽不能即刻止熄世界大战的危机，虽不能即使侵略者三角同盟瓦解，然而至少是可以挽回中国所处的阴霾四布，并缓和大战的爆发的。否则，假如绥远如同过去的国土一样地（这当然只是一个假定，现在我们不正在实行激烈的抗战吗?)轻轻送掉,那末不仅全中国是失去了最后的屏障,而侵略者气炎的高涨,且将使混乱的国际局面,更形恶化,那些犹豫不定的国家,在侵略的气炎的恫吓之下,越容易很快地投入于侵略者阵线的怀抱,国际间营垒的分化,将更加其速率,而终至于演成世界大战了。所以在我们的观察,绥远战事将是左右国际政局变幻的重要枢纽,全世界中,急于求战的或是急于弭战的任何国家,所一致注意的中心问题。

二、日伪扰绥与大战危机

自九一八战争发动以来,敌人对华的武装行动,已经有五年多了。在这五年多的悠久期间,我国之将受鲸吞的惨祸是异常明显而日益迫近之事,但是仍旧有许多人不能认识敌人侵略的真正意向,总是以为日本之侵华,目的并不是在于我国,而是反赤反俄(我们亦不否认,日本侵华之结果,亦则对俄军事准备的强化,因为中俄的国境毗连,在苏联看来,中国之于它,简直像唇亡齿寒之相关),这种见解,虽因日、苏关系之相当和缓,及其进一步侵掠华北的行动,已经消声匿迹,但渔人得利的念头,在有些人的脑子里还是没有完全打消。

另有一种见解,则恰恰相反,似乎日本之侵略中国及其大规模的军事准备,目的只是在中国而已,所谓反赤反俄,所谓准备世界大战,不过只是虚张声势的烟幕弹。

这两种见解,实际上是完全错误的。前者是过于乐观,或者是为的掩饰自己的拙劣,故意闭着眼睛自欺欺人;后者则是过于悲观,不了解问题的整个性及其联系性,所以把侵华这件事,形而上学地只当为孤立的去观察。这两种错误,却同样将使中国陷入绝灭的地位。

在依我们正确的观察法，我们是无时无刻不强调着世界大战乃是历史的必然。而日本之军事冒险主义的对华侵略，又复具有其经济的背景，因此，日本的军事行动，便同时具有两个目的，作着两重的准备。

一、争取中国市场的独占，变中国为供给原料、销售商品的殖民地，即所谓工业日本，农业中国，满足其目前经济上的需要，解决其经济的艰难。进而，对于中国的企图，也不只是仅限于经济便算数，中国的领土占据，在它的大陆政策发展上，还有军事的、国防的意义。

二、为准备世界大战的到来，为挑拨对苏联战争的到来，尤必须实行其征服中国之企图。中国之广大富源固为日本所垂涎欲滴，即苏联的西伯利亚，亦久为日本所暗算。田中奏折里面，已经很透彻的说到，称霸世界，必先〈征〉服中国，服征〔征服〕中国，必先并吞满蒙。现在日本之一切军事冒险行动，可以说就是根据这个原则，按步实施的。日本要在未来二次世界大战中，占着最重要的主角，并希望起而代替大不列颠不落日国在世界皇冠的地位，实在就先须制服中国为其附庸，至少亦须击破中国的力量，它才可以无后顾之忧，或北趋苏联，或南逐英、美，自由自在了。

难道还有谁再不相信的吗？日本在未来大战中的理想敌人便是苏联，其对于进攻中国的具体步骤，也就是以防御和进攻苏联为目标。就日本行动之总的步骤来说，正因为在将来大战中，其理想的敌人是苏联，又因为中国与苏联为邻，且介乎日、苏之间，才使其首先征服中国，移中国为日本的殖民地。这里也有几点理由的存在。

第一，中国的广大富源，既可以解决日本在目前的经济需要，又可以供给其战时的军需给养，这是战争胜利的主要因素。

第二，中国的广大领土，可以建立大陆的阵地，使日本本土不致为敌人袭击，且可据此大陆的阵地进而攻击敌人。

第三，征服中国的结果，中国不但不能助敌以取渔人之利，复可受日本的驱使为前锋，以攻击敌人。

明白了这三点，我们便可以断言，当世界大战的危机日益迫切，则日本进攻中国的行动，便要愈益激进。因为进攻中国，即是日本巩固自身阵地而进行世界大战必须的准备工作和前提条件。

至其进攻中国的具体步骤，亦同样本着防御苏联，首先切断苏联与中国的联系，为其主要原则。

第一步即已成事实的攫取东北四省，在这里一方面是以丰富的经济富源，开始其殖民地化的经营，另方面亦则切断中国与苏联最易于发生联系之一角，也就是日本"两重国防"（即在自己领土的国防以外，还要在别人的领土上建立国防）上，所认为最危险的一角，这一角，现在它是认为有保障的了，是自己的所有物的了。

第二步便是日人所谓冀、察、晋、绥、鲁华北五省的"特殊化"（占领的别名），这华北各省的富源完全归为日本所有，其经济上的所得，将超过东北四省以上固不待言。另方面，通过山东或天津直达与外蒙接壤的晋、绥、察诸省边境，又打通由日本从水路直达俄、蒙边境的一条捷便道路，华北的沿海口岸，完全得以掌握了。同时，这在苏联与中国，当然又失掉了一点可能的联系，且晋、绥的取得，北既可以威胁外蒙与苏联，而中国之西北门户，亦便完全丧失了。

第三步如果西北门户的绥远丧失，则陕、甘、宁夏、青海、新疆诸省，便全无屏障可依，敌人顺势直下，则中国从东北、华北而西北，尽握于日人之手。北面对苏联占着中苏边境的庞大领域，结成一大包围线，中国与苏联之联系，尽被切断，内既可以深入中国腹地，外则使苏联对于日本之长蛇形的进攻阵线，增加许多防御上的困难。

经过了这三个步骤的发展，日本对于苏联的进攻线的准备，便可以说是完成了，而其对于全中国的统制，也已经是易如反掌了。日本大陆政策，真正地奠定了坚固不拔的基础了。

日本对中国的一切肆行无忌的侵略行为，过去已经得到相当的成功了，而侵略者阵线的三角同盟之成立，不仅对其过去非法得来的权益，给以国际上的保障，并且对其今后的行为，也增加了莫大的助力与怂恿。从此其统制中国的野心与促进世界大战的行程，也势必愈加紧急了。所以我们说，日、德、意的三角同盟，对于中国政治上所遭受的危机是非常之严重，非常之关切的。

正因为如此，目前之绥远战事——这是日本的第三步计划，便具有国际上非常严重的意义。于是日伪侵绥之必然结果，其所能掀起的国际变化，亦将特别的严重，因为绥远不只是中国最后的生命线，亦且是外蒙与苏联的屏障。所以绥远倘一旦失陷，不仅西北诸省不保，甚至全中国亦不保，而日本对苏联这一大包围阵线的形成，苏联亦必感受着重大的威胁。不但如此，绥远之失守，不仅中国与苏联的危机，全世界的和平，亦必遭受威胁，侵略者的一个角色在一方的胜利，全世界的侵略者阵线也会受着刺激，鼓其余勇，伸张其声威的，即是说，西方的侵略同盟者，亦要增加其冒险的勇气的。从而阵线的分化，战争的大团结，亦必加速率的开展，世界大战的危机，就越迫越近，越来越具有现实的可能性了。

在目前的国际形势，无论哪一个国家，虽对于大战预期的到来，都感着莫大的恐惧，却是都犹豫不定，没有弭战的决绝底态度，例如最能左右国际局势，最能决定世界和战的英、美两撒克逊兄弟国家，便是站在犹豫不定的动摇中，遂使侵略者阵线，益发无忌惮的咆哮。

绥远的事件，在国际上既是有着这样的重大意义，而动摇中的国家——尤其是英、美，同样还是采取着那种隔岸观火的沉静态度，这对于侵略者又是再一次地无形的鼓励！等到绥远战事的发展，及其所将掀起的国际局面紧张了，两条战线的分立愈益明显了，到那时，一切国家从动摇而坚定的时候，已经来不及了。大战的局面已经是形成了，开始了。

所以我们说，绥远的富藏，虽不及东北，但因其所处地位的重要，及其发生的危险时期，便成为世界和平保障的要镇，世界大战危机的导火线！

三、苏联的危机及其对策

如上所述，在日本进攻绥远的企图与步骤，直接遭受威胁的除中国而外，首先便是苏联。如果绥远为苏联〔日本〕所霸占，则其对苏的包围阵线，便形成大半，在苏联的国防上，因防线的延长而增加许多防御上的不利，内蒙归日，外蒙、新疆都受威胁。在东方可能的援力是丧失了，东方的缓冲地带也完全被摧毁了，所以说，绥远不只是中国的生命线，且亦为苏联国防上一个重要的屏障。

尤其是在侵略者阵线日、德、意三角同盟出现后的今日，世界大战到来时的局面，将要由东西两国分头向苏联进攻，因之，苏联在绥远问题上所感受的威胁，将较东北四省之陷落，要严重千倍吧。

既然在这样的威胁之下，苏联将采取何种对策呢？多少年来，苏联为要贯彻其一贯建设社会主义的主张，一贯对外采取着和平外交甚至让步妥协，以求和缓战争而便于奠定社会主义的基础，并且运用以敌制敌的方法，不惜与资本主义国家相周旋。几年来，苏联的和平外交，亦总算得到了相当的成功，《法苏互助公约》的签订，即其实例。至于苏联对日本，当然也是采取了一贯的和平外交。不过，除了从事外交以外，苏联固未忘记其武力的后盾。据苏联国防人民委员部次长德哈齐爱夫斯基在本年一月的中央执行委员会演说，苏联的国防预算，去年度为八十八亿卢布，本年度增至百四十八亿卢布。结果，苏联红军的常备兵力，亦由去年度的百三十五万，扩大至百六十万，这样巨数的陆军是全世界第一的。法国才有六十万，德国五十五万，英、意各三十五万，美国三十三万，日本二十五万。而且科学化和机械化兵团的充实，也大有可观，军事飞机七千架，高射炮四个旅团，战车四千辆，装甲汽车一千辆。而日本的空军则只有两千架，高射炮二联队，战车二联队，相差是太远了。法兰西之以对德关系，和苏联缔结了互助公约，也正是因为信赖了它的这个赤军军力的强大。这赤军的强大，也就成为苏联对外政策的骨干。

在远东方面，苏联之配布强大军力，也是积极的进行着的。这我们只要看苏联骑兵总监布扬鲁在本年度中央执行委员会席上的演说，也可以明白。他说："日本扩充军备不劣于德国，增设在满洲的铁道，都具有战略的目的，描〔瞄〕准着苏联国境的方向的。苏联如今正碰着公然提倡侵略的非善邻主义者。"陆海空军人民委员长伏洛希罗〔罗希洛〕夫还说过这样的话："为帝国主义的新世界大战和进攻苏联，而汲汲于准备战争的国家，也就是苏联人民大众最深切监视着的国家——便是日本。"苏联的军事领袖，既具有了这样的认识，故对于远东的红军军力，便是以最大的积极性去发展。

苏联第一次五年计划的完成，以及二次五年计划之将趋完成，重工业的强固基础是奠定了，军需工业也发展了，远东的赤军，便是依这军需工业的惊人发展，向科学化与机械化的途上迈进。

据确实的情报，苏联远东的正式军队已达二十四万，再加上国境警备队的 G. P. U 及领有武装的移民，当有三十万以上。

这些远东的赤军，分为步兵十个师团，骑兵三个师团，遍布于"满"苏国境的东、北、西全面。东部国境系以海参崴北方的欧托西洛夫斯克市为中心，配有数个师团，总称为沿海州兵团，指挥者为有名的佛爱德柯大将，指挥部便是设于欧托西洛夫斯克市内。该市和西多柯欧，并设有大规模的军用飞机场，具有能袭击日本帝都的远航飞行力的超重爆炸机一百架，还有在海参崴准备着五十艘的潜水艇，也是日本海军可怕的阻力。

北部国境分为哈府为中心的黑龙江、乌苏里沿岸及以拉阶为中心的两个兵团的地带，配有步、骑兵约四个师团，著名的远东赤军元帅加伦将军，便是驻在哈府。在哈府、波齐加列奥等地均筑有飞机场。这北部赤军，便是叫做阿木尔兵团。

和阿木尔兵团及沿海州兵团相呼应的，处在从西方防患着日"满"的便是满洲里的对面，陶尔亚至赤塔的萨倍加尔兵团，拥有四个师团的兵力，军团长格尔亚滋诺夫大将，坐镇于赤塔。为预防西伯利亚大铁道被占领，故以陶尔亚附近为中心，建筑了坚固的炮垒、堑壕、铁条网，配置绵延数百粁之遥。

在机械化装备的保有上，远东赤军现拥有一千辆的装甲汽车，八百辆的战车，一千架的军用飞机。

沿国境线的堡垒是用铁筋混凝土建造的，形状不一，有四角形、圆形、八角形及其他特殊的形态。大者为直径十米至十五米，厚绕着一米乃至二米的坚固的铁筋混凝土侧壁，故即用炮弹攻击，如炮弹不能连续五六发命中一处，总是不能破坏它的。这样的堡垒，在隔着相当的距离，建造了，配置十至二十个，并必定配置着一个木制的，这是假的东西，比较是设置于显著的地位，以便敌弹集中于它。堡垒内部的下半在土中，露出于地面者分为一层与二层两种，总以能避敌人的眼目为主。堡垒内各种设备，应有尽有，电气、机关枪、野炮，并可住兵员十余人。

堡垒的配置是分为前后两线，还有一线是叫做总预备的。计划之周密，真要攻破它是绝对不容易的。

加之，在战争的时候，还要在堡垒的前方，施行野战筑城，掘大规模的深堑壕，更要张设铁丝网。因此，向堡垒迈进的战车，便要跌在堑壕里爬不起来，步兵的突击，更将被阻于铁丝网的。

在远东建造的堡垒数字，据说至少也有两千个。配备的地点是自"满"苏东部国境的兴凯湖至海参崴附近的日本海岸的国境线，以及哈府附近与西部国境满洲里的对面——陶尔亚。以赤军的前后卫分别，在东部国境的是远东赤军的最前线——即沿海州兵团，西部国境的是为力的防卫远东赤军后方的被切断。

堡垒不只是防守的性质，还可以此为前卫，集结大军于其背后，逐步向前推进。仅仅把堡垒当为防守的观点，那是错误的。

远东的赤军以及苏联在这里的一切国防建设，将来还是要更加扩充，更加强化的。伏罗希洛夫在全苏大会说："我们在最近数年间，已在东部及西部国境，建设了多数装备完全的堡垒。这些军备之在国境是具有反击侵略军的使命的。如今远东的情势，已是需要我们更加深切的注意了。这已使我们在今后，不得不更在东部国境设置更多的堡垒、航空机、战车、炮兵及其他更完全的独立部队。"

远东赤军实为苏联安固远东国防的唯一力量，多年的经营、建造，简直已是铁桶般的长城了。日本欲以纯外交的见地，要求苏联赤军的撤退，我们可以断言，那是绝对的妄想。何况在此日伪积极侵绥之时，苏联所感受的威胁，已经加深，它又哪肯放弃国防上武装的安全保障。尤其在日、德、意三国连锁协定成立的今天，借口"反共"，实质是进攻苏联，在赤色的政治、军事领袖们，他们是非常敏感的。日本一则以军事行动，强化对苏联边防的大包围，再则团结友邦，在外交上亦采取进击苏联的计划，在反的方面，却要求苏联远东边防军的撤回，这就使仅仅稍有政治常识的人，也知道是不能实现的。

如上述，苏联的对策，完全是自力主义的。然在外交上，它亦并未忽视友邦的结合，除以前所缔结的不侵犯条约、互助公约以外，还想与法兰西及小协约国、巴尔干协商等，造就更广大的集体安全制度，或者英国将会急转直下改变为积极支持集体和平保障亦未可知。苏联外长李维诺夫已经痛彻的宣称，将等待欧洲各国的选择，因为欧洲各国的现状，还是停滞于观望的阶段。如果欧洲各友邦真正是愿意和苏联作和平其力的提携，则苏联在西方边境，可以得到更强化的外交阵线，对于远东的苏联关系问题，便得从容应付，力有余裕了。

四、我们的处境和我们的认识

山河破碎的中国，数年来在日本施行其积极政策之下，东北沦亡，华北垂危，现在的绥远战事，虽几经国军的痛击，而匪伪仍图死灰复燃，不久的剧烈进攻战，我们是可以预言的。论绥远的富源，虽万不及东北，土地的面积，也没有那样的辽阔，可是因为东北边防，早已连边防都无可言，华北的关隘，亦已完全丧失，现在的绥远，已是硕果仅存的，唯一直通西北而达内地的生命线。我们目前处境的危难，何等的严重！何等的万分危急的关头！

第一，攫取中国，已是日本应付世界大战的前提条件，而大战危机，由于日德意同盟的实现，对垒阵线的形成，已愈加严重，日本之侵略中国，亦必随之越发急进，中国的处境，自然要愈形恶化。

第二，中国目前在暴力的进袭之下，显然已是处于极端孤立的地位，国联的后盾，既早已绝望，而企图利用列强间的矛盾，尤其欲利用美日、英日的在华矛盾，以牵制日本的行动，在过去的事实，固已证明是失望了。即在大战逼迫的目前或将来由于国际矛盾过于错丛，由于英、美各自的难题之存在，由于英、美两国间还横着更大的矛盾，由于欧洲、美洲自身恶化的关系，那也是失望的。英、美在目前还是动摇在和平阵线与侵略阵线之中，要它们来帮我们的忙是困难的。伦敦的舆论，不是常常耽心着中日关系的恶化吗？所谓中日关系的恶化，就是不愿意中国的御侮抗战。远东的不宁，在它的心目中是讨厌的一件事。

第三，自德、意、日三角连锁式的同盟实现以后，中国是益处于国际间的孤立，日本则反而得到了声援，可以更大胆的进行侵略的军事冒险。在"反共"的招牌下，振振有词地蹂躏我们的主权。这绝不是臆测，前几天日本的飞机在察北散发传单，以及在满洲伪国里面开的"反共"示威大会，竟认我们在绥远前线守土的国军为共产军哩。它来侵扰我们的边境，占据我们的领土，就说是"剿共"的军事行动，世界上真有这样的道理吗？

总之，我们目前的处境，真真是到了历史上最严重的时期。我们的前路，一条是殖民地化的，一条就是御侮抗敌的自救。前此在绥远的御侮胜利，的确是令我们太欣慰的一件事。但在今后，还有更艰难的时期，我们要求更周密的准备，以底最后的胜利。最后的胜利，才是真正的胜利。

中国的命运，完全要由我们自己来决定了。在中央的领导下，集结一切力量吧！

《大道》（月刊）

南京大道月刊社

1937 年 7 卷 3 期

（朱宪　整理）

各地援绥运动琐记

徐莹　撰

绥远前线的御侮抗战，又震动了长期沉寂的民气。回忆自"九一八"、"一二八"两役以后，大概是因为极度悲痛的结果，民气反是转入消沉的景况。骤然从外表的观察，恍惚民气已是完全破产，遂引起一部分悲观论者，痛叹民族本质的败坏，怀疑我们的民族怕是天生的劣等，注下亡国奴的属性，否则在这样历史上空前绝后的国难临头，是绝不应该像死的一般。错了，悲观论者的这种痛哭流泪，完全是错了。他们不明白，民气的发展乃是沿着曲线式的前进，起伏升沉是不能避免的现象。他们也不明白渐变和突变的道理，当其在渐变的过程中，外观是沉静的，本质却是正在时刻的酝酿，一等到突变的焦点，才能活跃跳动。这次的绥远抗抵，便是给予民气一种突变的力。突变不能离开渐变，没有渐变，就不会有突变。换句话说，要是真如悲观论者所云，民气果已死了，则此次各地所发生的那样热烈的援绥运动，就根本无法解释。既然各地的援绥运动是这样的热烈，就可以证明民气在平时并没有死，因为无论什么事，决不是忽然如此，按科学观的解释，没有前因后果，没有平时蕴蓄的力，所谓"忽然"是不可思议的。不懂得这个常识，号啕着民族的劣根性，这就未免是庸人自扰，杞人忧天。可以任自举例出来，在所谓被公认的优等民族，它的民气底发展过程，也必然是有起伏升沉的，决不是笔直的上腾。

绥战对于民气的影响，较以前的任何次都来得特别些。以前像是纯粹的国家耻辱，只看到悲痛和发怒的咆哮，抑郁而无可发泄的愤恨，这次则在悲痛中与愤恨中，渗入了多量的兴奋。大概是忍辱的时期过于悠久了，所以当听得绥远抗战，尤其是胜利的消息，一种广泛的兴奋之情，亦较一二八的战役，显出特色。一二八和九一八的时间距离，比较的接近的，那种抗战的传播，虽也同样的兴奋，却是短促的，紧张的，而这次的绥远抗战则更为深刻的、普遍的、持久的。说来自须归于客观条件的区别，即在这一次的抗战胜利，固不同于一二八那种防御战胜利的情形，这一次是从防御战中，急遽转变为进攻过程中收复了失地的胜利，失地的收复，这是太能刺激民气的字眼。

如上述，长期的积愤，抗战的性质，于是各地的援绥运动也受它的决定，表示许多异样的特色。这些特色，在民族抗战影响之深度，在民族生存斗争影响的普遍，都是最值得我们欢呼鼓掌的。

这是一篇琐记，在这琐记中，最能表露一般普通民众对于绥远抗战的观感，是我们测量最广泛的、最下层的民气之最适宜的指针。我们珍重琐记，应该尤甚于上品的文章。因为琐记所收拾的是最可以代表民众影响的材料。

据报载，北平各界募捐援绥，其普遍化竟深入下层人民及四郊乡农，有的捐几角子，有的捐铜板，仅只知道援助军队打仗，而不明白战事是发生于何时何地。小贩、车夫三三五五，聚谈巷尾，情至热烈关切，乡农聚首密谈，尤为兴奋。原来募捐援助，虽可聚沙成塔，以为前线血战将士效命疆场之用，但尤其要者是能够把这种政治影响竭力的扩大，不论募捐多少，几个角子，几个铜子，主要的作用是在使捐款者能够了解募捐的政治意义，俾人人尽知御侮抗战的责任。今据报载，北平四郊乡愚的此种关切，益信民族争生存的大业，既已深入真正的民间，亦则政治影响真正达到了预期的成熟。宣传、鼓动的普遍化，就是组织、动员普遍化的前提条件。乡愚且已接受了民族抗战的意识，真正要实现全体人民的总武装动员，便属于具体而现实了。

保定近乡某老妪年七十余岁，自少则俭苦成性，二十五岁便守寡，以手艺抚育二子一女长大成人，平时生活，即火柴亦不轻易燃点，每于炊煮时，常到别家过火，现有曾孙已十余龄，家道亦称小康。闻乡人言绥远杀敌，她记起八国联军之乱，曾随夫在京城为难民，痛感亡国惨象，拟将三十年来一铜板一铜板的私蓄，尽行捐助。

由于连一根火柴也不轻易燃点，这样聚积起来的私蓄，竟愿为了绥远的抗敌，全部捐出来，这也不是老妪自身有特别的爱国天性，主要是绥远战事太能引起人民的同情了。一个老妪，平时俭苦无比的老妪尚能如此，以之类推，全国壮丁的兴奋，自更不待言。

河南巩县有老农某，民国初建时曾当过兵，现六十余岁，盲目无视，初闻绥远战起，便坐卧不安，夜每于梦中大喊杀贼，醒则叹气不已，恨不能亲执枪刀上前线。及知捐赠衣服、物品、金钱亦为国民一分子的爱国义务，乃立将儿媳新制皮长袍一件，原为欲彼过冬之用者，拿到县城捐募处献纳。他说，半月来的心神不安，茶饭不想，自经捐赠皮衣以后，始复常态，因为总算已是尽了国民一分子的责任。

四川南江某初中学生年仅十四岁，素喜读《三国演义》、名人传、侠部，家中富有，读报知道绥远抗敌战争，并闻一再胜利，欢喜至不能安心求学，乃谓其父欲赴前线服务，父以其儿戏之言，置之不理，孰知某夜竟私窃旅费出走，家人惶恐，穷三日之力，乃寻得之于五十里外之民船中，当携其归来，重门锁之，并宛

〔婉〕言训戒，不料第二夜竟自缢身死，遗书谓既无上前线的自由，愧为国民，愧为人子，不如一死为快。

这种自杀报国的事例，在每次国难严重，也出过不少了，惟以十四岁童子竟有若此的坚决意志，那就稀有的可嘉。不过，爱国之心虽令人肃然起敬，而自杀之道，则决非我们所赞同，决不能奖饰的。须知爱国的义务，应视其身体、能力的条件，分别许以工作，并不一定以上前线为是。只要肯做爱国运动，在后方之援绥战事，也是值得做的。何况仅十四龄的童子，单身走天涯，路遥天寒，沿途亦恐不保，真达到前线，亦不一定适合于炮火下的工作。揆其能力、志趣，能在家乡附近，组织宣传队，唤醒民众，募捐、抵货，也是很重要的。自杀的结果，在敌人固无损害，在自己却已失去了一位有志的学生。

陕西学生六十余人，内有女生九名，抵潼关谒樊副指挥，要求派赴前方参战。樊指挥当以塞北天气及路途太远的关系，劝阻其行，转送潼关军训处训练。壮志壮举，前线将士以及全国的枪杆将士们，受着这种消息的宣传，更当怎样的奋起杀贼。

福建南靖县下岱乡，有王姓宗族的乡农，交通闭塞，素不知民族国家的观念，偶因出乡贩卖耕牛，始悉绥远战争乃民族复兴之基点，并闻闽南处境亦日非，强邻入侵，已不减于中北的亡国预兆，一时愤怒填胸，乃将耕牛贩卖所得三十余元，托人交漳州捐募处，归乡言及捐款经过，全宗族亦同声称赞，立刻自动献纳，各乡农或出衣物，或集零星款子，为数竟达二百余元之谱。

乡农素无知而贫困，闽南一带尤甚，今竟以生活必需者愿献呈于前方将士，谁说农民只是家族、宗族的保守意识呢？

厦门某女子在报馆前立读壁报，知绥战紧张，因身无余款，即脱金戒指，托报馆变价汇往前方，询其姓名，不肯吐露。报馆当将戒指实估六元登报要求收买，经三四次之辗转，由十元、二十

元、二十六元、三十二元，增至三十八元。内有一次，系一家男女孩将其平时糖果费所积剩，出高价购去，后又为更增估者所买。稚子亦知爱国救亡，能够多出人力、财力的，更将怎样尽责呢。

　　像这种零星的援绥材料，要全部摘引，不知要占去若干篇幅。我们集中这些可贵的零星事实，读之津津有味，只有感到无限的兴奋，无限的惭愧。绥远战争影响之广泛，全国人民，无分男女老幼，的确是凝结了一个坚固的集体了。国家民族团结力的进步，从这次各地的援绥运动，又给我们最好的证明。若更举其荦荦大者，例如北平各校学生之停课，全体总动员作街头的募捐，停课之后，在这样冷的天气，还实行停火、减食、绝食，省下来以接济绥远的国军，俨然是甘苦相共。将上们在冰天雪地里打仗，后方的人民，也不愿意过安适的日子。女生及教授的太太们，也动员手制棉衣，以为前敌将士御寒之用。不但是北平，全国大埠如天津、上海、青岛、福州、厦门、广州等地，学生是到处募捐，各报馆什志亦分别募集，数目之可观，允为前史所未有。各地官民之函电交驰，全国之舆论之总援助，庆祝会、援助会不断的开催，充分表现了全国上下的誓死同仇。这一次各地热烈援绥运动的奋起，一片活跃的、激昂的民气，连我们的敌人也看的目瞪口呆了。要是没有这样一心一德的援绥表示，我们可以断言，绥远的侵扰战争，决不是这样的单纯，规模一定要更加扩大，战争一定也更形积极，更形惨烈。或者是假戏真做，索性把外表的面具，脱了下来吧。

　　民众力量的民气是最有效果的，我们希望这样壮烈的民气，能永远的存在。这是真正的民族战争的后盾。

　　什么事都须再检视自己，还有没有做不到的缺点，要是有缺点，就应该赶快纠正过来。我们对于各地的热烈援绥运动，许多优异的成绩，是绝对没有忽视的。但它还有不可否认的缺点，例如援绥的意义仅仅在募捐或函电的鼓舞，这是万万分不够的，不只是要在宣传的工作劳力，还须进而在组织的工作发挥民众的力量，并且就是宣传问题，也是做得很不充分，真正宣传队的组织，应该深入真正的民间去，宣传中央政府的旨意，指出援绥运动决不能只当为地方的问题，乃是中央在整个计划中，全部御侮工作的一种表现。物质、款项的援助，固属很要紧的事，以援绥为契机，把人民很有系统的组织起来，训练、教育更是重要的一件事。同时，还须极注意本身所处的环境是怎样，全民族的危急，到处都是有狼吞虎咽的可能。故援绥的工作以外，尤须了解自身四周御侮工作的重要。民气的发奋，也要能使其越发持久，始为可贵。在此一切的正观点，援绥运动才有其真正的价值。

《大道》（月刊）

南京大道月刊社

1937 年 7 卷 3 期

（朱宪 整理）

绥远的战事

绥之　撰

绥远的战争，自双十二事变之后，全国的注意点由绥远而转移到西安，原有五分钟热度已算走到了时候，自然而然的顺着消沉下去，我们实在感觉到可怕！

敌人从九一八起，"华北国"、"满洲国"、"大元国"……这都是本着大陆政策的一贯计划，进攻绥远就是企图打通其通新疆的大道，而要建立"大元帝国"，完成其对华西北的包围线，这是敌人一方面是想占了绥远建立侵略全中国的基础，一方面是建立进攻苏联的根据地，所以时局变演到什么程度，只能增加其严重，而绝不会能使敌人弃放其计划。现在我们可以从各方面来观察一下。

我们先要明白××进攻绥远是实行其大陆政策计划下的必然现象，要清楚这个现象，须知道执行大陆政策者关东军，"其所抱负的蒙古路线，最初南次郎司令主张以直捷了当的方法，武力夺取外蒙，所谓蒙满纠纷的发展，便潜伏下这个危机，但自《苏蒙议定书》成立以后，苏联为外蒙武装的建立，又使××关东军对外蒙的优越感退缩了几步，结果南次郎解职而由植田谦吉继任，植田对于蒙古问题为大陆政策之第二重点的见地，主张先完成内蒙的先占有，坚实华北的控制，甚至打通到西北的门户，这与××华北驻屯军的对华见地不谋而合"。就是先得了绥远然后才能得到乌、伊两盟十三旗，然后西进侵略到宁夏，再越过贺兰山经阿拉善旗、纳尔济〔额济纳〕〈旗〉以至新疆，以包围外蒙，这就是"大元帝国"的形成；现在阿拉善旗、纳济尔〔额济纳〕旗、宁夏其先头的侦察工作已逐渐完成，各种特务机关、公馆、出张所亦都成立；这就是要打通蒙古的路线，要打通西北的门户，建立进攻苏联的根据地，牵制苏联在远东的利益，减少其中苏夹攻的可怕，而隔断了中苏两国的关系，使中国走到孤立亲×顺驯的路子上，承认其"华北特殊地位"、"共同防共"的目的，如此则毫无任何顾虑，然后再慢慢底实行蚕食吞并的方法。我们看绥远战事正激烈的时候，便成立了日德同盟、日意协定，这固然是为减少其在国际上孤立的地位，则〔但〕主因还在牵制中国与别国发生关系，姑不论日德同盟对俄，日意协定是对英，"而在远东方面则均以我国为侵略的对象"！

要打通新疆的路线，必须先占领绥远，然后才能达到其成立"大元国"一切的目的，因为绥远在地理上所占的地位，西可以通宁夏、甘肃、青海、新疆，东达平、津、冀、察，南制陕西、山西，北控外蒙库伦，假若此地不保，不但西北咽喉尽去，险阻毫无，就是华北一带的地方，也成为敌人的囊中物。我们再考之于历史，绥远这一带的地方也知道是从古以来就很重要，在"秦始皇的时候，就是以内蒙作威慑匈奴的根据，汉武帝也用以控制边塞，唐时更用以降服突厥、回讫〔纥〕，以底定西北，满清则更进一步以满蒙为基础入主中原"，这都是历史上的事实来这样告知我们绥远的重要情形。现在敌人已打到了边境，其地位的重要更是甚过以往，故绥远得失，是"有关整个民族的生存"，而绝不是一个局部的问题，现敌人之所以积极侵略绥远，乃为"奠定其侵略全中国的基础"，"坚实华北的控制"！

这可以知道敌人对绥远的重视，和关系敌人经济上、政治上、军事上的重要，若让敌人不侵略绥远，除非是根本放弃其侵略中国的大陆政策。近来有人认为××现在已看到过去对华的施行的政策全因认识不清中国民族的心理，因而遭到南京判谈的不成功，嗾使伪匪进攻，也遭受了我军的击退，募集下的兵，常一批一批反正，使敌人的"以华灭华"的手段用不成，现在敌人已经觉悟了这一点，便改变其政策，所以北海、成都事件都顺利解决，现××的政治也另外高唱中×亲善，也评〔抨〕击政府过去对华观察的错误，这都是最近事实的表现；这样的认识完全是中了敌人的鬼计，我们知道敌人一问〔向〕的方法，是采取"个别的击破"，故意宣传成局部的问题，好来局部解决。这方法也是屡试屡验。迨绥远战事发生，××仍想以个别的击破，而达到其目的，但是中国上下都认清了这一点，便马上形成抗×的一致阵线，现抗已×〔×已〕成为每个人心里的一致要求，在这样抗×高潮之下，无论任何人绝不敢与××有什么签定妥协，或是反对人民这点抗×要求，××怕到了这一点，恐以后不能不费力就侵夺到手，遂用上面的手缓〔段〕来和缓中国人民的心理！所以在西安事变时，并没有嗾使伪匪军进攻绥远，现在陕、甘问题，也并没有借口进犯绥远，这完全是用以改换中国人民的心理，送〔迷〕落中国人五分钟热度的方法，这也×人向来贯用的伎俩！

这次的战争在表面上是由走狗汉奸德王、李守信、王英、包悦卿、卓世海、张海鹏等所率领的匪伪军进攻，但在事实上是背后另外有牵线人，谁都知道敌人的飞机、大炮、毒气炮、炸弹、坦克车种种的现代最新式的武器是完全由××供给，而内中主要的指挥官也完全由××人在后面担任，这都是他们自己所承认过，而另一方面则又声明×人参加是××人个人的行动，这种狡猾的声明也含有两种的用意，一方面是想把绥远的问题当作局部的问题，以让他们来局部解决，另一方面是有意让中国人知道绥远的战争是××供给枪炮、飞机，有××在其中参加指挥，想使中国人知道××要由间接的参加而将要变成直接的行动，用以威吓中国政府软化，以达到不费一兵不损一将完成其侵略的目的，可是这种险恶的阴谋竟未能如愿以赏〔偿〕，被中国的人民完全识破，但亦因此也增厚了一层前途的危机！

绥远的战事，在表面上虽是匪伪军发动的，而实际上则另有其国际背景，这便是这次战事的真正性质，我们应该认识清楚这点。现在匪伪虽然〔因〕遭受了失败，但在敌人背后指挥之下，绝不会因匪伪受了挫折，而终止了计划的事情，这是很显然的。其实正因了匪伪的失败，才正是"××正规军迎面而来的时机"，我们看××东京《朝日新闻》的社论谓"绥远问题不用说，乃内蒙与中国的全面抗争的表现，不过吾人对此特须重视者，盖因在华北与满洲国有重大利害关系〈的〉日本，和绥东问题自有密接不可分的关系，倘内蒙战事扩大不能说下去直接非满洲国卷入漩涡"。《朝日新闻》这样言论，可以说是代表××政府人民和官家对这次绥战问题第一步要表明的态度，同时不久之后即由《满洲国》的外交部与关东军共同发表公告："绥远局势假如危及满洲国之安宁秩序，则日本与满洲国当局不得不取适当办法，以防患于未然。"这又是进一步明朗化的表示，所谓"取适当办法"，其意就是等于要直接采取军事的行动一个通知，"以防患于未然"！这便是进兵的方式，仍然是（一）指挥自己捏造成的"自治会"；（二）放造空气，高调绥远的战事是影响"满洲国"的"治安"的不能坐视，这是敌人一向就是这样的做法，屡次收了很大的效果。这次侵略绥远所嗾使的卖国贼，一个是锡林部粒〔郭勒〕盟盟长（现代理正盟长）德王，一个是王同春三子绥远著名匪首王英，德王是××之下做成的军政府总裁，王英是西北防共自治军的总司令，其余的人都是附属这两个部分之下。我们也应该是清楚×人为什么要利用这两个人呢？在德王出兵侵绥的名义：（一）蒙古人自治须另成独立政府，收复他们的失地——内蒙；（二）讨逆他们认为的叛军——东四旗。而王英出兵进犯绥远的名义：（一）绥远人要防共求自治（如冀东一样）；（二）为恢复他过去所有的财产（前为匪害民，乃被官家将其财产没收）。这些无耻的理由，虽使人一笑致〔置〕之；可是敌人完全利用这几个理由，来进行其侵略工作，假如匪伪军不能得到胜利，则可向××求帮助，××一定声明：（一）为保护"满洲国"的安宁，恐危及××在"满"的利益；（二）为扶助正当的自治，不得不借给兵促成其事；（三）惟恐共产党东侵，不得不共同防共。这也是敌人过去几次所用过的贯技。

由上面我们无论从哪一方面来看，敌人绝不会放弃对绥侵略的计划，也绝不会因匪伪的失利，而恳〔肯〕甘休的，这都是是任何人所料想到的；最近"满蒙的同盟"已经成立，眼看民族生存的大战争，马上就会正式爆发起来！我们在这种危急之下，绝不容许我们乐观的！可是正在这敌人自己下手的时候，而各处的学生竟有分家争派的不幸事发生，致减少抗敌的力量！我所以要重来叙述绥远战争问题，意仅在再唤起众人的注意，希望各界精诚合作，一致求救亡图存，使政府抗战要下大的决心，要有永久的计划，要发动起全国的"抗战"，"把绥远的守土抗战变为收复失地的抗战"。而全国的民众更应一致扩大予前方抗敌将士在物质上、精神上的援助！我们失去的热度，绝不会永远是冰冷的吧！

廿六，一，廿五

《绥远旅平学会会刊》（月刊）
北平绥远旅平同学会
1937 年 7 卷 3 期
（李红权　整理）

发动全国抗战和绥远人民的出路

王佐兴　撰

绥远此次的抗敌战争，不论从××帝国主义者灭亡中国的计划上说，或是从中华民族解放的关键上说，都有着非常严重的意义。"要征服支那，必须先征服满蒙"，在田中首相的大陆政策内已经很早的并且很详细的解释过了。由朝鲜推进到满洲（东三省），由满洲推进到热河，由热河侵略冀、察，现在敌人在冀、察的侵略阵营相当的巩固了之后，为了保障这些掠得到的成果，和再行开辟新的侵略路线，嗾使匪伪进扰绥远，这是大陆政策发展中必然的结果。尤其在最近德日同盟协定签字之后，××企图从朝鲜起把东三省、热河、河北、察哈尔、绥远、宁夏、甘肃和新疆诸省连成一线，替德国法西斯政权担任远东包围苏联的军事计划，更使得敌人加强的促进大陆政策的实现。也就是说，在东三省、热河、察哈尔已经入了他的掌握之后，他仍然是要继续西进的，目前的绥远却正是敌人西进路线中首当其冲的关口。

敌人向西侵略固然要争取绥远，就是吞并华北甚至整个的中国，他也要进攻绥远！绥远若为敌人取去，则不但给敌人加添了一个新的市场和原料供给地，如田中奏折里说："这样可以将满蒙的一切富源都归入我们手内，就是战争延长到十年，我们也不必怕供给的缺乏了。"并且眼前的军事形势就要马上受到更严重的影响。因为敌人占了绥远之后，南下可以沿同蒲路取太原，山西被并之后，则"以一万兵力渡黄河扰陕西，则甘青宁之兵概受其牵制矣；以一万兵力出潼关取洛阳，则两湖两广之兵概受其牵制矣；以一万兵力取陇海攻皖、豫，则苏、浙、皖、豫之兵概受其牵制矣；再以一万兵力扰河北、山东，则冀、鲁将自顾之不遑。"（南京《新民报》十一月二十一日社论）这样中国的灭亡，很容易的就会到来。

所以说，绥远的被侵略绝不是一个小的或局部的事件，而是关系中国全民族生死的斗争的开展。为了生存，我们把一分一分的精力，一滴一滴的热血，都为着绥远抗战而牺牲而奔流，这是中华民族义不容辞的天职，也是为了活命必须有的自卫行动！前防战士在傅主席将军领导之下于冰天雪地中和敌人的喋血肉搏，是为了这点，而后防全国民众热烈的援助绥远，也是五年来屈辱的血泪和愤恨所激成的表现！

"我们不能再让敌人占一寸土地！"这是全国上下一致的口号，而晋绥军自战争开端后，以血肉换回来的红格尔图（十一月十九日）、百灵庙（十一月二十四日）和大庙（十二月九日），更涂满了中华民族反抗强敌战争所流的鲜红的血，鲜红的血光，激刺着侵略者的眼帘，使他们发抖，闪烁着被利用的伪军，使他们良心上难过。

但是，这点点的胜利我们就认为满足了吗？不够的！我们说保绥远即所以保全国，是因为绥远若要亡了中国便有加速度灭亡的危险，不是说绥远能保住就可算是中国不会亡掉了。因为中国失去的土地一日不收复，我们就有时时受侵略的威胁，也就是说，我们一天不自动的反守为攻，去收复失地，我们一天也不能得到安宁的保障。敌人的进攻绥远，前面已经说过，那是处心积虑不止一日，并且势在必行的，因而我们想要敌人自动的不来攻取绥远，是不可能的。他一次进攻失败，再来二次，二次失败，再来三次，四次……总之他是势必得之而后已的。中间也许他要有时停顿一下的，但那是为适应某种策略或客观情势的，绝不是放弃绥远不攻了。要使敌人不进攻绥远，主要的还是在我们怎样的摧毁他进攻绥远的力量和根据。最近的事实告诉我们，我们虽然打了几次胜仗，而敌人仍然是连续不息的进攻。这原因就是因为每次敌人被打的落花流水之后，他还能在察北整理补充一下，休息休息，又可来个进攻。这几天报上不是登着敌人又要准备进攻的消息吗？这儿，我们这么问一下，要是当国军在每次得利之际能乘胜直捣察北，同时刘汝明主席亦从张家口出兵收复察北，那些匪伪丑类岂不是兔奔鼠窜连巢穴也没有了吗？没有根据地，从哪儿再做侵绥的准备与活动！？

这种主张绝不是不顾实际的纸上空论，这是几年来的事实教训使我们有这样的认识和要求。因为，在目前"作奴隶和争生存"的关头之下，愿作奴隶则已，否则就必须来个很壮烈的争生存自由的斗争，而这样斗争不论什么时候都要和想要我们做奴隶的仇人的意向相抵逆的，不愿作奴隶而又不敢起来作反抗的斗争，想的等敌人自动的暂时停止进迫，自己才从长准备计议，这是几年来血泪的事实告诉我们，非常错误的想法！铁一般的实例摆在那里：过去不抵抗丧失的土地并没有而且也很难满足敌人的贪欲，含羞忍辱的屈服外交也并没能使敌人不再进攻，相反的却使敌人不费一枪一弹收获了许多财富和原料，更有优越的物质的条件来进攻我们。别的不用提，单指此次侵扰绥远的匪伪说来，他们哪一个不是中国的同胞，而他们所拿的枪炮又哪种不是辽宁兵工场出的东西！？我们试想想，假如在日本进占东北的时候，我们就全国合力给以严重的抵抗，敌人的势力和物质的凭借，是不是能进到现在那样高涨优越？中国抵抗的武器好坏姑不论，而日本所花的军费则很显见的自必得他本国担负，正在国内闹着经济困慌的日本，就这一点说中国能多支持一日，日本就有早一日崩溃失败的可能。但可惜我们没有这样做！我们口头天天说以中国全力对日作战还怕敌不住人家的话，而实际却让地方局部的去抵抗敌人的暴力，不知合力齐赴，坐视敌人一步一步挺进，一个一个的击破！东北义勇军的活跃，淞沪十九路军的抗战，长城各口二十九军的大刀杀敌，虽然曾显出了中国的怒吼，惊醒了"唯武器论"者的迷梦，但仍不敢发动全国的抗战，仍然让敌人个别的击破这些勇敢的孤军，结果使敌人逐渐蚕食，逐渐占住有利地位。这其间，我们的准备不但科学落后赶不上敌人准备的速率和收获，甚至把没有被侵以前的固有的优越条件反弄的丧失了！我们不反对"有备无患"的名言，不过像这样放任敌人随便深入，在国防上不迅为准备，而才专事"安内"的工作，在目前的□势下于我们是非常不利的，因为在全国民众每个人都感到生存的威胁而一致要求抗×的今天，谁来领导实现这个要求——抗日，无疑的谁就受全民的拥戴，在抗×过程中即令有丧心病狂的汉奸来破坏统一战线，也会遭受到民众武力的击碎的，此外在实现全体要求的时候，还有谁再敢甘冒不韪来分解抗×力量，来否认自己的要求？大敌当前，不这样的做，而先来"安内"，不只使抗×的人们不满而自起实行抗×，就是你所"安"的对象也会以抗×行动而同你对立，如此的安法反适足使中国分裂，过去的、最近的几次事变，都是很明显的证据。这样的准备，无异给敌人做分散中国抗×力量的工作，多准备一天敌人早捷足先登一天，中国多倒霉一天。事态的紧迫，实在不允许我们作如此的准备了，我们试把东北未失时候的××力量和现在的力量比较一下，就可明白轻重！

现在，绥远的抗敌战争已经又证明了中华民族求解放的决心和力量的坚决伟大了！侵略战和自卫战在本质上显着很大的区别，主观的动机决定了战时的力量，"兔不急不咬人"，这是千真万确的道理。因此，我们在检讨出并且感觉到过去应付敌人进攻的态度和政策的于我们不利之后，在目下敌人加紧压迫的严重关头，我们实在不能再犹疑了，我们把此次绥远的战事促成为全国的抗战，是我们一刻也不容缓的任务，再不要否认我们的力量的伟大了，晋军绥〔绥军〕此次抗敌的悲壮激越和全国民众的热烈援助，还不够使我们感动的为中华民族解放流兴奋之泪吗!？

为求全民族生存而主张反守为攻，发动和开展全国抗战，是我们每一个人应有的认识，特别是站在绥远的立场上说，更急需这样的要求！因为"守"的抗战总是被动的行动，敌人的进攻无已，我们的军事便永没停止的可能。军事何时不停止，绥远的人民何时不能过安宁的生活，不用想像敌人占了绥远以后的命运是如何的恐怖，就是自战事暴发到现在还是打了胜仗的结果说来，绥远人民所受的痛苦如差役浩繁，物价、食粮飞涨等，其惨烈已为人所共知了，战事若再延续下去，绥远人民，不管前防的后防的势非全死不可！所以，很迫切的，要救绥远人民就得解决战事，而解决战事的方式不是和敌人再订辱国的秘密的协定，乃是发动驱除敌人出中国境的全国抗战，使中华民族永不受任何人的侵略压迫。这种认识和行动是中华民族求生存的唯一的先决办法，也是绥远人民的唯一的出路。

明白了这点，所以我们不止要全国民众尽其所有集中精力来援助绥远，并且更进一步还要把绥远抗战引伸为全国抗战，反守为攻，自动的驱除敌人出境。大祸迫在眉睫的绥远同胞，为了解救自己的家乡父老，更应该向着这个目标努力，也就是说，更应加重的担负起促成全民抗战的任务来！

廿六，一，二日

《绥远旅平学会会刊》（月刊）

北平绥远旅平同学会

1937 年 7 卷 3 期

（李红权　整理）

各地慰劳前方抗战将士费分配方法

作者不详

自去年十月敌人收买汉奸，供给枪炮，嗾使匪伪军进犯绥远，而我晋、绥之忠勇将士，在阎主任、傅主席指挥之下，于冰天雪地之中，为我全民族求生存抗敌，浴血苦战，屡挫寇锋，继则收复百灵庙和大庙子，造成我民族复兴之起点！而我海内外同胞，都捐一日所得，慰劳前方抗敌将士，甚至乞丐、监犯，妇女儿童，无不踊跃输将，现已收到一百三十六万余，其分配的办法，三日前已由总指挥部正式公布，本刊将登载于下，以见阎、傅两公对于此次捐款分配和用项，绝不是过去的捐款，从不公布，把钱都归为长官的腰包！我们再见这捐款的数目，在四个月之内，仅收到一百三十万，与一二八之役那真是相差太远！可是近来绥远的战事问题日较严重！日德同盟，日意协定，而××的内阁亦重新由军人组阁，而满蒙也最近实行了同盟，眼看敌人现在要自己下手，我们希望各界的同胞们，现更要在精神上、物质上去安慰为民族求生存的抗敌将士，不但须要捐款，外如防毒面具、钢盔、药品，以及军运汽车……都感缺乏。同胞们！再醒醒吧！未来的危机不知要到什么地步，我们应精诚合作，共同救国！

编者附识　一月二十八日

《绥远旅平学会会刊》（月刊）

北平绥远旅平同学会

1937 年 7 卷 3 期

（丁冉　整理）

风狂雨骤话绥远

——绥远通讯

郭根　撰

麒麟育犬子，国贼居然辱父母；

娇艳属倾城，边地又出赛金花。

绥远，若从中华民国的地图上看来，可以说是内地的，决不是边疆的所在。可是，自从九一八以后，东则热河失陷，察北伪化，北则内蒙独立，西则"共匪猖獗"，于是绥远便处于四面楚歌之中，一变而为国防第一线了。

伪匪窥伺绥东已非一日，自从察北沦亡后，张海鹏、李守信等部众，屡欲进犯，但终未得逞。如是一年来绥远处于层层威胁之下，战战兢兢，朝夕不安，诚如傅作义主席所谓"绥远是中国省份中处境最艰的一个"，所幸一年来得以平安渡过。然及至八月二日伪匪王道一部进犯后，绥远暂时偏安的空气，突被打碎，最大的危机立即呈现在眼前。当此全国上下北望焦急以〈待〉时候，记者仅将旅绥所见所闻，报告国人，是苦是辛，且由阅者自己评定。

一　地方长官守土之决心

东三省、热河、察北、冀东这些中华民国的土地，都是因为当地长官高唱着不抵抗主义，见敌先逃，才将大好山河轻轻断送，所以这次绥东告紧，全国耳目都集中在绥省主席身上，各地人士来绥考察的都要谒见主席，想知道他是否抱了最大的决心来与敌人周旋。最近《大公报》记者面见时，彼以最严肃的神色宣称彼必决心守土，并抱着"成仁"的大志。前两三个月，在一个集会里，记者也曾面聆训辞，当时彼即声称，彼必在最高领袖领导之下把守土的天职坚持到底。的确，我们相信这些伟大的言词，不是轻心说出来故意向国人夸口的。因为傅氏是晋绥军人中出类拔萃的一个，曾以涿州之役而名闻全国，且当长城抗×苦战时，三十五军的作战也曾使敌人丧胆的。

绥远的防御工作，年前即已开始，各乡各县都筑有碉堡，而省垣附近，筑有环城马路，便是战壕的变相。至于前线平地泉一带，近更积极布置。本年开始以来，傅氏招募各乡壮丁，成立"绥省防共自卫团常备队"，也是有深远的意义的。但是傅氏虽抱决心，然绥省兵力至为薄弱，且地面贫苦，因之财政亦极困难。所以我们在祷望着中央以及晋省当局，务以最大的可能协助傅氏完成守土的神圣义务。

二　某方的势力在绥远

自从某方的势力圈扩张至榆关以内的时候，当时便掀动着所谓华北五省独立运动的把戏，于是跟着这五省的省垣便来了所谓"武官"的驻扎，绥远自然也是其中之一。驻绥武官到达绥城的时候，正是绥城最伟大的建筑物"九一八纪念堂"快要完工的时候，当时某方便选定一块大住宅作为武官公馆，并在住宅内植起一根长竿，于是在大青山下大黑河边，殷红的太阳旗第一次飘现了出来。

"九一八纪念堂"开幕的那天，本地长官、要人正在台上作悲壮的演说时，门外突然涌来一股浪人，呼啸叫骂，声势汹汹。会场中登时一阵骚乱，瞪着眼看他们把匾额上的"九一八"三字涂抹了，堂前草地上的"九一八被难烈士碑"也被推翻了。从那天以后，这刚刚出世的伟大的建筑物便改名为"大礼堂"了。

同时，在车站旁，傅主席为纪念长城战役阵亡官兵而新建的"烈士公园"内也起了一番口舌。结果是巍立园中的纪念碑上，把"抗日"两字涂抹了。这莫大的伤心呵！

自从有"武官"在绥垣存在后，绥垣的空气便一天天紧张起来，政府当局煞费苦心在谋应付，于是在这种环境里，便造出一个女英雄来。原来绥远的风俗异常不佳，本地有个民谣是："大召后，破鞋三万六，要不够，西河沿上凑"，实际上私娼虽然没有三万六那么多，可是它的数目要是统计起来，的确是惊人的。绥垣公娼只有三家，而私娼却到处皆是，这也许有什么特殊的原因吧。

在这"三万六"当中，有一个鳌头独占的女郎，姿色自然是首屈一指，而尤其惊人的是她的机智与口才。就因为她秉有这样的天赋，才能风云际会在这种环境当中突然显要起来。这是因为浪人们专喜访花问柳的结果呵！

受了武官垂爱的她，位置自然特殊起来。于是我们在历史上惯常看见的"美人计"或者今日国际之间所谓"风流女间谍"等事，便可在她身上找出这种类似的线索来。在庚子以后，我们惯闻了赛金花的鸿名，而今日在边塞之地，我们又发现了第二个赛金花。可怜我们在帝国主义者铁蹄践踏下的民族呵！

一年来，某方来绥的旅客陆续不断，在绥远饭店的旅客出入簿上，满是他们的名字，而且多半填的是"满铁职员"等字样。"满铁"是多么可怕的两个字呵。这两个字操纵着整个华北的经济权呵。

三　焕然一新的盟旗

绥远完全是内蒙的土地，全省分乌、伊两盟，各盟之下又有若干旗。绥远省城这一带是属于土默特旗，而土默特旗差不多已完全汉化。自从去冬德王独立后，政府特成立绥境蒙政会，选沙王、潘王、阿王等为正副委员长，于是绥境盟旗焕然一新，与前大不相同。潘王常驻绥远，特购地建一崭新之王府，并常乘汽车外出兜风。至于戏园、影场座上亦常有蒙人，在莫名其妙的欣赏。土默特旗政府近于大街之上建一崭新的牌坊，最为耀目。至于国立蒙旗师范学校更是最近出现的蒙人最高教育机关，名字特别响亮。这种种表现着政府对于"蒙汉一家"的口号，在努力的实践着。

近日，绥蒙政会在筹备着第二次全体大会，各盟旗王公均纷纷前来，预计在本月底即可开幕。我们祝望着在这个会议中会有伟大的议案产生。

四　担任攻绥急先锋的王英

"王英"这名字在绥远特别响亮，几于妇孺皆知。因为他过去是绥远的巨匪，盘据后套一带，声势异常浩大。其时绥远政治未入轨道，几于遍地皆匪，所以他的部众也遍地皆是，因之他的名字便也遐迩闻知。此外还有一个使他成名的原因，那是靠了他的父亲。王英的父亲就是开发河套的王春荣〔同春〕，在当年开发绥远的时候，他是最伟大的英雄。王英还有一个姐姐，也是了不得的女英雄，以慷慨著名。当谢冰心女士游绥的时候，耳闻其名，特给她写了一篇有声有色的传记。

也就是因为王英有着这样的历史，所以某方才特别重用他。他现在是伪汉蒙反共军军长，部下有六千余人。自王道一攻绥失败后，某方特给他五百万元，要他在限期以内招足三万人。王英特自请为攻绥先锋，李守信等为其殿后，声势汹汹，据说要在九月初动兵西向。其实王英在今日已无号召力，因绥远全境已无匪踪，各乡皆筑有碉堡，匪人无能为力。在绥东现有赵承绥部、李服膺部以及绥东四旗剿匪司令达密凌苏龙扼要防守，绥西则有王靖国部驻防，所以伪匪的实力不足为虑，所怕的就是伪匪背后的指挥者呵！

五　绥蒙会二次全会

汉蒙一家，遗像共瞻元太祖；

绥盟会议，提案首推奇文英。

在绥远局面岌岌可危的时候，绥境各盟旗领袖均由防地赶来绥垣，聚集于一堂，其意义之重大是不言可知的吧。绥境蒙政会是在今年二月底才成立的，当成立的那天，满街贴的是"蒙汉一家"的标语，气象焕然一新。然而直至今日因感于时势之迫切，才开成立会后的第二次全体大会。

大会会场即在该会之会议所，在开会的期间，会场门首高搭彩布牌楼，党、国旗分悬两角，会议厅前并贴有彩纸标语："防共自卫是盟旗自治先决条件"、"各委员是西北国防干城"、"二次大会是促进盟旗文化经济的会议"。至于高场正中则并悬孙总理及成吉斯汗之遗容，显然是"蒙汉一家"的表征。

出席的委员共有十七人，委员长沙王未到，以副委员〈长〉潘王代理主席，指导长官阎锡山缺席，以参赞石华岩代。大会所收提案约有二十余件，其重要者，多为巩固蒙疆、靖卫地方、统一军制、"防共自卫"、兴办实业、振兴教育、建筑会址等。其中以准旗扎萨克奇文英之提案，最为惹人注目，因其不但中肯，且条目井井，洋洋大观，绥地各报均辟专栏刊载，风诵一时。兹将其各条大要略述于下：

一、统一警卫　目的在将十八旗所有警卫兵力，经整饬后，完全归绥蒙会节制统率。盖感于目前各旗多各人自扫门前雪，不能共同合力以平内乱而御外侮也。

二、建筑会址　蒙会成立迄今，犹未有固定会址，有碍于会务之进行，前中央曾规定应建会址于伊金霍洛，但彼以为该地交通不便，彼主张应建于包头附近之王爱台〔召〕地方。建筑时除建办公厅、宿舍外，尤应修土堡、战壕、炮台、仓廒、地下碉堡、赛马场、沐浴室、旅馆、市场、农圃等，盖欲使其成为一新兴都市也。

三、振兴教育　推进蒙旗教育，势须各旗各设完全小学一处，编发蒙汉文对照之中华民国现代小学课本，并须各设民众教育馆一处，备收音机、报章、杂志等。三则绥蒙会教育处应购电影机两架，订购佳片，定期轮赴各旗演映，以广蒙胞见闻。

四、财政公开　绥蒙会成立以来，因负责乏人，不善处理，开支不得其法，而报告又含糊草率，致外间谣言甚多，有污整个团体名誉。故今后应先编预算，将来开支即遵照办理而禁贪风。

五、用人公开　蒙会方面之职员，应由各旗平均推荐产生，否则各旗因权利未均，应尽义务当不欲尽，或怀怨望，则组织散漫。且当兹外患日亟，威迫利诱夹攻之下，在我视为某旗无力，可任意摆布，在敌则视为有机可乘，诱惑拉弄，破〈坏〉我组织，分散我力量，则蒙旗自治生命殆矣。

关于此项，奇文英所提办法，为绥蒙会各处、会正式职员应由各旗平均推荐，另令呈委，每旗至少须有科长或秘书、参事一人，科员二人、参议一人，余额由正副委〈员〉长荐委。

奇文英所提议案大要如上述。其他提案如副委员长阿王所提者，亦甚重要。其提案可分三点：（一）绥境各盟旗联防；（二）各委应本过去团结精神，切实联络；（三）请中央拨发"防共"经费。

大会会议中所议决要案约有廿余项，兹述其重要者如下：

第二次会议中议决要案三项：（一）通缉西公旗叛乱祸首曼头等，并由大会抚慰西公旗被灾难民；（二）派员慰劳石王所属各部队；（三）着手编练绥境各蒙旗"防共保安队"。

第三次会议议决要案一项：（四）派员督导蒙旗教育。

第四次会议议决要案两项：（五）大会会址决设于包头以西六十里许之西公旗境内公庙子地方；（六）发展盟旗经济及整理各旗财政（方案尚未拟定）。

计大会由九月一日开幕，二日因落雨暂停，三四两日续开，四日晚圆满闭幕。

六、坂垣之来访与绥西之吃紧

乘兴而来，傅将军打出当头炮；

挟诈以往，刁匪徒计划犯绥西。

在八月廿六日的上午，绥城忽闻机声轧轧，而满街又警卫森严，西河湾羽山武官公馆附近，亦有三三两两之宪兵徘徊其间。在绥东万分紧张的时候，几有风声鹤唳的状态，所以这种非常的现象使得全城的人心卡卡不宁，差不多都有种大祸临头的预感。直到第二天报纸才披载那是日本关东军参谋长坂垣氏来拜访傅主席。傅主席并于绥远饭店设宴为之洗尘。在那大记者在龙泉公园听见一个乡老说了下面一句话：

"鬼子来要他脑袋来了，他还要请人家吃饭！"坂垣这次来自然负有重大的使命，至于他究竟向傅主席说了些什么话，本地报纸没有披露，但是一般智识分子是知道的，只有乡老们凭着他们的直觉来猜断一切。坂垣亲口向傅主席提出了绥东问题，他说："绥东五县本来属于察省的，所以现在绥省应将它物还原主。"但是他再也没有梦想到傅主席会以这样不像"中国人"的话来回答了他：

"余守土有责，决不能以寸土与人！"

可以说，坂垣是碰了一鼻子灰败兴而归了。当他在平、津接见新闻记者，记者们问他傅主席态度如何时，他却是"微笑而不答"。这"微笑"是"苦笑"。

然而坂垣虽然扫兴而归，绥远的局面却接着起了一层重大的变化。那便是绥东的紧张性移到绥西了。

据张家口通讯，伪军因我晋绥军在绥东防御紧严无机可乘，当即变更战略，察北、绥东暂取守势，而先攻取绥西。攻绥急先锋王英当即受德王之命，派其部下潜往绥西河套及宁夏东部活动，欲谋接洽当地河套一带王英家旧日之佃户，暗中接济。一俟接洽妥当，王英即率其现在商都之六千匪兵，绕道蒙古草地而西进，以期达其进可东取绥远全部，退可守河套富源之目的。盖王英家族本乃河套一带之土地大王，其父王同春（前误写为王春荣）开辟河套后，当地土地多成其私产，故其佃户极多。后王英为匪，被晋绥军驱出绥境，其土地被省府没收，王英恨官军入骨，早有卷土重来之志。故今日王匪受命西下，实与绥西一大不安。

且今不仅绥西告紧，而宁夏东部阿拉善旗亦同时陷于多事之秋。该旗境内现已发现有某国人数十人，行动诡密，并架设无线电台，大肆活跃。按，阿旗在贺兰山之东，黄河之西，川泽交错，田畴相望，黄河过此漫为平流，疏渠灌溉，收获丰足，号称"塞上天府"。且又外通蒙古，内临关中，在军事上占"必争"之地位，所以为匪军垂涎。

七　绥远之国防教育

捍桑梓，严格行军训；

练壮丁，普遍及乡村。

绥远现有中等学校九处，其中以归绥中学历史最长，且内部亦最完善，号称塞外最高学府。绥省中等学校自本年春季开学后，一律添设"体训"课，并由中央训练总监部派教官五六人来省，分别担任各校教官，一时全省中等学生一律军事化。所谓"体训"即"军训"之变相，因绥远位置特殊，恐"军训"二字惹起国际纠纷，因而改为"体训"，乃一时权宜之计。自"体训"实施后，学生皆得充分军事知识，且精神亦异常活泼，规律亦至整严。教育当局以为"体训"成绩优异，且绥远处此国防前线，学生应更进一步学得国防知识，因自本年秋季始，将校中所有体育课程一律取消，全代以"体训"。故今日绥省中等学校已成半军事化之学校。本年暑假期中，绥省当局特设"学生暑期防共训练班"，所有在校中等学生一律加入受训，否则开除学籍。至是三个月来，绥省中等学生全集于一处受极严格之军事训练，其成绩驾各省而上之。九月初，该班举行终结典礼，并与同时受训之"绥省防共自卫团首期常备队"团丁联合开恳亲大会，招待各团丁及学生之家长参观营房及受训生活。今因各校已开学，各受训学生已分别归校。

"绥省防共自卫团"系将各乡壮丁集于省垣，授以近代军事知识，使之能捍卫地方。本年九月初，首期常备队团丁受训完毕，当局现定于十五日以前，由傅主席举行个别训话，十六日起即均遣散仍回原县，担任各该县后防队训练工作。

至于第二期常备队壮丁，俟首期壮丁返县后，亦即分别来省集中训练。现预定九月廿日以前到齐，月底即可开始训练。第二期受训完毕后，将有第三期前来，如是可将绥远全省之壮丁，个个授以军事知识，其力量之伟大自可想见。

除在校学生及各乡壮丁受军事训练外，当局又特设"乡村指导员训练所"，招考各中学毕业学生入所受训。三个月毕业后，即分发各乡，使之指导乡村自治工作。如是全省青年无一闲散之人，个个负国防教育之责任，上下一体，"国防网"布置严密，若一旦有事，政府与人民可完全合作，指挥自如。诚如傅主席所谓"政府所以训练壮丁及学生，意在官民合作，努力建设新绥远"（恳亲会上训词）。

如是，今日站在国防最前线的绥远官民，是在这样的努力执行着国防工作。

《汗血周刊》

上海汗血书店

1937 年 7 卷 11—15 期

（朱岩　整理）

援绥的意义与范围

卜少夫　撰

　　击退了红格尔图的匪军，攻克了百灵庙，收复了大庙子，然而绥边的战事并未停止。非但未停止，蒙匪的背后策动者某方将加紧其进攻的阴谋，而且有渐显露其狰狞面目的倾向。

　　据十二日《中央日报》载：

　　　　据嘉卜寺某特务机关宣称，今后决不再退却一步，前方兵站设寺、张北，总站设多伦，必要时即沿长城掘壕筑垒。某军在商、寺间集中者三千余。某方督战队现分驻商西十台，及乌兰哈达，正规军约千余，分驻滂江及商西七台、八台等处。再，国军收复大庙后，某方甚为震怒，除派飞机轰炸国军部队外，仍谋挣扎报复。

　　因此，这战事不能视作平常的国内剿匪，结束的时日，也就不是一朝一夕间所可以解决的了，这是第一点为我们所应该认识清楚的。我们对手的敌人，不是德王蒙匪之类，也不是王英、李守信伪匪之类，德王、王英、李守信等，不过供人利用作傀儡而已，我们真正的敌人是某方。

　　其次，绥远在国防上的重要，也不容我们忽视的。一般人们谈到了绥远的重要，都是以西北屏障为言，殊不知绥远在历史上实足以决定整个中国治乱的机构。国人不欲收复失地则已，欲收复失地则绥远万万不可弃。吾人纵观历史，得之则可以稳定中原，唐平突厥而天下定，失之则可为扰乱中原之基，占历史上最悲惨一页的五胡乱华，不起于绥远吗？因为这里的形势，不惟障蔽秦、晋，且可控制整个西北，进可以战，退可以守。绥远一失，野心者乃得借其力以窥宁夏、甘肃。再者，收复失地，一方面是必要的路线，也是供给马匹、皮毛的来源。所以一隅之地，关系全局，剥复盈虚，存亡祸福都在此（见绥籍立委祁志厚的谈话）。这是我们所应该认识绥远的战事在国防上的重要的。

援绥运动，在这里更有其深刻的意义了。

自从十一月月初绥东、绥北连续发生战事以来，冰天雪地，塞外荒〈原〉数千里，在风沙刺骨的零度下廿度的寒地上，我忠勇的将士，忍饥受冻出生入死的抗战着，不独在物质方面需要后方的全国民众踊跃的供给，在精神上也更需要更大的鼓舞与安慰。

援绥运动的意义，具体的说来：

一、它是作为民族序幕战的后方工作，展开全民战的阵线。

二、它是作为收复失地的基点。

三、它是表示后方民众拥护忠勇将士坚决守土的悲壮与艰苦，普遍地激发人民爱国情绪，自动地作实际有效的援助。积极地给军人们以保国卫土是人民所爱戴的一个深刻印象；消极地戢止自相残杀的内战。

四、它是昭示国际间中国人民并不是一盘散沙，而是有组织的爱国的民众，在国难临头时，会不顾一切的各尽所能、各罄所有以结成一条巩固的人民大众御侮抗敌的阵线。

中国人民大众的对政治认识，对国家观念的了解，对民众生命的关切，和九一八时期，和一二八时期又不同。这原因是一二八后的四年中，中国国内的政治环境、国际情势，显然有绝大的变异，自客观事实上的认识，深切地决定了中国人民大众的意识与行动，而这种意识的觉醒与行动的正确，显示了中华民族跃上了自力更生的新阶段。然而也就是因为这样的现象，敌人不得不急于乘我基础未巩固之前加强加速的侵略。

关于绥边战事爆发后，国内外同胞纷纷从事于援绥运动，其中最可作典型而感人深省的莫如北平各校师生的绝食、停火、募捐的三事了。也许这是因为地点上的关系，两年来华北人民受刺戟太甚，日夕处于惊心怵目的环境里，情绪更为热烈。兹志其情形如下（见《申报》十一月廿日北平特信）：

（一）绝食　绝食运动开始提出时，一部人士尚抱有怀疑之处，以为此向系狱囚抗议狱官某种待遇时所用之手段，如一见于昔年牛兰夫妇要求同居，未得允准之时；一则见于本年天津监狱政治犯要求增加食物力量之时，若夫最近徐州狱囚之献机捐款，以及扬州狱囚捐款援绥，亦用绝食节款方法，实因彼辈身系囹圄，本属无钱可捐，故不得不出此手段，当作别论。若夫学生辈丰裕居多，尽可竭力输将，无需提倡绝食运动，反觉矫枉过正，所节无多，而有伤健康。但多数意见，则以为物质捐输，固为必要，然为表示最大决心起见，实以绝食运动为最有效，虽一人所节无多，但此系简而易行者，凡系国民，人人可做，如能造成风气，四万五千万人中，除前方将士外，均能绝食一日，则所得数目，亦殊可惊。况此种运动之最大意义，本在精神方面，对绝食者，可留极深刻印象，对一般国民，可予以绝大刺激，对前线将士，可予无比之鼓励，故其意义，实未可以节款数目多寡计算。数日来，后派意见，大得一般人士赞同，是以绝食之事，各校已先后发动矣。

直至目前为止，各校先后绝食一日者，将达十校，而减食粗劣食品（如窝窝头之类），以余款汇前方者，亦有数校，此中包含有大学、中学、小学、民众学校、特种职业学校，以及补习学校等，无不应有尽有。而年龄方面，从三十岁至十岁左右之孩提，以及无分男女性别，一致参加，尤为令人感动，以此间过去事例而言，任何运动，能得如此普遍者，尚未前见，绥战激人之深，于兹可见。

各校学生，大半来自中产以上家庭，平素丰衣足食，一旦绝食，则生理与心理上，呈何状态，为一极值注意之问题。记者曾遍赴各校查访，并与参加绝食者谈话，就大多数情形而论，绝食之第一顿，不过觉肚饿而已，至第二顿，即觉腹内空空，浑身乏力，至第三顿，则身体疲软，苦水时时泛溢喉头，欲呕而不出，此时如多喝白开水或茶汤，则饥饿更甚，如不喝，则又腹内太形空虚，异常难受，其甚者，当夜至不能入睡。据一十岁之女生云，当大家举行绝食至第二顿时，彼因饥饿难忍，曾数次拟背人以己蓄铜元二十枚，购零食果腹，但终于咬紧牙关，并此铜元二十枚，亦捐进校内援绥会中，记者闻竟，为之感动不置，睹其一付天真烂漫状态，则又不免苦笑。在心理方面，因此系激于爱国心所致，凡参加者，起始均莫不兴奋万状，至第二顿时，则入于沉着状态，直至第三顿，悲抑之情，乃油然而起，故俟第二日复食时，此种印象，乃特别深刻，永留心头。

各校绝食以及减食粗劣食品所得之款，至目前约达千余元左右，但其在精神方面之收获，似绝非此区区数目所可衣〔表〕示。

（二）停火　此间一入冬季，经常气候，温度悉在摄氏零度左右。本年气候，较往年稍暖，但月余前，即已开始结冰。立冬（本月六日）以来，气候受朔风吹刮，更觉凛冽。十六日上午一时起大雪几达十二小时，午间始停，平地积雪数寸，全市住户，早已按〔安〕上火炉，盖不如此，实不足抵抗寒威。明乎此，则各校学生举行停火运动后，寒冷对彼等所加压迫之严重，始可概见。照各校惯例，类于每年十一月初生火，至次年三月始撤，生火期约达四个月之久，而各校每日在煤炭方面之消费，合教室、办公室以及学生宿舍等处计之，其数目亦颇可观。此次绥战爆发，学生群兴奋万状，除想尽方法从物质及精神方面援助外，更于绝食运动后，又想及此种剥夺身体温暖之停火运动，以图节省煤钱，汇寄前方将士。停火运动提出后，立得各校学生之接受，纷纷各别举行，且均得各校当局之同意。停火之期，由二星期至三数天不等，期内，所有校中办公室、各教室、各宿舍，甚至饭厅、厕所，悉皆停止生炉，全校由一遍〔片〕温暖顿成冰冷世界，各矗立天空之烟突，生火以来，本已终日秃秃冒烟不绝，至此，乃倏然停顿，景象荒凉之至。各校洗脸室中，倾水之沟漕，多有结薄冰者。

停火期内，各校学生表现之精神，异常良好，一切上课阅书等经常工作，并未停顿，从未有因此而缩手缩脚，露出畏寒之态者。且各种援绥活动，均皆加紧，各校学生，无不踊跃参加。男女学生，白日则悉出外或在校内募捐，晚间则在校内开座谈会，或替前方将士缝制棉衣，凡此一切，均于冰点左右之温度下进行，虽手足红肿，口耳破裂，亦在所不计，于活泼热烈之中，含有无限的沉着与严肃。

办公室及教室停火后，使各校之教职员，均皆受到影响，但彼等亦均甚兴奋，从不诉苦。记者曾询某校年过七旬之教授某，其时，彼正坐于教员休息室中冷冰冰之沙发上，颤兢不已，睹之殊为可悯。彼之双耳为重听，记者以极大声音连问数遍，彼始听懂，孰知彼听懂后，乃忽然正色云："这是爱国的事，大家都能挨，我为什么不行。"言时，虽口气坚决，但龙钟之躯，颤栗益甚，记者肃然久之。

统计各校以停火省出之煤费，已达数千元，数虽戋戋，但此系由于剥夺各校师生身体之温暖而来，以此款制成棉衣、皮衣及手套等御寒品，以赠前线冰天雪地中之战士，自亦有其特殊意义。

（三）募捐 募捐之事，在绥战未爆发前，即陆续进行，战事爆发后乃更加由缓慢一变而为急进，由无组织一变而为有组织有计划。截至目前，已用过之募捐方法，共有下列数种：（一）在校内向学生及教职员全体募捐。（二）学生组成募捐队，在街头向行人、店铺、住户等募捐。（三）由各校教职员发起，全体捐薪一日。（四）女生团体纷纷筹办游艺会，以票价所得者捐汇前方。此外并有种种募捐方法在建议之中，但尚未见采用。上列数方法中，见效最大款数最多者，首推第三法，国立各大学，每校一日所捐，悉达千余元。其次为第二法，凡学生募捐队所过之处，大率皆踊跃输将，至于真正一毛不拔者，乃少数中之少数。据数日来结果断论，知识分子最为慷慨，工人次之，住户更次之，商人又次之，小官吏之属，则最为啬吝。

总之，〈为〉援助前线作战士兵起见，此间各校学生，正在竭力设法多募捐款项。前日此间地方当局，虽有禁止学生街头募捐之议，嗣经各校当局与地方当局接洽妥当，对于地方当局所顾虑之种种流弊，已均有补救办法，在遵照此种种办法下，全市学生之大募捐，即将于二十二日全数出动。

北平学生由来即在中国民众运动史上有着光荣的记载，这里其所以费去很多的地位转录他们援绥工作实况的原因，固然他们的精神是可以动天地泣鬼神，同时这样的援绥也足以令全国各地其他同胞效法。加之，北平学生在这时期内的行动，由这行动所发生的各方面的各种反映〔应〕，不是至值得吾人注意的吗？

援绥运动，除去前线作战的将士外，人人皆有一分子的责任与义务，同时又是物质与精神并重。

为了整饬这一运动，施其实效，防止弊端（比如关于募捐一事，远者如冀察当局所谓之"五弊"，近者如公安局之防备宵小冒充敛财，皆其最著者，此外如（一）各界之担心被一再捐募，永无底止；（二）捐款之支配保存，恐无的实之人；（三）购买寄前方之物品，难免无杂乱重复及不需要等现象），我们的援绥运动，得有如下的两种组织：

一、各界援绥会（如上海各界援绥会或南京各界援绥会）；

二、战区服务团。

这两种组织一个是在后方的，一个是在前线的，但在援绥的效能上有同样的重要。

各界援绥会是每一个地方的统一的援绥机关，指导并进行各界的一切援绥运动事宜：募捐，保管捐款，购办前线将士所需要之物品，组织战区服务队，等等。

战区服务团为战区间的一个总的组织，由各地的战区服务队所组织而成。它的工作分做：

1. 救护工作；

2. 娱乐、宣传、慰劳等工作；

3. 交通联络工作；

4. 各种普通技术工作（如无线电等等）。

至于这两种组织的组织大纲以及工作计划的细目，依此为原则，大概也可以决定出来了。

我们看到了前线的节节胜利，十日金宪章、石玉山等反正，《中央日报》载云：

（归绥十日电）王英部旅长金宪章、石玉山、曹凯、张子敬、王奉敬、葛子厚、赵奎阁、王惠民，前后率十团反正，十日发通电，首述环境困难，及察北人民所受惨痛之情形，继有数义为社会及友邦告，（一）友邦对吾民族应有新的认识与远大之期待，（二）蒋、阎二公领导救国全民众，作生存之殊死战，劝辽、吉、黑、热、察同胞及时反正，（三）吾中华民族，当此国难严重，势须团结自救，中国人不打中国人，殆为全民一致心理，此次绥远战事，即可证明云。

我们再看前线弟兄们的话：

当弟兄们十一月廿四日进百灵庙的时候，一个日本人护着他的屋子说："这是租界！"弟兄们哪管这些，并且说："这里没他妈的租界！"

××不是他们的格儿，反正非打回这群小鬼去不可！

你们冷不冷？

不冷！攻庙的晚上，俺们害（还）把皮袄脱了哩，太笨，跑不动。

——平燕大新闻系《战地视察记》

记者问挂了彩的弟兄伤愈以后如何编派的问题，他们抢着答道：他娘！白挨一枪就算完？非算账去不可。

——《大美晚报》归绥通讯

而领导者哩？

傅作义将军以身为绥省主席，且兼卅五军军长，一切概亲自主持，自剿匪军兴以来，态度镇静安闲，身衣上将军服，终日不懈，一面忙于调度军事，一面勤于酬应，而态度自若，毫无倦容。

赵承绶谈：今后誓当继续努力，为国图存。

李服膺谈：有匪无我，有我无匪。

——《大美晚报·绥蒙前线察视记》

前线将士如此，我们的援绥运动当能更给他们一种更巨大的力量，使前线与后方紧固地结合成一条钢铁般的民族抗敌战的阵线。

《汗血周刊》

上海汗血书店

1937 年 8 卷 1 期

（李红权　整理）

察北民众纷起抗敌之观察

作者不详

　　察北六县，自从沦陷，为虎作伥之匪伪，不惜献媚敌人，对教育、文物，则任意破坏摧残，对当地人民，则极力苛征暴敛。察北六县之民众，本已处身水深火烈之中。今于吞声饮泣之余，不能不起同仇敌忾之念。加以今春察北旱荒綦重，时疫流行，人口、牲畜，死亡不可胜数。而盘据察北之敌人与匪伪，不独不加矜恤，反举行种种苛扰之调查。对于人口年龄，牲畜多寡，皆缜密详细统计。人民既感财产之难保，又觉生命之濒危，揭竿而起，铤而走险。此乃必至之势，盖惟抗敌始能救死，惟复地始克安居，察北民众之拼死而行，无非想向死中求活。吾人闻此消息，而不怦然心动，恻然生悲者，直狗彘之不若也。

　　夫察北沦陷，不过一年有余，而民怨已如是沸腾，卒至忍无可忍。若东北四省沦陷如此之久，压迫如此之甚，则人民之痛苦尤何如。乃国人每闻义勇军抗战，一若蛮触媾兵，袖手旁观，胜负不关痛痒，视同胞如秦越。此种麻木心理，诚令人大惑不解。盖即不为收复故土计，而拯民水火，当亦不容迟疑。今则年复一年，一任敌人与匪伪，将我爱国志士，逐渐扫除。将来土地犹是，人民已非，欲图收复之功，不綦难哉。今幸彼失民心，亟应我收自助，犁庭扫穴之师，纵不即发，而抗战持久之力，则不可不资助。对察北纷起抗敌之民众宜如此，对东北经久抗战之义军，亦应如此，所谓得民心则昌，失民心则亡，大好时机，大好现象，幸勿交臂失之。

今日之察省，匪伪迫于侧，而强敌睨于旁。如不乘机收复六县失地，则不独六县民众，不能出水火而登衽席，即六县以外之民众，亦将殃池鱼而填沟壑。察当局如果欲杜谋我察省者之阴谋，惟立时将六县收回，察省土地主权均获完整，再谋为民苏息。且察、绥接壤，声息密迩。绥省民众抗敌力量，如何增强，绥省民众所负负担，如何减轻，皆为察当局便于借镜处。故察省如欲收回六县，当较收复百灵庙，难易迥殊。盖民心内向，未若此时，而国中团结，又优于昔日。此真诸葛武候〔侯〕所认为进趋之时机也。东面而征，西夷怨，南面而征，北狄怨，察北六县民众，固有奚为后我之怨。而东北三千万同胞，又岂能忘箪食壶浆之迎哉。复地而不乘民归之时，则金瓯之完整，恐无日矣。深愿国人，合力援之。

《大道》（月刊）

南京大道月刊社

1937 年 8 卷 2 期

（丁冉　整理）

抗战以来的绥远

庄严神圣之民族解放战争揭幕以来，绥远前后防的种种事迹，莫不可大书特书，而我国人尤应深深刻在记忆的脑里。因为这一切都是我民族史上最宝贵的与最光荣的材料。

国军三捷

绥东告紧早在一年以前，在去年腊月中，匪军即曾举兵直犯，但经国军迎头痛击，即知难而退。后此半年间，在某方操纵之下，积极经营，不遗余力，及至十一月初，自信羽翼已成，遂由傀儡德王致哀的美敦书于傅作义主席，无异挑战。傅主席苦口婆心，善意相劝，晓以大义，怎耐德王中毒已深，且某方催战甚急，于是伪匪军竟于十一月七日以全力进犯兴和。我军早有准备，步兵在傅部董其武旅长指挥之下，骑兵在赵部彭毓斌师长统率之下奋然迎敌。红格尔图镇在绥边最前线，介于商都、兴和间，遂成为此次抗战之战场。战争开始之日，大雪纷飞，塞上温度约在零下卅余度。敌军在某方飞机掩护之下，以最新式之武器向我军进攻。红格尔图之大战竟连续两日夜之久，中间数度肉搏，并曾传闻失守一次，然我军奋勇杀贼，而民团之力，尤为伟大，民团壮丁为保护乡梓，皆自愿跑上火线，表现最为忠勇，红格尔图阵线得以未动分毫，拒敌人于千里之外。我军于获胜之后，出兵追击，几达商都城内，于城外某镇将匪首王英之司令部捣毁，凯旋而归。至是，绥东大定，红格尔图镇之威名几与朱仙镇相齐。

匪军既败于绥东，即欲转战绥北，由百灵庙进取包头与归绥。我方知此讯息，傅主席遂下最大决心，抱不入虎穴不得虎子之志，于廿三日密令赵部骑兵师长孙长胜将军为攻百灵庙正指挥，卅五军孙兰峰旅长为副指挥，更以卅五军副军长曾延毅氏负全责统率大军。廿三日晚，我军用"包剿法"进击，四面同时进攻。百灵庙周围有山环绕，共有山口九个，匪军据险固守，大有一夫当关之势，我军开始进剿后，拼命仰攻，然山口机枪扫射有如密雨，我军由廿三晚七时直至廿四晨四时，迄未得手。此时天将黎明，复闻匪伪有四千人西来接援之讯，我军遂下破釜沉舟之最后决心，以张振基连乘十辆载重汽车由正面直冲，以装甲车二辆前导。司机于枪林弹雨中冒死前冲，中途装甲车一司机殉国，而其余十辆载重汽车中之驾驶者亦死六人，然我军士一鼓作气，绝不退让，终于夺获一山头，形势突变，而此时我骑兵之绕进部队亦于晨七时占据优势地位，遂前后联合冲进，匪伪至是始告不支，纷纷向东北方溃逃。我军进庙时正为九时半钟，庙中匪伪尚有未及逃出者全部被俘。我军进庙后，匪伪年来之军实均被我军夺获，计有汽油三平房、面粉三万余袋、奉天造六百子弹无算、枪械六七百支，及无线电、情报、文件等。相传尚夺得某方飞机二架（系停于百灵庙者），事后某方曾向傅主席抗议，诚属无耻！

百灵庙形势至为险要，为某方"大陆政策"之中心点。某方欲据此以威胁我绥远，更西进而取甘肃、新疆。且若一旦日苏开战，此处为某方必夺之地，因绥北为一片蒙古草原，千里茫茫，阒无人烟，除此处外，再无饮水与驻兵之所在。故百灵庙失落后，某方大为震怒，急切派下级军官若干西开督战，即以某方军官亲任连、排长指挥作战，凡退后者一律处以死刑。十二月三日晨，匪军卷土重来，袭犯百灵庙，企图再占，但经我军以"秋风扫落叶"式迎头痛击，匪终不支退去；但当日午后复大举来犯，战况较晨间尤烈，然匪伪徒死四五百名以上，终又向附近山谷中逃窜。于是匪军反攻百灵庙之梦为之纷纷击碎。我军自克复百灵庙后，某方飞机，日日于上午十时飞庙轰炸，常日投百颗以上之炸弹，然我军防避有方，徒苦蒙民耳。百灵庙攻克后之第二日，某方驻绥武官尚不知晓，仍往庙中拍电，可怜亦复可笑！

　　匪军反攻百灵庙失败后，残军败卒完全盘据于乌盟四子部落旗之锡拉木楞召（即大庙子），欲以此地为再攻百灵庙之根据地。我军为根本肃清匪患起见，遂决意收回大庙，其时王英部全体军队鉴于前途无路，皆有反正意，驻于乌兰花之曾延毅副军长相机进行，卒于十二月九日夜，王英部金宪章及石玉山两师完全投降国军，王部至是瓦解。而德王之木克登伪师复为金部缴械，匪势大穷。我军遂于是夜下动员令，围攻大庙。匪初犹拟固守，故激战终夜，直至十日上午十时卅分，始由我军完全收复。此役首次开入大庙之国军为傅作义部李思温团。百灵庙之役，李团未参预，全团纷起请缨，遂由绥垣开往前线，一举而收复大庙，厥功至伟。

　　此次收复大庙之最伟大之意义，即在于打破某方"以华制华"之香梦，一洗我民族之奇耻大耻〔辱〕。王英部自从百灵庙惨败后，经我军鼓动反正，全部士兵遂皆怦怦心动。而军中主动人物系金部旅长葛子厚。葛为河南人，曾参加北伐，近与王英合作，即蓄意予某方以打击。葛在王部化名靳治国，数月来秘密联合同志准备反正，事先曾秘密派人来绥与傅主席接洽。而王英本人亦拟反正，曾一度派其参谋长寇子严来绥接洽，唯因其家眷尚在某租界中，未脱危险，未敢立时举动，但其部下士兵迫不及待，反正之日，王英只余只身，随带数骑落荒而去，汉奸末路，可怜亦复可叹！

金、石反正时，某方所派督战人员约有卅余名，因军队哗变，无颜回商都复命，求士兵放归天津，士兵不允，彼等环跪乞命，叩头如捣蒜。士兵佯允，当彼等起身逃窜时，一时机枪大发，纷纷倒地，无一幸免。

大庙克复后，绥北已无匪踪，伪匪穷途末路，纷纷窜归商都，争欲进城，尹宝善部与王英残部遂生内讧，自相残杀。德王鉴于末路已至，于十二月十九日通电反正，愿停止对绥军事，但真相犹未判明，国人尚未敢骤信。

绥战以来，国军三捷，实是我中华民族四十年来空前盛事，足以奠定我民族复兴之基础。江东诗人杨云夫有诗纪其盛，传诵一时。

民族总动员

红格尔图抗敌战揭幕以来，我全国民众莫不眼望西北，为我将士祈祷，争相捐款，奔走呼号，有绝食忍寒将所节省之款寄交绥垣者，有将苦力所得全部输将者，尤可感者，有数数妓女竟将皮肉所得捐与战士，至各地"一日所得"运动，更迷〔弥〕漫全国，而来前线慰劳战士，或往阵地服务者，亦络绎于途。我中华民族打成一片，与敌周旋，我民族之魂在此次绥远抗战中以极光荣之姿态而演出！

抗战以来，第一个来绥，也是第一个给与前线将士及人民以最大的兴奋的是中委罗家伦先生。罗先生来绥之日，正遇总理诞辰纪念日，罗先生特在公共会堂纪念会上对绥远民众作慷慨淋漓的演词，将中央守土抗战的决心告与民众，并将告战士书公布，使绥远前后方的将士、人民坚决的相信着抗战前途的胜利。

　　朱自清先生与梅贻宝先生代表北平清华、燕京两学校来绥慰劳前方将士，并抽暇在各中学作公开讲演。段宗澜先生奉外交部命来绥作调查之日，正是百灵庙夜战之时，与傅主席作陪，竟夜未眠。杨立奎先生代表北平教联会前来百灵庙庆祝胜利。颜〔顾〕毓秀〔琇〕先生特将清华自制之防毒面具二百余个献与前方将士。曾昭伦〔抡〕先生代表北大劳军，并在绥停留数日作防毒演讲。香翰屏将军所领导之广东将士考察团亦于此时来绥，亲至前线慰劳。王晓籁先生代表上海民众携款数万飞绥之日，绥垣民众报以最热烈的掌声。上海及其他各地新闻记者，如顾执中先生等仆仆风尘深入前线探访新闻，中央摄影场宗维赓先生及太原西北影片公司石寄圃先生，率领工作人员至前线各地摄影，将民族的光荣作了永久的纪念。至若清华学生阵地服务团，约廿余人，离开了天堂的清华，抱着牺牲的勇气、满腔的热诚，亲往武川战地服役，感人尤深。大庙克服之后，晋、察、绥旅平各界同乡公举代表数十人，来绥向前线将士致最热烈的敬礼，并向各抗敌将官献旗。中间陈诚总指挥来绥小住三日，而赐予前线士兵及后方人民之兴奋，则不可笔形。

　　绥远本地各界民众在抗战时期之表现绝不弱于外埠。先有学生联合会之组织，后继有省垣教、商界同人协会，以及绥垣各界人民联合会、妇女协会、新闻界联合会等皆因时而起，对于慰劳伤兵及募捐运动作了最大的努力。学生每日沿街乞捐，宣传防空常识，虽在零下卅度之低温中，决不有丝毫退缩。绥垣农工民众则自愿在当局指导之下从事防御工事之建筑，每日成群集队往城外旷野工作，决无怨言。至若绥垣妓女，在此抗战期间之表示实为前所未闻，彼等不惜以血肉所得慷慨输将，有二十元者，有十元、五元者，数目惊人。当百灵庙伤兵运绥之日，彼等全体集队出发，分至各后方医院，热心慰劳，最近并拟举办游艺会，将售票所得，全数献与前线将士。

翻开中华民族的历史，在御侮的题目下，找不出像今翻绥远抗敌这样地动员了整个民族！

碧血黄沙吊忠魂

把鲜血染红了沙漠，为国捐躯而成仁取义的烈士们的遗体在十二月十一日运到了绥垣。剿匪总指挥部特在是日上午十时在烈士公园公祭。八十余具棺木摆在祭坛之前，受着二千余人的膜拜。当时塞外的朔风瑟瑟的吹着，四面白的挽帐在空中飘荡着，墓场上的衰草低声呜咽着，而满园站着的是致祭的人士，个个脱了帽，低着头，闭着嘴，全没有半点声音。在太静了的大空中，几千只眼睛钉在八十余具棺木上，眼中含着禁不住的泪珠，然而火热的心都在愤懑的跳动着，这二千余颗心在同一的旋律里跳动着。在那样窒息的悄静中，那跳动的声音是互相可以听到的，便在这长长的沉默里，突然从台前发出了悲壮感奋的语调，那声音在四野茫茫的大空里特别的清晰。傅主席在眼里噙着亮晶晶的泪珠，说出了极简短然而有力的讲词。

纪念烈士，应该随着烈士的使命，向前奋斗，跟着烈士的鲜血，向前迈进，以慰烈士在天之灵。

傅主席从讲台前走下来时，吊祭的人众向棺木作了最后的一瞥，抱着一颗悲愤的心踏上了归途。

《汗血月刊》

上海汗血书店

1937 年 8 卷 5 期

（赵红霞　整理）

从绥远抗敌说到现代的战争
和我国古代的军事哲学

邹升恺　撰

一　国防第一线上的绥远

敌人的进攻和国军英勇的抗战，使全国的目光和世界的注意都集中到绥远省去，绥远已经是国防的第一线了！绥远东邻察哈尔，南襟山西、陕西，西通甘、新，接带宁夏，北控库伦，黄河在西南奔腾汹涌，平绥路在东西连贯平、津，负山带河，沃野千里，不但形势险要，并且富厚非凡，在军事上为秦、晋的屏藩，掌冀、燕的枢纽，岂特是西北重地，也就是中原的门户，毋怪张溥泉先生说"绥远是近西北"了。绥远的地理是如此的重要，我们必定要乘机攻敌，保守我们的土地，收回我们的失地，况且那里埋藏了无限的矿产，畜牧着无数的牲畜，更生息着我们伟大的中华民族。那儿的领土是广大的，那儿的人民是优秀的，那儿的地势是扼要的，可是现在已经有敌骑在践踏，在蹂躏，在企图夺我们的土地，杀我们的人民，我们应该奋起我们的狮威，振起我们的精力去努力抗战！收回失地！

二　绥远抗战的意义

（一）绥东在军事、国防上的重要

所谓绥东就是指兴和、丰镇、集宁（平地泉）、陶林、凉城这些地方，位置在张家口的西面，商都的南面，归绥的东面，大同的北面。其中以陶林、兴和为最前线，距张北和商都都很近，集宁和丰镇居陶林、兴和中间，并且都在平绥铁路线上，为军事和交通的咽喉。先从军事上讲，绥东一带地势都很平坦，没有险要可守，只有陶林和集宁附近是高原区域。集宁为平绥路的最高地段，居高临下，容易守而难于攻，所以集宁能够保守，不但退可以守，进亦可以战，不然陶林〔集宁〕一旦失守，归绥必定危殆，集宁失守，后方接济断绝，于我们都是不利。再从交通上讲，集宁是晋、绥两省交通的要隘，由集宁到大同又是晋、绥唯一的军事交通线，这条路若被截断，那末绥远立即陷入孤立地位，倘若同时敌人占有集宁、丰镇，居高临下，反客为主，那时敌人可以长驱直入，晋省也受威胁了。所以我们要想收复失地，采取进攻策略，固然非保有绥东不可，就是要想保有晋省，苟延残喘，也非守住绥东不可了。能明绥东的重要，然后能了解敌人攻我的用心和我们抗战的意义。

（二）敌人攻绥的标的和作用

敌人所提的华北五省"特殊化"和"缓冲区"的计画，原来不是单指冀、察两省，实在是使冀、察变成冀东，晋、鲁变成冀、察。现在冀、察实际上已经在敌人完全控制之下，目的就在使晋、鲁就范，着手点就在绥东，因为绥东若果不保，晋省即失掉屏障，鲁亦危殆，华北固然从此沦亡，西北门户也就洞开。现在西北与内地交通只有两条线，一经陕西，一经绥远，前者地处腹心，尚为敌力所不逮，因此敌人积极攻绥，想取得进攻西北的大本营，第一步计画就在席卷乌、伊两盟和土默特各旗，以便控制同蒲、正太诸路，完成对华北各省的包围形势。第二步计画就是侵略宁夏，越贺兰山，经阿拉善旗而至新疆，可以包围外蒙。这就是敌人先攫取东北，后攫取西北，然后"东北"和"西北"左右夹攻，宰制中原，压迫苏俄的"满蒙政策"，敌方对绥蒙问题，比任何问题都要看得重，也是这个原故。虽然敌方攻我甚急，为什么不敢明白承认是他自己的主张呢？这当然不是什么良心的谴责，或国际法上的公判，而是有以下毒辣的三种用意：

A. 敌人不愿意拿绥东问题关闭外交谈判的去路，所以一面尽管扰乱绥远，一面依然继续与外部折冲，希望在武力威胁下解决"华北特殊化"和"共同防共"两问题。

B. 为达到"共同防共"的目标起见，敌方声明绥远战事是"内蒙因反共而起的防御行动"，意思不外淆乱听闻，将蒙匪或绥匪与"共匪"乱混，使局外人受欺，预为解决"共同防共"问题留个退步。

C. 想勉强划分蒙、满、汉民族的界限，形成内部的分裂，如称"蒙绥之冲突"，"中蒙纠纷之结果"，"德王领导之内蒙军攻绥、晋"等伪语，作用就在将外交问题移做内政问题，将敌人指使下的少数蒙伪匪叛乱问题认为整个"中蒙"、"蒙绥"的冲突。

敌人的"政治"、"军事"双管齐下的政策，过去也曾经施用，现在拿来应付绥远战局，无非想重得"不劳而获"的利益，可是今日的中国已非昔比，这种故智又有什么用呢！

（三）　绥远抗战和收复失地

敌人在实现"满蒙政策"的意义下，不惜向绥远进攻，于是在这塞外的旷野上展开了血的战斗，我们英勇的国军便个个成了龙城的虎口〔将〕，我们必定不让"胡马渡阴山"的。绥远的战事的确煽起了每个人的热情，全国人民都起来应援！这是一个如何伟大的战斗，如何值得歌颂和赞美的战斗！因为它是我们收复失地的先声，杀敌逐寇的开端，这点可从蒋委员长在太原的演词和傅主席的前线谈话里可以意会得到，下面不妨将他介绍出来：

A.　委员长　蒋先生在太原对受训公务员的训辞，可分三个要点：

I.　晋绥一般同志与全体将士在国防最前线，艰难奋斗，自强不息。

II.　绥东蒙伪匪军之扰乱问题之性质与关系，虽至为重大，然我已有充分之准备与整个之计画。

III.　我国自九一八后，不断进步，今已统一完成，全国团结一致，现代国家之基础已渐具备，今后仍须自强自立，埋头苦干，任何外患，皆不足惧。

B.　傅主席的谈话要点如下：

绥省被人觊觎，已非一日，身为疆吏，负荷守土卫国之责，御寇平乱，悉为责任分内之事，任何人居此职责，自然发生此责任心。本人受命主绥以来，平时深察彼己情势，夙有态度，一言以蔽之曰："不说硬话，不做软事"，应付措置，力求合理，国家主权、领土，最高决定之权，属于中央，疆吏不能稍有主张，数年来本人御寇卫土，无不秉承中央意旨。此次匪军进犯性质，与历次无异，本人秉承中央意旨，以尽职守土态度亦同。至匪军此次被剿，遭受重创，预想必继续进犯，我方态度简单明白，不使领土、主权任何人侵占尺寸，持我忠贞，待彼奸贼而已。

由上面蒋委员长训词的剀切强硬，和傅主席谈话的悲壮激烈与肝胆照人，显然地可以给予我们下面三方面的安慰：

A. 政府和地方当局，始终抱着不屈不挠的精神，沉着抗御，不作空虚的轻率。

B. 全国上下，多一致热烈拥护领袖去做庄严的工作，没有一点分歧的意见。

C. 在战术上已经采用步步为营的谨慎的攻击战，以消灭匪徒，直捣匪巢做一个阶段，收复失地，打倒敌人做我们的目标，不稍委曲，无所顾忌，处处可以看出全国一致的精神，和抗战的实力。

由上面的事实，我们知道绥远抗战已经不是一省而是全国的事了！我们国家所忍受的屈辱已经是无以复加，我们民族所受的损失也已经到了极点，这个时候正是我们最后牺牲的机会，也是我们最后挽回"国格"的关头了！防守绥远是我们神圣的义务，是收复失地的唯一办法，我们不能再期待，我们要杀出绥远去，我们这群"似乎绵羊而是狮子"的战士应该永远地记住："民族的生存和荣誉，只有靠自己民族的头颅和鲜血才可保持"，"血染过的河山，更值得后世的讴歌和爱护！"

三　现代战争的特征

绥远的战幕已经非正式的揭开，它给予我们的感想是"敌"、"我"走上了火拼的时机，大战的爆发不过再来一个"择期开张"的"追认典礼"罢了！由这种"先行交易"的战争中，我们可以意味到这种战争并不是历朝的"伐夷讨狄"的"闭关时代"的对外战争，也不是汉逐匈奴，唐击突厥的对外战争，而是异族想灭亡我们种族的现代战争。他的意义不仅想得我们的江山而已！现代战争与古代战争不同的观点，我们还可以找出下面的几点：

（一）战争的进化观

世界的一切都在进化，战争也不能例外，很显著的痕迹就是单战式进化到复战式，部分目标式进化到整个目标式，和野战式进化到壕沟战式。历史事实告诉我们，最初的战争是单战式，换言之就一方面的主将与他方面的主将相斗，兵士不过助威而已，后来才进化到复战式的士兵战，这是进化的第一个变态。正因为最初是单战式，所以目标集中在主将，只要将为首的杀死或降服，就得了全盘的胜利，所以是"擒贼先擒王"的方法。可是现今的战争却不然，主将死了与大局并没多大关系，调换一个仍然可以作战，要想胜利非把全部战士溃散不可，所以是整个目标式，如沪战之役，日本主将屡败屡易，而战事依然继续，就是一个最好的例子。所谓野战式也是现今不用的形态，就是说往昔的战争多是在平原上双方摆开阵势，互相对垒，可以互相看见，现在进为以壕沟做屏障，互相不能目见的盲战。各种变迁的形态虽然各有不同，可是共同的目标都是采"放弃简单的自然的方法而采取复杂的人为的策略"了。

（二）海陆空军的一元化

海陆空军的三位一体而成为一元化，是现代战争最特殊的特征。在空军还没有成立的时候，因为时间和空间的限制，战争的破坏很是有限，所谓是平面战或战场上的战争，但自从飞机加入战团以后，就形成了所谓空袭，平面战变成立体战，战场的战争变成整个空间的战争了。战事爆发不但没有前方后方的分别，也就没有战争地带和非战争地带的分别，整个的国境都是战场，整个的人物都是敌人攻击的目标。

（三）　全国总动员

古代战争是国家现役一部分的兵的战争，所以兵多将勇的必定可以获胜，可是现代战争却没有这样简单。因为产业革命后，各种科学突飞猛进，社会各部门的连锁日益密切，军事与政治、经济、文化的关系更加紧凑，尤其是经济常常可以左右军事的胜负，如上次世界大战德国的败绩，大部分的原因就是为了粮食的恐慌，否则世界的局面也许不是如此的。所以现在战争若果爆发，不仅荷枪实弹的兵士是作战的斗士，农夫、工人、学生也是战争的一分子，全国人民都能动员去或直接作战或间接作战，对外战事才有胜利的把握。

（四）　毒气和毒菌做了战争的台柱

因为科学的进步，杀人的利器也大改旧观。往昔战争用弓矢戈矛，后来改用枪炮，近来战争不但大用枪炮而且广用毒气和毒菌，任何大的城市或任何多的人民，只要有一架直航距离为三千公里，载弹十五公吨的毒气，就可即时加以毁灭，这种破坏力真是可怕了。毒气可分为绿〔氯〕气化类、炭氢化类、硫化类、辣介〔芥〕类、氩气化学〔类〕，有的是窒息性，有的是催泪性、喷嚏性、糜烂性，有的是中毒性。毒菌有所谓鼠核菌、肺痨菌、麻斯抽菌、热症菌，都是可以立致死命的利器，与古代刀矛和近代的枪炮相比，真是不可同日而语了。

（五）　战费支出的庞大

现代战争的另一个特点就是费用的巨大。十八世纪末与十九世纪初年间的拿破仑战役，双方所费不过三十万万美元，上次世界大战双方所费就达二千零八十三万万余美元，相差数目的大，真是惊人！下面是几次著名的大战所费的一个比较表，可见现代战争支出的浩繁了：

战役名称	时期	战费共计（百万美元）
拿破仑战役	一七九○——一八一五	三，○七○
克里米战役	一八五四——一八五五	一，七○○
美南北战	一八六一——一八六五	七，○○○
普法战役	一八七○——一八七一	三，二○一
南非战役	一八九九——一九○二	一，二五○
日俄战役	一九○四——一九○五	二，一○○
欧战	一九一四——一九一八	二○八，三○八

战争虽然是逃不了进化的公例，脱不了日新月异的自然定律，可是战争的原理或战争的哲学仍然是一贯的，一致的，不但异地是如此，就是异时也是如此。尤其当着绥战紧急的今日，我们的战具不如敌人的锐利，我们的财政不如敌人的优裕，我们要想战胜敌人不可全靠武器，应该运用巧妙的战略和机警的战术，以经济的方法克服敌人，并且收复失地。讲到战略和战术我们就不可不翻看"古香古色"的线装书，这就是下面所要研究的我国古代的两部军事哲学《孙子兵法》和《吴子兵法》了。

四　战争原理与"孙吴兵法"

（一）为和平而战争

和平是人类的理想，大同也是人类的乐园，可是在"斗争本能"没有消灭以前，战争常常是不可避免的，所以每一个国家不能不有自卫的武备，墨子"非攻"，仍然忘不了备战；孔子讲信义和平，也将"足兵"与"足食"并重，由此可见军备是怎样的重要了。孙、吴二子，虽然讲求兵法，并不是好战，不过是秉着圣人的意思，拿军事做保障和平的手段，所以他们最反对以军事做侵略的工具。吴子曰："昔承桑氏之君，修德废武，以灭其国；有扈氏之君，恃众好勇，以丧其社稷。"《司马法》曰："人故杀人，杀之可也，恃武者灭，恃文者亡，夫差、偃王是也。圣人之用兵，戢而时动，不得已而用之。"孙星衍《孙子兵法·序》云："项梁教藉〔籍〕兵法，藉〔籍〕略知其意，不肯竟学，卒以倾覆。"可见国家的安全必定要有军备做保障，个人的战功也非熟读兵法不可了。

（二）战争序幕揭开的动力

现代战争的原因不外乎经济的原因，如德、法累次战役都是为了亚、劳两州的矿产。政治的原因，如美国独立战争。其余能够引起国际战争的因子却很少，这大约是劳师动众太不容易的缘故。古代战争因为国土很小，战争的方式和器具都比较简单，又无需全国总动员，所以战争爆发的机会很多并且容易。据吴子的分析，他说："凡兵之所起者有五，一曰争名，二曰争利，三曰积恶，四曰内乱，五曰因饥。"吴子说的争利与现代战争为了经济原因而爆发的相同，因饥而战也是经济原因之一，积恶和内乱可以放在政治原因方面，争名而发生战争已经失了时代性，不但中国为然，在外国诸小国中也不能找到因名誉而发生战争的实例了。近来绥战的发动就是敌人垂涎我们的土地和经济，吴子所谓争利的战争。

（三）军事和内政、外交采同一步调

战争是强国的一个手段，内政、外交的设施也是为了国家的强盛和安全。所以战争和内政、外交应该取相同的步调，进则同进，

退则同退，要攻同时采取攻势，要守同时采取守势，然后能收互相协作的效果。战争原来的目的是为国家，倘若能用内政和外交的手段达到目的，那么战争最好不宜轻用，这就是以政略代替战略的方法，所谓"不越樽俎之间，而折冲千里之外"。如拿破仑第三对付意国，和我国古时"晏平仲之怒范昭，使晋不攻齐"都是政略的成功。所以孙子曰："上兵伐谋，其次伐交，其次伐兵，〈其〉下［政］攻城。"又曰："不战而屈人之兵，善之善者也。"现今敌人侵绥而依然注重外交谈判，希望用外交手腕将"华北特殊化"，满足他们的野心，都是孙子"伐谋伐交"的应用。

（四）领袖的重要性

　　战争是团体的角斗，全靠能群策群力，行动一致，然后能歼敌立功。可是要能够行动一致必定非有一个领袖不可，换句话说，就是非有一个能统一军心，指挥士卒的将帅不可。古时如"赵不用廉颇而败于白起"，"燕不用乐毅而败于田丹〔单〕"。又如普鲁士因为有毛奇所以能够胜法，日本有乃木大将所以能胜俄，这都是国家有好的领袖将才而强盛的实例。这个，我们古时的孙、吴老早就注意到，所以吴子曰："夫总文武者，军之将也。"又曰："凡兵有四机……知此四者乃可为将。"又曰："凡战之要，必先占其将。"孙子曰："夫将者国之辅也，辅周则国必强。"又曰："知兵之将，民之司命，国家安危之主也。"将领既然身系国家的安危，倘然不称其职，是很危险的，所以吴子就有智将愚将的分别，他说："令贱而勇者，将轻锐以尝之，务于北，无务于得。观敌之来，一坐一起，其政以理，其追北佯为不及，其见利佯为不知，如此将者，名为智将"，"若其众欢哗，旌旗烦乱，其卒自行自止，其兵或纵或横，其追北恐不及，见利恐不得，此为愚将。"关于将材的条件，吴子和孙子稍有出入，现在先看吴子的论将，然后讲孙子的论将。

吴子曰:"凡人论将,常观于勇,勇之于将乃数分之一耳;夫勇者必轻合,轻合而不知利,未可也。故将之所慎者五,一曰理,二曰备,三曰果,四曰戒,五曰约。"又曰:"凡兵有四机,一曰气机,二曰地机,三曰事机,四曰力机……知此四者,乃可为将。"吴子最忌的是匹夫之勇,有勇无谋的将常遭覆亡,如楚项羽有"力拔山兮气盖世"的雄姿,终是败于汉高祖;拿破仑横行欧洲,可以说是空前的英雄,但是过于自信,终究败绩俄国坚壁清野的战略。具备了上面的条件还不够做一个良将,所以吴子又说:"然其威德仁勇,必足以率下安众,怖敌决疑,施令而下不犯。"由此可见将材的性能和资格是多么的严正苛刻了。下面再看孙子的论将。

孙子曰:"将者,智、信、仁、勇、严也",因为"非智不可以料敌应机,非信不可以训人率下,非仁不可以附众抚士,非勇不可以决谋合战,非严不可以服强济〔齐〕众。"由孙、吴两子的话看来,将材的选取确是很不容易的事,尤其是现代的战争,海陆空军同时出战,做总指挥的不但要有海陆空军的智识,孙子的五点和吴子的五慎四机,也得要具备才算全才!

(五) 士兵的训练和人才选用

主将固然要精明强悍和果敢能为,倘若没有精锐的士卒供他调用,仍然不敢作战,所以士兵的训练也很重要。训练士兵最要紧的就是严约束和明赏罚,吴子曰:"劝赏畏罚,此坚陈之士,可与持久,能审料此,可以击倍。"又曰:"君举有功而进飨之,无功而励之。"都是明赏罚的意思。孙子对于明赏罚也很注重,他曾经斩杀吴王的两个宠姬,也就是为的明赏罚,赏罚既明所以能够"左右前后跪起皆中规矩绳墨,无敢出声","虽赴汤蹈火犹不辞也"。所以吴子也说："若法令不明，赏罚不信，金之不止，鼓之不进，虽有百万，何益于用。"明赏罚和紧约束固然是治兵要道，可是也要在平时的教育，所以吴子曰："昔之图国家者，必先教百姓，而亲万民。"又曰："凡制国治军，必教之以礼，励之以义，使有耻也。"平时教育得法，"在大足以战，在小足以守"，士兵训练的重要可见一斑。训练固然可以造成很多有用之才，这是积极的方面，可是也有消极的方法，就是要善用已经造就的人才智士，如吴子曰："简募良材，以备不虞。"又曰："教战之令，短者持矛戟，长者持弓弩，强者持旌旗，勇者持金鼓，弱者给厮养，智者为谋主。"能量才用人，因事取才，合力同心，然后可以无战不胜，无攻不克。主将能够明赏罚，能够严约束，也能够选用人才，固然很好，倘若一味地用严施威，必定使士兵不悦服，反生怨言，兵不可用了。这又不得不谨记吴子所谓"兼刚柔者兵之事也"的话，对士兵必定要恩威兼施，宽猛并用，虽重罚亦无怨心。所以孙子也说："卒未亲附而罚之，则不服，不服则难用也；卒已亲附而罚不行，则不可用也。"又曰："视卒如婴儿，故可与之赴深溪；视卒如爱子，故可与之俱死。"可见将领能与士卒同甘苦，没有不能得士卒的死力的。

（六）用兵的一般原理

"兵凶战危"是我国的古训，倘若用之不善，不但可以召杀身之祸，致家破之惨，并且足够亡国灭种。秦始皇好勇斗狠，结果尸骨暴露，就是最好的例子。倘若用之得当，固然可以成名立功，国家民族也可因之而强，所以平常用兵就得时刻谨慎。吴子所谓："凡兵战之场，立尸之地，必死则生，幸生则死。"毫发之间，生死立辨，所以孙子就以为要想战时得兵之利，只有注重平时的用兵的原则。他的意思就是说有三戒，第一戒滥用兵力，所谓"谨养而勿劳，并气积力"的意思。第二戒贪生怕死，所谓"投之无所往，死且不北"，兵能视死如归，何愁不能杀敌致果。第三戒军心不固，所谓"故善用兵者，携手若使一人，不得已也"，将领和士兵有了这种素养，对于战争才能稳操左券。

（七）行军和扎营的要领

行军是兵家之常，扎营更是行军中免不了的事情，行军不慎必遭敌人的暗袭而致行列纷乱，首尾不顾，扎营不得要领也必引起敌人的掠寨劫营，小则摇动军心，大则覆军惨败，所以兵家没有不注意的。近代如此，古时亦然。吴子曰："凡行军之道，无犯进止之节，无失饮食之适，无绝人马之力……若进止不度，饮食不适，马疲人倦而不解舍，所以不任其上令，上令既废，以居则乱，以战则败。"这是行军要注意的地方，和现代兵学颇不二致。关于扎营的事，武侯和吴子有一段问答可供参考，武侯问曰："三军进止，岂有道乎？"起对曰："无当天灶，无当龙头。天灶者，大谷之口，龙头者，大山之端，必左青龙，右白虎，前朱雀，后玄武，招摇在上，从事于下，将战之时，审候风所从来，风顺致呼而从之，风逆坚陈以待之。"与现代军队进止的原则完全一样，不过加上一个上方的隐蔽，避免敌人的空军侦察而已。人的精力终是有限，并且还得留出一部分的精力去应付战争，所利用物力以代人力，在行动上是占了很重要的地位，在军队里最普遍的要算马，当然骑兵队更是非马不可了，就是科学进化达极点的现代，马的利用仍然重要，尤其是在沙漠、平原地带，所以良好的马是必需的。吴子曰："夫马必安其处所，适其水草，节其饥饱，冬则温厩，夏则凉庑，刻剔毛鬃，谨落四下。戢其耳目，无令惊骇，习其驰逐，闲其进止。"又曰："凡马不伤于末，必伤于始；不伤于饱，必伤于饥。日暮道远，必数上下，宁劳于人，慎无劳马。"他的目的并不是使马美观好看，而是"常令有余，备敌覆我"，所以他最后说："能明此者，横行天下。"可见马在军队中地位是如何的重要，近代有养马术一学，理论仍然不脱吴子所说。

（八）斥候、勤务和军情报告

战争是一种变化无常的东西，孙子所谓"兵者诡道之学也"就是，所以非有斥候做军队的眼睛，非有情报做军队的耳朵，战争起来必定凶多吉少，现代各国的驻外使节常附随一个武官，用意就在此。我国古时周朝设有士师专管邦谍，也不外乎此意。孙子所谓"知己知彼，百战百胜"，又曰："故明君贤相，所以动而胜人，成功〈出〉于众者，先知也。"又曰："必取于人，知敌之情者也。"情报的目的不但要使自己明了敌情，消极方面常常利用情报鼓动自己的军心，摇动敌人的意志，这就是所谓国际宣传，希望在利己的条件下，获得友邦的帮助，日本近且拟设宣传省，与海、陆等省平行，宣传的重要，可以想见。讲到宣传就不得不用权谋，《孙子兵法》中有《用间》一篇，就是专论此事，其中有云："三军之亲，莫亲于间，赏莫厚于间，事莫密于间。"又曰："故惟明君贤将，能以上智为间者，必成大功。此兵之要，三军之所恃而动也。"孙子又将用间的方法分为五类，一曰因间，"因其乡人而用之"，如古时"西魏以金帛诱齐人，使齐人遥通消息"，就是在现代战争中，这种方法仍很重要。二曰内间，"因其官人而用之"，这是利用敌人的官吏做自己的内应，在现代国家意识坚强的国际战争，是很少能够有效的，不过古时我国诸侯割据的情况下，内间方法是最有效，如"秦将王翦攻赵不胜，以重〈金〉诱赵王宠臣郭开，使赵王斩李牧，废司马商，以赵葱及颜聚代将，而赵破"，又如吴纳伍子胥和魏用许攸都是内间的明证。三曰反间，"反间者，因其敌间而用之"，这是现代最盛行的国际权谋方法，我国古时如项羽受刘邦的反间，不信亚父而致败绩；秦伐赵，赵将廉颇坚壁而待，秦以反间使赵去廉颇而用赵括，赵军大败，死卒数十万，可见反间的利益。现代国家更喜欢用反间，如敌邦常挑拨是非，使我国各省长官对中央怀疑而生异志，两广异动就是明证。四曰死间，"死间者，为诳事于外，令吾间知之，而传于敌"，这种方法未免太残酷一点，如古时"汉王使郦生说齐，齐罢守备，韩信因而下之，田横怒，烹郦生"，可是为了整个国家的安全，只得牺牲个人的生命了。五曰生间，"生间者，反报也"，就是派本国的智士或美女，设法认识敌人的亲贵，借便探得敌人的虚实，报告本国以为对敌采取适当处置的参考，现代国家多用这种方法，尤其是以美丽的女子做生间为最有效。上次世界大战英、法、德各国都是应用女间谍侦探军情，日本在最近数年也是如此，所谓桃色间谍层出不穷的发现，就是孙子的生间作用。

（九）战争胜败的客观条件和主观要求

胜败固然是兵家之常，可是最后的胜利是不能让与敌人，要获得最后胜利，客观的条件和主观的要求就非得健全化和坚强化不可，孙子和吴子告诉我们的就是这个致胜的大道理。现代军事学家分战争做攻击战和防御战两种，这是依其手段而言；又分速决战和持久战两种，这是依其目的而言。若依作战的地形分又有平地战、高地战、谷地战、森林战、村落战、市街战、隘路战、河川战、夜间战、拂晓战等等名目。攻击战和防御战是战术中最普通而最重要的两种战术，军事学家争辩也最纷纭，有的以为攻击战术是最好，因为他能使士气旺盛，行动自主，并可以选择利我的地区和时期；有的以为防御战术最好，因为他可以利用已知的地形，发扬火力，并且弹药易于补充，尤其是以逸待劳，使自己的军队占取优势。可是攻击战损害太大是最大的弊端，防御战动作处于被动，容易受敌牵制也是很不好的地方。所以就大体观察，攻击战在精神方面占优势，防御战在形体方面占优势。孙子侧重攻击战，《虚实》篇中虽有"凡先处战地而待敌者佚，后处战地而趋战者劳"的话，归根结底还是要"故善战者致人而不致于人"。战争宜取攻势固矣，可是也有一定的条件，并不是任何时候或任何地方都可以战，所以吴子曰："凡料敌有不卜而与之战者八。一曰疾风大寒，早兴寤迁，剖冰济水，不惮艰难；二曰盛夏炎日〔热〕，晏兴无间，行驱饥渴，务于进取〔取远〕；三曰师既淹久，粮食无有，百姓怨怒，妖祥数起，上不能止；四曰军资既竭，薪刍既寡，天多阴雨，欲掠无所；五曰徒众不多，水地不利，人马疾疫，四邻不至；六曰道远日暮，士众劳惧，倦而未食，解甲而息；七曰将薄吏轻，士卒不固，三军数惊，师徒无助；八曰陈而未定，舍而未毕，行阪涉险，半隐半出。诸如此者，击之勿疑。"这都是可以施用攻击战术的机会。其不能攻击的时机也有六点，静态方面的是：土地广大，人民富众不可击。上爱其下，惠施流布不可击；赏信刑察，发必得时不可击。在动态方面的是：陈功居列，任贤使能不可击。师徒之众，兵甲之精不可击；四邻之助，大国之援不可击。在上列情形，吴子的意思以为最好避免攻击，所谓"见可而进，知难而退"也。攻击战术上有所谓遭遇战和阵地战，前者是敌我同时并进在相当地点"迎头痛击"的意思，后者是敌人先占有了阵地，敌守我攻的意思。遭遇战着重在迅速散开和占领要地，阵地战着重在谨慎周详，宜利用智谋取胜，不宜用死力攻击。孙子曰"〈其〉下〔政〕攻城"，就是说用武力去攻城是最不合算的事情，也是兵家最忌的战术，因为多是徒劳无功而有损实力。孙子对于攻击战主张用智谋获胜，有积极方法和消极方法两种。积极方面是出奇兵，使敌人捉摸不定，就可秉〔乘〕

虚而入，直捣敌阵，故吴子曰："用兵必须审敌虚实，而趋其危。"孙子曰："凡战者以正合，以奇胜，故善出奇者……不竭如山河。"又曰："古之善用兵者，能使敌人前后不相及。"这与现代战争的三路进兵成包围形者相似，能够抄敌人后方，更是攻必克的。消极方面是找出弱点向之猛攻和沉着应战安定军心，孙子曰："攻而必取者，攻其所不守也"，"进而不可御者，冲其虚也"，这就是猛攻敌人的弱点而取胜的方法。又曰："以治待乱，以静待哗，此治心者也"，"故用兵之法，无恃其不来，恃吾有以待也；无恃其不攻，恃我有所不可攻也。"如"亚夫御寇，坚卧不起；栾箴迎敌，好整以暇"，都是沉着镇定而胜敌的好例子。上面所讲是泛指一般的攻击战术，吴子尚有谷地战、水泽战、隘路战和火战，孙子又有火攻战术，都是现代战术所常用的。如吴子曰："高山深谷，卒然而遇，必先鼓噪而乘之，进弓与弩，且射且虏，审察其政，乱则击之勿疑。"又曰："虽众不用，募吾材士，与敌相当，轻足利兵，以为前行，分车列骑，隐于四旁，相去数里，无见其兵，敌必坚陈，进退不敢，于是出旌列旆，行出山外营之，敌人必惧，车骑挑之，勿令得休，此谷战之法也。"吴子对于水战或河川战主张"半渡而击之"，又若敌"军居〔居军〕下湿，水无所通，霖雨数至，可灌而沉"，这是现代战术很重视的攻击方法。孙子的火攻也是现代战术所常用，不过应用飞机抛掷燃烧弹，比孙子所讲的火攻来得灵敏而凶猛吧〔罢〕了。吴子也有火攻，如曰："居军荒泽，草楚幽秽，风飙数至，可焚而灭。"最有名的历史例子，就是火烧赤壁，我想大家都知道这是三国时候的一个故事。

　　上面将孙、吴的攻击战术略略说过，现在不妨将他们的防御战术介绍一点，然后知道我们祖先的军事哲学是多么地有永久价值，多么地伟大。防御战术重在静态的配备，最重要的是缩小目标，次之是利用地形，两者虽然在避免损害，可是不可妨碍火力的发挥，这是利用地形的原则，同时缩小目标或隐蔽也不可障碍自己对敌人的视线。关于缩小目标或隐蔽，在现代空军发达的时季用处最大，如防空用的烟幕和假装，就是孙子所谓"故形兵之极，至于无形，无形则深间不能窥，知者不能谋"的应用，古代能够想到这一层真是不容易的事。关于利用地形，孙子也看得很清楚，如"凡处军相敌，绝山依谷，视生处高，战隆无登，此处山之军也"，又曰："绝水必远水，客绝水而来，勿迎之于水内，令半济而击之，利；欲战者，无附于水而迎客，视生处高，无迎水流，此处水上之军也。"前者是陆军战术不易的原则，后〈者〉是水军战术不易的原则，孙子的伟大可以想见。

我们想杀敌致胜，固然要了解上述战术的性能和他的应用，可是所以能致胜和所以必归败绩，也有一定的道理，而不是偶然的。这种胜败的条件孙子和吴子老早告诉我们，倘若掌兵将帅能照他们的话细细揣摸，虽然不能屡战屡胜，至少是有胜的机会了。吴子谓必胜之道有四轻二重一信，孙子谓必胜之道有五，这里可以引用他们自己的话加以说明。吴子曰："明知险易，则地轻马，刍秣以时，则马轻车，膏锏有余，则车轻人，锋锐甲坚，则人轻战。"这就是四轻。"进有重赏，退有重刑"，就是二重。"行之以信"就是一信。能具备这几个条件，"胜之主也"。孙子的五胜是"知可以战与不可以战者胜，识众寡之用者胜，上下同欲者胜，将能而君不御者胜，以虞待不虞者胜"。由上面看来战争的胜负在战争开始前就早已决定，孙子所谓"胜兵先胜而后求战，败兵先战而后求胜"，就是这个意思，等到交战的时候再希望胜利，已经迟了。当然战事开始后倘若能够调度有方，团结一致，虽然不知己不知彼，并且事前也没充分准备，或许也可以侥幸成功，不过这种冒险性的或孤注一掷的战法，危险性太大，良好的主将是不愿意随意尝试的。可见孙子和吴子所论胜败的道理，很有见地，就是现代军事战学也脱不了这种健全理论的范围，孙、吴两子的伟大真是可望不可及啊！

五　给与我们的教训

我国自从鸦片战役以来，到现在已经九十多年，不但国际地位一天一天的低落，沦为次殖民地，就是军事也是落伍的国家！尤其是"九一八"砰然一声，失去了东北四省，后来冀东叛变，更使整个华北发生动摇，军事声威的惨落，使世界人士真以为我们是没有出息的黄帝子孙，这是多么可耻！生在今日的中国人民，回头想起二千多年前祖宗的遗教，真是感愧交集，无地自容了！好在我们以前有沪滨之役，现今有绥远之战，醒狮一吼，万国同惊！沪滨役中我们使敌人三易大将，而无所获，绥战中我们收复了被占的城市，击落了敌人的飞机，我们应该发奋图强，雪耻报仇！更应该反省而牢记祖宗的遗教：

第一，我们要积极备战，再不可同从前样的因循苟安，因为孙子告诉我们说："无恃其不来，恃吾有以待。"吴子也告诉我们说："昔承桑氏之君，修德废武，以灭其国。……明主鉴兹，必内修文德，外治武备。"

第二，我们需要团结，需要统一！有一致的步调而后能杀敌，而后能收复失地！有总管全国的领袖而后能义无反顾军心齐一！

最后，我们应该将"好和平，轻兵卒"的心理去掉，洗涤我们萎靡的精神，换上为"公理而战争"、为"和平而战争"的心理，是这样，我们的国家才有救！下面是吴起兵书上的话，我们要深自警惕啊！

"三晋者，中国也，其性和，其政平，其民疲于战，习于兵，轻其将，薄其禄，士无死志，故治而不用。"

《汗血月刊》

上海汗血月刊社

1937 年 8 卷 5 期

（朱宪　整理）

中日国交与绥远战事

昆　撰

一月以来，中日间的大事有下列数件：（一）青岛市因罢工问题发生日水兵登岸，并搜查党部，逮捕职员事。（二）中日一般国交调整已暂行停顿。（三）成都及北海两案有即行解决的趋势。（四）绥远战事我方节节胜利，但对方仍未放弃其侵略之企图。此数事中除青市日兵登陆问题已见另评外，兹略评其余的三件事。

第一关于中日间国交调整交涉，上月初因绥远战事颇形沉寂。但以后因青岛日水兵登陆，非法行动之故，三日晚张外长曾约日大使川樾氏作第八次会谈，并向其面提抗议。在这一次会谈中，川樾大使一方虽允将我国抗议转达本国政府，但他方却提出一备忘录，据称内载中日交涉开始以来，双方谈话要点，于诵读一过后，交与张外长。张外长以其内容与经过事实不符，拒绝接受，当晚即送还日本大使馆。第二日日本大使馆仍将原件送回外交部，并声明该件仅记川樾大使所述之语，不过为记忆参考之用。外交部当又向日本大使馆正式公函声明：该件既非谈话之正确记载，不能作为参证之根据。随后川樾大使即于五日晨八时赴沪，而我方亦于六日及十一日由外部发言人发表交涉始末，并表示态度。大意称：因绥远事件发生，致碍外交进行，截至今日讨论之各问题未得结束，殊为可惜等（以上为六日谈话，十一日谈话略同）。至于日方态度，东京方面一度曾宣传三日晚之文书含有最后通牒的意见，将迫华方承认，但实际上日方亦尚未出于破裂之途也。至于交涉内容，据说有航空联络、改订入口税、取缔朝鲜浪人之非法行动、聘用日本顾问、取缔排日等五项。而吾国对于此五项问题之态度则如下：（一）关于航空联络（或沪福联航），我方以为在日本飞机未停止在我国北方各省非法自由飞行前，甚难进行。（二）中国入口税改订问题系中国内政……惟中国政府在研究关税之调整时，当然以走私之停止，与海关缉私之自由为应先考虑之事。（三）关于朝鲜浪人之非法行动，中国政府以为日方当局应加以取缔。（五）关于取缔所谓排日，中国政府以为日方苟能改变对华政策，真正与中国携手，则一切所谓反日运动自可完全消灭。

复次关于成都、北海两案。此两案当初本为引起去年九月以来中日谈判之直接原因，以后以中日双方皆着重一般国交之调整，对此两案反不大谈及。但十二月初因中日一般国交谈判停顿，所以又转由双方中级干部继续交涉此两案。据十二月十日、十一日、十二日数日之消息，这两案似有即将解决之趋势。而十日报纸且载有：我国对各国未经合法手续在该处（成都）设立之领事，及办事员，现拟准备提出交涉，一律撤销之消息。似此这两案的解决或不至别生枝节，如成都设领等问题也。此外据报载双方中级干部所谈判者尚有：（一）我方最注意之绥远匪伪背影〔景〕问题，及青岛日军登陆后所引起之问题。（二）最近双方文件中所提及之五项问题。但大体似并没有什么结果。

第三关于绥远匪伪问题。十二月三、四两日，德王蒙兵、李守信伪军及王英匪军等，曾由某方指挥以大庙为根据地，反攻百灵庙，某方并派飞机参加，但终为我所击，大败而退。于是匪伪军内部始渐渐动摇，八日王英部下金宪章、石玉山乃发出反正通电，由我方予以收编。同时军事方面我方亦积极布置，开始行动，向敌方取包围形势。十日上午十时三十分，我方收回匪伪根据地之大庙，此为百灵〈庙〉攻下后我方之第一次大捷。后以西安事变，匪伪欲乘机进攻，十三日德王乃又率蒙兵第八师包悦卿亲到商都，而十四日敌且乘汽车三四辆，攻我平地泉东北百二十里之九股泉，敌机亦到九股泉投弹。同时察北热伪军亦行调动，企图大举进犯绥东。后以集中南壕堑之伪匪张万庆部旅长安华庭、团长王子修率部反正，及商都伪军李守信与张海鹏内讧，情形始渐形松弛。然截至本文完稿时止，一方虽有匪伪部队纷纷反正，及德王通电息争之消息，但他方匪伪则仍纷纷东开继续备战也。

以上系一月以来，中日关系之形势。就一方面言，我们可以说这一个月中，中国对日外交是差强人意的。理由是：（一）中日交涉虽然停顿，但我方却并未应许日方任何条件，并且态度是相当不屈的。这与九一八以来的屡次外交一比，自然是好得多。（二）成都、北海的解决，在眼前看似乎只是按国际惯例办理，不至引其他枝节问题，这也是比较可喜的。（三）绥远战事我方节节胜利，伪匪纷纷反正，自然更是一样可喜的事。因为这是表现我们民族的觉悟，某方"以华制华"政策的失败。从此我方在绥的形势必更为有利，同时某方封锁大陆的计划恐亦不易实现了。但另一方〈面〉我们也有几件不快意的事。第一，青岛事件的解决，我们太便宜对方了。第二，中日国交调整的停顿，是受绥远战事的影响，所以非绥远战事结束，中日谈判眼前是不会有何发展的。但对方对绥远战事不特毫无悔祸收兵之意，并且〈有〉变本加厉之势，这实在是可忧的。第三，中日国交调整谈判中，中日两国的意见始终距离甚远，以后再开谈判日方是否会变改态度，使会议成功，也是一个极大的问题。第四，一月以来日方一面与德订盟，一面与意协定，这在外交方面是相当的胜利，并且也有巨大的作用，对于我国的影响尤为不利。但我国在外交方面却瞠乎人后，未免相形见绌，这也是比较令人难过的。末了，在西安事变中，中日国交居然还没有什么巨大的不幸事件发生，自然也是不幸中之幸。

《外交月报》

北平外交月报社

1937 年 10 卷 1 期

（朱宪　整理）

绥战的检讨

长江　撰

一　大陆封锁计划

从我们的研究，和所得秘密材料看，某方有一个大陆封锁中国的计划。他们似乎看到封锁的困顿，比一块一块的占领强些，假如封锁线要是很巩固的话，他们可以收"不战而亡中国"，或者"略战而亡中国"的效果。封锁中国的办法，他们觉得西太平洋上中国的海上交通，以他们现有的海军力，一定可以相当圆满的控制，现在成为问题的，是大陆上对苏联的交通，一条是察、绥通外蒙，一条是甘肃通新疆。在他们看来，如果不切断中国与苏联的联络可能，不但在军事上无法征服中国，而且万一苏联与中国联成一气，在军事见地上是非常危险（诚然，目前的中苏两国能否联合，又是另一问题）。

大陆封锁的线路，是以内蒙的自然区域为依归。热河是另一问题，往西是察北、绥东、绥北，宁夏西部之阿拉善与额济纳蒙古，南过祁连山是青海蒙古，西去是新疆蒙古。他们想利用内蒙古民族，来造成听他们指挥的傀儡国家，这个傀儡组织的外表是"民族自决"，骨子里完全是他们愚弄的一批糊涂虫。内蒙古民族之外，如果还有利用的机会，他们也异常的希望。他们西进的路线，是比较侧重蒙古地方，由热河承德往西到察北的多伦，是一个小站。多伦往西是张北，这是一大站。张北西北到德化（嘉卜寺），是目前策划内蒙的军事、政治中心。德化西去百灵庙，他们对百灵庙的期望，非常之大，将来这条封锁线的中心点，就在这个地方。再顺百灵庙而西，至外内蒙边境上的松稻岭，又分为两路，一路南下阿拉善旗之定远营，一路西去额济纳旗，从此两点南下，定远营南经凉州（武威），额济纳南过肃州（酒泉），分途入青海。下手的办法，是挑动民族感情，扩大民族冲突，同时对于凡是可以扰乱地方的力量，无不借用，一切土匪，皆所欢迎。

绥远是这个路线的一环，而且是致命的地方，所以对绥远的作法，和察北不一样。察北方面，只要控制好张北，后方可以无问题。而绥远形势却与此大不相同，如果绥东还在我方，则不但绥北随时可以被我截击，察北亦随时有受到绥东袭击的可能，故对方对于绥东，势在必得。绥东之中心在平地泉（集宁），平地泉如被控制，则归绥、包头等地，皆将成无用之地，而他们西进封锁的计划，可以免去中途的威胁。

同时最重要的一点，是对方的西进政策，他们自己并没有真正的力量可以参加，他们是利用蒙古民族和中国少数汉奸，另外配上些无知愚民和胁从群众，他们利用我们历史遗留下的若干政治上的弱点，只有少数的特务工作人员在其中发纵指挥。

二　我们的认识和决心

九一八以前直到二十二年的热河战争，中国军人和民众，虽充满爱国的热忱，而对于对方之估计与认识，多涉浮夸，深带"恐怖病"意味。淞沪战争与长城战争以后，大家对于对方之作战能力，渐有新的认识，恐惧意味，逐渐减消。在政治上，大家亦有新的了解，从进逼无已止的政治要求看来，感觉到无论用什么方法，什么态度和他们苟全，终久是弄不好的。他们尽管有暂时利用的意思，而一切被利用的个人和势力，最后都不会为他们所容留。

从事实的教训，与对于对方研究的进展，差不多中级干部以上的军官，都已经了解下述的事实：在当前他们国内情势与国际情势中，他们能加于中国的军事力量，是有限的，特别是某军的力量和分布的情形，不容许他随便抽调多量的兵力。他们只是"利用"中国人以乱中国。

绥远的地位，大家亦有了新的见地，对方对于绥远的进攻，不只是局部的领土问题，而是关系于对我一大军事、政治阴谋的支持点的问题。绥远如果不守，整个西北的门户洞开，对方的封锁计划，可以顺流而下，我们将来民族解放战争，将受到致命创伤，因此守绥远，不只是"守土"，而是针对着一个大阴谋，加以当头痛击。

收复塞北，尚有各种连带的问题，而我们不允许绥远土地一丈一尺被人侵略，则有坚定不移的决心。被利用的伪匪，我们固有歼灭的打算，就是对方的正规军出马，我们亦毫无疑问的将对之作英勇的战争。

这一次比从前任何一次都有进步，从中央到地方，关于军队的编制调遣，军器和饷糈，乃至于军令的发布，皆有通盘的筹画，和统一的指挥，决非局部战的老调，所以将士的情绪，不但勇敢、兴奋、愉快，而且有最后胜利的信心！

三　胜利和缺点

从所得秘密文件上看到，两次进攻红格尔图之役，第一次是王道一，第二次是王英，目的在打通从民地（已开垦地而有村落人口者）西过绥北的道路，特别是王英这一次，具有更大的企图，希望经绥北到绥西，扰乱绥远后方，并且牵动甘肃、宁夏、青海的土匪，先造成绥远全盘的混乱，然后可以从容控制绥东，顺利的去做蒙古民族的分离运动。然而我们骑兵、步兵与民团在红格尔图的英勇抗战，根本粉碎了他们这一阴谋。

红格尔图急切不能攻下，对方的企图转到绥北百灵庙，一面想加强百灵庙的蒙兵力量，一面令王英绕蒙古草地，移向绥北，以牵制归绥、包头。我在对方布置尚未完全周密的时候，我们又由骑步兵异常的攻击精神，击破百灵庙这一据点，使对方立刻丧失阴谋策动之凭借。

战术上，我们这次绥远抗战，有异乎长城战争之点。我们暂时的作战"方针"是"守"，然而我们守的"手段"，却是"攻击"，即所谓"攻击的防御"。因此我们以极少的兵力，守着几个"要点"，大部分兵力，皆在休息，到了敌人来围攻的时候，我们雄厚的兵力，一旦出而袭击，以歼灭的姿势，取得战争的胜利。

一个国家和民族，是和个人一样，最神圣的基性是"生存"，故为生存而战争，是最神圣的战争。神圣的战争能激发战斗者超乎寻常的勇敢，与精忠殉难之决心，所以从绥东抗战到绥北鏖兵，我们将士奋不顾身之事迹，令人可歌可泣。一般本来教育很落后的群众，对于这种为民族生存的大义所激发的民族战争，是无条件的供献其全力。后方民众的踊跃输将，不辞劳苦的慰问，甚至若干青年自动放弃其中人以上之生活，投到前线服务。这些事实表现为中国各阶级、民族对外的一致性。由于这种一致性的表现，更可以表示我们民族解放战争前途的光明。

对方最近计划反攻百灵庙之役，金宪章、石玉山等通电反正。这件反正的事实，表现一种特殊意义，第一，我们在防战运动中，并没有忘去对我们被利用同胞的劝服工作，我们不是单纯的好战主义者和英雄主义者，我们有深厚的政治了解和对于自己同胞爱护的热忱。第二，被利用的同胞的投诚，证明中国民族彼此间有特殊的不可分性，任何利用政策，决不能收到最后的效果。

但是，我们这次绥远抗战亦有其不尽令人满意的地方：第一，我们太缺乏与邻省一致的全般计划，省界主义，错过了多少可宝贵的时机。红格尔图击破王英之后，本可直下商都。商都如下，则百灵庙不战自退，更不能有大庙为根据地的反攻百灵庙之役。但是这里已经涉及到中央对外方针与步骤的问题，不是局部的将领所能主张，因此迄未向商都进取，我们从纯军事立论，不能不说是一点缺陷。第二，我们对于被利用同胞的特种政治工作，做得不够。我们对于自己同胞间的对立，应即刻设法中止，免耗去自己精力，所以我们应该有系统的有组织的散布大批特务工作人员至伪匪军中，不仅对于高级将领希望他们反正，并且要普遍到下级干部和士兵，使他们整个动摇和瓦解，让我们的力量真真实实的对外。第三，我们军队中政治工作人员的缺乏。因为我们这回的战争，有相当的对外性和特种政治性，所以我们前线作战的队伍，必须有外国文修养及有特种政治头脑的政治工作人员参加，很机敏的处置由战场上所得的特种文件和情报。然而红格尔图和百灵庙之役，我们因为没有上述的准备，许多有特殊价值的文件和书册图表，皆牺牲于士兵们战斗情绪之中！我在攻下百灵庙四天以后去过一趟，我还发现了不少有价值的文件散在破纸堆中。

四　今后

我们绥远抗战的胜利，在精神上，表现为中华民族整个的解放战争胜利的先声。这不仅是绥远将士和民众的光荣，而且是整个中华民族的光荣！

　　绥远抗战，不仅保全了绥远的领土，而且粉碎了敌人的大陆封锁政策，所以不仅是绥远的胜利，乃是西北各省和全中国的地位的巩固！

　　暂时守势的绥远战争，应赶快转变为攻势，最低限度，我们应速收复察北！

　　西安事变，有颠覆整个对外阵线的危险，劫持统帅，殊非适当的办法，应速谋善后，集中力量，重新开展辉煌的对外阵容！

十二月十六日，平地泉

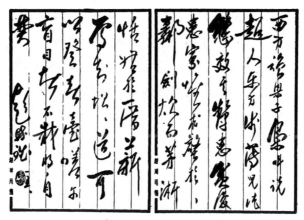

绥战名将彭毓斌先生为本报题辞

《国闻周报》

上海国闻周报社

1937 年 14 卷 1 期

（李红权　整理）

绥远前线仍极沉寂

《国闻周报》一周间大事述要

作者不详

绥东、绥北，近仍毫无军事行动，匪伪军迩来调动转忙，大约因李守信等所部，颇多不稳，某方乃将其调回多伦、沽源一带监视。其新调部队，亦未到齐。前方屡传最近某方即将策动德王等企图再犯绥东，然依目前观之，在日国会复开之际，外交尚举足不定，恐不致冒昧尝试也。

大部伪军调集商都

据由察北得来消息，哄传化德某特务机关长，奉到长春指令，即刻督促李守信、德王等，指挥伪军前进，攻取红格尔图、土木〈尔〉台等地。此项消息传到后，迭据前方报告，匪伪军迄无大规模调动，证之事实，李守信部方在大批哗变，并与南壕堑张万庆部互通声息，喊出"回家"口号，一批已越草地入热河境。且德王、王英部待机反正者，皆不乏其人，匪伪正有自顾不暇之势。刻下某方军二百余人，分驻商都、南壕堑，一联队由多伦拨调张北，伪热河及兴安警备军多数驻守商都、化德、南壕堑三处。而以重兵镇守察北要冲，极似正在镇压不稳，调整阵线期间。进攻绥东，某方原无时不在积极准备中。此时倡言攻红格尔图、土木尔台，恐只掩饰空虚，兴奋军心之计，有之亦不过小纷扰。匪伪侵绥军事重心，原在张北，数败之后，已移多伦。现张北、多伦大筑工事，商都第一线，化德第二线，数十里战壕已完成，用作战防守。惟观其为培植王英，不惜蹂滥〔躏〕民命，增调王静修、于芷山等逆部赴援，某方正轨〔规〕军节节西开，巨量飞机、坦克车、子弹补充前线，再度侵绥之心，亦与日俱增。

某方枪决匪伪首领

据新反正某军官向人谈匪伪军内部情形及王英态度，其言信而有征，爰录之如次："王英为人，优柔寡断，好大言，喜逢迎。其在河套时，袭乃父之余荫，左右多食客，对王恭维备至，王更不知天高地厚。其体格高大，面貌魁梧，人亦忠厚。此次在察北号召伪匪，为祸绥东，王之本意，原亦拟趁机反正。其左右多宵小，专以金钱之攫取为目的，无国家民族思想，包围王英，胁肩谄笑，每日逢迎，率以为常。当进犯绥东之始，某方命令既下，即有人为王策划，令其向某方多索飞机与坦克车，集中商都，然后尽杀某方人。商都城内彼时驻李守信部不足一千，王部之力足以解决之，胁〔协〕同李部反正，以所得之飞机、坦克车以及一切军火奉献国家，诚千载难得之机会，王意大动。正准备举动时，其部下宵小遂群起包围，多方阻止。王一时轻信谗言，遂不敢动。迨至攻红格尔图之先，又有人为王建议，劝其不必冒此大不韪，纵陷红格尔图，其地既非政治区域，亦无意义。又说王道一之复〔覆〕辙可鉴，如有疏虞，将何以善其后？王意复动，但又为宵小所阻。其后在商都集结，全部开赴绥北，预定计划系越阴山之背，窜入绥西，在包头附近扰乱，不意国军已收百灵庙，使伪匪计划完全失败。在绥北王英亦曾有反正意，曾派其参谋长寇子严奔走接洽，无如左右从中破坏，寇子严竟亦无法转圜。现在王英歧路彷徨，深自不安。某方利用之伪匪首领，如见其失势，或无号召能力，则秘密处决。如王道一、赵大中、金甲山之流，无虑数十，均系秘密于夜间枪决。商都城郊，眢井、石窟，均为此辈汉奸葬身之地，秘密枪决后，即掩埋于此中也。"

《国闻周报》
上海国闻周报社
1937 年 14 卷 4 期
（朱宪　整理）

绥远弃守之后

录十月二十一日上海《大公报》

作者不详

北方战局为全国对日抗战之轴心，晋、察、绥所谓西战场又为北方战局的轴心。八月二十六日南口之被迫撤退，开西线危急之端。九月十二日大同不守，又断晋、绥之联络。此后敌军南突雁门，北攻绥远，雁门内外现正鏖战，敌锋渐阻，而绥远首府之归绥，则于本月十四日忽告陷落，敌骑且已西略包头。茫茫塞外，轻入敌手，此后西北边关万里无不门户洞开，其关系之严重，非可以等闲视之也。

北方对日战争，晋、绥一线为战略上所必守，吾人在去岁绥远抗战前，即已大声疾呼，并曾作深入之调查。绥战爆发，因敌我均尚无全面战争之决心，吾人亦坚持"死守绥远"之见地。虽经百灵庙等处之胜利，我〔吾〕人仍念念不忘绥远之安危，盖战争要点所在，于敌为势所必争，于我为胜败关键所在也。

卢沟桥事变以后，吾人认日本在北方之军事步骤有四阶段：第一为平、津；第二为察南；第三为绥远；第四为山西。山西如入敌手，始可定战争之大势。故察南未失前，就军事形势立论，尚非不可挽回者。其后南口、张家口相继不保，大同不能守住，已在意料之中。但此时吾人以为绥远军队应对日作坚强之抵抗，一则可以胶着一大部日军兵力，一则使其不敢放心长驱入雁门，使山西内部有布置增援之余裕，重整反攻之阵容。以绥远一地之力欲复兴西战场之颓势，固为势所不可能，而当时留绥之部队，计有傅作义之步兵两派〔旅〕，赵承绶之骑兵两师，门炳岳骑兵一师，马占山挺进军全部，石玉山之骑兵旅及安华亭、金宪章、王子修等反正部队，再加一师之国民兵，势力尚非不可力战。必期守住绥远之希望，虽属过高之理想，而就掩护山西之意义上，必可作成重大之贡献。且军人守土有责，尤以对日抗战，原为弱势军事与优势军事之斗争，原则上只能希望在持久与消耗战中求得胜利，故步步抵抗，人人死战，抗战之基本要诀。每一人抗战至最后一息，不问当时所得结果如何，而总决算上即为抗战前途之胜利。尤以与战略有重大关系之绥远，绝无轻轻放弃之理。乃大同失守之时，绥远总帅傅作义已奉令南入雁门，留晋指挥，而以晋绥骑兵司令赵承绶代理绥远军民两政。赵氏与绥远国民兵司令袁庆曾皆于敌人尚未攻击归绥东部要塞卓资山之前，即率两部骑兵及一部国民兵相偕退晋，致绥局顿形混乱，使马占山、门炳岳、石玉山各部苦战绥东，孤军无继。敌人因得以少数兵力，驱大部伪蒙军队，袭夺其多年苦心侵略之绥远！

　　绥远既失，敌人南攻山西，已无后顾之忧，雁门一线之所以被敌猛扑以破者，与绥局之易予有关。而陕北、宁夏与阿拉善、额济纳两旗，进而甘肃、新疆，皆因绥远门户之失守，处处有被侵袭之可能。本来绝对安全之西北对外交通，行将渐改变其性质。阿、额两旗，日方本已积极经营，今如再临以战胜之虚〔威〕势，益易进行，如此则对外蒙之大包围渐次告成，以绥远与额济纳河下游为空军根据后，则整个外蒙与西比利亚后方，乃至以甘肃、新疆为过道之中苏交通路，皆在敌机威力圈中。故无论对内对外，绥远之失守，其在军事上之意义，异常重大。

　　所幸山西战局，已有转变，日方决定的胜利，尚未获得，而且有大大失败之兆征。山西未能取得,即其对绥远方面,尚不敢充分布置。盖雁门以南之日军如果败退,则我军可以乘胜北出,以主力出大同,而分精于游击之部队,分出察南、绥东,则敌方在西战场之局势,将为之根本倒转,自无充分利用绥远之可能。故我山西未失败之前,绥远失陷后之形势,尚未至严重恶化阶段。欲挽回西北上重大之危机,其要点在于首先争取保卫山西之胜利。

《国闻周报》

上海国闻周报社

1937 年 14 卷 42 期

(朱宪　整理)

国军克复百灵庙及大庙

朱景黎　撰

自十一月十四日晚，蒙伪匪军受某方策动，犯我陶林境红格图后，绥远战争即正式揭开。匪方虽用飞机、大炮向我阵地进攻，然因我绥省傅主席，早俱〔具〕誓死守土之决心，故屡扰而不得逞。近由各地电讯知李守信、王英伪匪军，曾于十六日晨派步兵四百，以密集队向我红格图阵地猛攻，同时有敌机十三架作掩护，先后投弹百六十枚，我守军在高呼中华民国万岁声中出击，旋将匪击退，敌机亦去，因我工事坚固，故无甚损害。十七日李匪军部之第二师尹宝山部，共聚五千余，复拟大举进犯，国军得报后，当令骑兵彭师长，亲率步、骑各三团，向十二苏木一带集结，准备袭击。十八日向打拉村、土城子、七股地、二台地一带，对匪伪部队开始击剿前进，至拂晓向匪猛列〔烈〕攻击，激战三小时，匪势不支，即行向西北方面溃退。此后至二十四日，我军彻夜激战，往返冲锋共计七次，始将匪军大根据地之百灵庙全部占领，成为绥远军事上一大胜利。查百灵庙被匪伪盘据六七月之久，我军竟于一夜之间，九小时之内，击破匪巢，夺获军实无算，实一大幸事也。参加此役者为傅主席部孙兰峰一旅及骑兵司令赵永〔承〕绥部孙长胜师等，因此全国上下，无不奋起振作，而愿以全力贡献国家，各地纷纷捐款制衣，以为慰劳为国抗敌忠勇战士之用。蒋委员长亦于二十九日，在洛阳出席军分校总理纪念周，并谓：百灵庙之收复，足使全国人心振作，士气发扬，并使全国军民确知吾人只须全国统一，共同一致，决心奋斗到底，必无丧失寸土之理。故百灵庙之收复，实为吾民族复兴之起点，亦即为我国家安危最大之关键云。由此可知百灵庙一役，实为绥战中之一大转机也。

自我军收复百灵庙后，某方阴谋组织之所谓"大元帝国"，亦行宣告失败。闻其企图组织之费用，已耗去五千余万。其对百灵庙之经营，本拟作为绥北唯一之军事、交通根据，故两月以来，不断由平、津购办大批煤炭、白面，经平绥路运送至绥，再由归绥逐日以汽车转运百灵庙。此次国军收复该庙，上项燃料、食粮，已被尽数截留，实为某方始料所不及之事，致绥省人心，皆异常称快。敌方既失一重要根据地，德王就亦率随从离嘉卜寺而他去。至十二月一日绥境"蒙古地方自治政务委员会"正副委员长沙王、巴王、阿王、潘王均发通电表示极诚拥护中央，我方军势益以大盛。是后匪伪又数度反攻百灵庙，皆被我军击退。至十二月五日敌机向我百灵庙阵地，大事轰炸，我军民皆愤激异常，是晚我军即由百灵庙及武川两路出击，取得五囫囵一带地盘，并将百灵庙周围六十里内之残匪，全部肃清。匪心因之涣散，气焰衰颓，复加王英部属大多反正，某方指挥官因无法约束，乃移恨德王，并对德王行动实行监视，匪方内部情形之纷乱，亦可见其一般。九日晚我军又因金甲三继起反正，就将大庙克复，且传闻匪首王英已失踪，匪势大致已成瓦解，绥北战事，至此乃可略告一段落矣。

《时事月报》

南京时事月报社

1937 年 16 卷 1 期

（朱宪　整理）

悲壮热烈之绥远守土抗战阵亡军民追悼大会

朱景黎　撰

　　民国二十五年绥远守土战事阵亡军民追悼大会，于三月十五日午在归绥大青山脚下烈士公园隆重举行。中央执监委员会为崇敬烈士忠勇精神，并郑重表示追悼起见，特出常会推常委兼中政会主席汪兆铭前往致祭。汪氏于十三日午即由京乘欧亚十八号包机飞绥，随行人员有褚民谊等十一人，午后四时左右抵太原，与阎锡山、赵戴文诸氏晤谈后，本拟于十四日同飞绥远，因突起狂风，尘沙蔽天，故改十五日晨动身。追悼会会场布置极壮〔庄〕肃，门前搭彩棚三座，内搭祭堂，广数间，正中设香案，上置祭品鲜花，对面悬各烈士遗像，上悬中央执监委员会之"浩气千秋"，及林主席"舍生卫国"暨诔词，蒋委员长之"卫国铭勋"，阎副委员长之"气壮山河"匾额，四周满悬挽联，约达万件以上。

　　是日参加大会者，有军、警、学、商各团体及各界民众十万余人，各地长官代表，以及蒙古各王公约五百余人。至时汪主席、阎锡山偕蒋委员长代表熊斌及赵丕廉、褚民谊、王懋功、傅作义、汤恩伯、王靖〈国〉、赵承绶、李服膺等莅会，由汪代表中央主祭，阎锡山、熊斌、褚民谊、赵丕廉、王靖国等陪祭，于吊炮隆隆与哀乐悠扬之中，如仪行礼，并宣读中执监会及林主席、蒋委员长等祭文（见后），一时空气悲壮，每个人之哀思肃穆沉痛，洄为全国伟烈壮举。礼成后，汪、阎等复凭吊烈士冢墓，并行礼致敬，旋返行辕休息。继而各界分别公祭，烈士家属依次祭奠，状极悲痛。是日当地各机关休假，全国一律下半旗，停止娱乐宴会，以志哀悼焉。

兹录林主席、蒋委员长及汪主席等祭文如下：

（一）林主席祭文云：桓桓多士，忠勇无尽，誓遏寇虏，捍卫神州。雨雪坚冰，裂肤堕指，奋斗无前，卒伸正义。骨暴边城，血膏沙漠，气激风霆，光争日月。阴山巀嵲，长城崔嵬，云车飚马，魂兮归来。

（二）蒋委员长祭文云：维中华民国廿六年三月十五日，蒋中正敬以香花清果之献，致祭于绥远阵亡将士之灵曰：征蓬蔽野，飞雪浮天，羽书电激，鞬橐风传。胡马南侵，雄虺九首，敕勒阴山，丛为寇薮。嗟尔将士，秉命实边，长城饮马，绝漠控弦。斥堠传惊〔警〕，长鲸奔突，誓斩楼兰，绥我藩服。一战再战，前偃后登，风毛雨血，浩气凭陵。卜式输军，汪踦死国，毕竭精诚，军民一辙。既克百灵，旋复大庙，血肉同熠，川原永耀。鲸鲵既戮，京观既成，皑皑冰霰，耿耿光精。筑冢祁连，异代同轨，国魂沉沉，堕而复起。风云正急，益念□姚，丰功待绍，贵在同袍。铜柱铭勋，燕然勒石，英爽犹生，尚其歆格。呜呼哀哉，尚飨。

（三）汪主席祭文云：维中华民国二十六年三月十五日，中国国民党中央执行委员会常务委员、中央政治委员会主席汪兆铭，致祭于绥远挺战阵亡军民之灵曰：保卫领土，维护主权，凡为国民，顶踵同捐。维我烈士，仡仡桓桓，奋其忠勇，所向无前。热血所挥，山河生色，弥圉以完，曰果霜烈。一杯〔抔〕黄土，慰我忠魂，精神不死，大地长春。上告列祖，下贻子孙，芳馨荐祖，热泪沾坟。呜呼哀哉，尚飨。

其他阎锡山、傅作义等祭文从略。

《时事月报》

南京时事月报社

1937 年 16 卷 4 期

（朱宪　整理）

前线上的妇女

——绥远通讯

梁穆　撰

当绥远伟大的抗战爆发的时候，全国的民众都倾全力来援助这些勇敢的战士们。在前线上，妇女也出了不少的力。她们的成功增加了前线将士们对于妇女不少的尊敬。

最初到前线去服务的是太原女师的看护队。她们冒着寒冷，抱着很大的热诚到前线去，但是最初伤兵医院不敢用她们。倒并不是他们不欢迎，乃是因为绥远是个较比守旧的地方，男女的界限分得很清，从前的伤兵医院从来是没有用过女看护的，所以现在他们也不敢用。同时，对于妇女的工作能力，一般人也有相当的怀疑。

太原女师的看护队，以最大的勇气来克服这个困难。在绥远当局的招待宴席上，她们提出这个话来："俗话说，国家兴亡，匹夫有责，然而我们以为匹妇也有责的！"（这句话在后来庆功宴上，张参谋长还提出来作为谈话的资料）到底她们被准许到伤兵医院去服务去了，她们的快活实在是说不尽的。

最初，她们被派到医院中去帮助青年会干事替伤兵写信，开话匣子。她们那种诚恳而大方的态度，打破了那个封建的男女界限，并且获得伤兵们对于她们的尊敬。她们的温存和鼓励的话减少了伤兵们的痛苦，提高他们的抗敌情绪。在最初开始工作的时候，是有很多笑话的。例如，她们很热心地伴着士兵谈话，整天不离开他们，害得有些伤兵不敢起来小便，弄得把被褥都弄脏了。

替兵士们补衣服

　　后来，院方对于她们的信任心渐渐增加，所以后来她们便正式做看护的事，帮助医生换药，她们任苦任劳地工作着，到后来，使医生们觉得她们是不可少的帮手。她们离开绥远的时候，伤兵们送了不少的礼物给她们，表示他们的谢意。

　　妇女们在前线的工作，第二次又以上海妇孺慰劳团出现。这一个团体里面有女教员、女文学家、女学生和电影女明星。她们的工作是要跋涉长途，冒着风雪到前线的各个军队中去慰劳。她们由绥远到百灵庙、平地泉等等的地方，每到一处，便唱救亡的歌曲给健儿们听，演救亡的戏剧给健儿们看，她们所到的地方，都留下极深的印象。

　　最后，太原牺牲救国大同盟又派了一队看护队到绥远去。她们中间最小的一个姑娘只有十三岁。到了前线，她们被派到第一伤兵医院和第三伤兵医院去工作。她们除了担任看护的工作外，又担任补衣、唱歌等等的工作。伤兵们爱她们，好像爱自己的姊妹一样。最初，一般人因为她们年龄幼小，怕她们担负不起这样重的工作，但是她们的努力表示出妇女担任这种工作是绰乎有余的。

替兵士们写信

在这些妇女看护队离开绥远的时候，傅作义将军特设宴饯别。他报告说："从前在内战时代，伤兵的死亡率终〔总〕要在百分之四十以上，而这一次伤兵的死亡率却出乎意料的低，只有百分之七八，这不能不说是你们各位服务的功绩。从前内战时代，我到伤兵医院视察的时候，伤兵们看见我终〔总〕号啕大哭，或是高声叫痛，凄惨的声音，令人酸鼻，可是这一次抗战，我到伤兵医院的时候，非但没有这种号哭呻吟的现象，并且只觉得全院的抗敌情绪格外高涨，很多弟兄们要求伤愈以后，再要上前线杀敌去！这也是你们各位服务的功绩。我为全体的受伤的将士和全国的人深深地感谢你们。"从傅主席的口中听出了这次妇女界在前线服务的功绩。

谁说妇女是没用的？这次妇女们在前线的工作实在是值得钦佩的！

眼见得一个更大的、全民族的抗战快要爆发，妇女们快准备起来吧！

在她们离别的时候拍一张照做纪念

《女青年月刊》
中华基督教女青年会全国协会
1937 年 16 卷 5 期
（朱岩　整理）

绥远抗战捷讯

奥松 撰

自十月底起绥远形势日趋紧张，日机无数，时来窥我阵地，以探虚实，我军亦积极布防，准备迎头痛击。至十一月中旬，匪伪军进犯集宁，战事乃全面揭开矣。

这次匪伪军的侵绥，据说分为四路：一路向红格尔图扰集宁（即平地泉）；一路由兴和图窜丰镇；一路由百灵庙向武川而压迫归绥；另一路则进陶林南窜，根据地在商都、百灵庙两地。饷械、军火之供给，多由沽源、多伦方面运来，飞机多至二十架，坦克车、大炮，种种新式武器，无不具备，大都皆系日方供给，此点据日武官喜多诚一对《泰晤士报》驻沪记者谈话，亦不否认。

绥战发动后，蒋委员长曾于十七日飞太原与阎主任、傅主席合商，蒋、阎皆发表重要谈话（略）。而傅作义将军之谈话，尤悲壮奋励：

> 绥省被人觊觎，已非一日。身为疆吏，负荷守土卫国之责，御寇平乱，悉为责任分内之事。任何人居此职责，自然发生此责任心。本人受命主绥以来，平时深察彼己情势，夙有态度，一言以蔽之，曰：不说硬话，不做软事。应付措置，力求合理。国家主权领土，最高决定之权属之中央，疆吏不能稍有主张。数年来本人御寇卫土，无不秉承中央意旨。此次匪军进犯性质，与历次无异。本人秉承中央意旨以尽职守土，态度亦

同。至匪军此次被剿，遭受重创，预想必继续进犯。我方态度简单明白，不使领土主权任何人侵占尺寸，持我忠贞，待彼奸贼而已。

在民众方面，援绥运动，风靡全国。上至富家巨室，下至贩夫走卒，无不踊跃输将，热烈之情形，令人感泣。例如山西绥靖主任阎锡山氏，奉母命捐款八十七万，平、津学生尤沉着奋勇，奔走募捐，甚至有绝食捐款者。

红格尔图之役

进犯红格尔图之匪伪军，自本月十一日开始攻击后，迄至十九日，与绥军接触大小数次，未尝一逞，迭次均被绥军击退。十八日王英、李守信、尹宝山诸逆随××军某参谋，由商都亲赴前方指挥，当晚即由前线运回断肱折胫、奄奄待毙之伤兵二百余人，王、李诸逆亦返回商都。于十九日上午二时，夜色迷蒙中，有某国军官七人，在商都与王英、李守信、吴馥庭、尹宝山等，开紧急会议，商定十一月二十五日以前，发匪伪各部军饷，目的在鼓励匪焰，防止脱逃。日前由多伦开到商都之热河匪军，系李振铭、胡玉山两部。该部共有重炮二十门，机关枪六十余挺，然实际上均缺乏战斗经验，其中中下级军官，悉由某国所选派，并有某国军人混迹其间。十九日早亦开赴红格尔图增援。在南壕堑、大清沟一带之李守信部伪军及王英部张万庆重集之步兵，自十八日起，由张逆万庆指挥，向兴和及丰镇晋绥军防地猛攻。十九日早六时又攻击，但战况不若陶林、红格尔图之剧烈，当亦被晋绥防军击退。现在察北匪伪军所有军火，如枪、炮、弹，均分存于张北及商都两地。据可靠之消息，谓在张北所存者，约有五十余吨，在商都者，亦有三十余吨，另有燃烧弹四十余箱。此外在张北飞机场中，尚停有伪国国徽标帜之飞机十二架，十二日后每日均有七八架起飞，向红格尔图及兴和、丰镇一带，投弹侦察。十八日午后有某国飞机七架，由多伦起飞，经康保、商都，向绥东一带飞去，当晚即返停商都机场。十九日早由张北运出军火十七载重汽车，赴南壕堑、大青沟，供给张万庆及李守信部。察北匪伪所需煤炭，由大蒙公司及东鲁行前后代为运到者，共达千余万斤，现均开赴前线。本在各县匪伪军，月十七日，崇礼县属喇嘛庙地方，忽然发现土匪数十名抢掠，张北县虽无成股土匪，但亦时常发生抢案。著匪刘桂堂近派其伪参谋金熙元，于十一月十七日由津来商都，连日分访王英、李守信诸逆，有所洽商。总结此役，我军以攻击的战术，造成大胜。十八日晨开始包围攻击，士卒无不努力先登，集中主力，败匪于红格尔图附近之达拉村。王英仓卒逃落，仅以身免。所获各种文件，且有许多新异训令及布告等，王英原来名义系"西北蒙汉防共自治军"，以成吉思汗纪年，于十一月三日改用"大汉义军"名义，用黄帝纪元纪年。又抄获匪之无线电台收发机全部，台长为某国人，名八牟礼吉，雇员名松村利雄，并抄获彼等之身份证明书及委令。最重要者，其中有昭和十一年制发王英部电台联络表，其通电号所列，计有长春、张北、商都、承德、百灵庙、张家口、太原、归绥、额济纳、阿拉善等处。匪方伤亡情形，除阵亡不计，运入商都之伤兵计七十余汽车。

匪伪向我红格尔图迭次进犯，均不得逞。匪首王英率所部及伪军李守信部第二师尹宝山部共五千余人，向我大举进犯；经我骑兵彭师长亲率步骑，向匪袭击，匪受重创而退。我彭师于十八日上午二时分向达拉村、土城子、七股地、二台地一带之匪军开始猛攻，是役毙匪百余名，获汽车、无线电、马车各一，我亦伤连、排长五名，伤亡士兵十余名。

察北伪匪在红格尔图迭次败退后，集结商都一带整顿补充，伺机再举，组便衣队破坏平、绥路交通。此外，（一）南壕堑方面，二十日有李守信部千六百人增援，由张北运到枪炮弹十车；（二）商都城门严闭，内有李部两团，飞机二十架，王英由红格尔图退却时，至土城子，曾对部下大哭。匪团长赵大中因攻绥畏缩，十八日被王枪毙；（三）康保二十日由张北运到汽油十二车，由多伦运到木箱十六车，箱长宽各四尺，不知何物；（四）多伦连日自热河开到某国及匪军万余，逐步西进。大约匪在绥东失败，知我方阵地坚不可攻，故放弃商都以西阵地，转趋绥北，企图联合蒙匪，沿大青山而西，侵犯宁夏、阿拉善及额济纳、旧土耳扈特旗，以遂其进战退守之策略。各匪队伍中，每一连有某方教练官一二人不等。又闻沈阳开到伪军二万，即日准备西移，谓系张海鹏等部属。至二十四日，蒙伪军由蒙古草地绕道乘汽车增援百灵庙，为数甚多。二十三日下午百灵庙伪军突分两路分向武川、固阳出动，拟向我绥远、包头两处进犯，声势极凶，我当局得报，当饬武川、固阳驻军分头迎击。

百灵庙克复

我军以百灵庙为军事要冲，且伪军在庙方增兵甚多，将来如有动作，殊属不利，乃于二十三日晚十时许开始进攻百灵庙。伪匪军顽抗甚烈，又以某方指挥官及顾问等，均亲自出马督战。国军先以步兵由山口南路进攻，连续冲锋七次，激战至天明五时，我张振基连长、杨天柱连长，复以钢甲车率队奋勇冲锋，敌势不支，乃向后退。彼时我军别部亦将西路敌军击败，孙长胜骑兵队又击破山北敌军后路。某方指挥官等见大势已去，乃责令蒙伪军及庙内喇嘛据庙顽抗，彼等乃放火焚烧飞机场，自东北方面山口溃逃。至二十四日晨九时，我军始将百灵庙完全克复。敌军积二三年来所购蓄运输之面粉二万余袋、子弹数万箱、枪械千余支、汽油若干箱，均被我军获得。蒙伪军之死亡者，不可数计。我军死亡者，亦有百余名，以刘景新团及杨天柱连因奋勇冲锋，伤亡数较多。复据刘团长详称，匪伪军此次阴谋犯我绥境，我军及时予以痛剿，若迟缓进攻一二日，则匪势亦更炽，或较为费力，亦未可知。另悉，我军并俘掳匪军二三百名，均从优处置，给资放释，其中有数名愿为国军效力，业经刘团长收留。二十八日晨中央社记者至百灵庙及东南两山上详作视察，据其报告谓，庙宇建筑极雄伟壮丽，惟匪部临溃逃时，将什物席卷一空，状极凄凉。而山峰间之工事，亦称坚固。奈以国军奋勇进剿，卒获胜利，山沟间所积匪尸及死马，遍处皆是。自国军克复百灵庙后，某方不断派机前来掷弹，庙前空地上，尚留有大如萝卜之炸弹二枚未炸。并有某方标记之迫机炮药四箱，散布空地上未用；幸该庙房屋尚未遭毁。现百灵庙附近数百里间，已无匪踪。记者视察各处完毕后，刘团长复集合全体兵士，由同去之慰劳团致训慰劳。末后兵士代表致谢词，谓我辈若不拼命守土杀贼，誓不为人等语，其慷慨壮烈精神，令人钦佩无已。总计此役以刘景新团及张振基、杨天柱两连，暨孙长胜骑兵，孙兰峰步兵旅，作战最力云。

匪伪之反攻

绥北自百灵庙收复后，匪伪即时时企图反攻。最近某方调集生力部队，以大庙为根据地，向百灵庙进袭，复以飞机多架为掩护，肆其破坏之狡图，终以我军奋勇坚守，敌未得逞。兹略记大庙附近战争情形如下。

某方闻百灵庙失落后，对我大陆封锁可谓完全失败，故积极准备反攻，其反攻根据地为百灵庙东北百余里之拉木楞庙，即大庙，仍由某方百灵庙策动人负责指挥。一面收容德王、木克登保残余蒙兵，一面由察北运来李守信伪军，更加王英步兵三千余人，共约五千余人，三十日、一日各集结整顿后，皆发给充足服装弹药，并充分发饷，由某方指挥官亲任连、排长等职，实行强力决战。十二月二日晚由大庙出发，用某方之装甲汽车十余辆为前导，载〈重〉汽车约百余辆，密切运输伪蒙军约三千至百灵庙东南、西南及正西三方面，于三日晨六时对我施行拂晓攻击，战况激烈。我军迎头痛击，当将敌人击退，俘获二百余人。十时后敌机七架飞庙轰炸，我方无大损伤。敌步兵同时反攻，又被我秋风扫落叶式将其扫荡于蒙古草原之中。午后二时敌机十余架满载炸弹而来，猛烈轰炸，仍无大效。敌部尚有一部据险顽抗，惟敌之主要部分已被我军击退，伤亡遍野，决难得逞。

　　察北伪匪各部，如李守信、王英等，过去均曾充某方之心腹，作犯绥之祸首。诓自红格尔图及百灵庙两次挫败后，其黔驴之技，已为某方所看破，故对之态度骤冷。现正在积极准备再作卷土重来之际，李守信驻嘉卜寺（即化德）之一部，突于十一月二十八日晚十时宣布反正。当时该地秩序大乱，反正军并乘机将匪伪构筑之巢穴及储集之军实，尽行捣毁，迄天明二十九日始平静。又王英匪部之苏雨田，亦确已率部反正，因此非但察北各匪伪之军心益趋涣散，即某方亦感忧惶，故决计改用热河匪军为犯绥主力，积极充实力量，决于最短期内开始反攻。其犯绥步骤，既决以热军为前驱，对于兴和方面，则采取积极的攻势，对商都方面则取守势，免蹈过去惨败覆辙。现在由热河经多伦、沽源等陆续到达张北之某方军人，约三百余人，类均似下级军官模样，另有专门修理机械及造制军火，与医士看护等技术人才极多，分驻于张北城关云。

日关东军之荒谬宣言

日本关东军于二十七日午后三时，以谈话方式发表其对绥远问题之意见如下：共产主义偏重物质，提倡同胞斗争，无视人之本性，故在理论上、实质上，皆非所以使人类生活进于幸福之道，此乃已经实验者。而救济现代资本主义经济组织缺陷之道，则非依以物心如一，人类相爱，共存共荣为基础之皇道，别无他法。抱此确信之日、"满"两国，乃皇道国家，在国体上绝对不许共产主义之侵入；且日本在其不变之确立东洋和平之国策上，对于在东洋诸国尤其是中国实行之"赤化"工作，实有重大之关心。……此次内蒙军之所以敢〈贸〉然蹶起者，实欲脱离中国共产党及其结托之军阀之压迫的防共自卫不得已之手段；因其目的与日、"满"两国紧切之国策一致，故关东军对于内蒙军之行动，为多大之关心而愿其成功。同时万一"满洲国"之接壤地受此战乱之影响，治安为之紊乱，累及"满洲国"，或发生中国全土濒于"赤化"之危殆的事态时，则关东军将不得不讲求认为适当之处置也。

关东军宣言之讯到京后，政界咸表愤慨；同时以为该军诬我防共最力之傅作义部，及原在西北担任"剿共"最前线工作之汤恩伯部等勾结共党，不特惑世界之观听，且又暴露日方宣传根本不足置信之新事实于国际间。故该军此项宣言，亦可视为日方损人不利己之文件，外部方面除向上海要到日本文原文，即时翻译，于午后电呈蒋委员长外，并由发言人谈：此次蒙伪匪军大举犯绥，政府负有保卫疆土、戡乱安民之责，不问其背景与作用如何，自应予以痛剿。此为任何主权国家应有之行为，第三者无可得而非议，师出以来，节节胜利，匪军消灭当在不远。至国内"共匪"，经国军连年痛击，已告崩溃，残余之"匪"，政府仍本自力"剿匪"之一贯政策，继续努力，以期完全肃清，我政府遏止"赤化"之决心与成绩，举世皆知，断非虚伪之宣传所能混淆。中国国民，爱好和平，我政府本自存共存之政策，亲仁睦邻，调整国际关系，以期对于世界和平有所贡献，惟领土主权之完整，为国家生存必具之条件，不容任何第三者以任何口实，加以侵犯或干涉。万一不幸而发生此种非法之侵犯或干涉，必竭全力防卫，以尽国家之职责也。

《东方杂志》（月刊）

上海商务印书馆东方杂志社

1937 年 34 卷 1 期

（李红权　整理）

红格尔图的民众抗战

槐枝　撰

十二月十日早晨，是一个阴沉沉的早晨，天未明就闹哄哄的从烧羊粪的火炕上爬起来，蒙古兄弟们帮着照料，不多时大家上了汽车就奔向红格尔图而来。我们所以赶早的原因，一来是避免敌机的注意；二来是为了当天要赶回平地泉。虽然是有蒙古草原的阴风惨惨，然而究竟刺不透我们热烈烈的心怀。

十二苏木离红格尔图只不过十五里之遥，风景却大大的不同。十二苏木以南是一片草原，起伏着高低不等的丘山，十二苏木以北，则略略可以见到田地，象征着越过了蒙民的地域，又到汉民的村落了，虽然每一堆土房都是很孤单的。

红格尔图的四周，围绕着森严的工事，全村只有一个面向西南的口子可以通过汽车，还是用木板搭着临时渡桥。我们到的时候有六七大车，几木棍参差的禁闭着路口，经过一番盘问，才搬开木棍。本村的东西大街不过二里半，南北约有里许，是一个破落的村庄，特别是经过了飞机、火炮的轰炸，尤其显得破烂。全村有二百户人家，人口在一千五百人左右，都属于天主教的信徒。有两位神父常住此间，总司铎易世芳，另一位司铎常守明。我们知道在红格尔图战役的当中，教民出力不小，所以第一项任务就是拜访教堂。这座教堂可以说是全村惟一的高大砖瓦房，那两位神父曾表示过，决与红格尔图共存亡，所以信教的村民对于守土决心也不下于兵士。同时因为他们除了与村共存亡以外，是没有地方可以逃脱的，因此也就无须乎惧怕了。敌人进攻是十一月十五日开始的，经过了三天的激战，敌机一共掷弹二三百枚，迫击炮两千多发，而死伤兵民并不太多，总起来不过三四十人。未爆发的炮弹很多，村民听说我们要照像，纷纷跑回去，抱来大批的炮弹，我们也就毫不客气的带回来留做纪念。

木匠伟大的发明

老早就听说有一位木匠曾利用古老的旧式武器发明了新用法，所以特别请村民找他来同我们一谈。他叫做齐心宽，是一位有趣味而诚朴的木匠，家中老母和四个孩子都还留在本村。我们问他："为什么不把家搬一搬？"他半笑的答道："死守！"从他的语气里可以联想到全部村民的心志。张荫梧先生在燕大演讲的时候也曾提过，他的意思说惟有跑不了的农民，才是真正守土的豪杰。这话竟在红格尔图千真万确的活现出来。

齐先生的发明是在十五日下午两点多钟，他看到敌军进攻之烈，总想不出法子能把手溜弹掷到敌军的阵地内部去，偶然间他觉得战壕里这几门土炮大可利用，于是急忙将手溜弹的"信子"取掉，填进土炮，然后加上火药点燃，那是极其冒险的一个尝试，他自己也不知道点着以后会发生什么变化，幸而竟大成功。一弹出去能走二里多地，直射敌人阵中，第一炮竟眼看着打死了七个人，于是他就连发了三十多炮，打得敌方一时慌乱，以为我军竟埋伏着奇异大炮。齐先生一直在战壕里干了两天两夜，成了一位打炮专家。

那个村庄一直到现在也没有增兵，只住了两连骑兵和一排机关枪队，他们的英勇和守土的决心，在过去已经充分的表现出来。

当敌人进攻最紧的时候，尽管是飞机、大炮不断的胁迫，他们始终是毫不作声，不轻易放枪，因为他们知道穷苦的国家是经不起浪费子弹的，直到敌人逼近了，才给那些骄傲成性的敌人一个致命的出击。过去的战略大概皆如此，在平地泉我们也曾问过彭师长，为什么不向红格尔图增兵。彭师长答道："驻兵多了，在敌人攻击的时候反倒增加伤亡，不如少驻，因为他们就是剩一个人也是不会退出的。"这时可以看出彭师长对于战事是有绝对把握的。

我们在村子里到处摄影，全村欢腾，村民在过去是很少看见像我们这帮外宾的。一位壮丁跑来要我们买他的三张虎皮和一张狼皮，都是他亲自打来的，把我领到他的家里非要卖给我不可。他的理由是这样，他不敢跑到平地泉去卖，因为他怕离开以后又打起来，壮丁这时候是有他应尽之责任，然而饭总也得吃啊！

我听了感觉到一阵莫名的悲惨，几乎落下泪来，我怎能说出一句"我买不起"来呢？然而终久是把他的一片幻想踏破了，婉转的道出来我的苦衷，并且答应马上替他介绍别人，然而也失约了。在回到平地泉的时候又和某记者宣传，希望他最近能去援助这位待救的村民。

达司令殷诚招待

午刻返回十二苏木，达密凌苏龙司令备好了"全羊"款待，在蒙俗这是很大的一种礼节。我们都是门外汉，不知何从下手，只好等待别人来替我们割成小块，就酒下咽，最后端上来一碗用羊油煮的稀饭，大家吃完了都觉得满肚的油腻，道不出个滋味来。据说达司令每顿总要吃上六斤之多，的确不愧为英雄好汉！

达司令的队伍称为绥东四旗保安队，现在有三百多人，都是马队，分驻在三四处，由一位中央派去的李先生负教练之责。虽然李教官现在已经略通蒙语，不过对兵士总是说汉话。这部分骑兵讲外表自然不如内地军队来得整齐，然而他们骑术的精良，射击的准确，以及英雄的天性，比起来则有过之无不及，性格的惇朴厚实，不能不让我们汉人感觉自惭。达司令的"大少爷"达察格得勒现在是保安队的第二中队队长，是一位少年英俊、精通汉文的人。常作达司令的翻译，有助于达司令的功绩实在不浅。

达司令过去和德王的私人感情很好，然而他现在完全是站在国家的立场来效命。当我们快要分别的时候，他一手抓住蒋院长特派去探望他的×先生的手，一手拍着我的肩膀说道："你们回去快给我好好的报告啊！我死了不要哭！我一个人不要紧，土地丢了才要紧。帮助我不是帮我一个人，是帮国家呀！"据他表示：现在有许多蒙古人殷望着他的发动，一旦时机到来，那些蒙民都可以投到他的旗帜下来，只可惜他现在太困难了，有人又无马，有了马又没有鞍子，最近他想添购二十付马鞍，都没有法子筹出经费来，大家都很同情他，×先生答应回去以后一定要据实报告，并且请求积极援助，我们也愿意尽向民众传达之责。临行时我们齐呼"达司令万岁"三声，他欣欢不止，依然送出我们大门口外。

此行固然骚扰达司令不轻，然而过去同达司令联络的往往只限于上层的关系，民众的团体很少。这次我们以战地调查团的资格出现，确实给他增加勇气不少。他会想到："居然有那么多远地的朋友来看我！"所以在两天的过程里，时时现露着他那副兴致勃勃的神色，上下招呼忙个不可开交，有如办什么喜事一般，精诚团结发展到学校来了！

归途总比来的时候省事，虽然在两个卡子还要照例的经过盘问、投刺，不过是简单了，没有多大的耽搁，汽车好像也同情我们的疲劳，只发生了两次易于修复的阻碍，在天色灰暗里开进了平地泉。

（《世界日报》）

《月报》

上海开明书店

1937 年第 1 卷第 1 期

（李红菊　整理）

对于绥东战事应有之认识

余学诚　撰

甲　绥东战事是民族解放战争的前哨

绥东战事随着百灵庙和大庙的克服，更踏入严重的阶段。本党最高领袖，在上月廿九日洛阳纪念周中，更大声疾呼地告诉我们："百灵庙之克服，乃我民族复兴之起点！"说明了本党六年来所茹苦含辛、撑色〔持〕支扶的复兴民族运动，要进展到一种实际奋斗的局面。

从十一月廿七日关东军和伪国的共同申〔声〕明，到十二月六日外、陆、海三省首脑会议的决定，黩武的日本军阀，将借口下列理由而直接展开中日战机：

（一）绥远之局势如危及伪满洲国之安宁秩序，则日本与伪国当局不得不采取适当办法，以防患于未然。

（二）日军事战〔当〕局，对于足以使中国全土，变成布尔希维克化之危机，不能漠不关心。

（三）凡在华日侨生命财产有危险之虞时，即立派陆海军实行警戒办法。

什么"安宁秩序"、"防止赤化"、"危险之虞"，不过是一些欺饰日本国人，蒙混世界观听的好听言辞。

什么"适当方法"、"防患未然"、"警戒办法"和"不能[不]漠不关心",也不过是日本军人,很急促的想从绥战幕中人的地位,一步跳入中日战争的主角,而放射出来烟幕而已!

打浴血抗争在零下四十度而伤亡的口中,高喊出"这正是我中华民族的男儿所抑郁六年不伸的志愿,可借这点肉体上的痛苦,来慰勉精神上的悲愤"的呼声以后,民族解放的信号响了,这号声将挥奋全民族的醒觉。

中央所领导之一日贡献国家运动,无男无女,无老无幼,从都市到乡村,都得到了极大的同情和兴奋,民族意识之统一,在全民族的复兴运动上,奠定了坚韧的基础!

我们最高领袖,数年来的苦心积虑,刚绥抚了粤、桂,便又凌翔乎西北,更亲临晋、绥、察、冀、鲁、豫、陕、甘,指示各将领以守土卫国的机宜。

我们应坚信,举国上下在伟大的领袖统一指导下,由绥东的抗战,开展到全民族争取独立的战争,是有绝对胜别〔利〕的把握,对于目前的绥战,仅能认作全民族解放战争的前线战,我们更应该集中国力充实自己,准备更大的牺牲,去接受这历史所付与我们的使命!

乙　绥东战事醒觉了汉奸匪伪的良知

十一月廿六日本党最高领袖,在告匪伪军士兵书中,恺切晓谕以"中国人不应亡中国"、"中国人不应打中国人"以后,紧接着红格尔图、百灵庙和大庙诸役中,复发挥了国军英勇的神威,震破了迷途中的汉奸胆魄,苏醒了尚未完全泯灭的良知,终于有伪师长金奎斌、王惠民、旅长石玉山、葛子厚、赵奎阁等五千余人,曳马携械,全副武装的幡然归顺。

一般认识不足的所谓日本的中国通，惯用其联甲倒乙式以华制华政策，这最后阶段的汉奸运用，在中华男儿热血的拼流上，在民族革命的途径中，宣告它的寿终正寝了。

我们应认清目前绥东前线的胜利，不仅是克服了几个重要的城池，肃清绥北对新疆及对西北利亚交通的障碍，那更深的收获，是醒觉了汉奸国贼的迷梦，开导出一条反正归来的坦径，对于潜伏各地的奸丑，给了一个正确的启示，更可昭告全世界，中华民族的国魂，仍然是不可磨灭的，而可〔日〕人亦可醒悟利用汉奸傀儡之以华制华不可久恃矣！

吾人应深信在正确淬励的奋斗中，是可以统一全民族的意识，中央当局数年来不屈不挠的奋斗，对于抗争图存的准备，是早具决心。

丙　绥东战事打破了日人种族分化的谬见

日本自积极侵华以来，硬唱满蒙非中国本土的谬论，对对国内各民族极尽分化之能事，把满蒙形成了独立的单位，运用一般利令智昏的愚民，串演自治丑剧。满伪虽被愚弄而粉墨登场，但伪大元帝国却随着百灵庙的克复而崩溃了！

德王统领下的蒙伪军，在日人挟持监督之下，虽被迫公然猖乱，而各地的蒙对〔军〕和以蒙民组织的民团，都在国军的指导下，从事防卫地方、向导前线的工作，红格尔图之击溃伪军，达密凌苏龙，迭奏虏〔肤〕功，百灵庙克复之神速，蒙民导引抄袭，皆与有功焉！

日人每强奸蒙民意志，要来自治，挑剔种族疆界，在这一次绥东大战中，多数蒙军和蒙民所表现的英勇参战的事实，不啻宣告世界，日人利用政策之错误。

他如云王、阿王、潘王、巴王、沙王等，无论在物质上与精神上，对于绥战莫不竭诚拥戴，亦可证实蒙民意向矣。

《学生生活》（周刊）

南京学生生活社

1937 年新 2 卷 9 期

（朱宪 整理）

包头滩上的血战

许如　撰

我××军××师、伊东各游击支队、绥远民众抗日自卫军，这许多英勇的健儿们，两年来血染包头滩上，不知写成了多少可歌可泣的故事。上月十一、十二两日的血战，尤为壮烈。这是一页用血写成的光荣抗战史呵。

本来包头滩上我军，几乎每天和敌人有小接触，飞机大炮，简直成了家常便饭。上月十一日，敌人飞机八架、装甲车数十辆、步骑炮兵约近千人，由大树湾南下，分两路犯我王柜大成西和三寡妇营子两处阵地。敌人在优势的火力下，将我王柜阵地炸平，当时连附蕴××怀炸弹跳出战壕，与敌装甲车作人车并毁之壮举，卒以殉国。士兵有左臂受伤、右臂掷炸弹与敌拼死者。十一日战一日，王柜弃守。但十二日我重行配备，大举反攻，遂击退敌人，克复树林召、王柜，敌人死伤数倍于我。这里，张×司令是去岁坚守府谷、攻克保德的老将，李××营长是死守东胜三昼夜，击退敌人，著有战功的。那一回他受伤了，现在伤愈再上前线杀敌。这两位英勇的将士，十二日率部亲在前线与敌死拼，所以击退敌人，造成包头滩上我军大捷的纪录。

另外三寡妇营子我王××支队击退敌人，傅××副司令长官并曾电令嘉奖。

包头滩上浴血抗战的健儿们，两年如一日的与敌寇胶着作战，纠缠苦斗，我们除对之表示无限的钦敬外，还祝他们继续努力。

《塞风》（半月刊）

陕西榆林塞风社

1938 年 2 期

（李红权　整理）

绥远战争的过去与现在

昌后　撰

自民国二十五年初，日本侵占我察北六县后，绥东就在日本人的虎视耽耽〔眈眈〕下。在十一月初，敌人发动对绥远的侵略战，因绥军奋勇抗战，使敌人不能得手，且由此夺回绥北百灵庙、大庙子等地。我军本可乘胜收回察北，因为"双十二"事变的关系，不得不将这计划暂搁。

去年七月七日，芦沟桥事件燃起东亚的烽火。七月底平、津失陷，敌人进攻南口。八月初，汤恩伯部急援南口，剩下来同等重要的绥东一线，先后由散驻绥境的各部队（他们是前年绥远参战的将士）开入增加。这一线的指挥官是傅作义将军，决定晋绥军自绥东攻察北，二十九军刘汝明部由张家口攻张北。我方预定八月十三日夜间同时袭击商都张北，商都于十四日在傅作义所部董其武步兵旅与赵承绶所部骑兵猛烈袭击后收复；而刘汝明对张北，却无故迟延一日发动，到张北城边又受李守信之骗迟攻一日，两日迟延。两日迟延，日本关东军援兵赶到，驱李部向刘汝明反攻。整个西战场形势，至此完全逆转！而刘尚不知悔悟，不以主力支持守南口之汤部，八月二十五夜敌军进张家口，刘部仓卒败退，南口已无后方，于是血战南口之汤军，不得已在日军四面环攻之下，于二十六日晚开始攻击后的退却！九月十二日大同不守，晋、绥的连络从此切断。此后敌人南突雁门，北攻绥远。十三日丰镇陷落，归绥又于十月十四日沦陷，敌骑西略包头，过了两天，又是不战而弃。此后西北边关万里无不门户洞开，陕北、宁夏处处有被侵袭之可能。

平绥全线入敌掌握后，对这一方面便改取守势。我由平绥路撤退的各部队，分途向后套的五原及河套的伊克昭盟集中；对平绥线敌军，仍取监视态度，同时更以若干游击部队，在绥远省东南兴和、陶林及凉林〔城〕、清水河一带，不绝的袭击。本年一月下旬，我五原方面驻军，沿包宁公路向东推进，于二月一日收复安北。同时河套我驻军亦积极出动，于三月十七日收复托克托，一部并迫近包头东面的萨拉齐，对包头取包围形势。三月下旬，萨拉齐收复，自包头至归绥的铁路线为我切断。我军东指麦克召，向归绥挺进。四月初，□南红河两岸亦有接触，我军已使南下的敌军阻于清水河。我军某部于二十一〈日〉克复清水河，二十三日进占凉城，二十六〈日〉占领和林格尔，分途向卓资山、归绥推进。据最近消息，我军已抵离归绥十里之某地近郊一带，战事剧烈。敌军调晋北二联队增援，向和、托方面前进，以期击破北上之我军。包头方面，敌于二十五日攻占安北，但我军已到达固阳近郊，向敌之右侧背威胁。

根据历史的记载，要保有中国，必须保有平、津。要保卫平、津，须先守住燕山、太行山脉盘亘之地（察南、冀北与晋东）；因这一带为河北平原的外圈，得之可推〔拊〕河北平原之背，居高临下，平、津即不能安居。欲保有燕山、太行山一线，非坚守阴山、贺兰山一线不可，因为后者又为前者之外圈。绥远的形势重要如此，所以敌人得平、津后即进占绥远。我们要保卫西北，非夺回绥远不可；我〔要〕收复失地，亦非夺回绥远不可。在今日言之，绥远又饶有国际的意味，敌人由此西进，威胁甘、宁、新疆，则本来绝对安全的中苏连络，有被敌人切断的危险。目下敌人正集中主力进攻鲁南，其他各线兵力薄弱，我们应乘势反攻，尤其在晋、绥方面。

《努力》（旬刊）

海门台州中学努力旬刊社

1938 年 4 期

（朱宪　整理）

督促外蒙古出兵

汝安 撰

在最近的电讯中，又时常看见关于外蒙古出兵的消息。在有些自称前进的人士们看来，当又以为这是日本、德国汉奸，及所谓托派匪徒在造谣。是不是因为提到外蒙出兵，恐怕又要麻烦了苏俄呢？

外蒙土地是中国的领土，外蒙人民是中华的儿女，为什么长房和敌人拼得你死我活的时候，二房反眼巴巴地尽管望着不作声呢？希望外蒙出兵，是我们应有的希望！外蒙可以动员三十万兵，比任何一省的兵额都大，而且在地理上说，能使整个抗战形势绝对的好转，为什么我们不应该希望呢？

可是外蒙出兵的可能性只有二种。第一，苏俄履行中山先生与越飞《联合宣言》，及《中俄协定》的条文，确认外蒙为中国领土，取消违反原协定精神之《俄蒙军事密约》，这样苏俄虽不兴师，而外蒙也可以自由出兵，保卫祖国。第二，苏俄对于外蒙的控制权虽不放松，但它自己有出兵的决心，由外蒙来打先锋，自己准备接上去帮打。现在的情形，苏俄既不出兵，《俄蒙密约》又不放弃，自然难怪效忠苏俄，而忘记了全民族抗战的意义者，说外蒙出兵是日本、德国汉奸及什么叫做托派的在造谣。

苏俄是另一国家，它为自己的利益，即不出兵援我，我们决不怪它。可是第一条路，苏俄取消《俄蒙密约》，任听外蒙出兵，这是我们认为正正堂堂的路。但这种办法，据说在《九国公约》会议时，台维斯与艾登曾为我国向李维诺夫交涉过很多次，卒无结果。

最后的希望，是我们高擎着民族自由独立的火炬，来唤起在催眠状态中的外蒙同胞，指引他们光明的前路，燃着了他们内蕴的民族的怒焰，烧断了一切外铄的枷锁，拚弃了外裹糖衣的毒粮，苏醒了"镇静"与"忍耐"的麻醉，激起了国民革命的狂潮，坚决地持着"中国人做中国主人翁"的意志，自主地来参加保卫祖国的神圣的全民族抗战！

《民意》（周刊）

汉口民意周刊社

1938 年 7 期

（刘哲　整理）

马占山在绥远进驻

——寄自长沙

与民　撰

在四月间日方由归绥传出消息，说中国马占山将军率所部五千人决渡黄河，平绥路以北之山地，在四月十五间〔日〕马部出现于距归绥北百英里之武川，当与该地日军发生激战，结果不明。至十七日马部二千人又出现于武川以南之某地，同时又在武川的东南，又发现马部一千人云。从此消息鲜闻，马将军的行踪，久为国人所系念。

日前东北义勇军领袖刘德铭将军由内蒙来长沙，刘将军在白山黑水间建立了许多永不磨灭的功迹，卢沟桥事变后一年间，在绥蒙〈大〉青〈山〉一带，发动了广大民众抗日工作。刘将军双目炯炯有光，两撮小胡须显着刚毅有力，去年他指挥军队消灭敌人的时候，被炸伤一只腿，可是另一条腿今年又因为抗日作战受伤了。他的两腿虽受伤，他的精神很好，他很高兴的把马占山将军今年在绥远作战最精彩的一幕告诉我们。

原来今年马占山将军的进攻绥东，声势甚是浩大，他的精锐的挺进军自绥西突过铁路线而至察省者，以该处之北大青山作根据，然后分兵三路出发，向日寇进攻。一路由马将军自己率领向东北攻取武康〔川〕，一路由王照堃师长统率向东南托克托进攻，尚有一路由邵副司令带领向东凉城推进。凉城旧名宁远，据杀虎口外，扼蒙古入内地的冲关，形势重要，杀虎口在县的东南四十里，山势狭路险恶，就涧壑中启一门以通行旅，形类虎牢，自古倚为要塞，为我攻绥的一个要点。在凉城驻有伪军慕新亚团长，该团长素慕马将军的威名和中央抗战的伟大使命，当王师长率领骑兵飞越了数百里草原，即至凉城时，慕新亚莫明其妙地被围在城中，慕新亚传出话来："城下来的人马是哪一路的？""马占山将军的部下。"是马占山将军么？好，不打，丝毫没有踌躇，在短时间内，慕新亚投诚的话，传到王师长那里了。然而第一个条件是要求先退四十里。先退四十里？这是一个相当严重的问题，谁能担保退四十里以后，不能发生重大变化呢？无已，请示马将军，马将军的回电是很坚决的一个"退"字，王师长奉令退了四十里。出乎意外地，慕新亚退出城来。过了不久，在慕新亚军中任监视责任的四十几个日本人都被斩首，而慕新亚的部队，登时竖起青天白日旗了。

慕新亚将军是滇〔旗〕人，他原来名汤慕易，他是百战英雄，然而他还只有二十八岁，相貌、声音好像是个女人。

马占山将军率领的一路人马，是要由察素齐越过广大草原取武川、固阳，循大青山以大迂回的形势，包围归绥，可是马将军所领一部仅二千人，而敌人实力却在数倍以上。马将军部下用骑兵，然而敌人用装甲汽车，因此马将军时常被敌人围住，但他却时常由敌人重围中间冲出来，而且取得相当代价。有一次是在武川以西固阳以东，马将军的住处，被敌人包围了，马将军只有一排人，他自己拿着轻机关枪守着门口打，打翻了五轮〔辆〕汽车，看看敌人愈来愈多了，结果他们都冲了出来，而刘德铭将军便是在这一次受伤的。马将军出来以后，骑的马，不料是匹瞎马，那马瞎了一只右眼，凭着它一只左眼，老是向左转，转了几个弯，转敌人的后方去了，与自己的部队失却了联络了，待到发觉时，再认清途径，赶得自己的人马来，可是消灭敌人的机会，已经错过了，失此一举，全盘计划都成泡影，于是才号召了三路人马，一齐退回绥西。

当马占山将军过察素齐铁路线，曾遇着白玉崑，白玉崑听说是马将军，就不打，他愿死心塌地投诚，希望马将军攻归绥，做一个里应外合，可是马将军由固阳东撤，攻归绥之计划不能实现了，然而白玉崑□领率亲信七十余人逃回归绥，那时马占山将军已到了绥南了。

马将军之在绥远，他有绝大魔力，去年七七以后，他在南京谒见我最高领袖蒋委员长后，才整装北上，那时仅百余人，有少数的枪械，而今仅隔一年，他已有了三个师三个旅了，他从敌人的手上夺取他们的枪弹，再来打敌人。

刘将军认为绥蒙一带，很有办法，只须在当他〔地〕的地方军队里施以政治训练，一定可以成为抗日的劲旅。沙王想在内地找几十个青年去担任政治工作，闻刘将军已在武汉及长沙物色了三十多个青年，到内蒙去工作，将来内蒙的各色军队，在马将军、刘将军领导之下，一定可以作复兴民族、收复失地的中坚劲旅。

《南洋周刊》
新加坡南洋商报
1938 年 12 期
（朱岩 整理）

苏联及外蒙古参加中日战争

——译自《密勒氏评论报》

哲非　译

苏联的航空员和机械师，以及苏联飞机的到达中国前线，使得一般人均深信苏联之加入中日战事为期必不在远了。前一些时大家认为苏联的国内条件将使苏联一时期内不至牵入中日战事中，但实际情势显然并不如此，现在虽不能确知目前来华的苏联航空员和苏联飞机究有多少，但两者的确已抵达中国则已毫无可疑。

固然目前在南昌和汉口也有不少美国的航空员，且过去中国的许多飞机都是美国制造的，因此，这也许暗示美国的迟早有一日要牵入中日战争，这也许是真的。但俄国却大有先单独参加的可能——假定不再发生第二次潘纳号事件！

一朝日、苏两国的飞行员在中国扬子江上始开厮杀，那他们的在满、蒙边界上的冲突亦是很快的了。两方原早就秣马厉兵的等着，最近美国的报章杂志都预卜，在远东第二次的火焰将在外蒙爆发。据说外蒙的酋长们不少在接受着"来自莫斯科以外的某国军火供给"，熟知前线事件发展的中立国军事观察家，都相信苏联迟早要被迫出兵到外蒙去扑灭叛变。当然，那时苏俄就会发现叛变的幕后主使者就是日本，于是期待已久的日俄战争，就会爆发。最近谣传俄国或将"交还"外蒙宗主权于中国，那时外蒙军队就将为中国而出兵袭击日军在平绥路上的地位。纽约《泰晤士报》①驻莫斯科记者邓奈君（Haold Denny）在十一月二七号的通讯上曾说：苏俄总参谋部的机关报（Krasnya Zuezda）曾直率地警告日本，谓苏联在一九三六年三月十二日，同外蒙签订互助协定时是准备履行其条约责任的，这个自一九三四年十一月就以绅士协定形式存在的条约，规定苏联和蒙古人民共和国，在受人侵略时有互相彼此协助——连军事的协助在内——的义务。

就邓奈君的观察，外蒙之于苏联可〔何〕以重要是有两个政治上和军略上的理由的：第一，这国家在政治上和苏联有密切联系。在布尔希维克革命之后，外蒙最初满是日本工具的白色卫队，这种白色卫队——包含有一队哥萨克军——由谢米诺夫所领导，最后终给苏联的赤色卫兵驱逐出了外蒙古。俄国虽然承认外蒙为中国之一部，但事实上他们不得〈不〉承认外蒙的与其利害有关尤甚于中国。就军略上说来，外蒙是保护苏联易受人攻击的边疆的缓冲国，任何敌人拥有了外蒙古，他就利于侧击贝加尔湖区的地位，可以威胁将苏俄的远东区从苏联的其余部分切离开来。

邓奈君的通讯中虽没说起，但实际上日本的军官都指贝加尔湖为东、西疆域划分区，意思就是说俄国应归日本统治。邓奈君说如果日本拥有苏联的沿海各省，那末，日本的政治家也就可以睡得稳些了。要是日俄战争一旦爆发，俄国的飞行员就可驾着巨大而长距离的轰炸机给日本的工业中心以可怕的损害，因此日本早就看上了外蒙古的了。自一九三三年日本占据了介乎外蒙古和中国本部间的内蒙古后，日本最近的深入察哈尔和绥远就造成了对外蒙古领土完整的严重威胁，由此也就是对苏联远东区的威胁，因为日本在外蒙古酋长间的阴谋，正如日本侵略内蒙以前在内蒙

---

① 似应为《纽约时报》（The New York Times）。——整理者注

所干的一样。

这说明了为何苏联不辞向日本坦然警告，谓苏联和外蒙古间有着友谊条约，如果必要的话他将以粉碎的一击，来帮助外蒙古人民打退日本的侵略。邓奈君的通讯上说，俄国看见中国的坚决抵抗日军侵略很感满意，莫斯科认为这使日本耗去莫大的费用，她的必要的军火供给必得用现金始能购得，俄国继续怀着希望，不顾战场的胜利如何，在经济上日本会得〔被〕打败的，因为两国间一向有着紧张关系存在，所以塔斯通讯社在发出远东通讯时，通常总是避免批评这一问题的。但一月八号《真理报》上一篇社论的大要曾拍送到此间各报刊布，内容如下：

　　　暂时的领土占有并不就是战争的胜利，中国军队的撤退可以保持他们的战斗力和战斗意志以抵抗侵略者。

　　　同时，日本帝国主义在其国内遭受到了愈益增加的困难，百万壮丁的动员减少了城市、乡村的工作人员，加重了大众生活的困难，减少了非军事工业部门的生产，造成了小〔有〕业主的破产，以及莫大的军费，这些就是目下日本的现状。

　　　日本政府现在不再敢以战事就将结束的设辞，来安慰群众了，现在她要求全国过长期持续的紧张生活。

　　　日本政府现在唤起一种道德的动员，借以防止国内的变化，无限止的压迫和大批逮捕，就是他们的道德动员。

　　　再者，哪怕日本目前占据了若干省，中国现在却益发比前统一，比前认识危机的严重性了！

　　　全国一致的拥护中央政府，使他能够顺利地执行继续抗战的组织计划，疯狂的日本冒险主义者，现在在中国遇见的不复是那些肯和僭权者轻易妥协的雇用将官了，而是无数誓为祖国独立抗战到底的英雄民众。

美联社一月十一号，自汉口的来电引用中国军界言论机关的

《扫荡报》一节话，该报谓：外蒙古不久就将以中国的特定一区之姿态而参加抗日战争。据云外蒙政府已经委定蒙古战区司令，由俄国训练和武装的外蒙军队不久就会证明是中国军队值价的同盟者。

《战地通信》（周刊）

香港战地通信社

1938 年 15 期

（朱宪　整理）

绥远伪军的现状与企图

这次进占绥远的敌人，主要是伪军李守信部（另有王英部，不过几百人）。那么，李逆所部伪军的现状到底怎样呢？

首先我们谈谈李军的实力。

李逆守信，现报号为"蒙古军副司令"（"总司令"是德王，不过兵权都集中于李逆一人之手），共辖九师，全为骑兵，另有一个炮兵队和一个炮兵训练处。该九师的番号为第一、第二、第三、第四、第五、第六、第八、第九、第十等各师。就中第一、第二、第三三个师为甲种师，每师约二千四百人，由汉人组成；第四、第五、第六、第八、第九、第十等六个师则为乙种师，每师约一千七百人，全由蒙人组成。炮兵队由五个连编成，人数约一千，持有野炮十二门、山炮四门、平射炮四门、重迫击炮四门。炮兵训练处，共有野炮八门，人数约四百。

除此以外，伪司令部还附设一个"特设队"和一个汽车队；前者约五百人，一半日人，一半蒙人，拥有装甲车二十一辆，伪队长为蒙人李铁生；后者则拥有汽车三百余辆。

总计李逆统率下的伪军，人数共约一万九千三百人。不过其第二师已于去年八月间反正过来，所以李逆的实力只剩一万六千多人了。

伪"师"的编制和装备：甲种师分三团，每团由四个骑兵连和一个机关枪连组成，每一骑兵连除步枪外，另有轻机关枪九挺，每一机关枪连则有重机关枪四挺；乙种师也分三团，不过每团只有三连，另有一机枪关〔关枪〕连，其每连的装备与甲种师同。

关于李逆部下的主要官长姓名在这里也有一述的必要。伪参谋长为乌古庭（蒙人），第一师师长刘继广（汉人），第二师师长原尹宝山（汉人），现已取消，第三师师长王振华（汉人），第四师师长宝子臣（蒙人），第五师师长依绍先（蒙人），第六师师长包某（蒙人），第八师师长包悦卿（蒙人），第九师师长包海明（蒙人），第十师师长德王之弟。

以上伪军的高级军官，无论蒙人、汉人，多数是汤玉麟的旧部，除伪第三师师长王振华和伪十师长德王之弟两人彻头彻尾忠实于日本强盗以外，其余的还都有反正的可能。

那么，日本强盗到底怎样统治这些伪军呢？

在人事方面，伪司令部的太上皇是赫赫有名的关东军参谋田中隆吉大佐，他的名义是"最高顾问"，实际上，凡军队的重要命令和军事配备以及人事调动，都由他一手包办，以他为领袖。伪军军部的日籍"教官"或"顾问"之类的东西，凡一百多人，伪师部约十余人，每一团至少也在五六人以上。

这些"教官"或"顾问"之类，到底怎样牢笼伪军的官兵呢？

除了威胁、压迫和麻醉以外，主要就是利诱了，例如日寇对于李守信的待遇，几乎和溥仪一样，日常衣食住的享受固不必说，即以"行"而论，竟专为他预备三架飞机，供其使用。至于李逆以下的伪高级军官，其享受之优，在这里也不遑细说，现在专谈谈日寇对于伪军下级士兵的利诱。以军饷论，每月最低二十余元，并且作一次战即增加一次，这样积累下去，以致常有士兵的饷比长官还多的。给养平时由饷额中扣，战时官发。服装，每年单、夹、皮、棉共十三件。

不过，日寇这样的利诱，是否就能打消了伪军士兵的内向之心呢？

不能，绝对不能！例如据反正过来的某师长讲：士兵们每当喝醉了酒的时候，常常大骂日本的"教官"，并指手划脚地喊："等打仗时，我非要你的脑袋不可！"这时另一个士兵也许紧接着说："不行，这件活儿你不能干，得我来干！"这时日本的教官在一些醉薰薰的士兵之前，心里又恼怒，又害怕，可是表面上还得笑嘻嘻的说："你的瞎说！咱们是好朋友的！"从这一个例子中可以证明：伪军的下级士兵，平日内心的郁闷和隐痛，是多们〔么〕沉重，眷念祖国的情怀和对日寇的敌忾，是多们〔么〕深切！在这种情形之下，只要我们能够相当的运用政治工作，则一般说来，反正是很容易的。

不过，虽说日寇的利诱，不能锁住伪军士兵的反正之心，可是那边的薪饷较我方士兵为优，这是事实，我们在进行招抚伪军的工作时，决不能忽略了这一事实，同时也决不能否认这一事实在招抚伪军的过程中，确会起相当的反作用。那么，这一困难怎样解除呢？我想除了优待反正的伪军并加强其政治工作以外，在"改良抗日军人待遇"的口号中，也可以获得解决。

伪军士兵的情形既如彼，那么其官长的态度又如何呢？

其中下级官的情形，一般说来，和士兵大体上是差不许多的。最值得注意的就是一般高级官长的态度。说来这是明日黄花：在去年八月中旬，我军进攻察北的时候，李守信本人和他手下的师长们确曾一度酝酿全体反正。不过后来因为某种特殊原因（这种原因实在令人痛心，也就是长江先生在《察哈尔的陷落》一文中所说"可杀"的那件事，不过比那还要严重！），使李守信深受刺戟，结果反正的计划成为泡影了！自此以后，李守信的态度乃日形恶化，日形倾心日寇。至于其手下高级官长的态度，则有的内向，有的外向。

自从去年十月间李守信伪军占领绥远、包头以后，现在一方面进行组织伪蒙古国，同时日本并允给李逆新扩充三万人，枪枝早已运到绥远，刻正在着着进行中。

按日寇的计划，拟于李部扩编之后，令其进扰宁夏，成立所谓"回回国"，并进而切断西兰公路，阻绝中苏交通！这一计划如果达到，那么再进一步就是进攻外蒙，把侵略者的猪嘴伸入苏维埃的花园了！

对于日寇的这一计划，我们决不能轻视，为了保卫我们西北最后的根据地，为了粉碎日本强盗之血腥的进攻，我们一方面固然要加强宁夏的防务，一方面要积极向绥远反攻，而同时更要不遗余力地去进行招抚伪军工作！

《战地通信》（周刊）

香港战地通信社

1938 年 16 期

（李红权　整理）

献给绥西前方将士

一　愚　撰

北战场自从包、绥沦陷敌手，临河、五原一带，不但变作了西北抗战的前线，而且也是国防的最前线。保卫住了五、临，便可保卫住了西北（陕、甘、宁、青），因此，五、临重镇，无论任何人，都是不能稍为忽视的。其驻防在此地的军队，为数亦难屈计。以军队的番号而言，则有挺进军、游击军、屯垦军、义勇军……等等名目，部队是这样的庞杂，行动自亦难趋一致。这在过去，表现得最为明显，蒿目时艰者，无不扼腕叹息而抱杞忧。迨自十五路军骑兵开到了×旅，抗战军事上，才有了一个中心力量的雏形，马子寅将军任了绥西防守司令而后，军政系统上，幸有了统帅。前月杪，宁夏各界慰劳前方将士代表从五临归来，告诉我们："绥西抗战，现在是以另一个姿态出现了，不是从前那样的群龙无首，各自为政的状态……"从这证明，北战场的军事在挺进了。记者于兴奋之余，愿掬诚敬献我绥西前方将士者，有如下数言：

一、事实告诉我们，绥远从前失败的最要原因，是缺乏统帅，行动欠其活泼，和内部多磨擦，以致暴露了军事极大的弱点，而与敌以探囊取物的便利。固然，我们的抗战，是长期的，失败也是军事上不可避勉〔免〕的过程，但是为了争取最后的胜利，血的教训，每个将士均应善自警觉，避免同样的错误，而谋发挥其英勇杀敌的伟力。然而事实最雄辩，退守在五、临一带的将士之行为表现，仍多有未合国人愿望者，就军纪、风纪之败坏，官长与士兵的隔阂，官长与官长的诈虞，军事政治教育的缺乏，将士同仇敌忾之意识的不普遍，正规军和游击军之互相倾轧现象（不能一概而论，其实善自为之的将士很多——记者），尚未洗刷净尽了过去之秽污。为今之计，正宜速自猛省，痛改其非，所有各军将领皆应真诚的绝对服从马子寅司令之指挥与命令，以划一军权，调整步伐，以勇敢作战之精神，共同负荷抗战救国之伟大使命，携手迈进，以收杀敌致果之速效。

二、长期抗战，贵在步步为营，处处设防，以期达成其目的，必先组织训练民众。先前绥西各军将士，其能与民众接近，并进而与民众打成一片，呵为一气者，固不乏其人，而视军队为个己之武力，欺凌民众，扰害民众者，亦时有所闻。这样民众对军队抗战，根本发生了怀疑，复何增厚抗战实力之可言？各军将士，为了抗战，亟应一致的接近民众、组织民众、训练民众，那末，先决条件，就在加紧军队的政训工作，从宣传方面着手，唤醒民众，激发其爱国的情绪，并谋坚定其国家观念，民族意识，加强其抗战救亡的信念。另一方面，各军将士的行动，最低限度，必须以"不扰民，真爱民"为唯一的方向，切实组织民众，训练民众，始能免去虚浮不着实际之嫌，走到军民真诚合作，御侮图存之路。这呢，必须由前方统帅，设立政治部，训练干部人员，分派各军、各部队，实地工作，对士兵则施以政治教育，对民众侧重在政治宣传，尤须注意并防范各党各派分裂抗战阵容，和反三民主义、国民党之言行。此殆吾人所希望于各军将士者。

总之，绥西抗战军事，逐步的踏在了坦正宽阔的大道了，因为统帅的得人，各军各部队的加紧团结，和广大民众的觉悟，已经奠定了稳固的基石，敢愿各军将士百尺竿头，更进一步的加紧军民合作，发出英勇抗战的吼声，争取最后的胜利！

《抗日》（周刊）

宁夏抗日周刊社

1938 年 25 期

（朱岩 整理）

蒙古青年南下抗战

作者不详

蒙逆德王前派蒙古青年奇丕彰等多人，留学日本，近毕业返国后，逆当委奇为伪盐公署厅长，以示利诱，惟奇以附逆为耻，特间道来第四战区北路军，请求参加抗战工作，并拟南下晋谒各当局，报告日本国内经济、政治已根本动摇状况，暨绥境汉蒙民族精诚团结宝〔实〕情。夫以德逆所亲手培养之青年，今能毅然参加抗战，由此可见中国民族团结之巩固，及最后胜利确有保证之一斑。

《现世报》（周刊）

上海现世报社

1938 年 32 期

（朱宪　整理）

蒙古保安队白海风部在绥抗战经过

异羽　撰

在绥远各盟旗的保安队中，直接隶属于中央，由中央统一指挥训练的，只有白海风部的蒙古保安队。

在过去，内蒙的各盟旗中，都有一部分武力，这就是蒙古保安队。但这种保安队的性质，只是为各王公作卫队，兼及地方的绥靖工作，装备、训练既不一致，更无奋〔战〕斗力可言。在廿三年前后，蒙古自治运动发生，在百灵庙设立蒙古政务委员会，德王遂在百灵庙成立蒙政会保安队。他原想以此为基础，扩大编制，作为统治内蒙的实力；但他后来受了日寇的鼓惑煽动，到二十五年春天，投靠日寇，甘作傀儡的逆迹渐形显著，他的保安队不满他的行动，这些不愿做亡国奴的蒙古青年，遂率领保安队脱离德王，反正归来。当时中央即编为蒙古保安队，以云继先为队长，驻防绥远萨县的毕克齐镇训练。但德王因此怀恨在心，遂派人收买一部分不坚定的分子，潜伏队中，从事活动。后来，在毕克齐镇一部分发生叛变，云继先队长即在此次叛变中遇难。事件不久平息，中央又任命白海风为总队长。

平绥线抗战吃紧时，我军或在铁路沿线抗战，或向察北出击，白部保安队亦奉命填防大庙子及百灵庙，待命出击。但因察北各县相继收复，白部曾具杀敌决心，终无机会一试身手。后因平绥线战局变化，各部不得不作战略上的退却，白部仍坚守大庙子及百灵庙。及至四子王旗的潘王附逆，与德王合作，遂引日寇围攻大庙子，白部即浴血抗战，予敌人以重大打击，终因孤军支持，死伤过半，不得不于去年九月二十五日退出大庙子。后又接命令，向西移撤，遂于三十日忍痛退出百灵庙，据守固阳。在固阳时，德王曾派亲信三人，携带亲笔函件，劝诱白队长率部投伪。白队长一面将函件转呈中央，一面将三人处决，以示决心。

白部由固阳开抵包头时，即由挺进军改编为蒙古混成旅。稍加补充后，即开返归绥，与各部队联络，开始保卫归绥的战斗。十月十一日，白部保安队在归绥南大黑河及南茶坊，与敌军藤井旅团作激烈的战斗，相持两日一夜之久。因凉城失陷，托县被围，遂不得不于十三日退往包头。到十六日晚，敌人以全力犯包头，挺进军因战略关系，命令偕同西退，由昭君坟渡河，取道伊盟的达拉特旗退往东胜。达拉特旗的康王先已允许借路通过，但后受德王嗾使，迫白部开抵旃坛召时，又派骑兵四百余人截击。因白部那时还不知康王已经附逆，即派人向其交涉，履行借路前约，交涉无结果后遂发生冲突，骑兵不支，始让道通过，该部始由东胜开抵哈拉寨整编。在绥南的几次战斗中，该部皆曾与各友军联络向敌进攻。最近，敌人由河曲、保德偷渡，该部曾与各军在府谷一带，将敌人悉数歼灭。现在，中央因该部苦战不屈，勋劳甚著，已改编为蒙旗独立旅，仍由白海风队长任旅长，直接隶属中央，归××军指挥，在绥南一带继续抗敌。

白海风旅长是蒙古人，他在黄浦〔埔〕军校第一期毕业，曾参加惠州讨陈之役，后来因人地关系，派往江北工作。后又与冯焕章先生同去苏联，在东方大学研究政治，回国后，在中央工作。为人慷慨豪爽，有决心，有远见，因此，极为蒙古青年所推崇。将来在安抚蒙旗的工作中，一定能发挥无尽的作用，这是毫无疑意〔义〕的。

三月十九日西安

《蒙藏旬刊》

中央宣传委员会蒙藏旬刊社

1938 年 148 期

（李红权　整理）

唯一的蒙古抗战集团

——蒙旗某某队转战的经过

作者不详

　　□所以蒙古旗某某某仍然振奋着向某某的某某推进了，想不到一到达拉特旗，康王、生格林庆等，已然明目张胆的做了降贼，旗兵们换上红地白日的袖章了，大门上也插上太阳伪旗了。及南行至展旦召，从召西某某方面、某某方面、某某内外方面，出现了达拉特旗的三国〔团〕骑兵，给大包围上来了，激战约有三个钟头，将叛贼击败，结果敌较我死伤四倍有奇，但由二里半渡过来的六十余车随行人员家眷等，皆为康王、生格林庆掠去，毫无人物踪影了。

　　既抵陕北府谷属之某某亦名某某，该旅旅长某某某率加入之蒙古优秀分子如胡某某、康某某、纪某某等，过山西晋谒阎长官、傅将军，南走武汉，至此始召亲〔集〕各家人父子的友军，可资联络。此时频传外蒙出兵，准格尔旗东协理兼代扎萨克奇文英，慑于抗日部队之意志坚强，信使往还，历述其虽曾赴绥参加十月二十一日之德王会议，实有不得已之苦衷，表明其决心拥护中央，一面请转友军，一面请〈将〉其忠诚赤心转呈中央，后加以种种考察，知为诚意。人们又没想到他的西协理奇凤鸣，密派他的司长务〔务长〕吉布生格，率领班长张玉禄，士兵二班定保保等四人，在距哈拉寨四十里地方双山堰村，组织汉奸团，作有计划之活动。迨到哈镇，即以购物为名，暗中结识士兵，从事宣传，还接济了几次金钱，他们也没有想到这个士兵，是怎样决心抗战的士兵，他们每逢来工作一次，他就往上报告一次，这时恰遇哈镇正跟绥盟游击司令李某某以及地方各团体合开汉蒙联欢大会，大街上贴满了汉文、蒙文标语、壁报等等，戏台还唱着慷慨激昂的蒙古里〔俚〕歌，在游行高呼口号时，引动了人山人海，汉奸们那时也曾在街上，也应该有点儿感动吧！哪想到仍然执迷不悟，为人家更加紧工作。蒙旗某某代理旅长纪某某，事先早已布满了暗探跟着，且已诱得确实证据，即于会散之后，星夜派队赴双山堰，将一干人证和枪马扣获，均供称奉命与日寇工作不讳。当日午后三点钟时候，立将吉布生格等四人，当众解决示惩。奇逆风鸣不惟不知悔过，且羞恼成怒，调集所有部队七百余骑，向沙坑都子前进，声言誓死与蒙旗某某拼命。后闻大炮已布阵地，知抗日部队不可侮，加以奇文英之大义劝阻，不得不再退回老巢了。但是那一种丧尽天良的报复心，决不甘罢休，愈与德王勾结日坚。后闻此逆与其所部暨达拉特旗生格林庆之残余，均为马将军收拾，其他各旗王公，所以不敢胡乱盲动者，固另有原因在，但是都看明了"抗日者生，降日者死"，不思先找倒霉了。汉奸销声匿迹，甚至连哈拉寨也不敢通过了。

　　蒙旗某某虽曾在马将军指挥期内，一度改为蒙古第某混成旅，为期至为短暂。迨去年十二月，始整为今名。其所以值得吾人记述者，其对外患，始终认为非抗战到底，不足以求民族独立解决；非坚苦抗战，不足以求真正之自由平等，建造新中国。至其对人民尽力护卫，对友军亲爱精诚之心意，亦实为蒙旗某某精神之所在。尚望广大的蒙古地方人士，一齐起来，铲除残〔惨〕无人道的日本帝国主义者底侵略势力，不使丝毫存在于中华民国领土之内。而况后来者居上，我们只有天天盼祷蒙古地方抗日部队续有出现，其他各藏各回的抗日部队也相继出现，只要上上下下，里里外外，凝紧我们中华民族一股抗战气，拼命到底，最后的胜利，一定是我们的，到那时是何等的一个光荣胜利呀。

《蒙藏旬刊》
中央宣传委员会蒙藏旬刊社
1938 年 153 期
（李红权　整理）